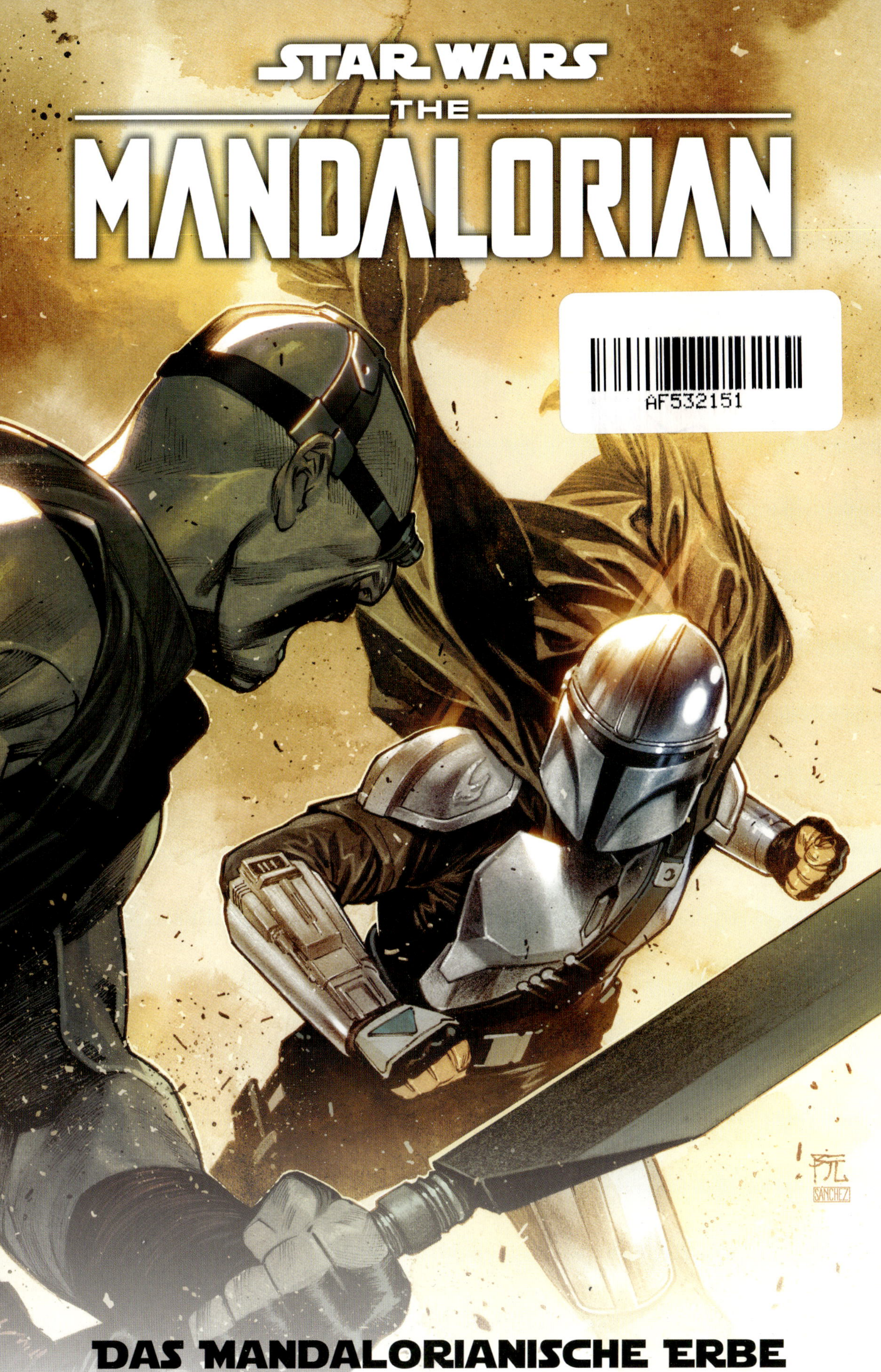

DAS MANDALORIANISCHE ERBE

EINLEITUNG

Die Erwartungen an die erste für das Star-Wars-Universum produzierte Serie mit Schauspielern waren sehr hoch, doch die erste Staffel von *The Mandalorian*, die 2019 anlief, übertraf die Erwartungen und löste sowohl bei Fans als auch bei Kritikern große Begeisterung aus. Tatsächlich wurde sie sechsmal für den renommierten Emmy Award nominiert (z. B. in der Kategorie Beste Dramaserie) und gewann eine Vielzahl weiterer Auszeichnungen, darunter auch einen Golden Globe.

Die zweite Staffel wurde daher, sollte das überhaupt möglich sein, noch sehnsüchtiger erwartet.

Die acht Episoden knüpfen direkt an das Ende der ersten Staffel an, die uns fünf Jahre nach dem Untergang des Imperiums in den Äußeren Rand führt. Wir lernen einen neuen Kopfgeldjäger kennen, der unter dem Spitznamen Mandalorianer bekannt ist und für die Nevarro-Gilde unter der Leitung von Greef Karga arbeitet.

Sein Schicksal ändert sich, als er den Auftrag eines unbekannten Klienten annimmt, eine Zielperson zu bergen. Mando findet nicht nur heraus, dass sein Ziel ein Kind der gleichen Spezies wie Yoda ist (und auch die Macht zumindest etwas kontrollieren kann), sondern auch, dass der Auftraggeber ein ehemaliger imperialer Offizier ist, der eine Garnison von Sturmtruppen anführt.

Da Mando seine Entscheidung bereut, wendet er sich gegen seinen Klienten und nimmt den Imperialen das Kind wieder ab. Nun hat er die besten Kopfgeldjäger von Greef Karga und die Truppen des schrecklichen Moff Gideon am Hals.

Trotz dieser widrigen Umstände findet Mando immer wieder Verbündete und nachdem er Gideon besiegt und das Leben des Kindes gerettet hat, will der Mandalorianer es zu seinem Volk zurückbringen.

Impressum: Die deutsche Ausgabe von ***STAR WARS* Sonderband 161: THE MANDALORIAN – Das Mandalorianische Erbe** wird von der Panini Verlags GmbH herausgegeben, Schloßstraße 76, 70176 Stuttgart. Geschäftsleitung: Hermann Paul, Head of Editorial: Jo Löffler (v.i.S.d.P.), Redakteure: Gunter Nickel, Jürgen Zahn; Übersetzung: Text der TV-Serie; Head of Marketing: Holger Wiest (E-Mail: marketing@panini.de); Lettering & Grafik: Brightstar Studio, Ludwigsburg; Druck: Printed in Italy; PR & Presse: Steffen Volkmer;

Panini-Nachbestell-Service: Bezugsmöglichkeiten für ältere Ausgaben unter www.paninicomics.de.

1. Auflage, März 2024

YDSTWS161

ISBN: 978-3-7416-3796-4

Digitale Ausgaben:
ISBN 9783-7569-0715-1 (PDF)
ISBN9783-7569-0716-8 (EPUB)
ISBN9783-7569-0717-5 (MOBI)

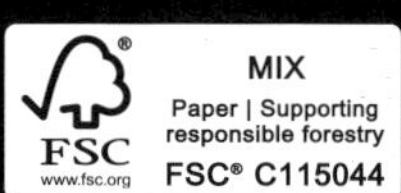

Text	RODNEY BARNES
Zeichnungen	GEORGES JEANTY STEVEN CUMMINGS
Tusche	KARL STORY WAYNE FAUCHER
Farben	RACHELLE ROSENBERG
US-Redaktion	DANNY KHAZEM MIKEY J. BASSO MARK PANICCIA C.B. CEBULSKI DAN BUCKLEY ALAN FINE
Für Lucasfilm	ROBERT SIMPSON GRACE ORRISS MICHAEL SIGLAIN PHIL SZOSTAK
Lucasfilm Story Group	MATT MARTIN PABLO HIDALGO EMILY SHKOUKANI JAMES WAUGH
Chefredaktion	JO LÖFFLER
Redaktion	GUNTHER NICKEL JÜRGEN ZAHN (Die Texte entsprechen der TV-Serie)
Grafik/Lettering	HARDY HELLSTERN

Nach der TV-Serie von **JON FAVREAU** und Skripten von
JON FAVREAU, **DAVE FILONI**, **CHRISTOPHER YOST** und **RICK FAMUYIWA**

Nach dem Fall des Galaktischen Imperiums herrscht in der gesamten Galaxis Gesetzlosigkeit. Der Mandalorianer ist Kopfgeldjäger und folgt seinem unerschütterlichen Ehrenkodex.
Das ist der Weg ...

STAR WARS THE MANDALORIAN

Kapitel 9: Der Marshal

Kapitel 10: Die Passagierin

Kapitel 11: Die Thronerbin

Kapitel 12: Die Vertreibung

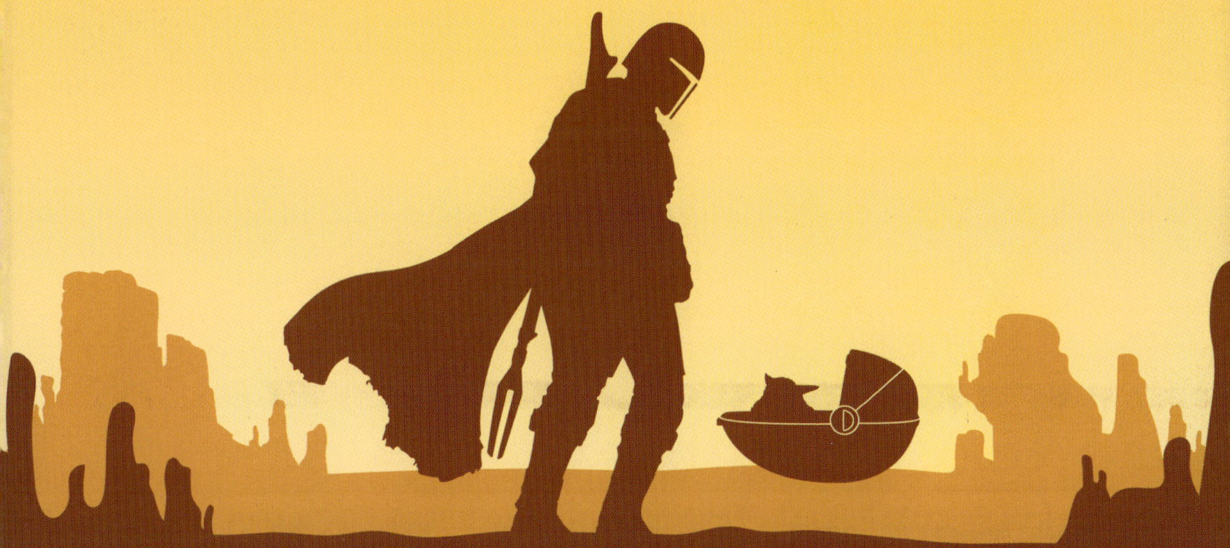

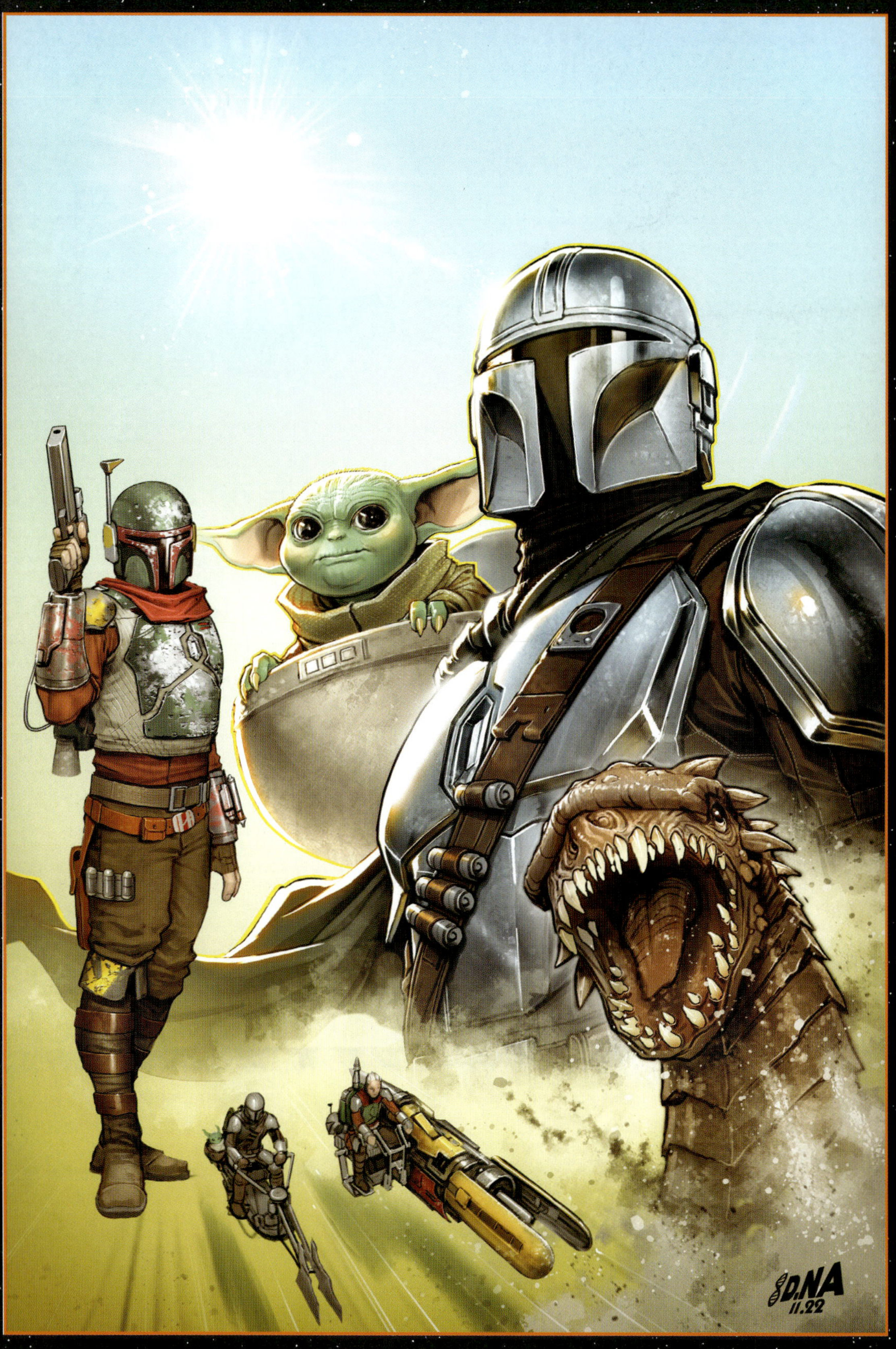

US-*Star Wars: The Mandalorian* #1 (2023)
Cover: **DAVID NAKAYAMA**

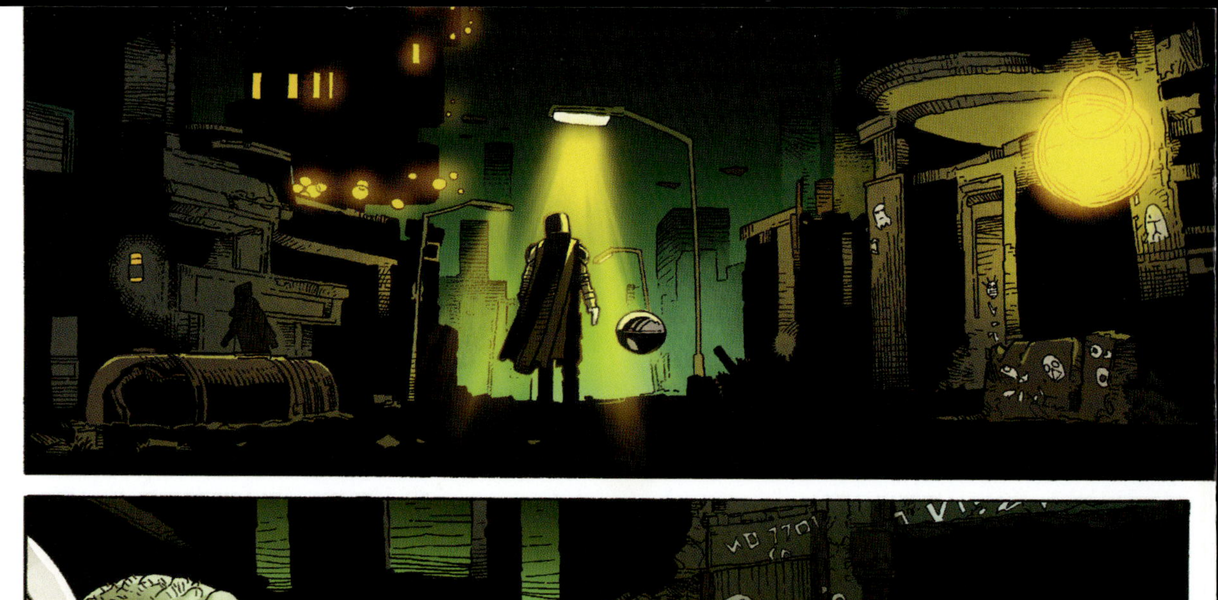

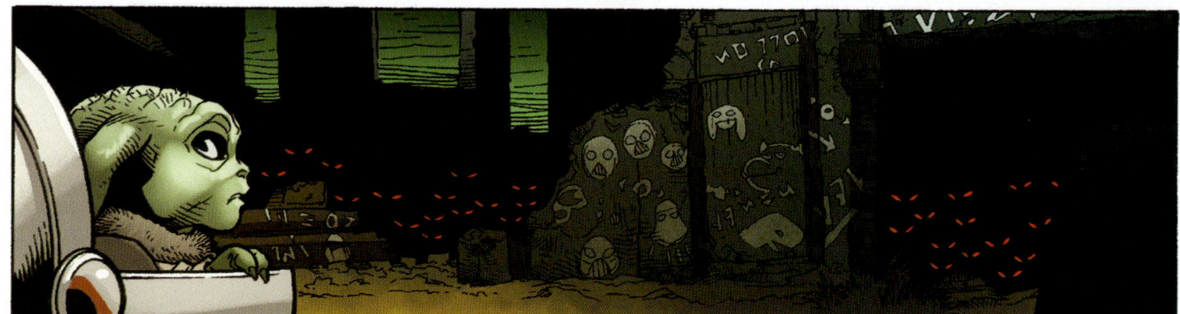

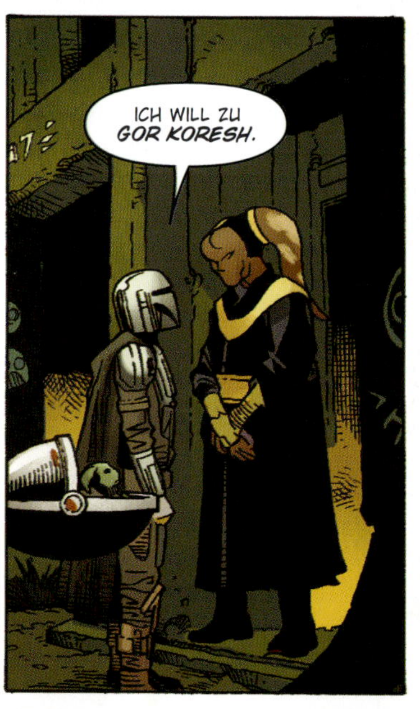
ICH WILL ZU GOR KORESH.

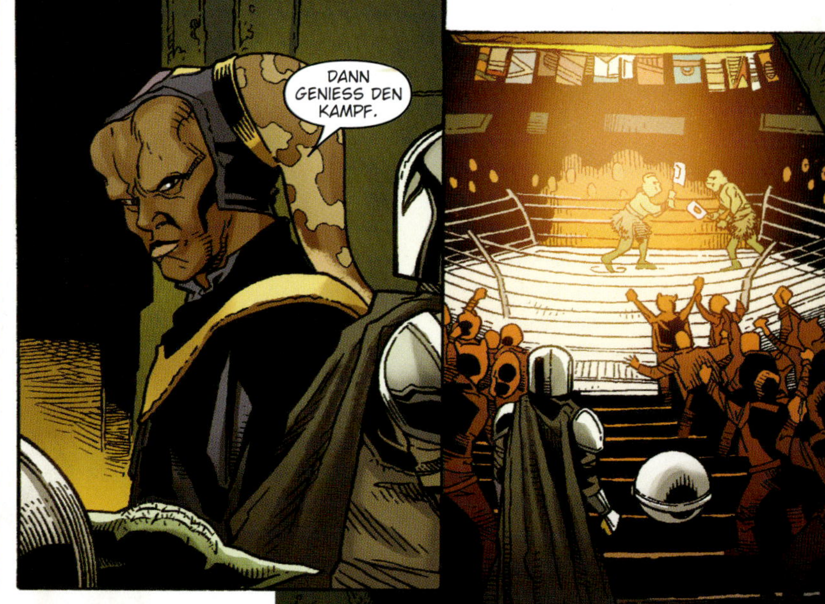
DANN GENIESS DEN KAMPF.

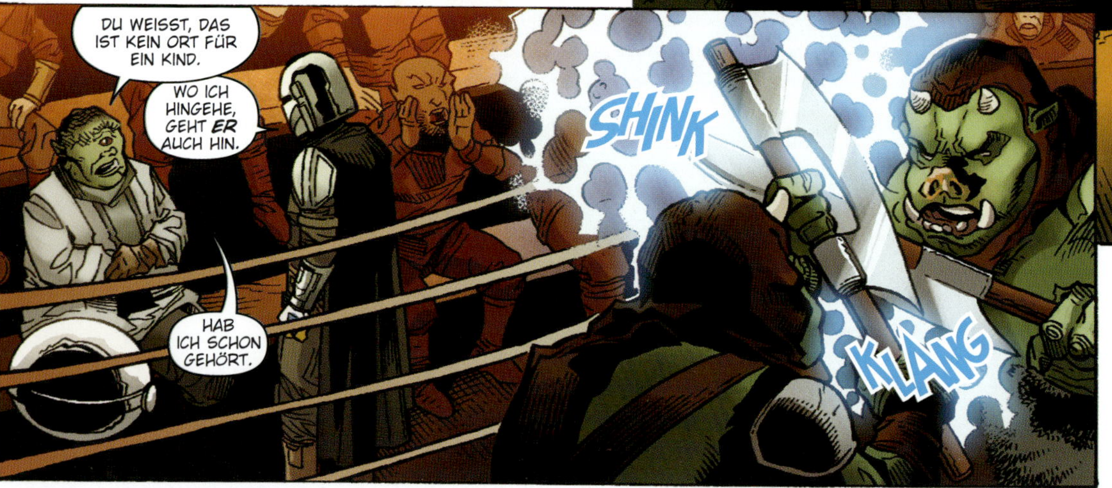
DU WEISST, DAS IST KEIN ORT FÜR EIN KIND.
WO ICH HINGEHE, GEHT ER AUCH HIN.
SHINK
HAB ICH SCHON GEHÖRT.
KLANG

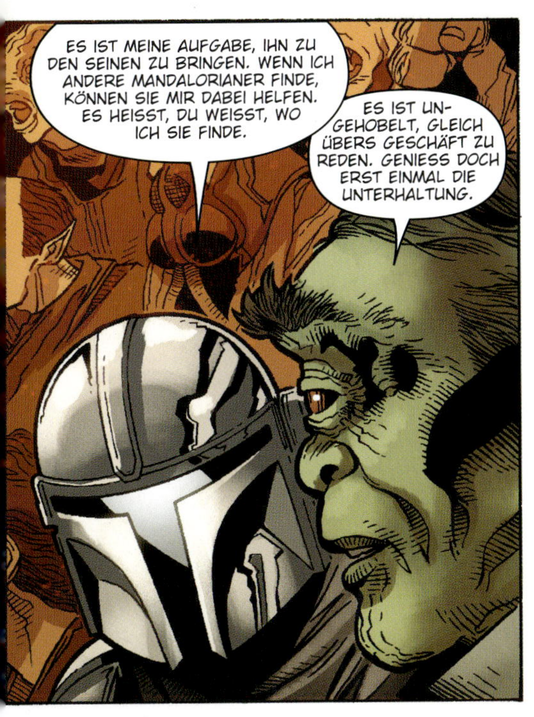
ES IST MEINE AUFGABE, IHN ZU DEN SEINEN ZU BRINGEN. WENN ICH ANDERE MANDALORIANER FINDE, KÖNNEN SIE MIR DABEI HELFEN. ES HEISST, DU WEISST, WO ICH SIE FINDE.
ES IST UN-GEHOBELT, GLEICH ÜBERS GESCHÄFT ZU REDEN. GENIESS DOCH ERST EINMAL DIE UNTERHALTUNG.

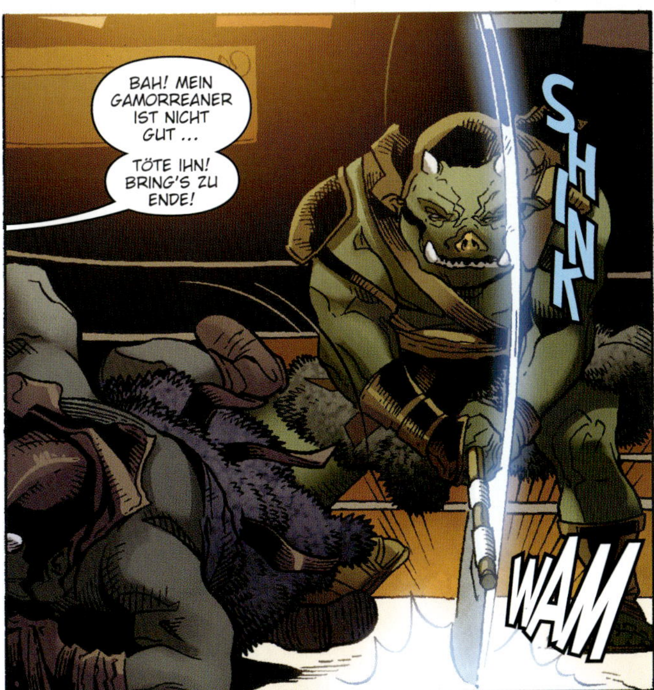
BAH! MEIN GAMORREANER IST NICHT GUT ...
TÖTE IHN! BRING'S ZU ENDE!
SHINK
WAM

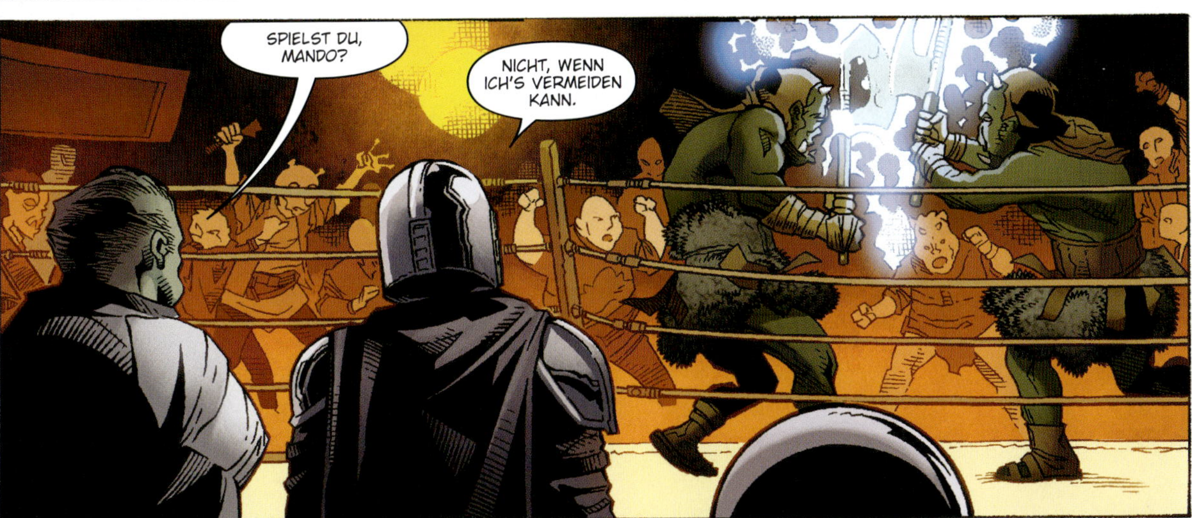
SPIELST DU, MANDO?
NICHT, WENN ICH'S VERMEIDEN KANN.

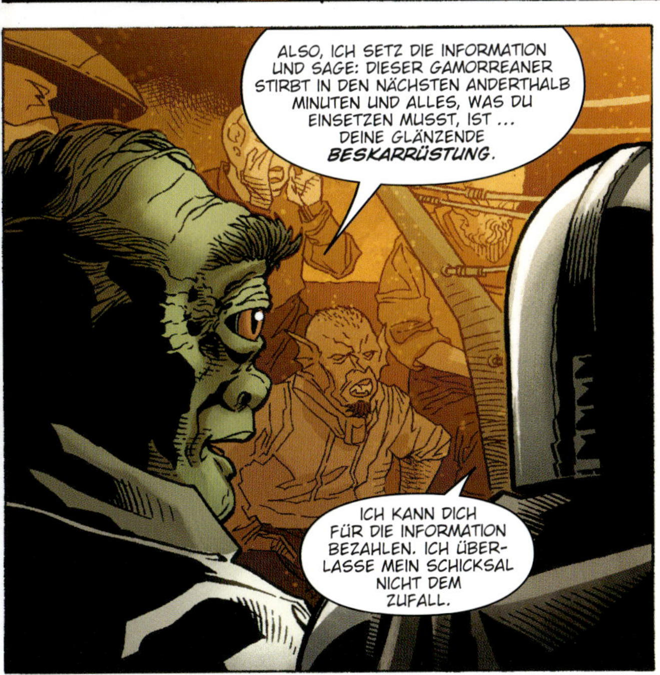
ALSO, ICH SETZ DIE INFORMATION UND SAGE: DIESER GAMORREANER STIRBT IN DEN NÄCHSTEN ANDERTHALB MINUTEN UND ALLES, WAS DU EINSETZEN MUSST, IST ... DEINE GLÄNZENDE ***BESKARRÜSTUNG***.
ICH KANN DICH FÜR DIE INFORMATION BEZAHLEN. ICH ÜBER-LASSE MEIN SCHICKSAL NICHT DEM ZUFALL.

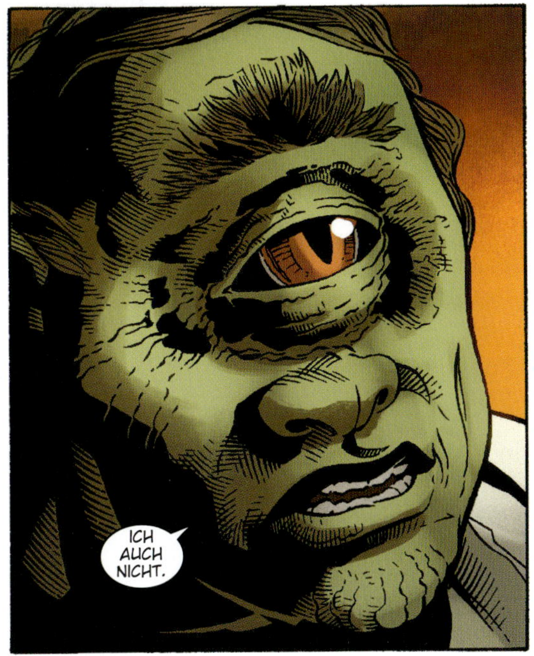
ICH AUCH NICHT.

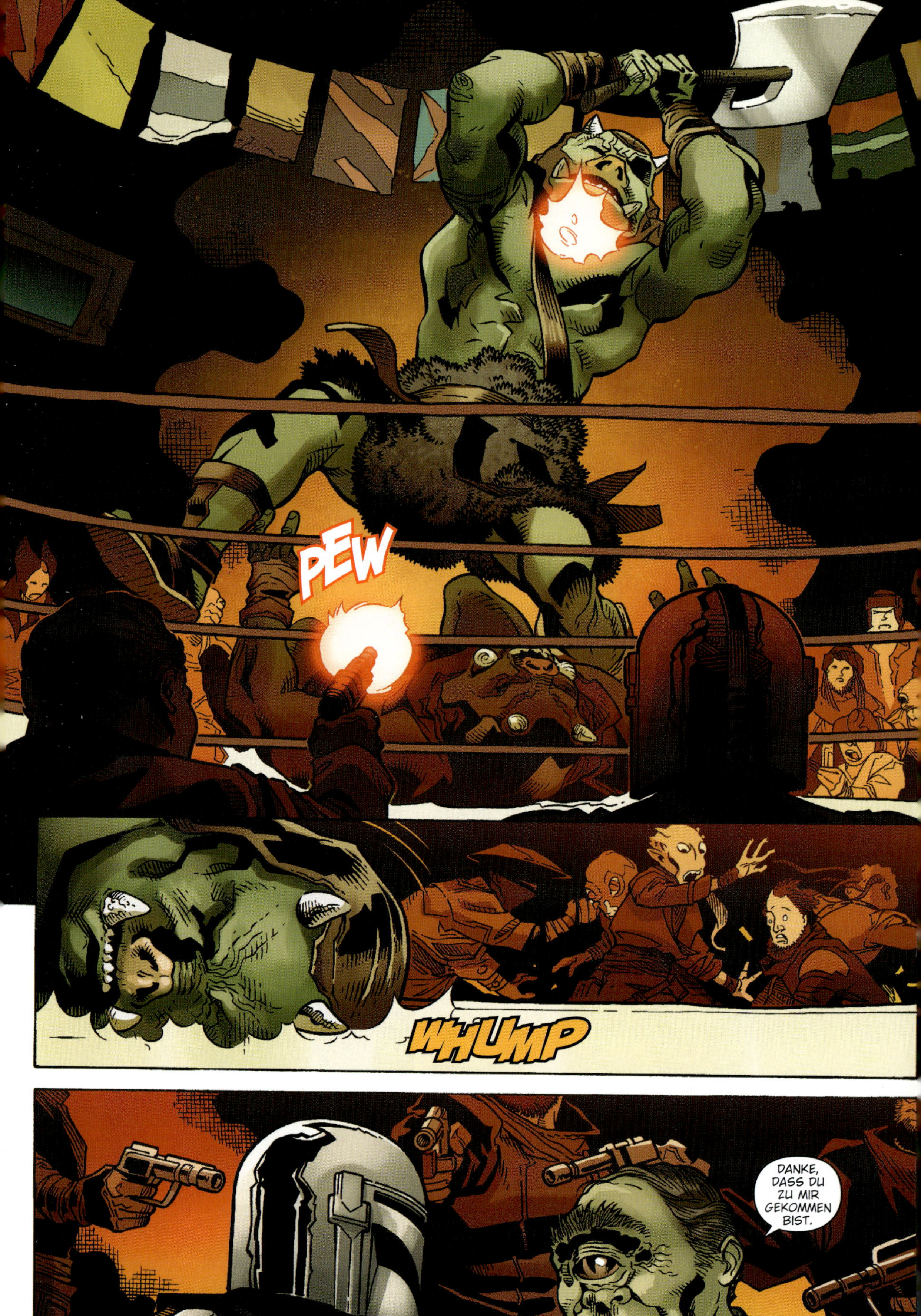
PEW
WHUMP
DANKE, DASS DU ZU MIR GEKOMMEN BIST.

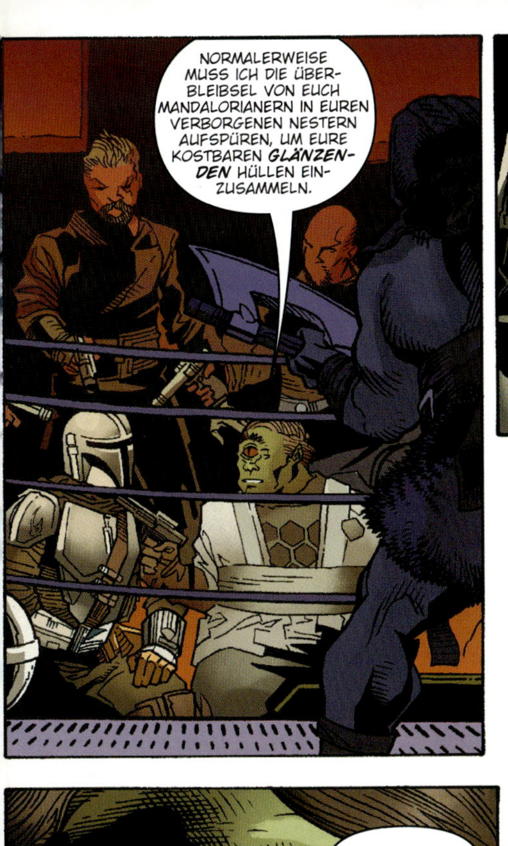
NORMALERWEISE MUSS ICH DIE ÜBERBLEIBSEL VON EUCH MANDALORIANERN IN EUREN VERBORGENEN NESTERN AUFSPÜREN, UM EURE KOSTBAREN **GLÄNZENDEN** HÜLLEN EINZUSAMMELN.

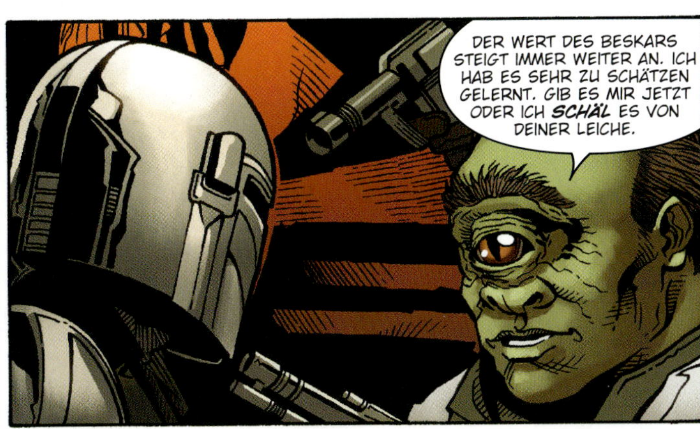
DER WERT DES BESKARS STEIGT IMMER WEITER AN. ICH HAB ES SEHR ZU SCHÄTZEN GELERNT. GIB ES MIR JETZT ODER ICH **SCHÄL** ES VON DEINER LEICHE.

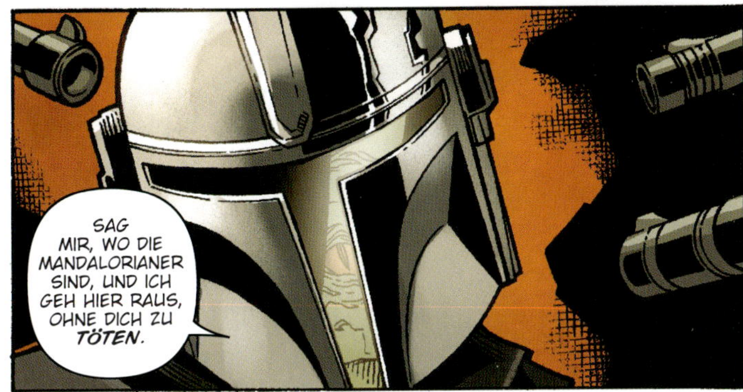
SAG MIR, WO DIE MANDALORIANER SIND, UND ICH GEH HIER RAUS, OHNE DICH ZU **TÖTEN**.

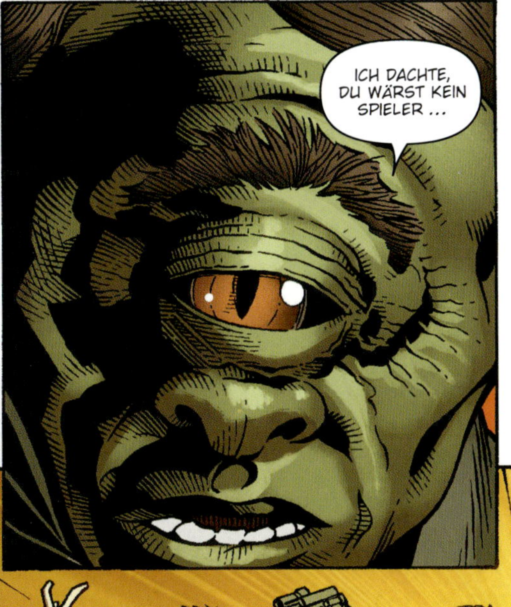
ICH DACHTE, DU WÄRST KEIN SPIELER ...

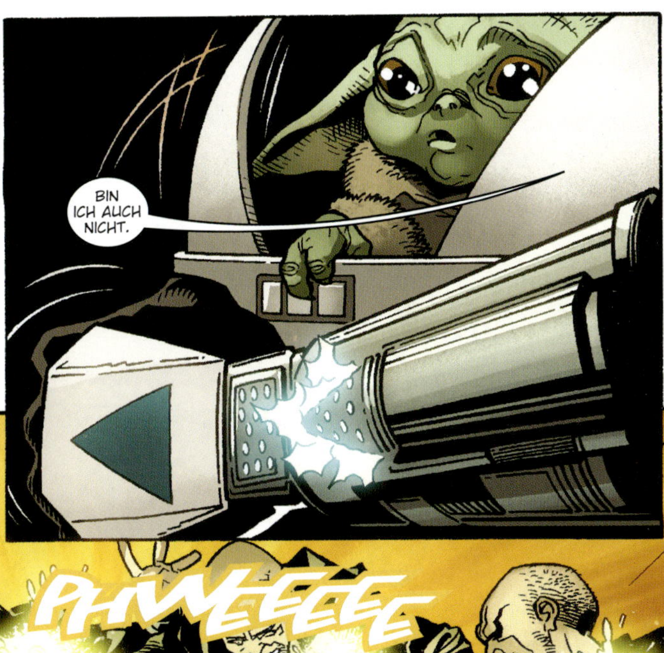
BIN ICH AUCH NICHT.

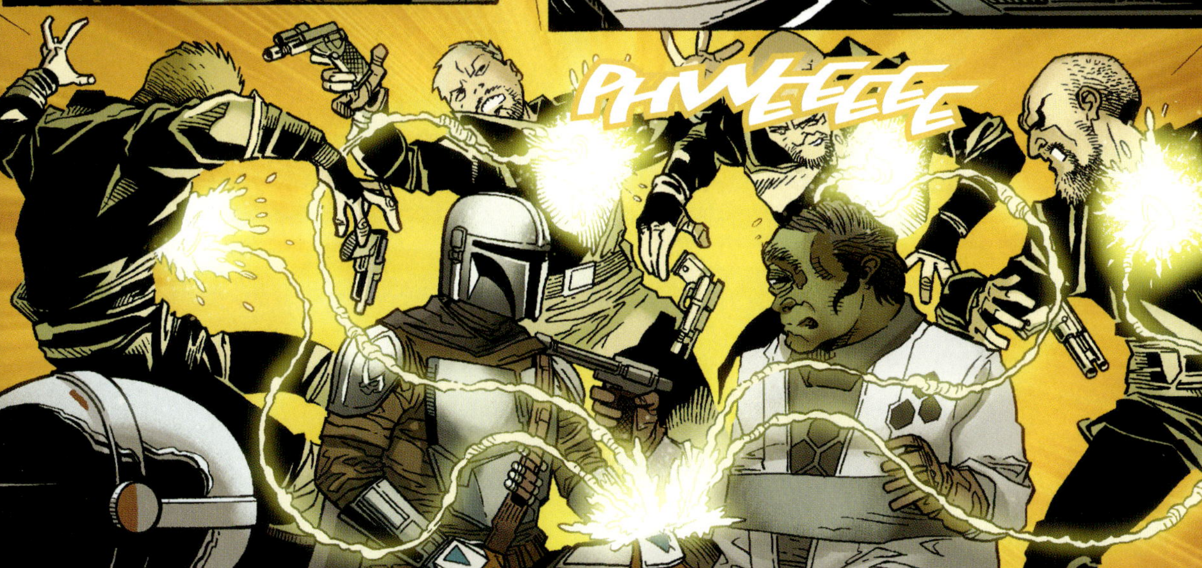
PHWEEEEE

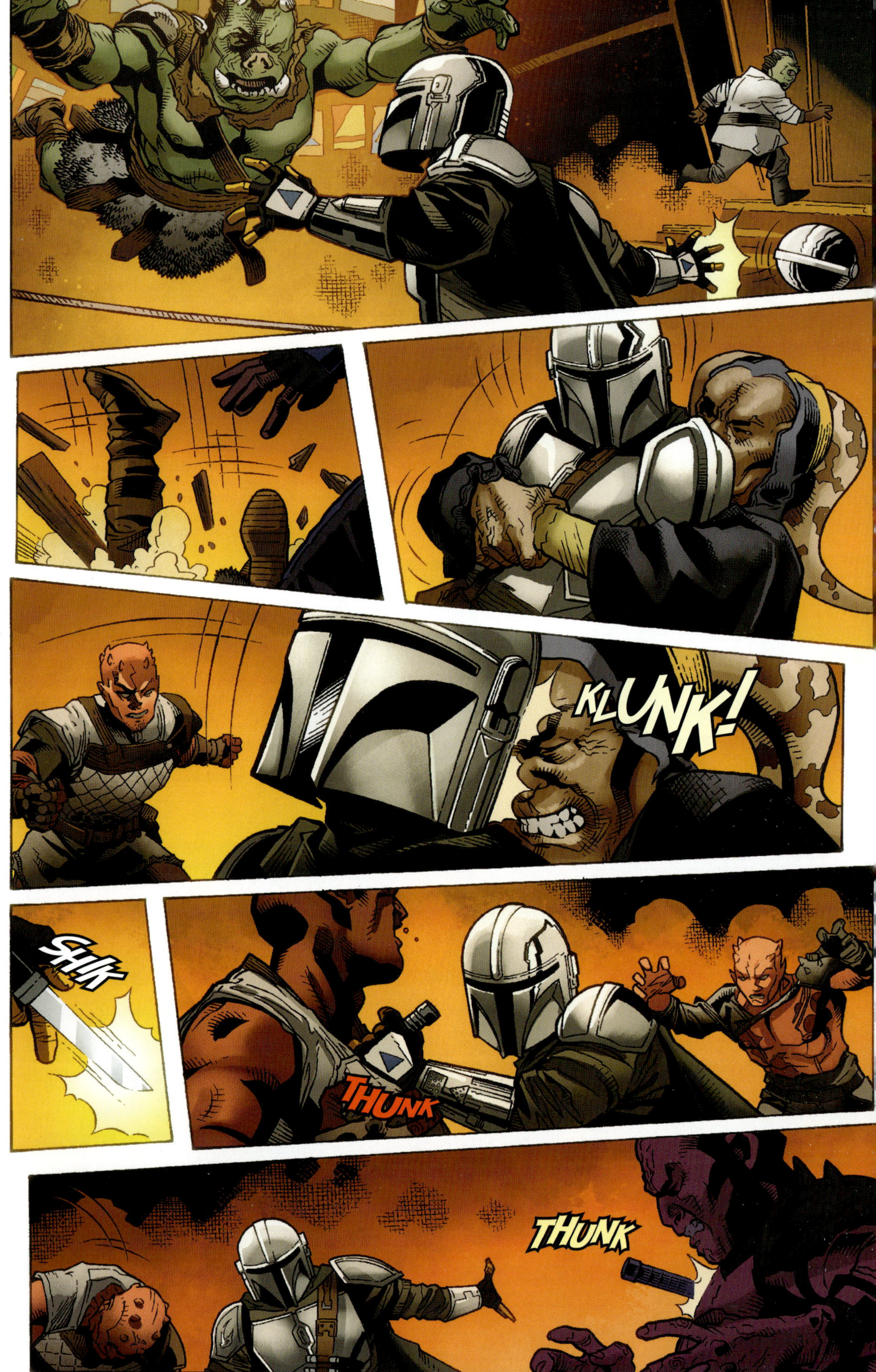
KLUNK!
SHIK
THUNK
THUNK

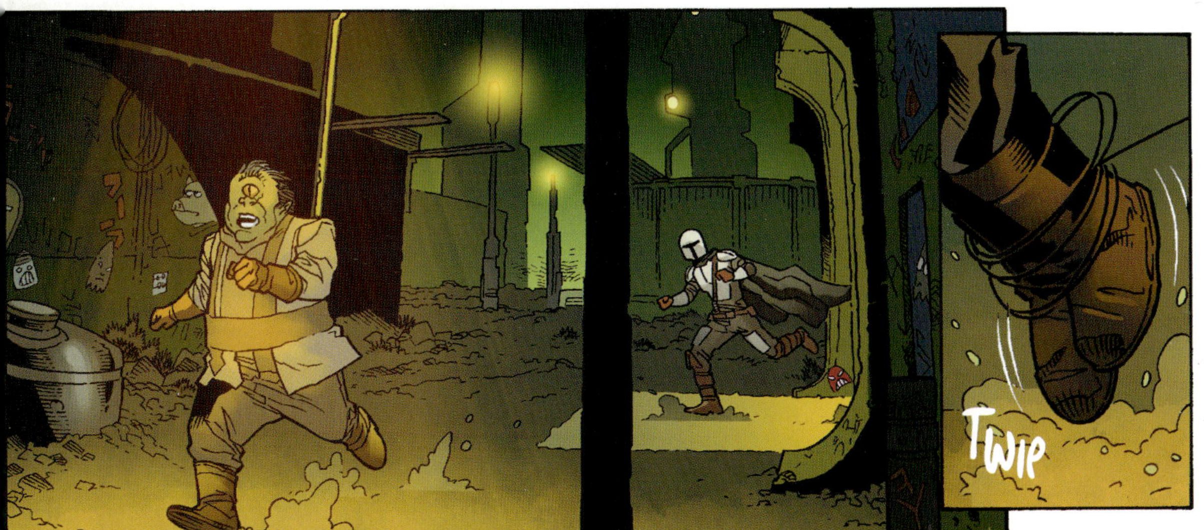
TWIP

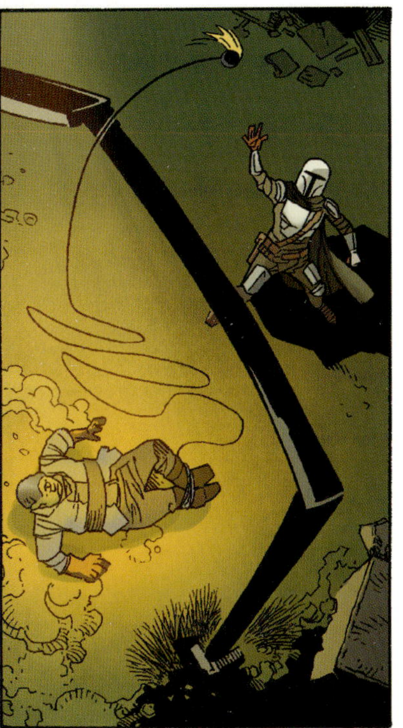

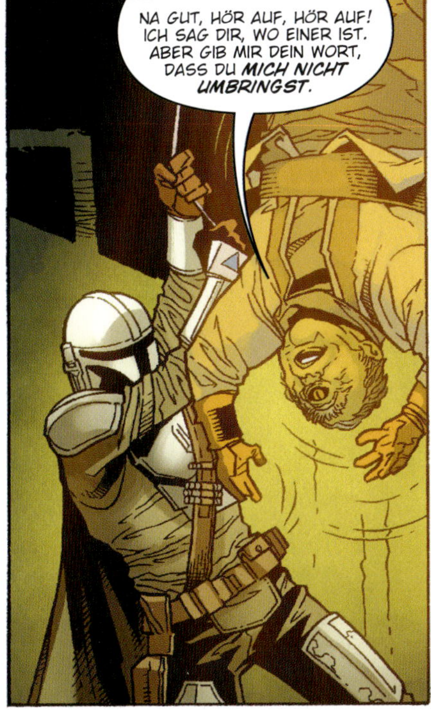
NA GUT, HÖR AUF, HÖR AUF! ICH SAG DIR, WO EINER IST. ABER GIB MIR DEIN WORT, DASS DU MICH NICHT UMBRINGST.

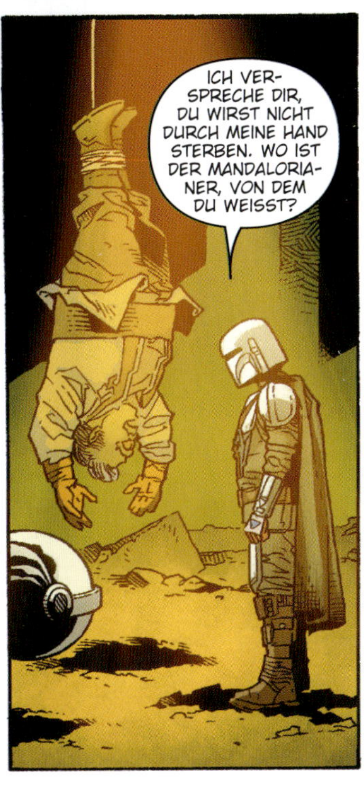
ICH VERSPRECHE DIR, DU WIRST NICHT DURCH MEINE HAND STERBEN. WO IST DER MANDALORIANER, VON DEM DU WEISST?

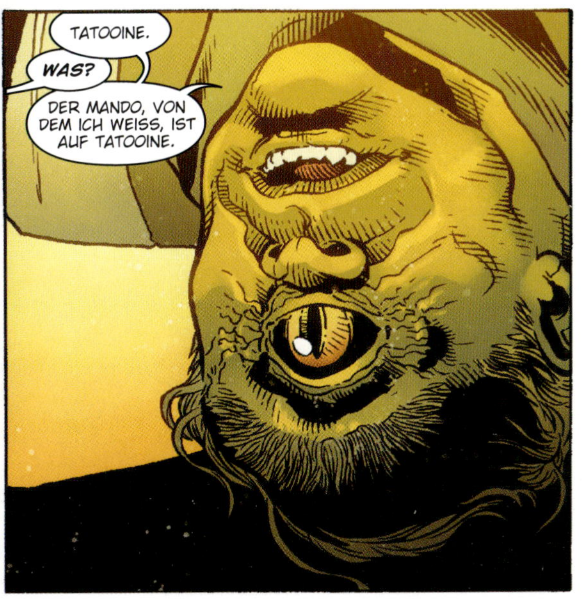
TATOOINE.
WAS?
DER MANDO, VON DEM ICH WEISS, IST AUF TATOOINE.

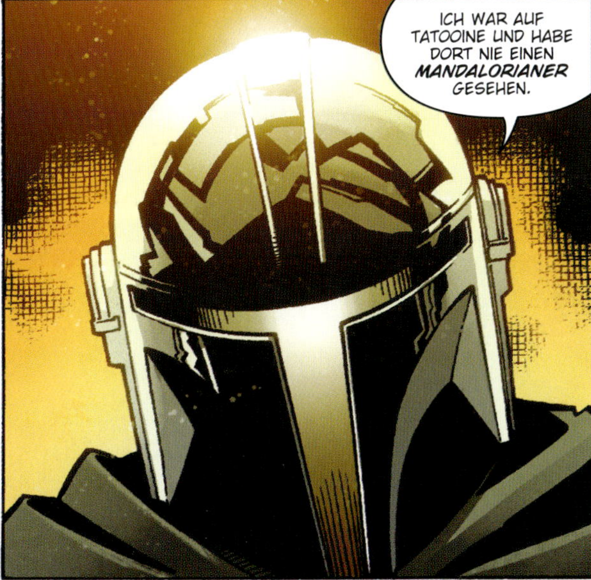
ICH WAR AUF TATOOINE UND HABE DORT NIE EINEN MANDALORIANER GESEHEN.

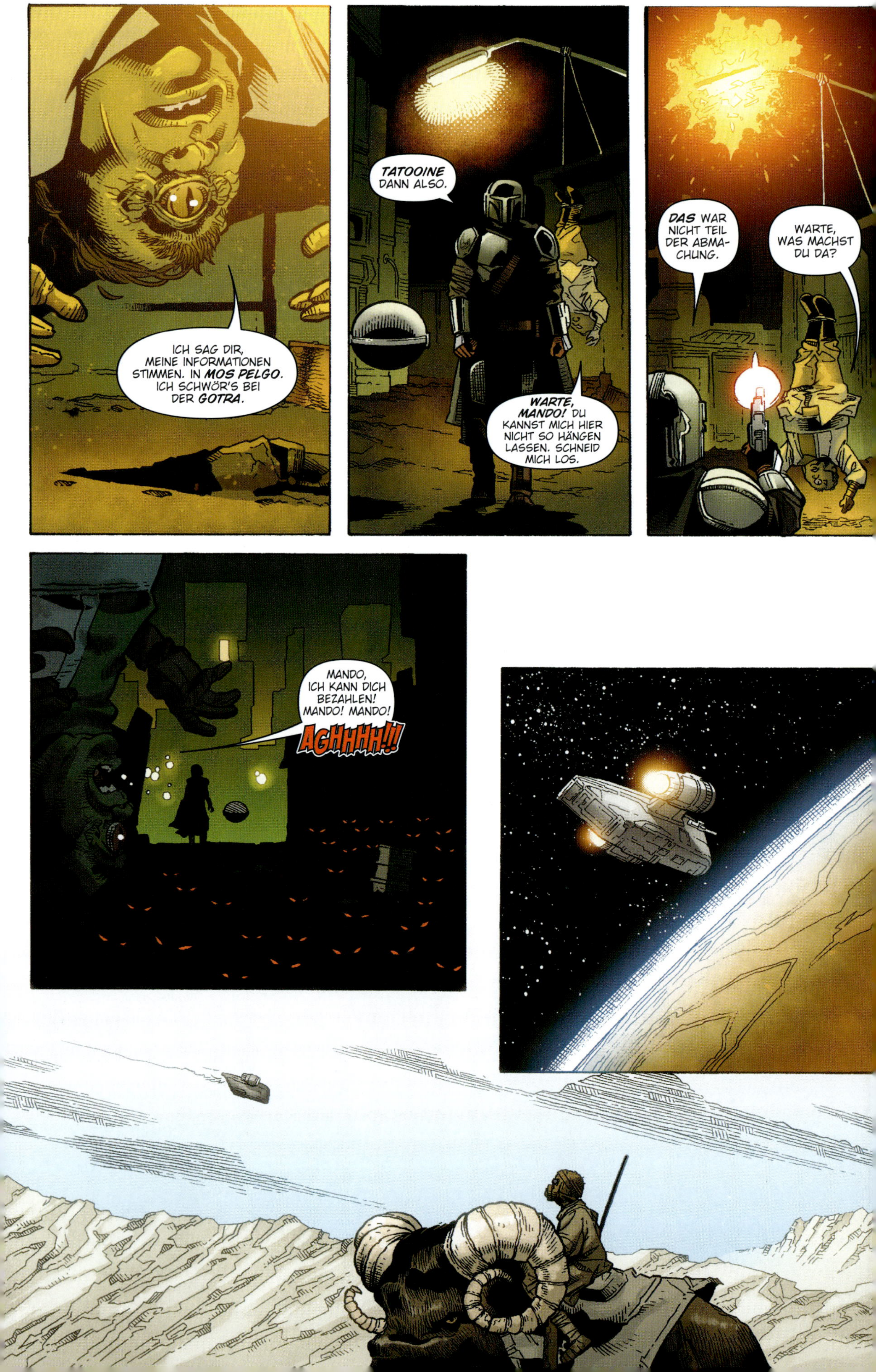

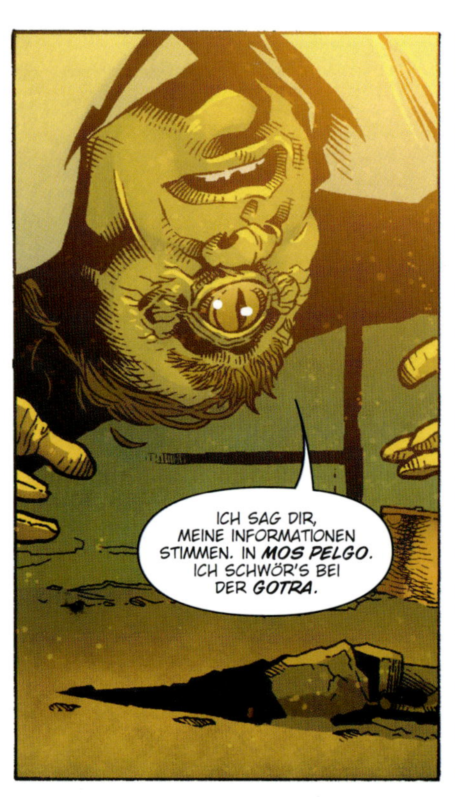
ICH SAG DIR, MEINE INFORMATIONEN STIMMEN. IN MOS PELGO. ICH SCHWÖR'S BEI DER GOTRA.

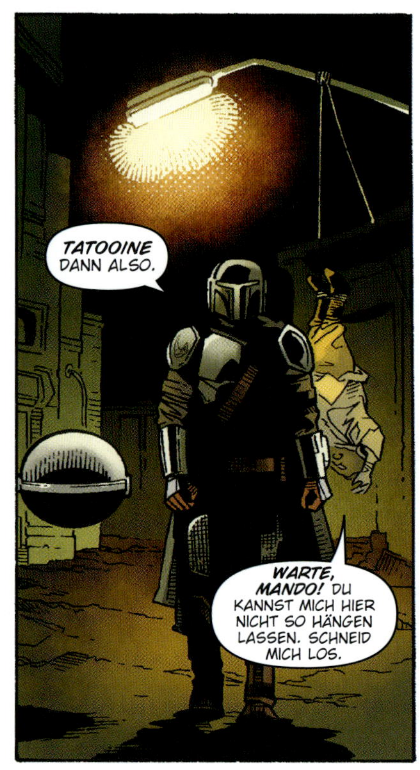
TATOOINE DANN ALSO.
WARTE, MANDO! DU KANNST MICH HIER NICHT SO HÄNGEN LASSEN. SCHNEID MICH LOS.

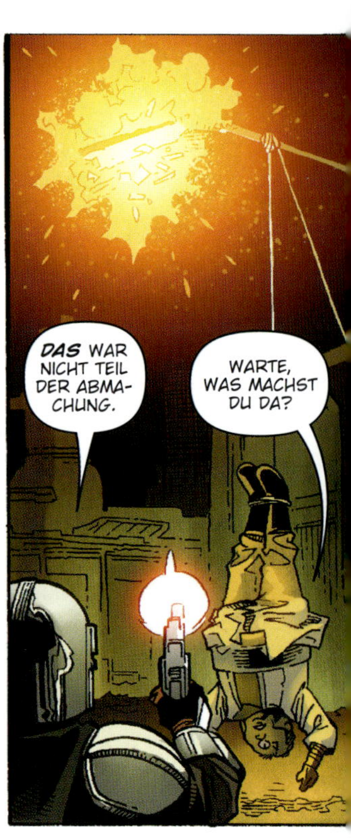
WARTE, WAS MACHST DU DA?
DAS WAR NICHT TEIL DER ABMA-CHUNG.

MANDO, ICH KANN DICH BEZAHLEN! MANDO! MANDO!
AGHHHH!!!

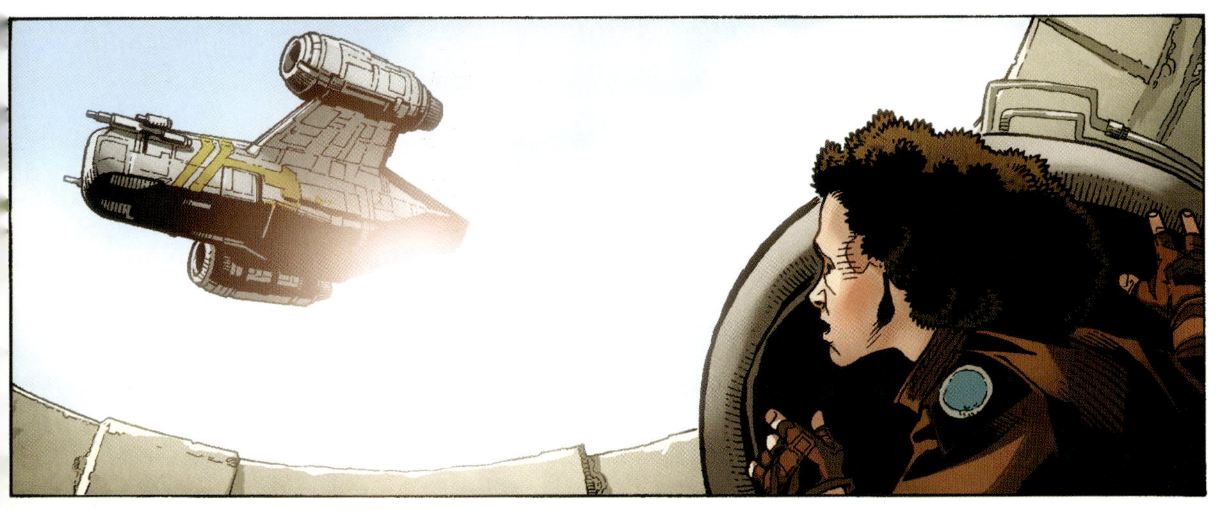
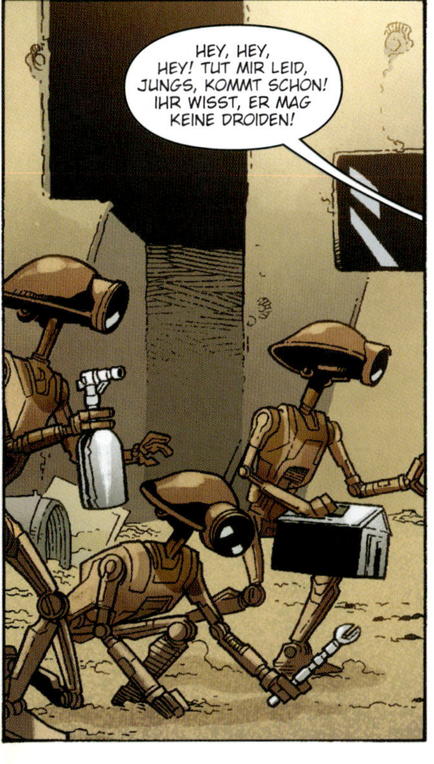
HEY, HEY, HEY! TUT MIR LEID, JUNGS, KOMMT SCHON! IHR WISST, ER MAG KEINE DROIDEN!
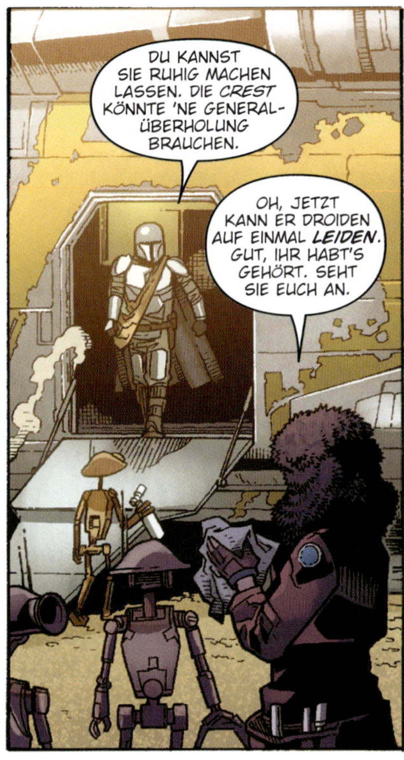
DU KANNST SIE RUHIG MACHEN LASSEN. DIE *CREST* KÖNNTE 'NE GENERAL-ÜBERHOLUNG BRAUCHEN.
OH, JETZT KANN ER DROIDEN AUF EINMAL ***LEIDEN***. GUT, IHR HABT'S GEHÖRT. SEHT SIE EUCH AN.
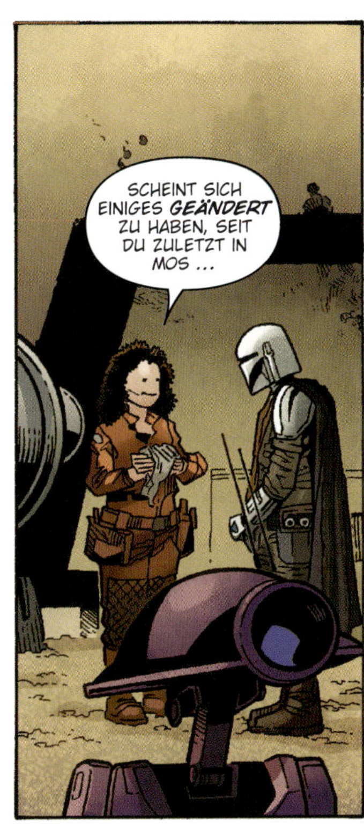
SCHEINT SICH EINIGES ***GEÄNDERT*** ZU HABEN, SEIT DU ZULETZT IN MOS ...
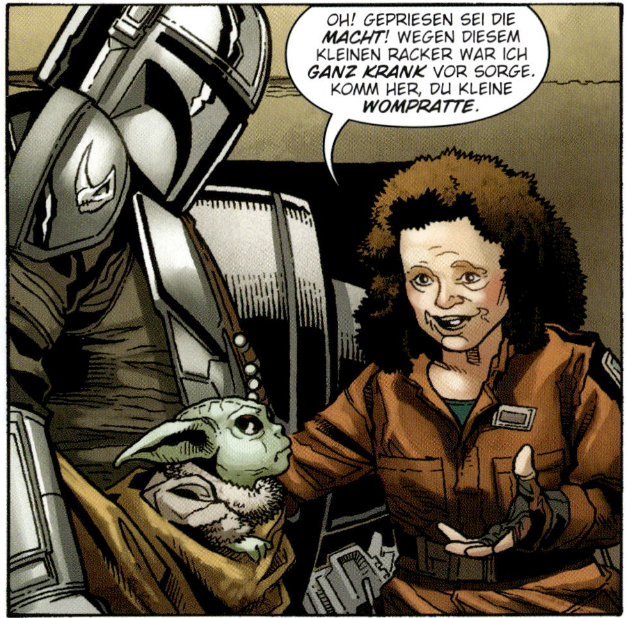
OH! GEPRIESEN SEI DIE ***MACHT***! WEGEN DIESEM KLEINEN RACKER WAR ICH ***GANZ KRANK*** VOR SORGE. KOMM HER, DU KLEINE ***WOMPRATTE***.
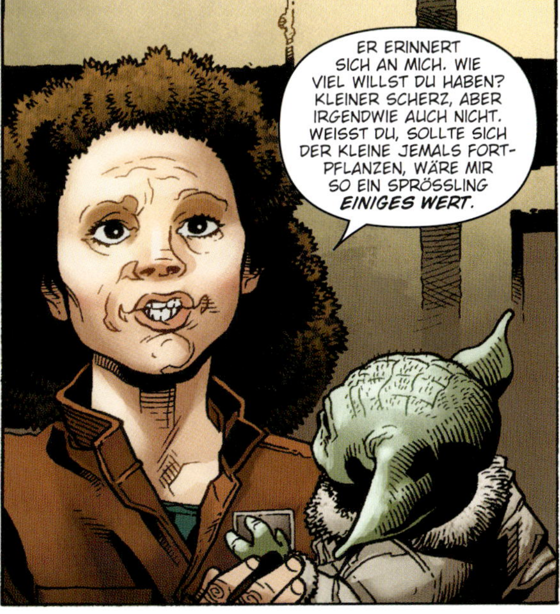
ER ERINNERT SICH AN MICH. WIE VIEL WILLST DU HABEN? KLEINER SCHERZ, ABER IRGENDWIE AUCH NICHT. WEISST DU, SOLLTE SICH DER KLEINE JEMALS FORTPFLANZEN, WÄRE MIR SO EIN SPRÖSSLING ***EINIGES WERT***.

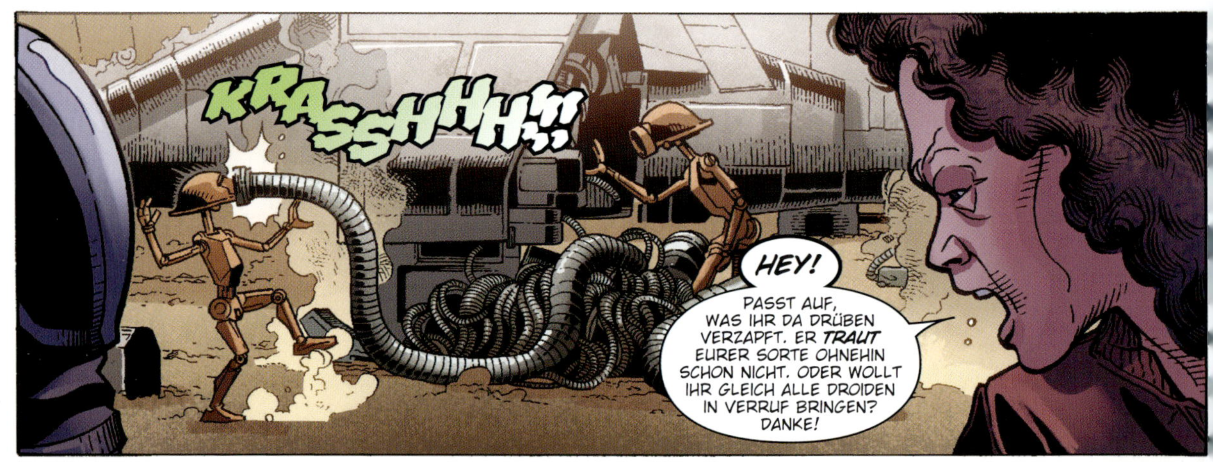
KRASSHHH!!
HEY!
PASST AUF, WAS IHR DA DRÜBEN VERZAPFT. ER TRAUT EURER SORTE OHNEHIN SCHON NICHT. ODER WOLLT IHR GLEICH ALLE DROIDEN IN VERRUF BRINGEN? DANKE!

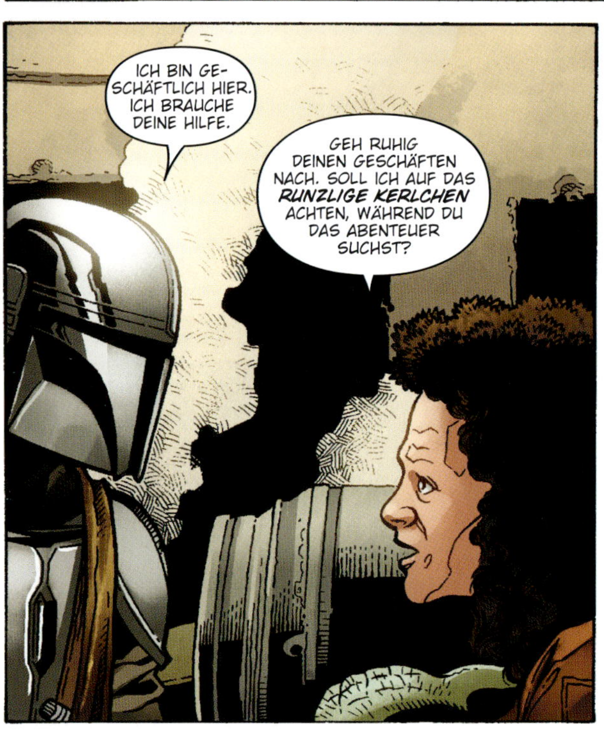
ICH BIN GESCHÄFTLICH HIER. ICH BRAUCHE DEINE HILFE.
GEH RUHIG DEINEN GESCHÄFTEN NACH. SOLL ICH AUF DAS RUNZLIGE KERLCHEN ACHTEN, WÄHREND DU DAS ABENTEUER SUCHST?

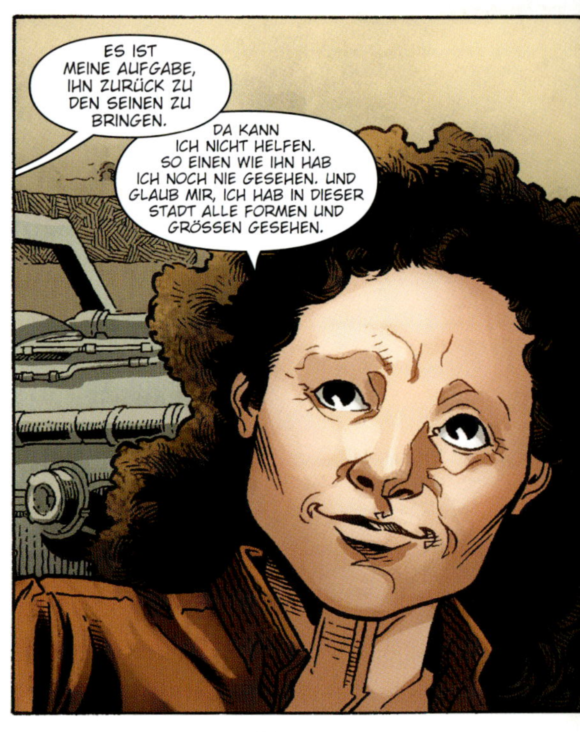
ES IST MEINE AUFGABE, IHN ZURÜCK ZU DEN SEINEN ZU BRINGEN.
DA KANN ICH NICHT HELFEN. SO EINEN WIE IHN HAB ICH NOCH NIE GESEHEN. UND GLAUB MIR, ICH HAB IN DIESER STADT ALLE FORMEN UND GRÖSSEN GESEHEN.

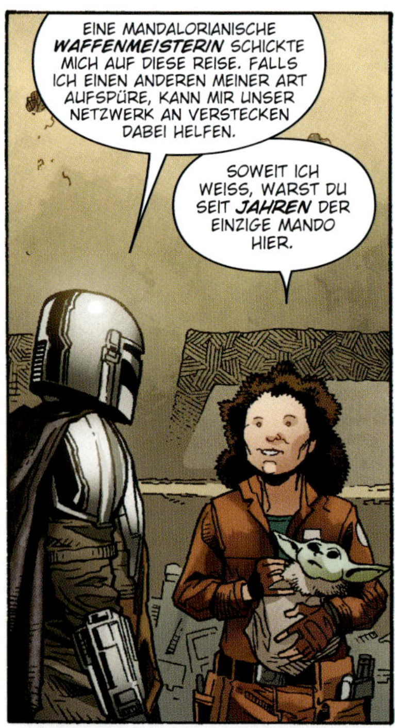
EINE MANDALORIANISCHE WAFFENMEISTERIN SCHICKTE MICH AUF DIESE REISE. FALLS ICH EINEN ANDEREN MEINER ART AUFSPÜRE, KANN MIR UNSER NETZWERK AN VERSTECKEN DABEI HELFEN.
SOWEIT ICH WEISS, WARST DU SEIT JAHREN DER EINZIGE MANDO HIER.

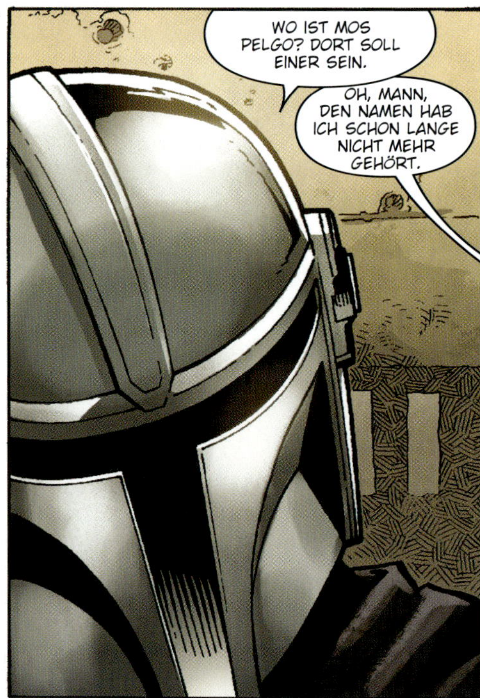
WO IST MOS PELGO? DORT SOLL EINER SEIN.
OH, MANN, DEN NAMEN HAB ICH SCHON LANGE NICHT MEHR GEHÖRT.

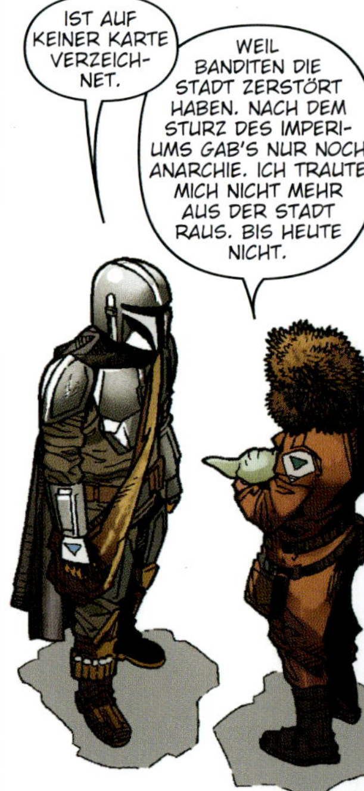
IST AUF KEINER KARTE VERZEICHNET.
WEIL BANDITEN DIE STADT ZERSTÖRT HABEN. NACH DEM STURZ DES IMPERIUMS GAB'S NUR NOCH ANARCHIE. ICH TRAUTE MICH NICHT MEHR AUS DER STADT RAUS. BIS HEUTE NICHT.

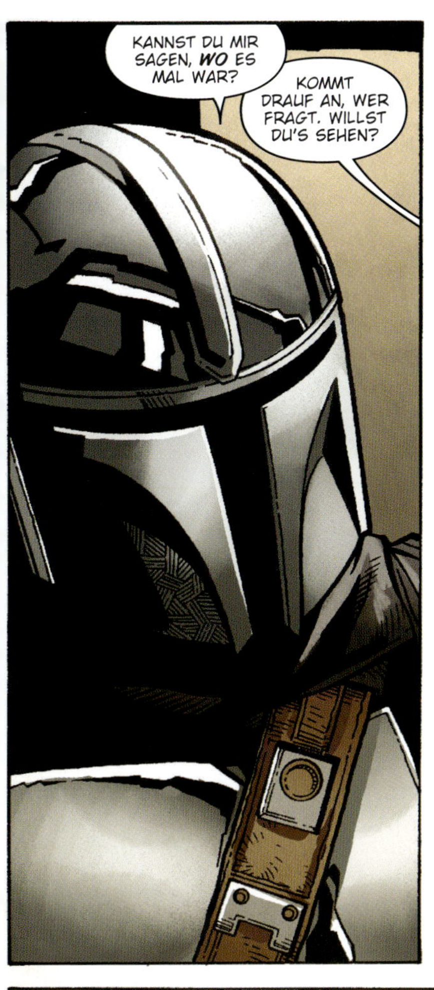
KANNST DU MIR SAGEN, WO ES MAL WAR?
KOMMT DRAUF AN, WER FRAGT. WILLST DU'S SEHEN?

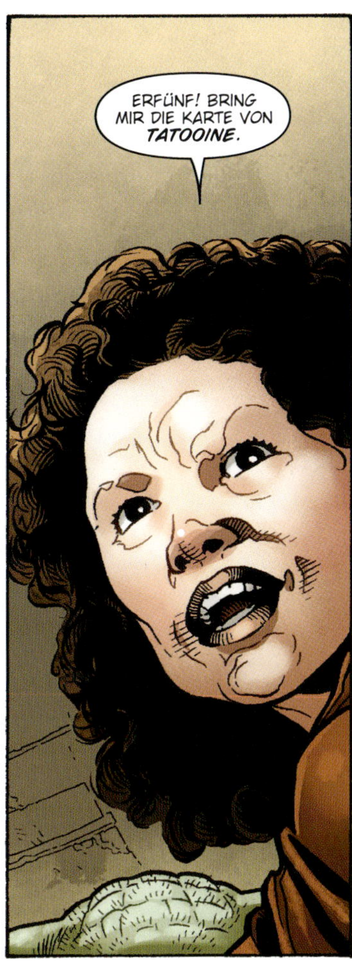
ERFÜNF! BRING MIR DIE KARTE VON TATOOINE.

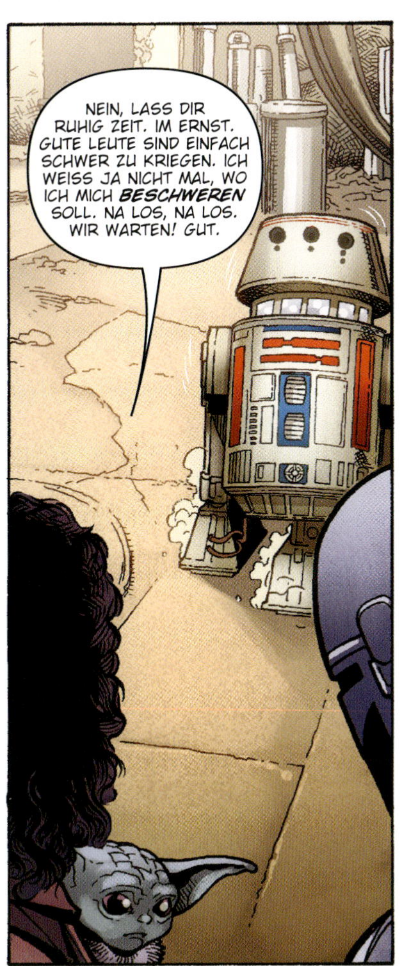
NEIN, LASS DIR RUHIG ZEIT. IM ERNST. GUTE LEUTE SIND EINFACH SCHWER ZU KRIEGEN. ICH WEISS JA NICHT MAL, WO ICH MICH BESCHWEREN SOLL. NA LOS, NA LOS. WIR WARTEN! GUT.

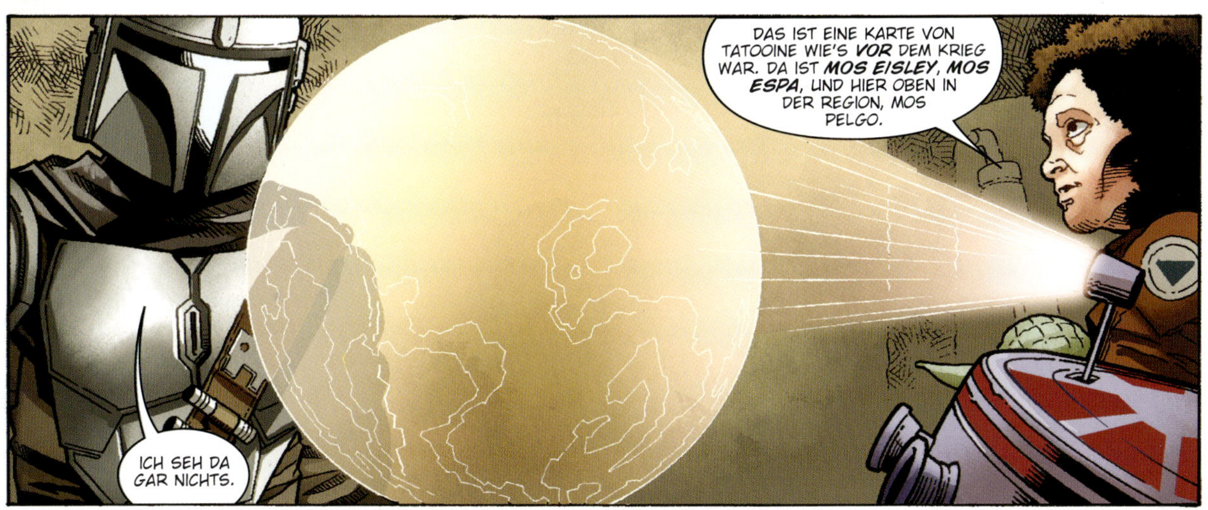
DAS IST EINE KARTE VON TATOOINE WIE'S VOR DEM KRIEG WAR. DA IST MOS EISLEY, MOS ESPA, UND HIER OBEN IN DER REGION, MOS PELGO.
ICH SEH DA GAR NICHTS.

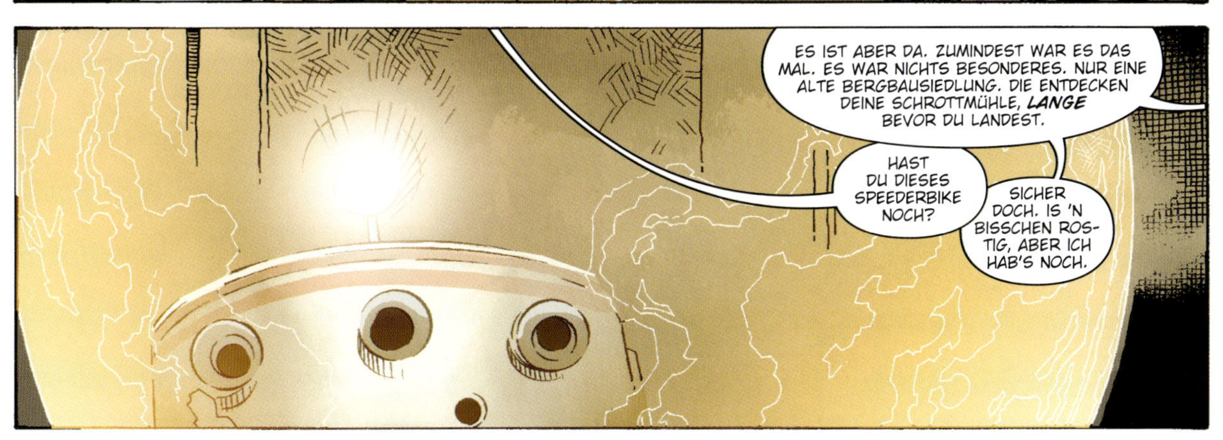
ES IST ABER DA. ZUMINDEST WAR ES DAS MAL. ES WAR NICHTS BESONDERES. NUR EINE ALTE BERGBAUSIEDLUNG. DIE ENTDECKEN DEINE SCHROTTMÜHLE, LANGE BEVOR DU LANDEST.
HAST DU DIESES SPEEDERBIKE NOCH?
SICHER DOCH. IS 'N BISSCHEN ROS-TIG, ABER ICH HAB'S NOCH.

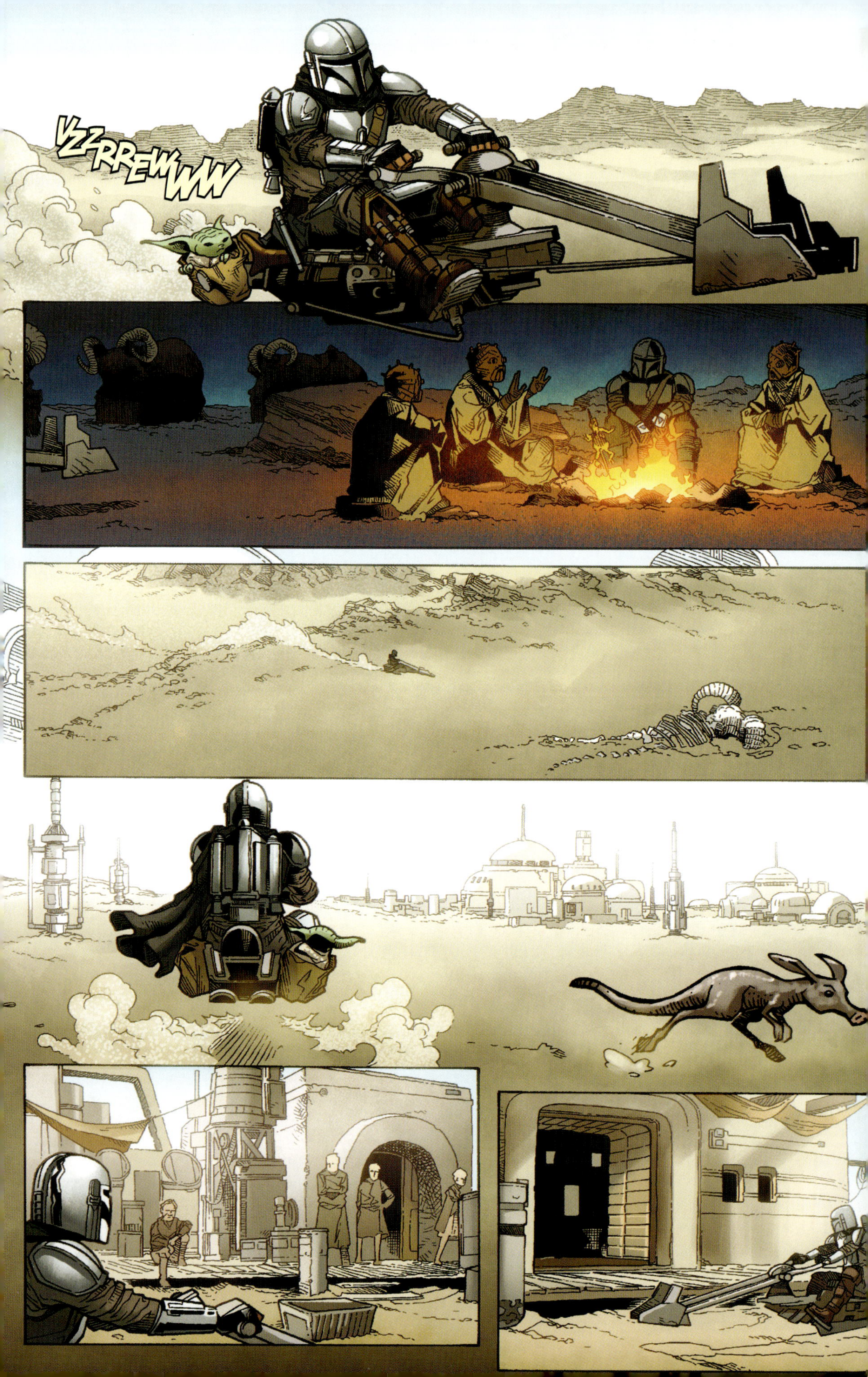
VZZRREWWW

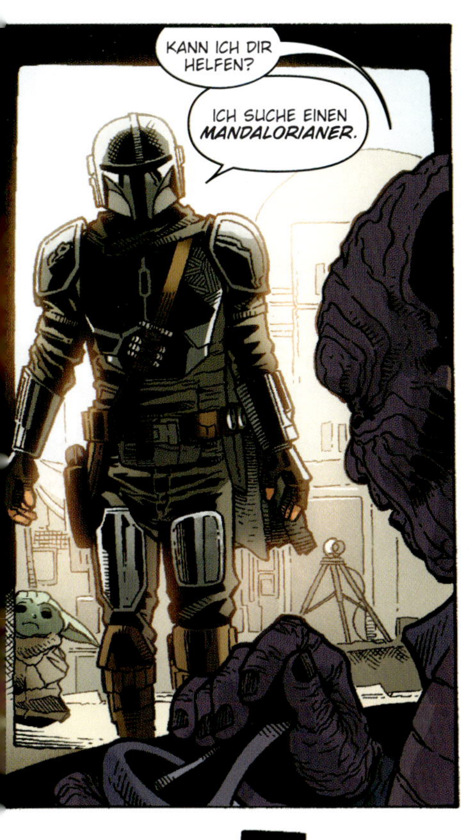
KANN ICH DIR HELFEN?
ICH SUCHE EINEN ***MANDALORIANER***.

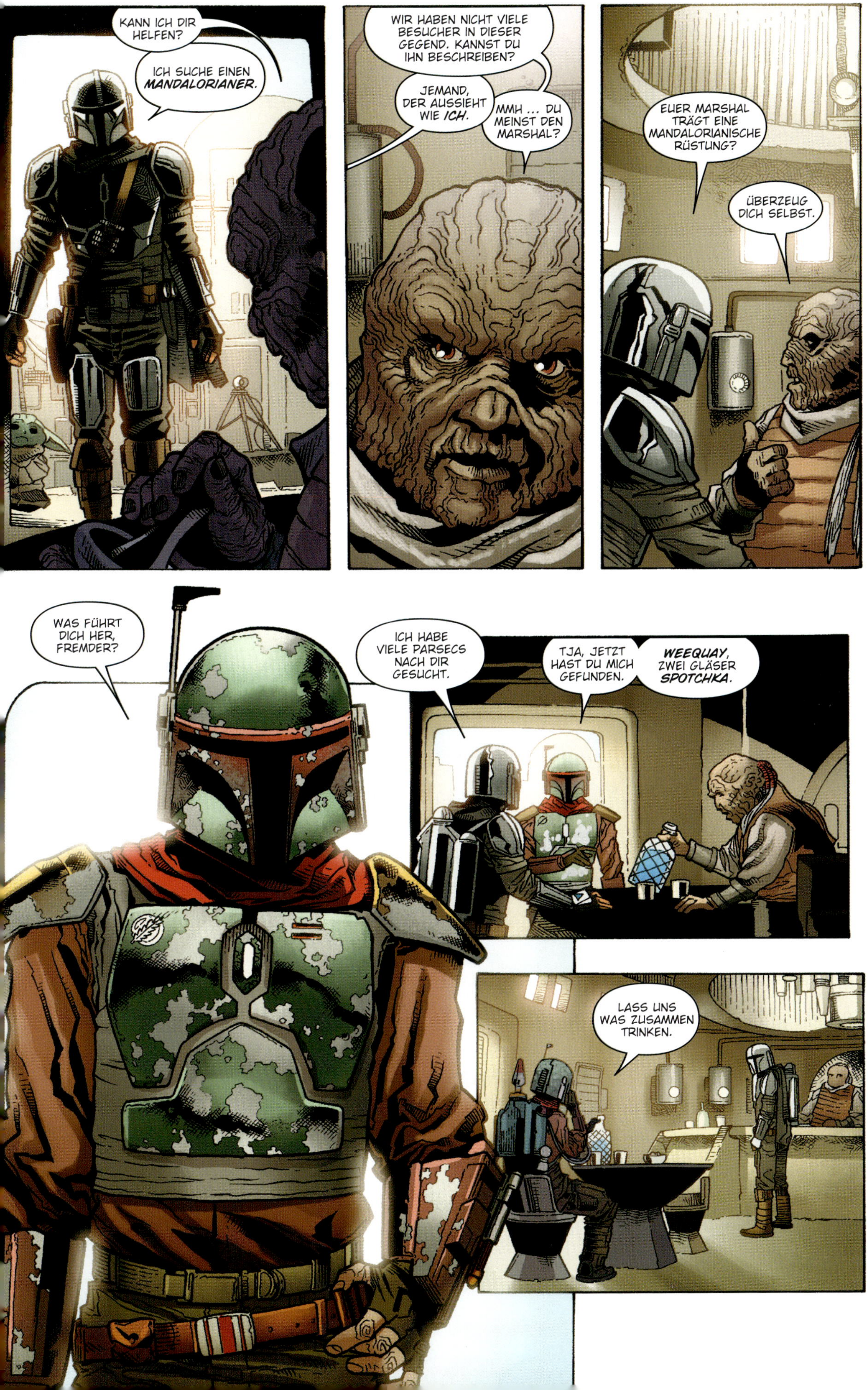

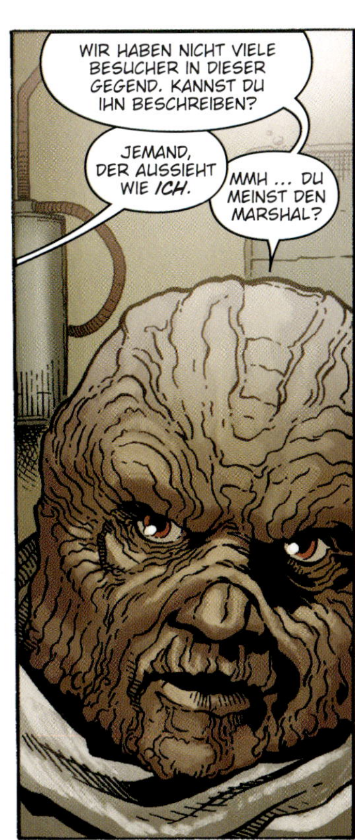
WIR HABEN NICHT VIELE BESUCHER IN DIESER GEGEND. KANNST DU IHN BESCHREIBEN?
JEMAND, DER AUSSIEHT WIE ***ICH***.
MMH ... DU MEINST DEN MARSHAL?

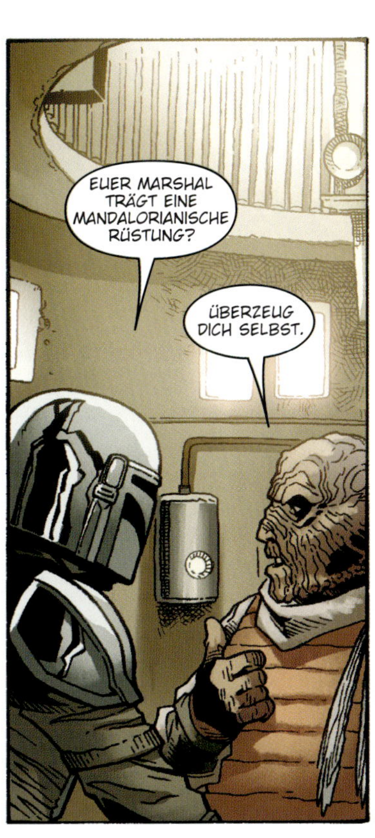
EUER MARSHAL TRÄGT EINE MANDALORIANISCHE RÜSTUNG?
ÜBERZEUG DICH SELBST.

WAS FÜHRT DICH HER, FREMDER?
ICH HABE VIELE PARSECS NACH DIR GESUCHT.
TJA, JETZT HAST DU MICH GEFUNDEN.
WEEQUAY, ZWEI GLÄSER ***SPOTCHKA***.
LASS UNS WAS ZUSAMMEN TRINKEN.

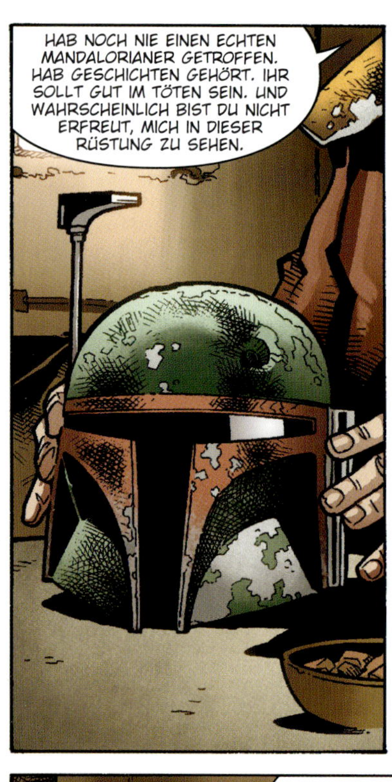
HAB NOCH NIE EINEN ECHTEN MANDALORIANER GETROFFEN. HAB GESCHICHTEN GEHÖRT. IHR SOLLT GUT IM TÖTEN SEIN. UND WAHRSCHEINLICH BIST DU NICHT ERFREUT, MICH IN DIESER RÜSTUNG ZU SEHEN.

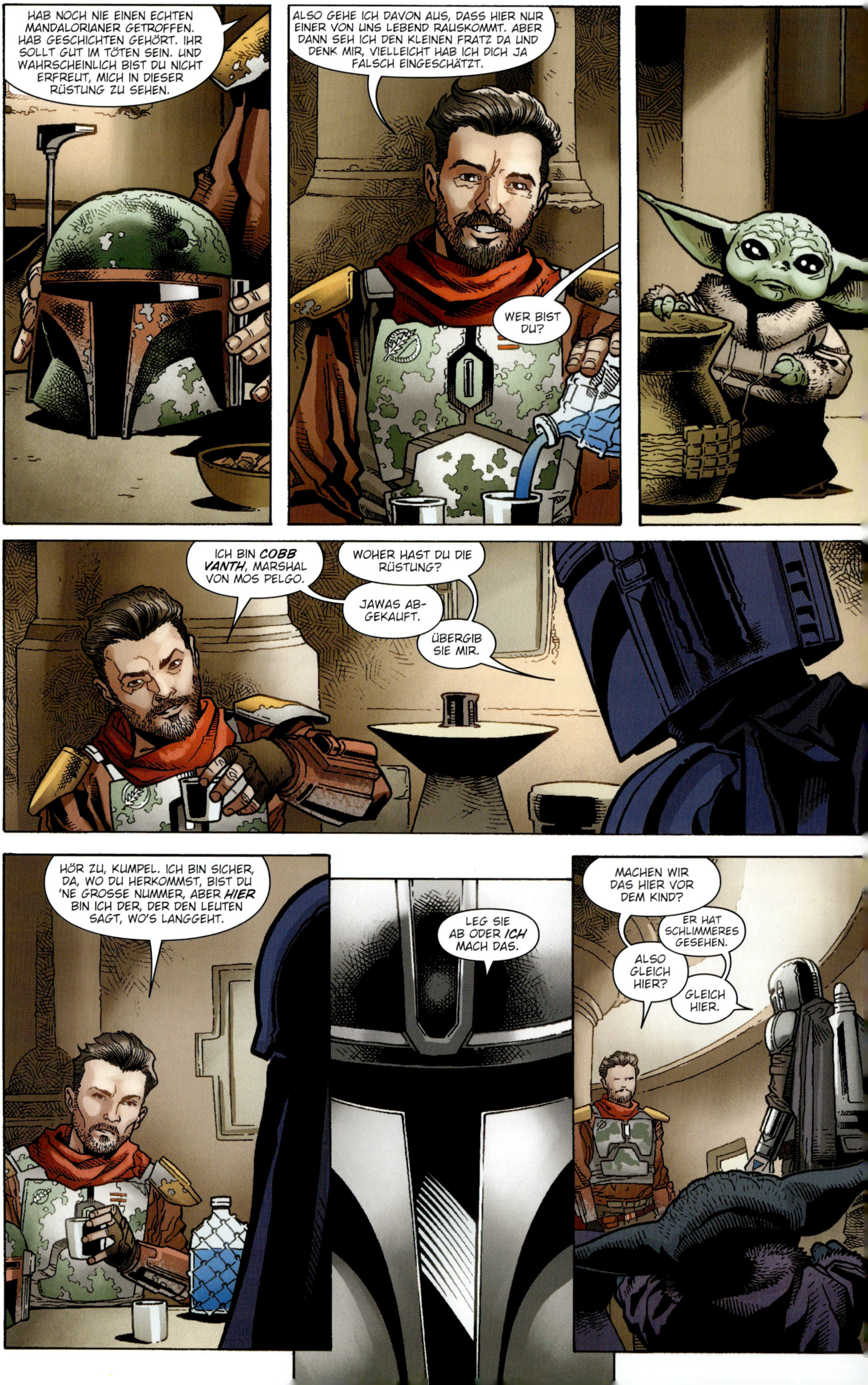

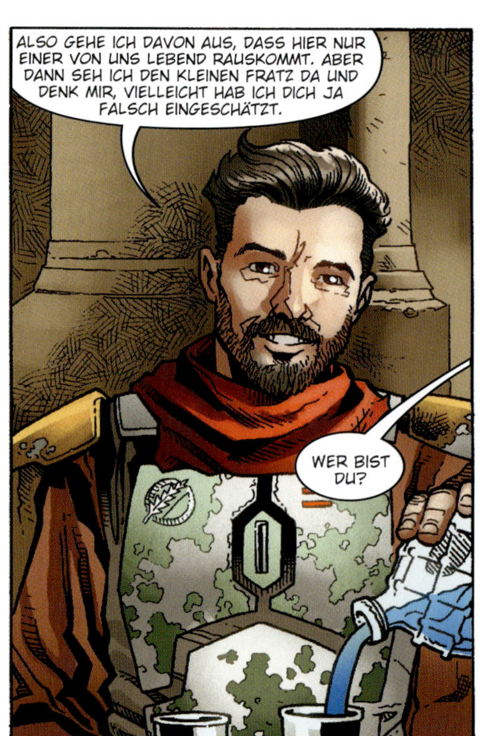
ALSO GEHE ICH DAVON AUS, DASS HIER NUR EINER VON UNS LEBEND RAUSKOMMT. ABER DANN SEH ICH DEN KLEINEN FRATZ DA UND DENK MIR, VIELLEICHT HAB ICH DICH JA FALSCH EINGESCHÄTZT.
WER BIST DU?

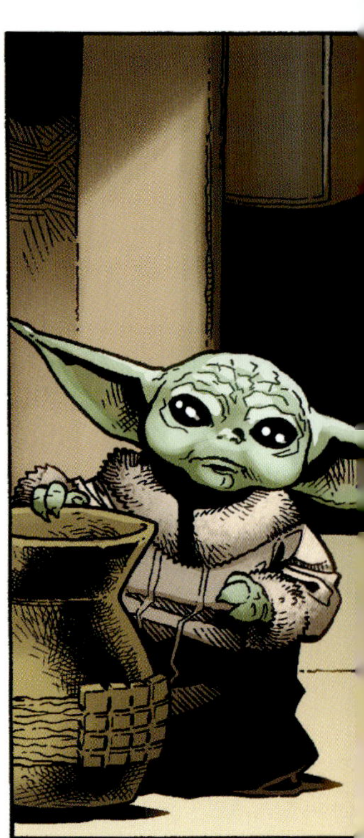

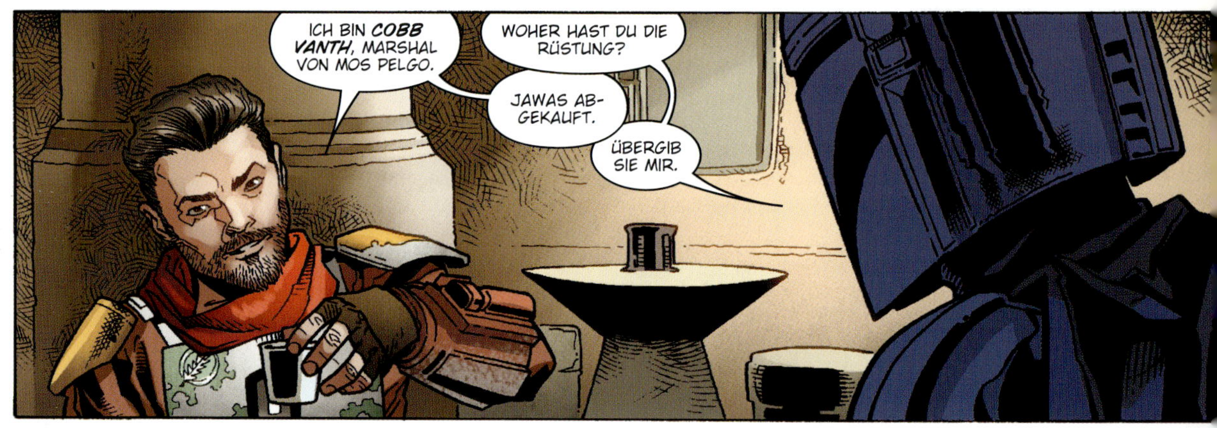
ICH BIN **COBB VANTH**, MARSHAL VON MOS PELGO.
WOHER HAST DU DIE RÜSTUNG?
JAWAS ABGEKAUFT.
ÜBERGIB SIE MIR.

HÖR ZU, KUMPEL. ICH BIN SICHER, DA, WO DU HERKOMMST, BIST DU 'NE GROSSE NUMMER, ABER **HIER** BIN ICH DER, DER DEN LEUTEN SAGT, WO'S LANGGEHT.
LEG SIE AB ODER **ICH** MACH DAS.
MACHEN WIR DAS HIER VOR DEM KIND?
ER HAT SCHLIMMERES GESEHEN.
ALSO GLEICH HIER?
GLEICH HIER.

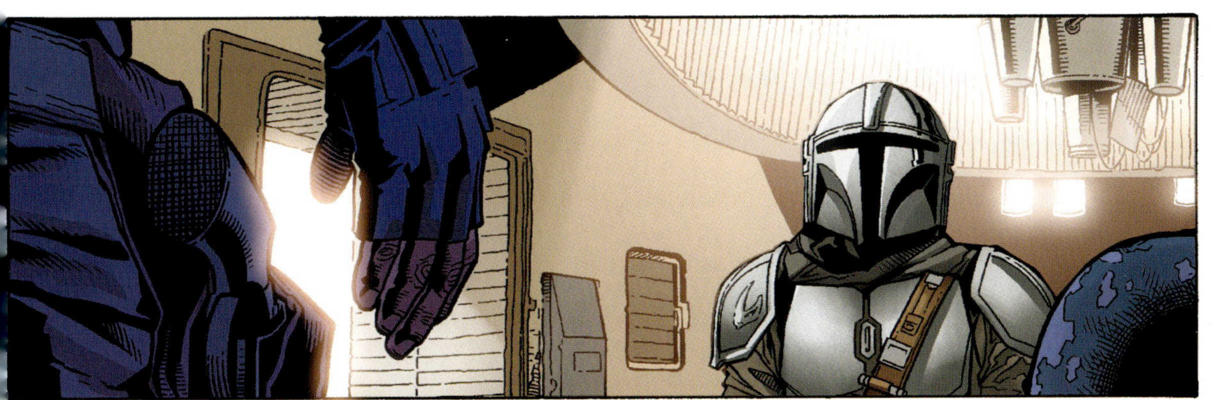

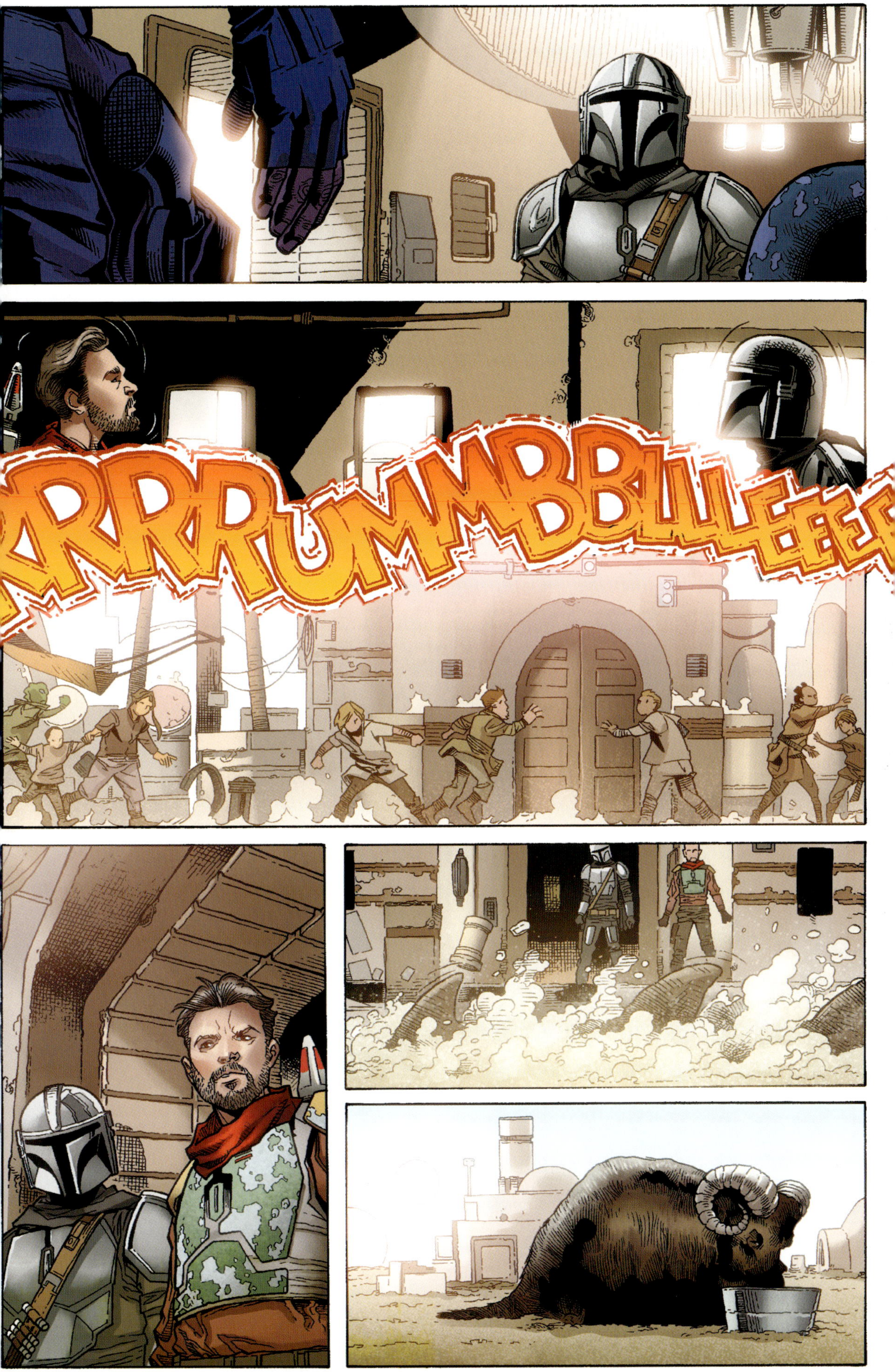

RRRRUMMBBLLLEEEE

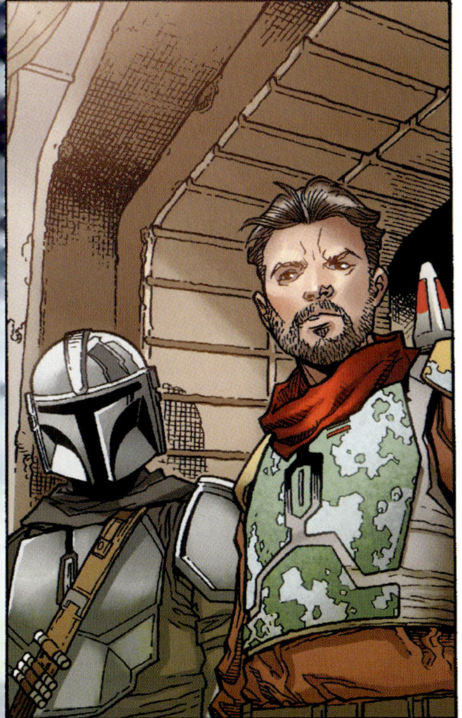

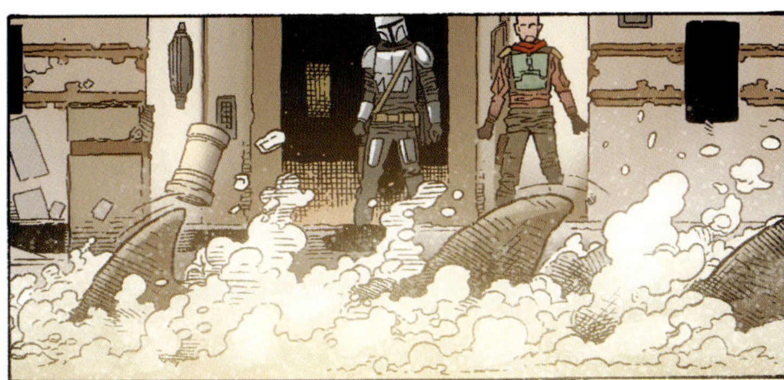

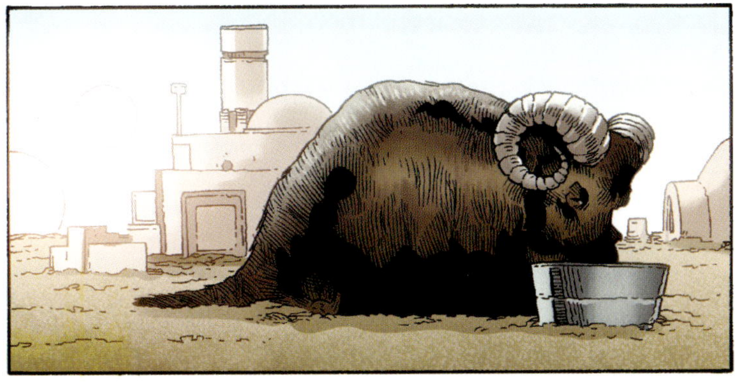

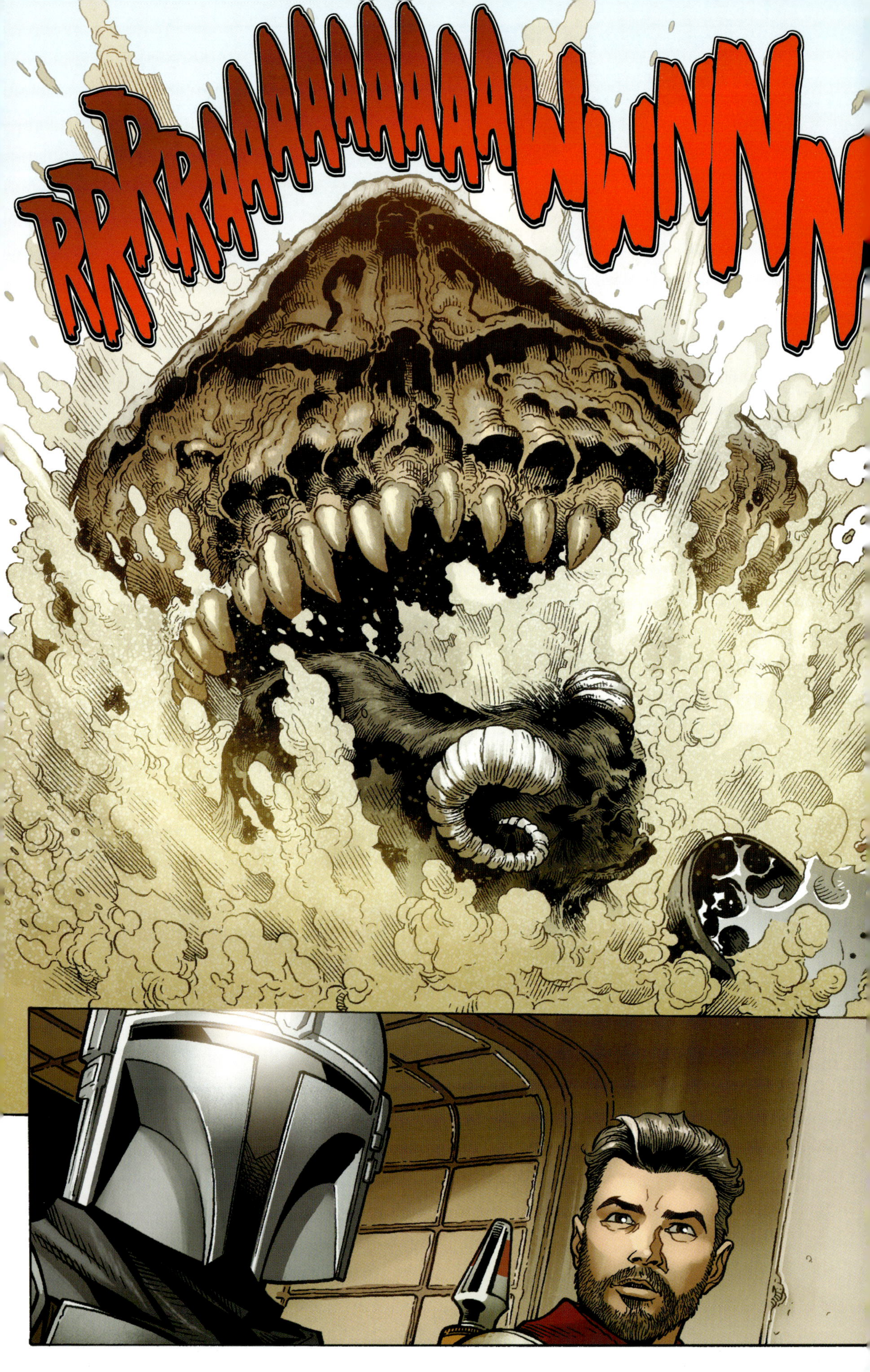
RRRRAAAAAAAAAWWNNNN

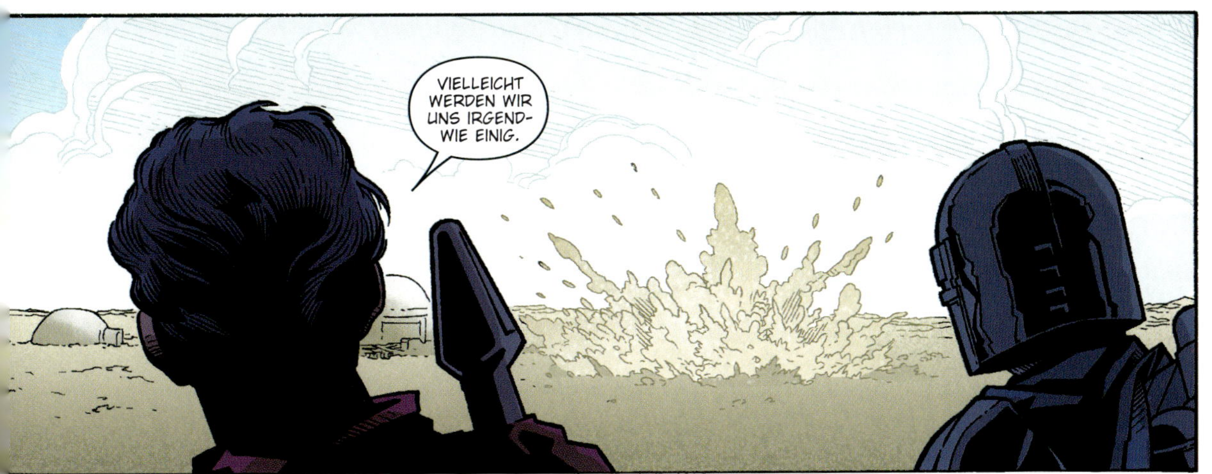
VIELLEICHT WERDEN WIR UNS IRGEND-WIE EINIG.

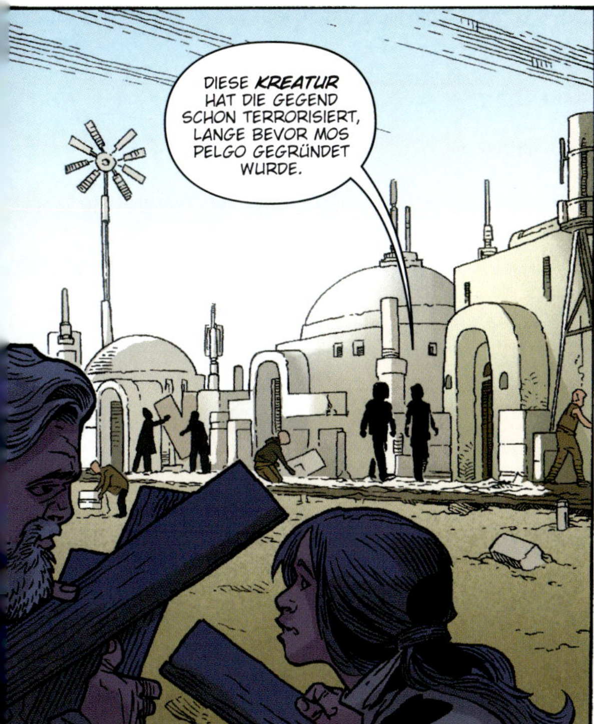
DIESE **KREATUR** HAT DIE GEGEND SCHON TERRORISIERT, LANGE BEVOR MOS PELGO GEGRÜNDET WURDE.

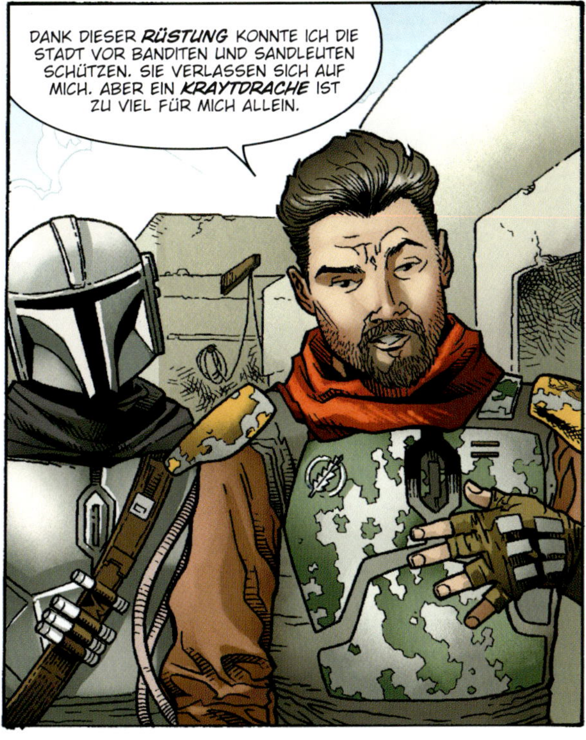
DANK DIESER **RÜSTUNG** KONNTE ICH DIE STADT VOR BANDITEN UND SANDLEUTEN SCHÜTZEN. SIE VERLASSEN SICH AUF MICH. ABER EIN **KRAYTDRACHE** IST ZU VIEL FÜR MICH ALLEIN.

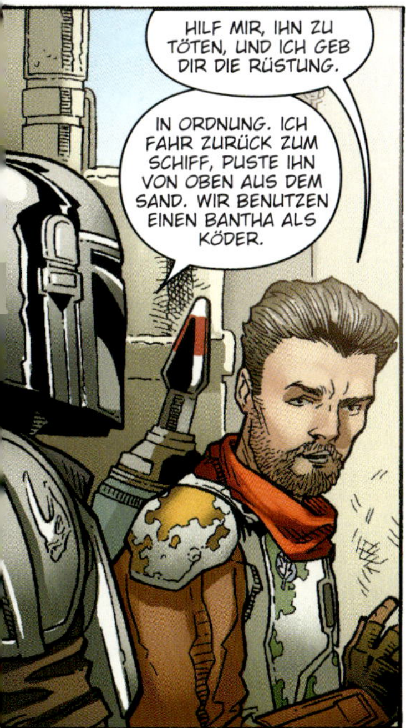
HILF MIR, IHN ZU TÖTEN, UND ICH GEB DIR DIE RÜSTUNG.
IN ORDNUNG. ICH FAHR ZURÜCK ZUM SCHIFF, PUSTE IHN VON OBEN AUS DEM SAND. WIR BENUTZEN EINEN BANTHA ALS KÖDER.

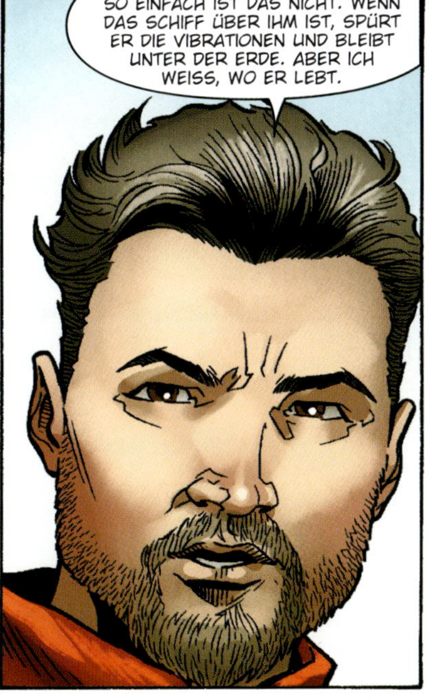
SO EINFACH IST DAS NICHT. WENN DAS SCHIFF ÜBER IHM IST, SPÜRT ER DIE VIBRATIONEN UND BLEIBT UNTER DER ERDE. ABER ICH WEISS, WO ER LEBT.

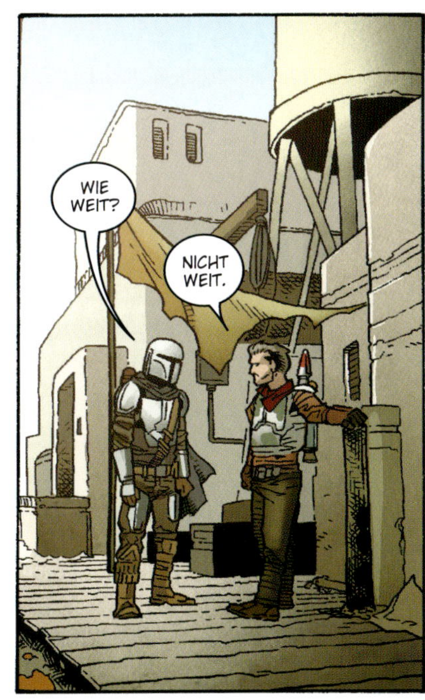
WIE WEIT?
NICHT WEIT.

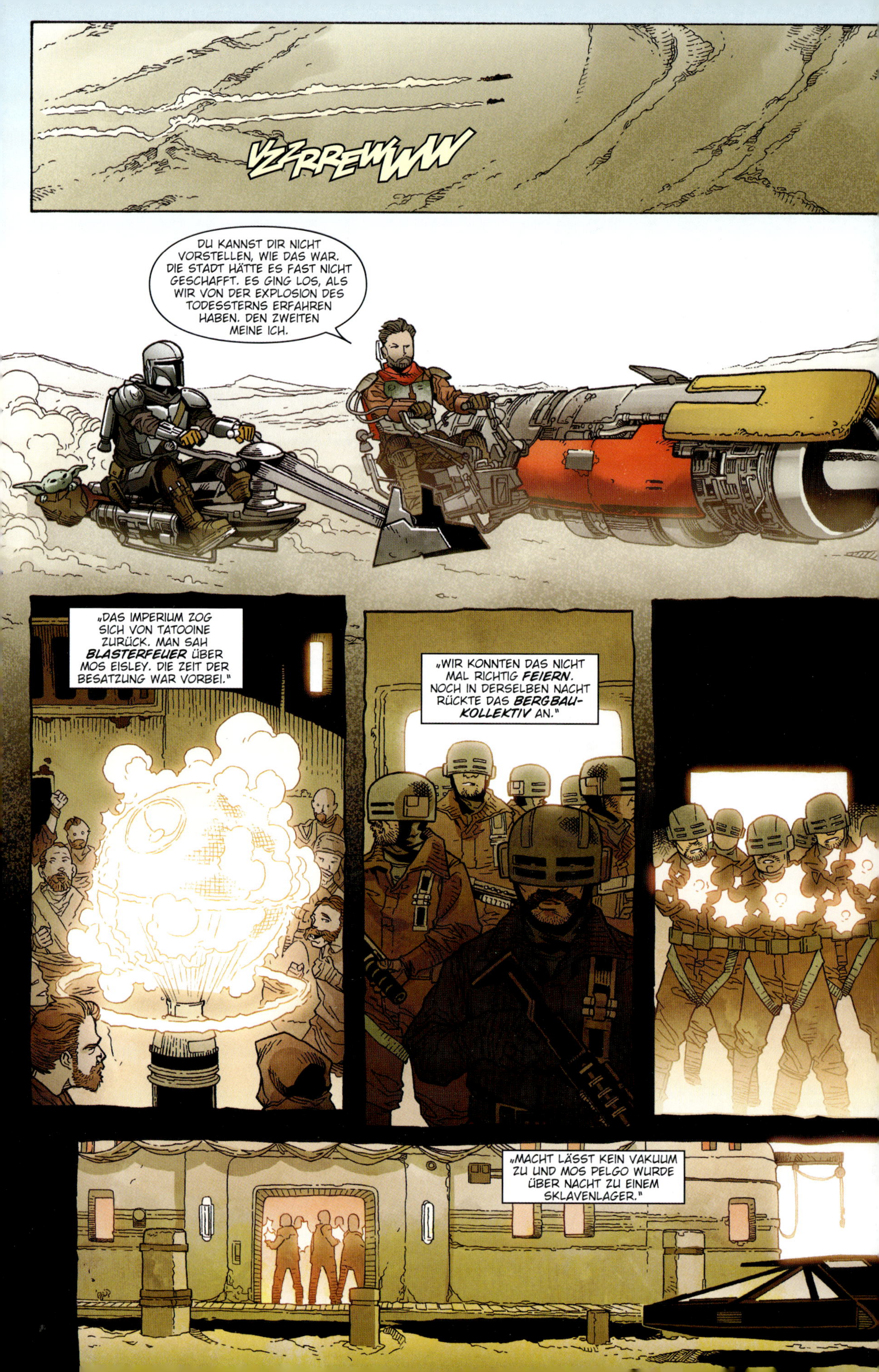
VZZRREWWW
DU KANNST DIR NICHT VORSTELLEN, WIE DAS WAR. DIE STADT HÄTTE ES FAST NICHT GESCHAFFT. ES GING LOS, ALS WIR VON DER EXPLOSION DES TODESSTERNS ERFAHREN HABEN. DEN ZWEITEN MEINE ICH.
„DAS IMPERIUM ZOG SICH VON TATOOINE ZURÜCK. MAN SAH BLASTERFEUER ÜBER MOS EISLEY. DIE ZEIT DER BESATZUNG WAR VORBEI."
„WIR KONNTEN DAS NICHT MAL RICHTIG FEIERN. NOCH IN DERSELBEN NACHT RÜCKTE DAS BERGBAU-KOLLEKTIV AN."
„MACHT LÄSST KEIN VAKUUM ZU UND MOS PELGO WURDE ÜBER NACHT ZU EINEM SKLAVENLAGER."

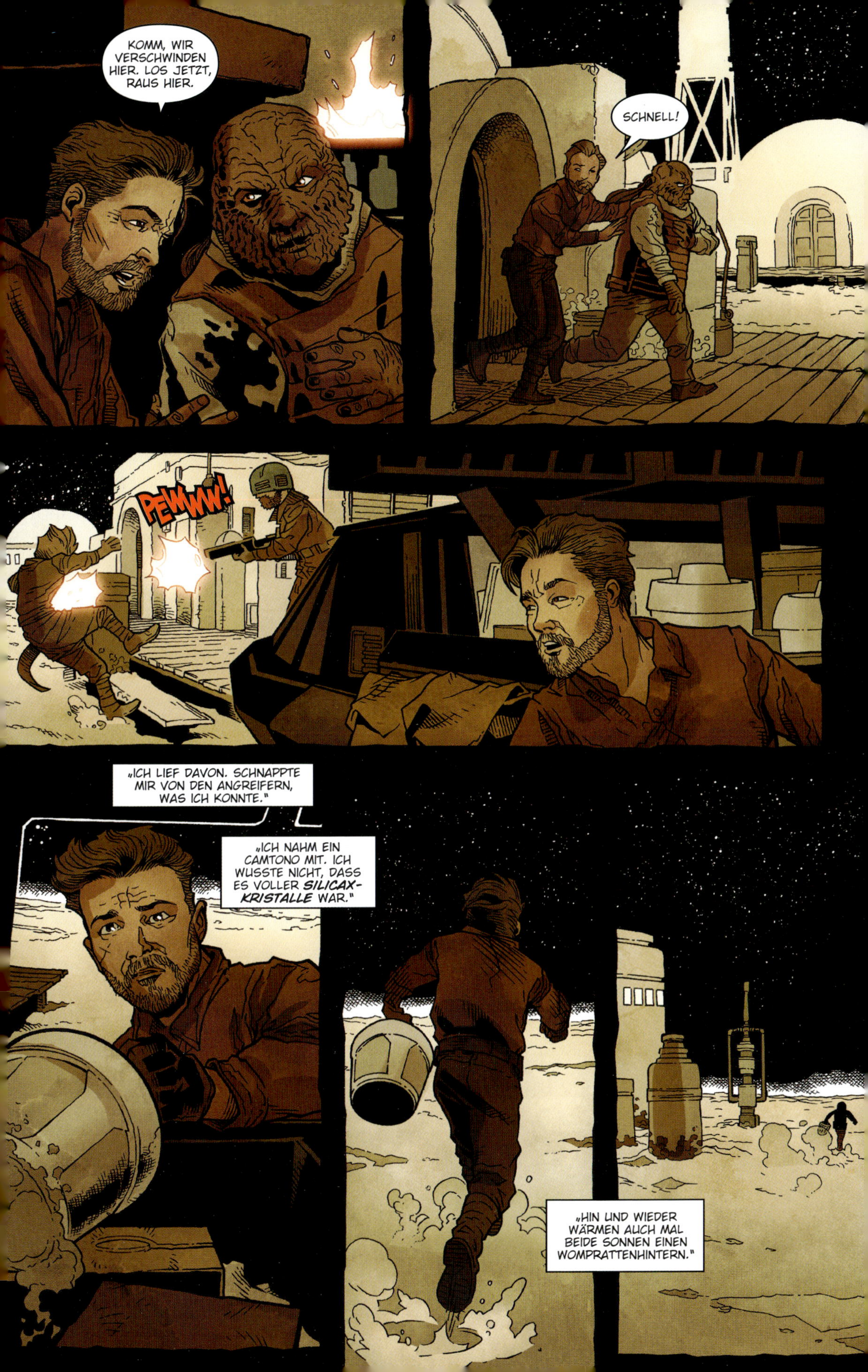

KOMM, WIR VERSCHWINDEN HIER. LOS JETZT, RAUS HIER.

SCHNELL!

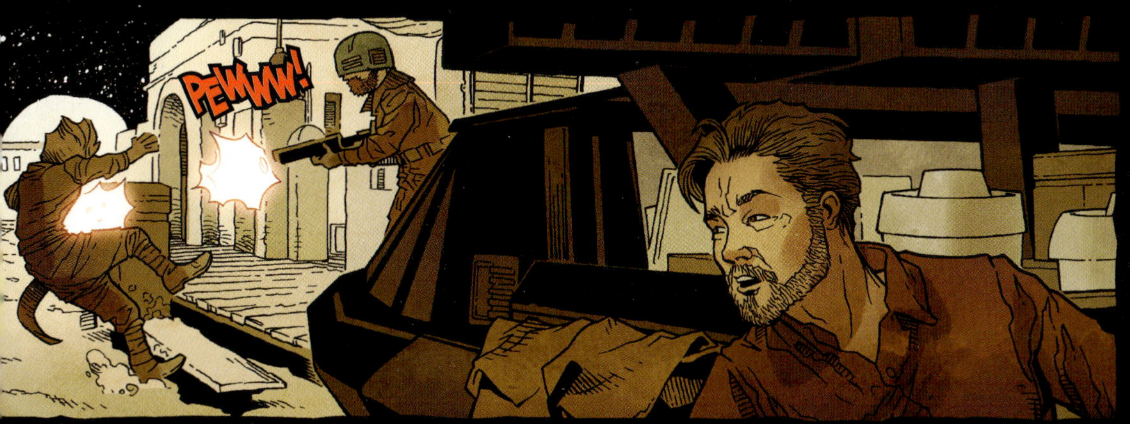

„ICH LIEF DAVON. SCHNAPPTE MIR VON DEN ANGREIFERN, WAS ICH KONNTE."

„ICH NAHM EIN CAMTONO MIT. ICH WUSSTE NICHT, DASS ES VOLLER ***SILICAX-KRISTALLE*** WAR."

„HIN UND WIEDER WÄRMEN AUCH MAL BEIDE SONNEN EINEN WOMPRATTENHINTERN."

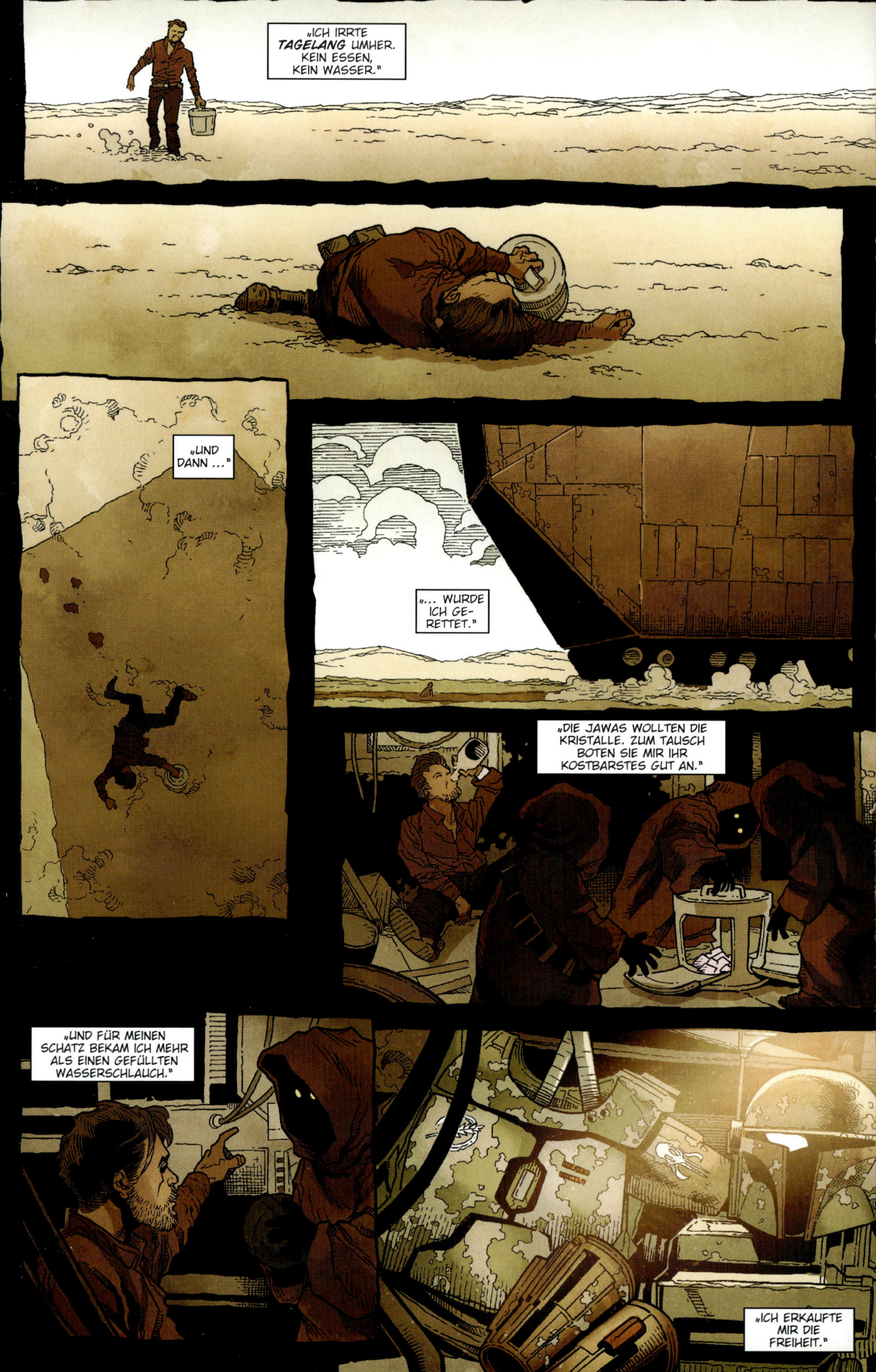
„ICH IRRTE TAGELANG UMHER. KEIN ESSEN, KEIN WASSER."
„UND DANN ..."
„... WURDE ICH GE-RETTET."
„DIE JAWAS WOLLTEN DIE KRISTALLE. ZUM TAUSCH BOTEN SIE MIR IHR KOSTBARSTES GUT AN."
„UND FÜR MEINEN SCHATZ BEKAM ICH MEHR ALS EINEN GEFÜLLTEN WASSERSCHLAUCH."
„ICH ERKAUFTE MIR DIE FREIHEIT."

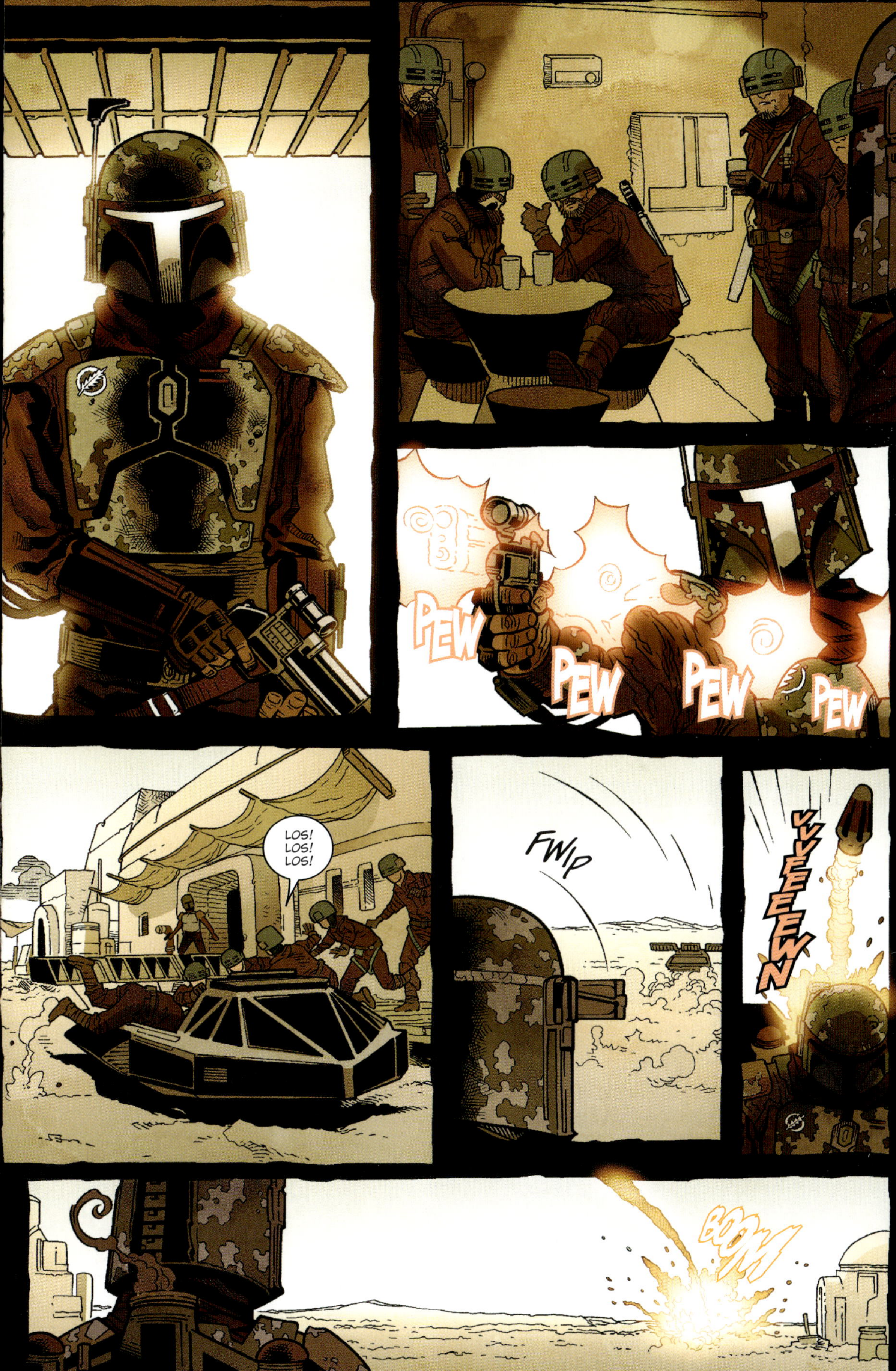
PEW
PEW
PEW
PEW
LOS!
LOS!
LOS!
FWIP
VVVEEEEWN
BOOM

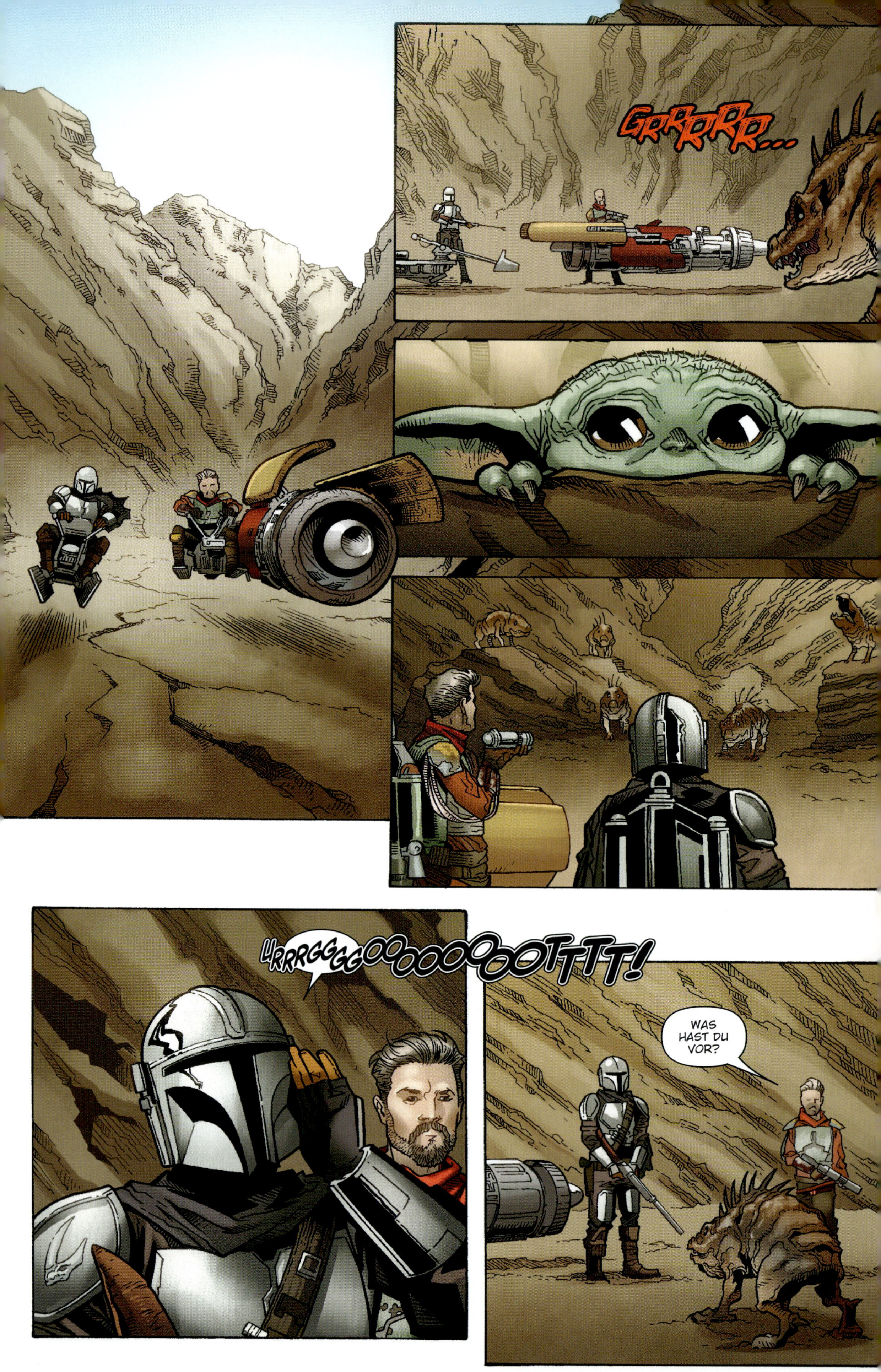

GRRRRR...

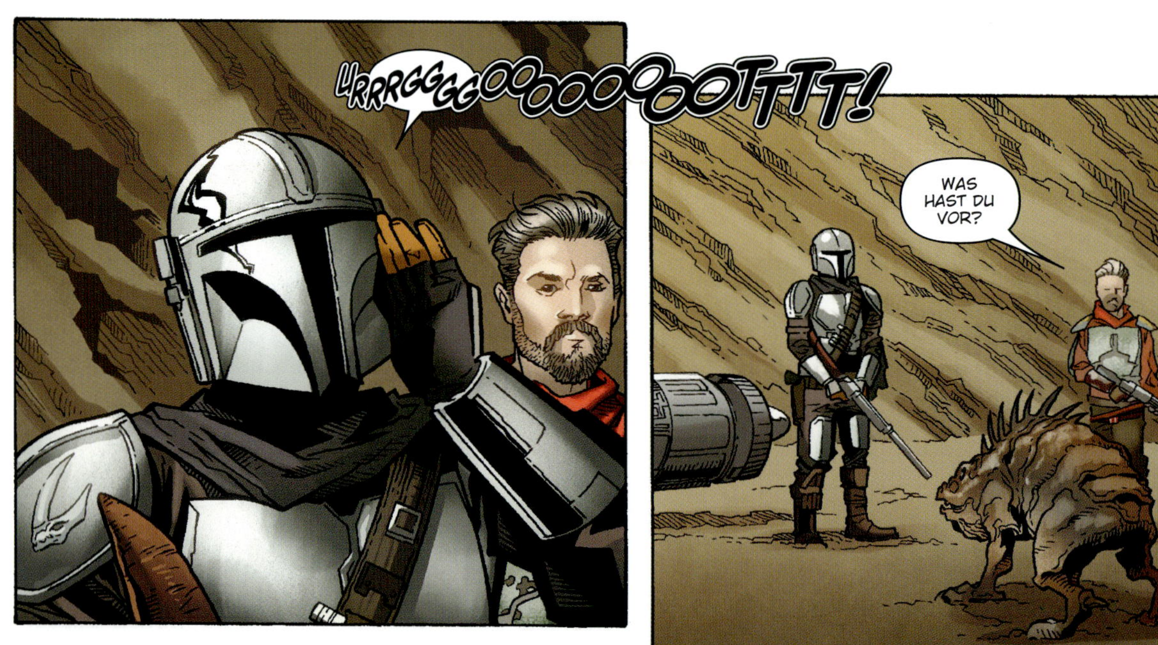
URRRGGGOOOOOOOOOTTTT!
WAS HAST DU VOR?

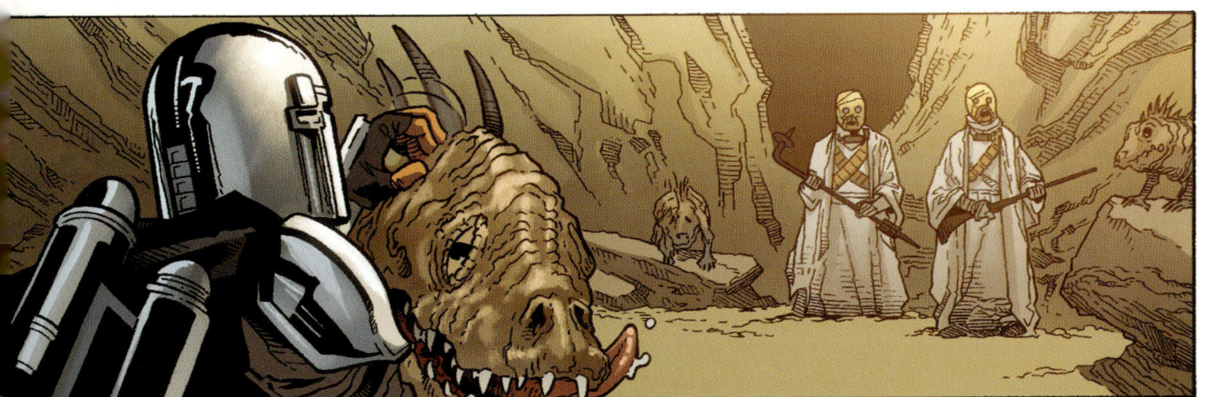

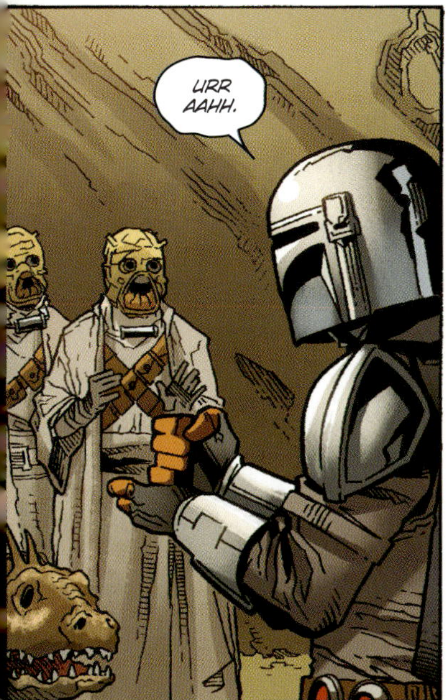
URR AAHH.

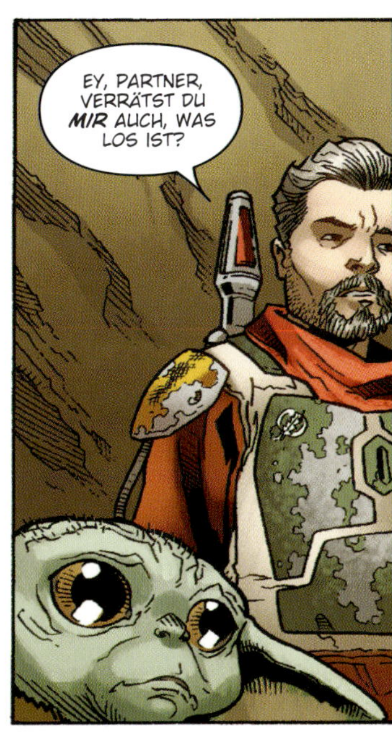
EY, PARTNER, VERRÄTST DU *MIR* AUCH, WAS LOS IST?

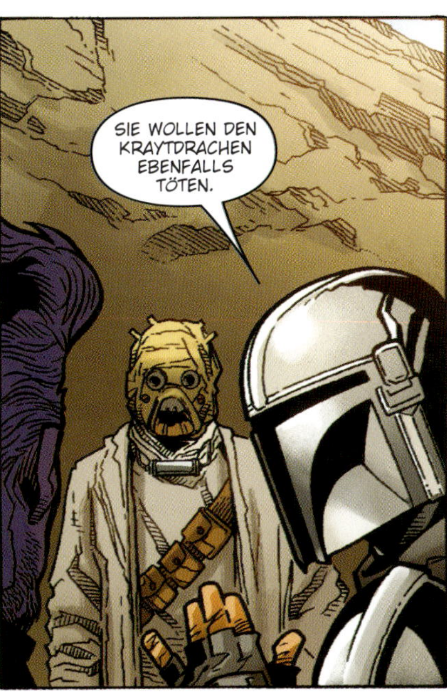
SIE WOLLEN DEN KRAYTDRACHEN EBENFALLS TÖTEN.

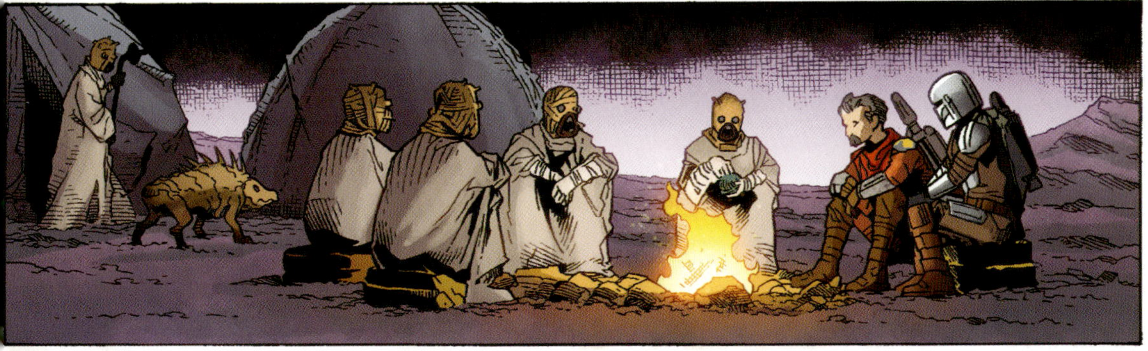

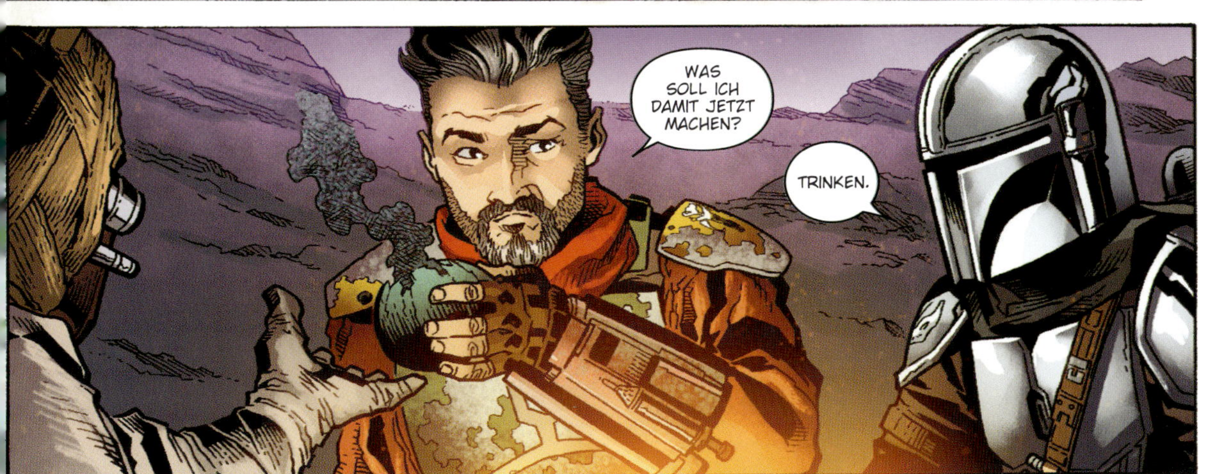
WAS SOLL ICH DAMIT JETZT MACHEN?
TRINKEN.

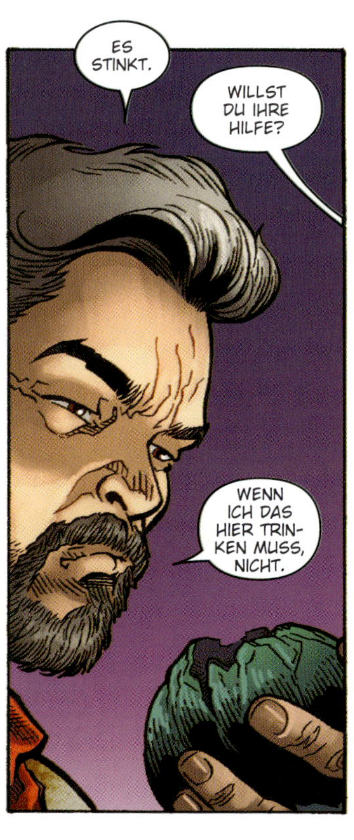
ES STINKT.
WILLST DU IHRE HILFE?
WENN ICH DAS HIER TRINKEN MUSS, NICHT.

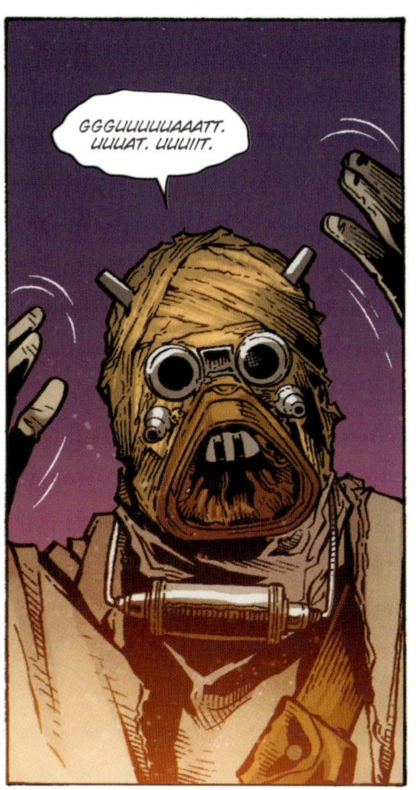
GGGUUUUUAAATT. UUUAT. UUUIIT.

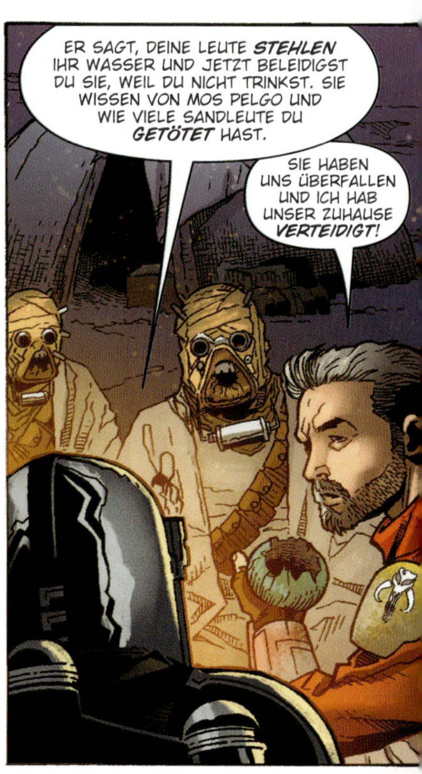
ER SAGT, DEINE LEUTE **STEHLEN** IHR WASSER UND JETZT BELEIDIGST DU SIE, WEIL DU NICHT TRINKST. SIE WISSEN VON MOS PELGO UND WIE VIELE SANDLEUTE DU **GETÖTET** HAST.
SIE HABEN UNS ÜBERFALLEN UND ICH HAB UNSER ZUHAUSE **VERTEIDIGT!**

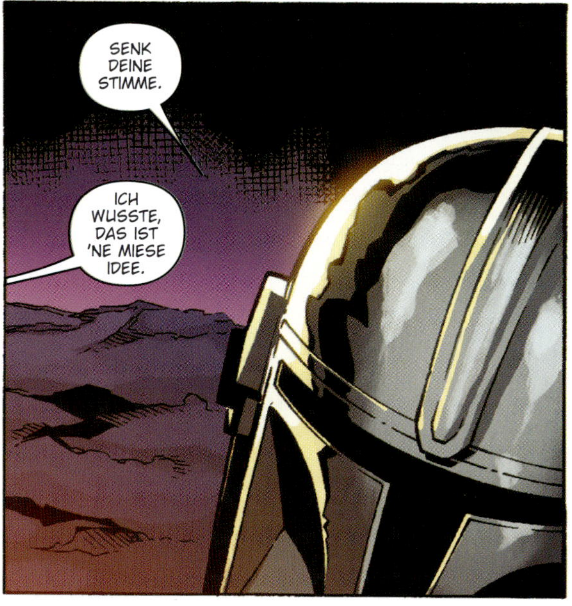
SENK DEINE STIMME.
ICH WUSSTE, DAS IST 'NE MIESE IDEE.

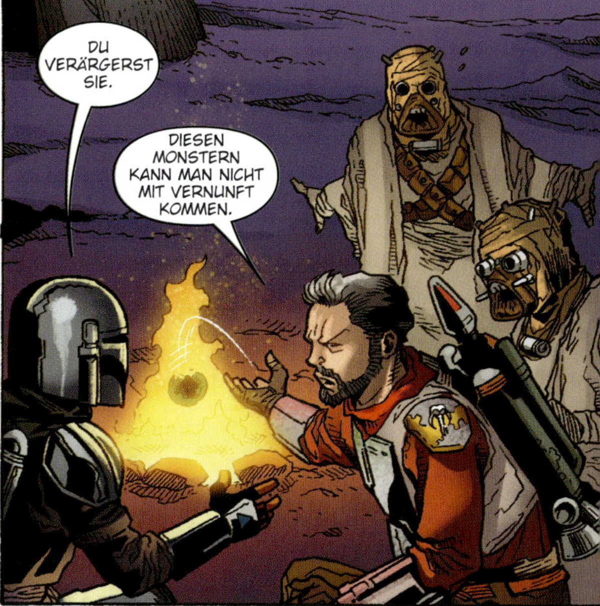
DU VERÄRGERST SIE.
DIESEN MONSTERN KANN MAN NICHT MIT VERNUNFT KOMMEN.

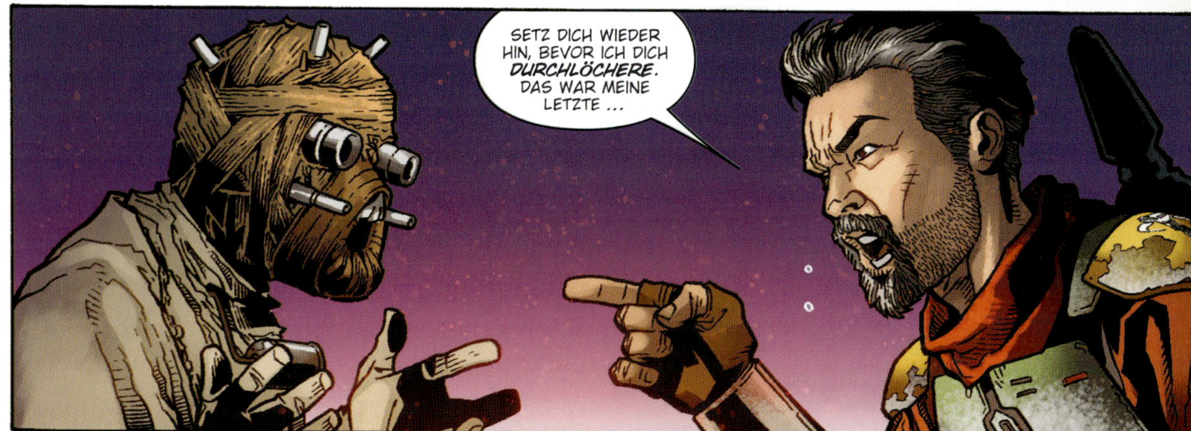
SETZ DICH WIEDER HIN, BEVOR ICH DICH **DURCHLÖCHERE.** DAS WAR MEINE LETZTE ...

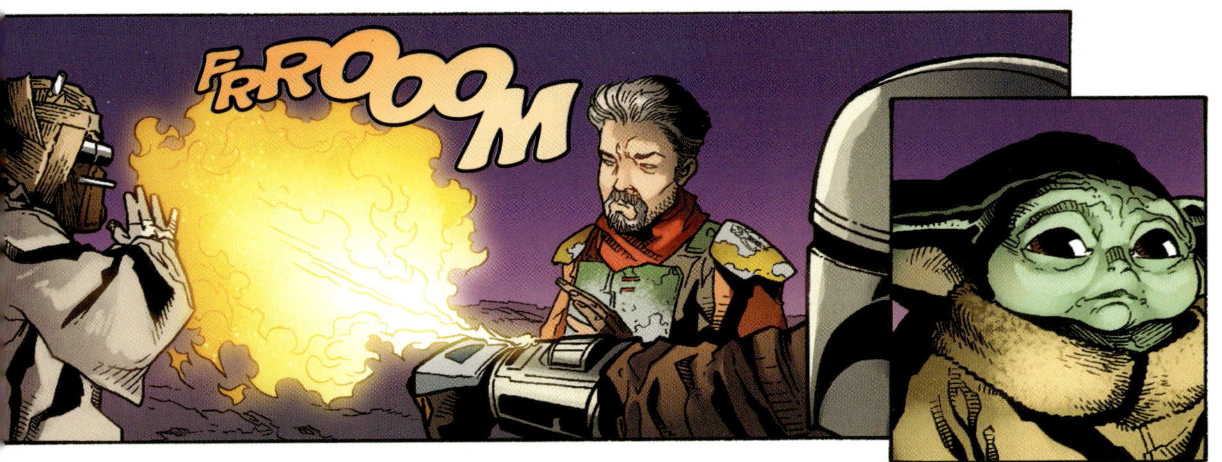
FRRROOOOM

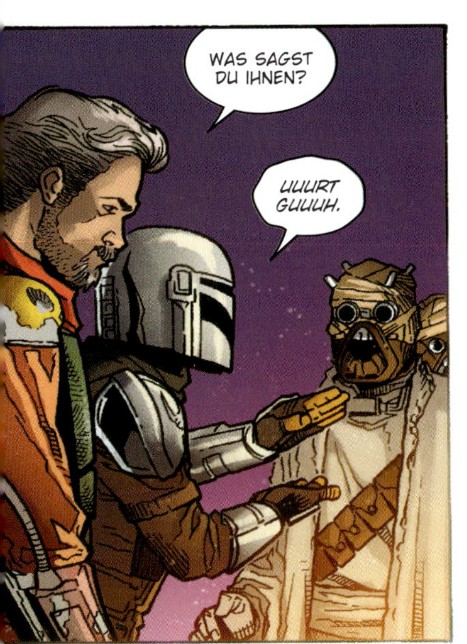
WAS SAGST DU IHNEN?
UUURT GUUUH.

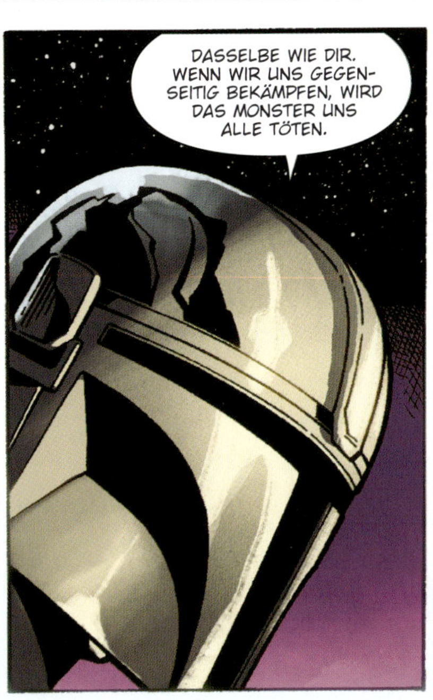
DASSELBE WIE DIR. WENN WIR UNS GEGEN-SEITIG BEKÄMPFEN, WIRD DAS MONSTER UNS ALLE TÖTEN.

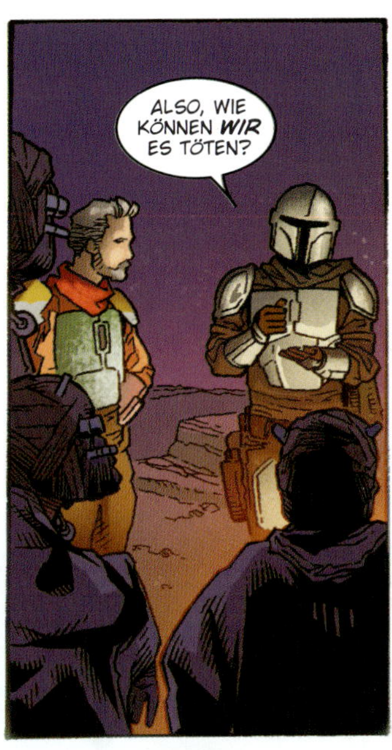
ALSO, WIE KÖNNEN **WIR** ES TÖTEN?

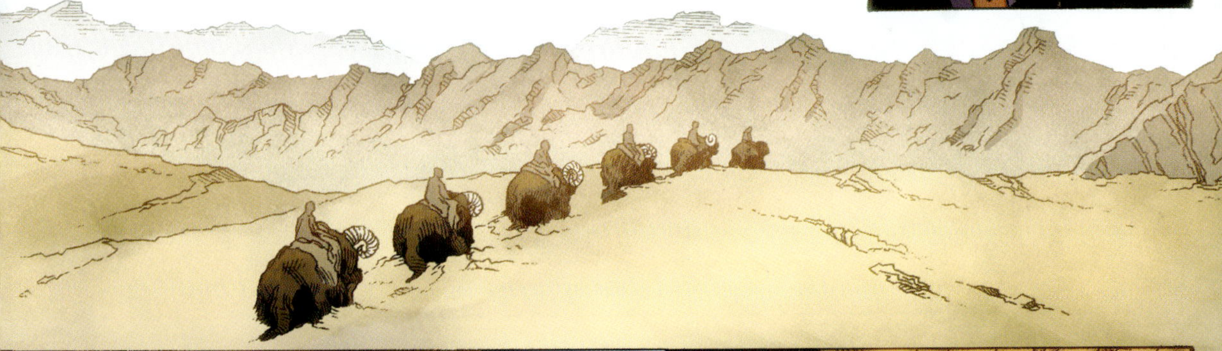

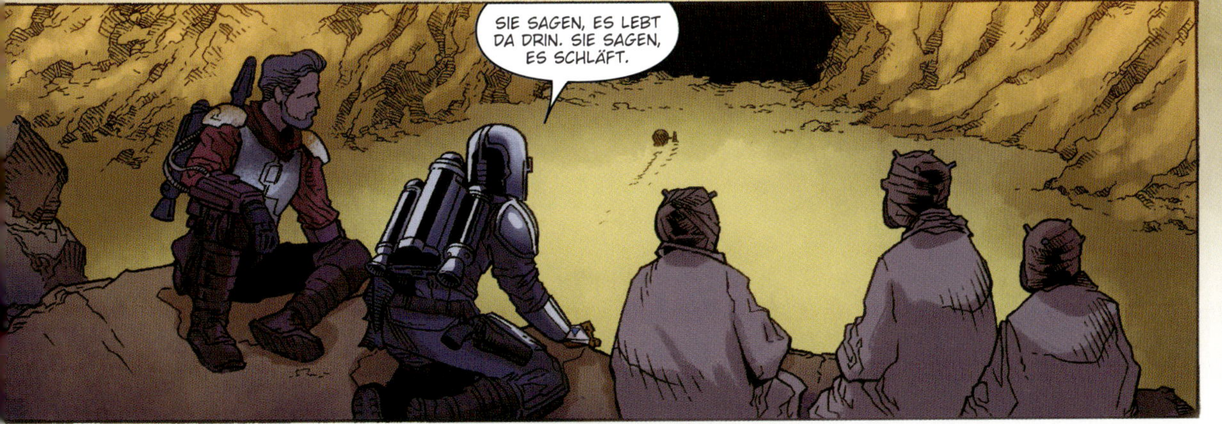
SIE SAGEN, ES LEBT DA DRIN. SIE SAGEN, ES SCHLÄFT.

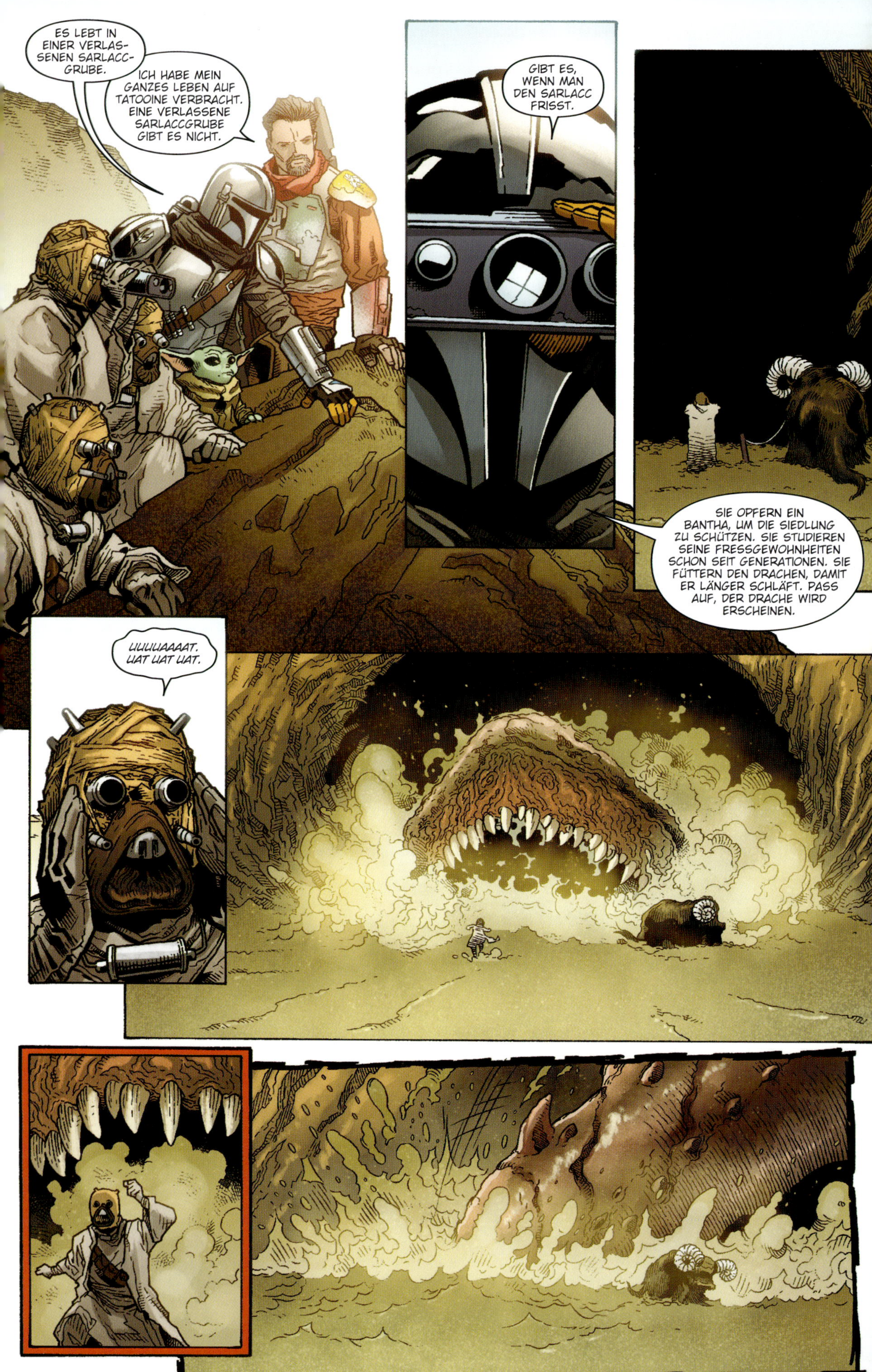
ES LEBT IN EINER VERLAS-SENEN SARLACC-GRUBE.
ICH HABE MEIN GANZES LEBEN AUF TATOOINE VERBRACHT. EINE VERLASSENE SARLACCGRUBE GIBT ES NICHT.
GIBT ES, WENN MAN DEN SARLACC FRISST.
SIE OPFERN EIN BANTHA, UM DIE SIEDLUNG ZU SCHÜTZEN. SIE STUDIEREN SEINE FRESSGEWOHNHEITEN SCHON SEIT GENERATIONEN. SIE FÜTTERN DEN DRACHEN, DAMIT ER LÄNGER SCHLÄFT. PASS AUF, DER DRACHE WIRD ERSCHEINEN.
UUUUAAAAT. UAT UAT UAT.

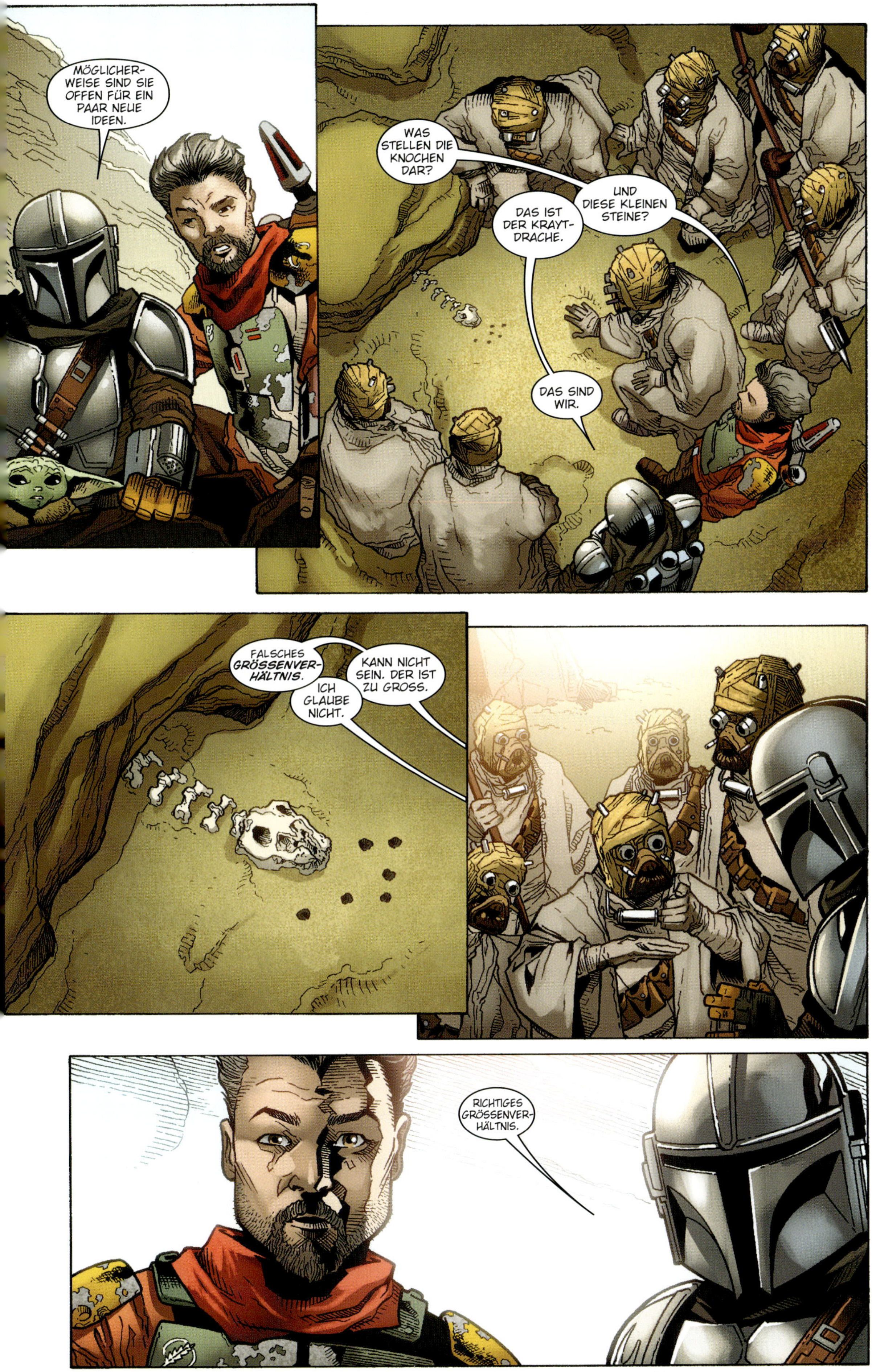

MÖGLICHER-
WEISE SIND SIE OFFEN FÜR EIN PAAR NEUE IDEEN.

WAS STELLEN DIE KNOCHEN DAR?

UND DIESE KLEINEN STEINE?

DAS IST DER KRAYT-DRACHE.

DAS SIND WIR.

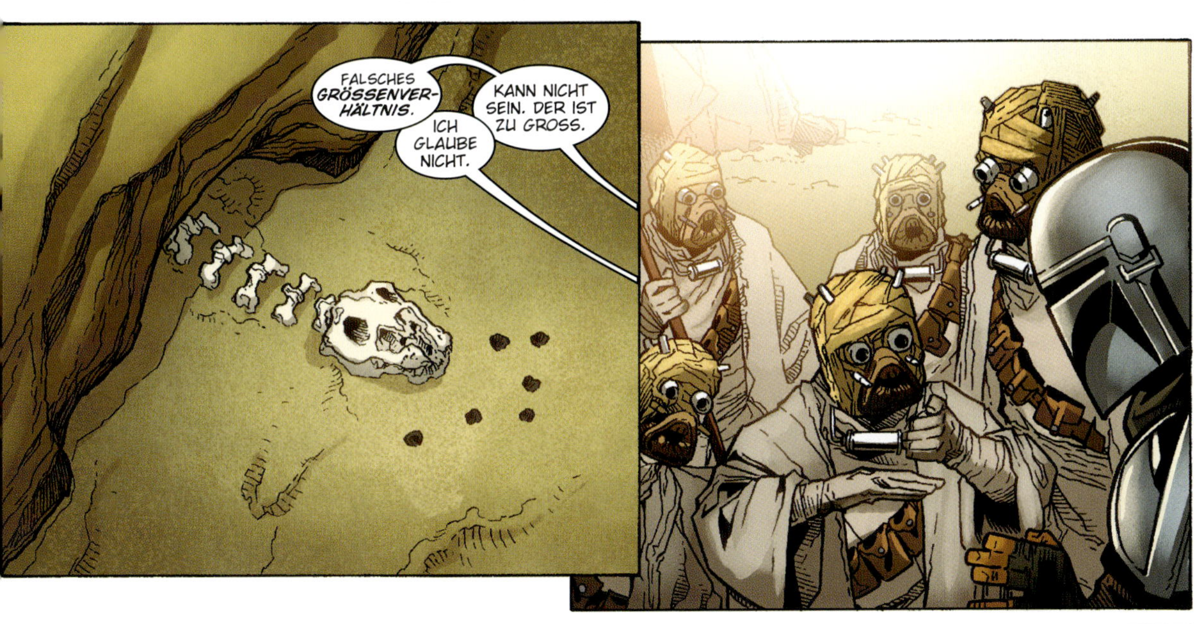

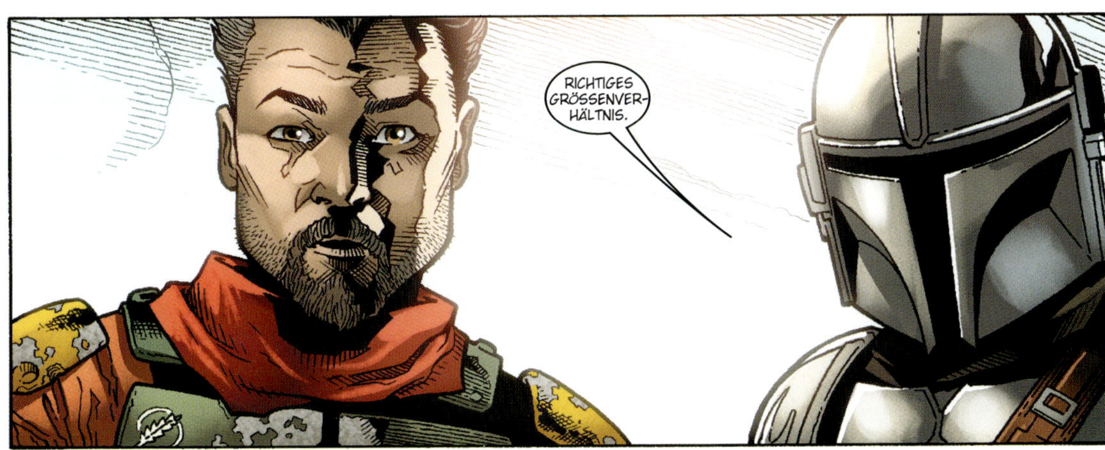

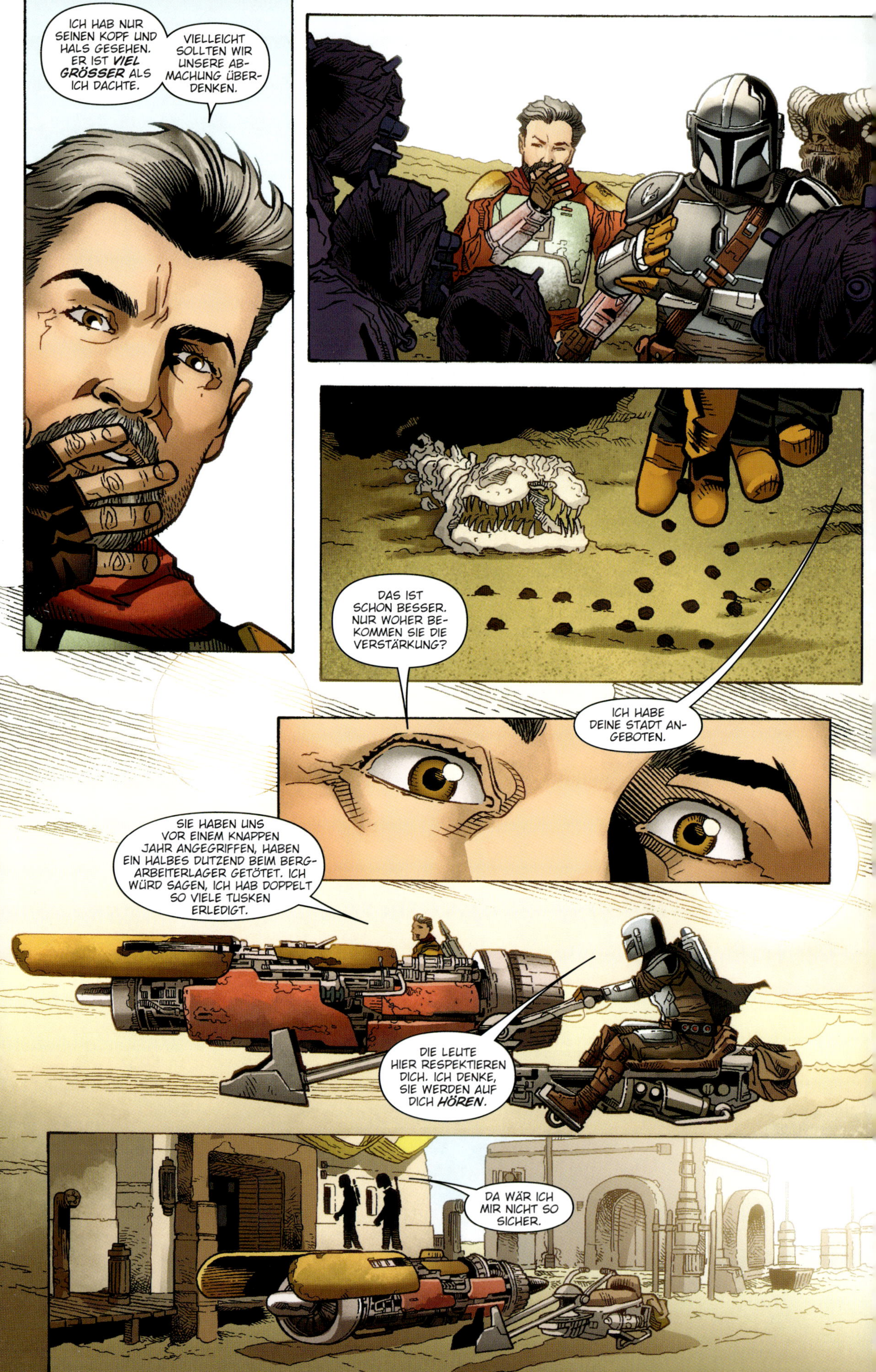
ICH HAB NUR SEINEN KOPF UND HALS GESEHEN. ER IST **VIEL GRÖSSER** ALS ICH DACHTE.
VIELLEICHT SOLLTEN WIR UNSERE ABMACHUNG ÜBERDENKEN.
DAS IST SCHON BESSER. NUR WOHER BEKOMMEN SIE DIE VERSTÄRKUNG?
ICH HABE DEINE STADT ANGEBOTEN.
SIE HABEN UNS VOR EINEM KNAPPEN JAHR ANGEGRIFFEN, HABEN EIN HALBES DUTZEND BEIM BERGARBEITERLAGER GETÖTET. ICH WÜRD SAGEN, ICH HAB DOPPELT SO VIELE TUSKEN ERLEDIGT.
DIE LEUTE HIER RESPEKTIEREN DICH. ICH DENKE, SIE WERDEN AUF DICH **HÖREN**.
DA WÄR ICH MIR NICHT SO SICHER.

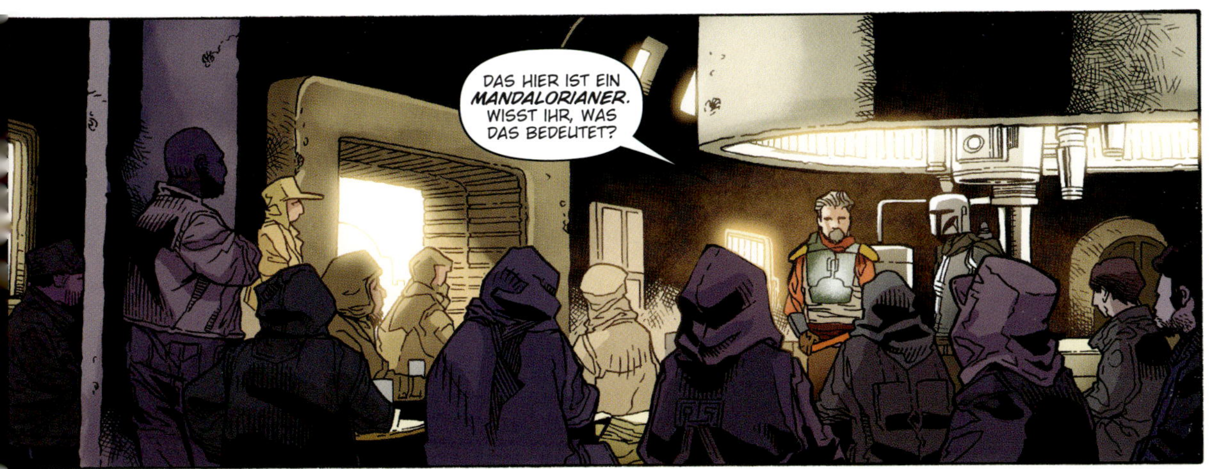
DAS HIER IST EIN MANDALORIANER. WISST IHR, WAS DAS BEDEUTET?

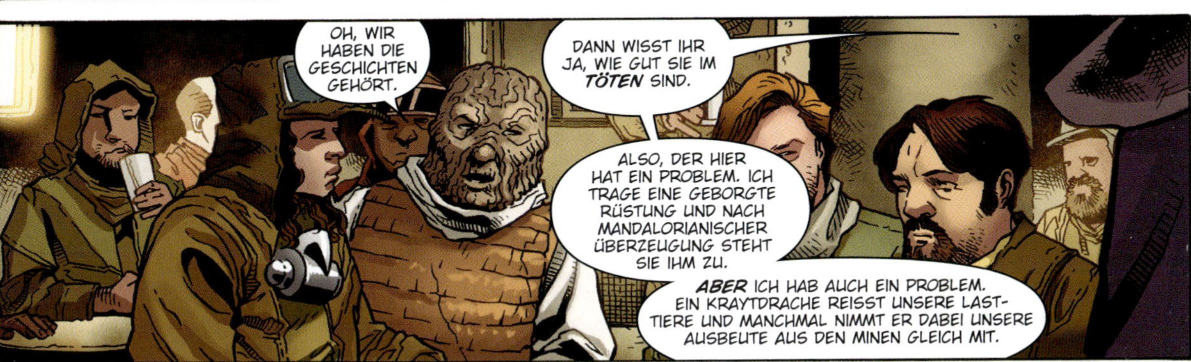
OH, WIR HABEN DIE GESCHICHTEN GEHÖRT.
DANN WISST IHR JA, WIE GUT SIE IM TÖTEN SIND.
ALSO, DER HIER HAT EIN PROBLEM. ICH TRAGE EINE GEBORGTE RÜSTUNG UND NACH MANDALORIANISCHER ÜBERZEUGUNG STEHT SIE IHM ZU.
ABER ICH HAB AUCH EIN PROBLEM. EIN KRAYTDRACHE REISST UNSERE LASTTIERE UND MANCHMAL NIMMT ER DABEI UNSERE AUSBEUTE AUS DEN MINEN GLEICH MIT.

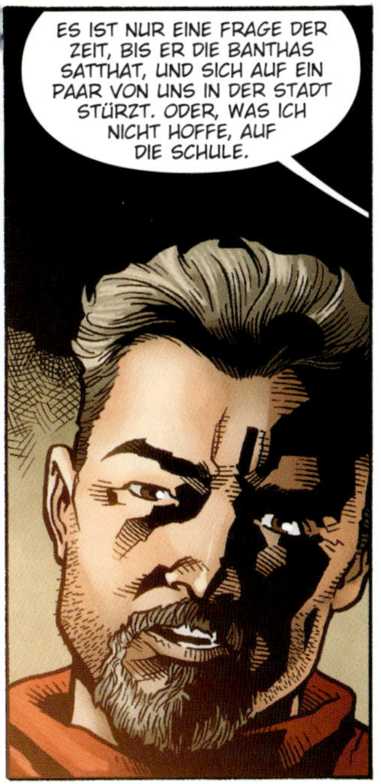
ES IST NUR EINE FRAGE DER ZEIT, BIS ER DIE BANTHAS SATTHAT, UND SICH AUF EIN PAAR VON UNS IN DER STADT STÜRZT. ODER, WAS ICH NICHT HOFFE, AUF DIE SCHULE.

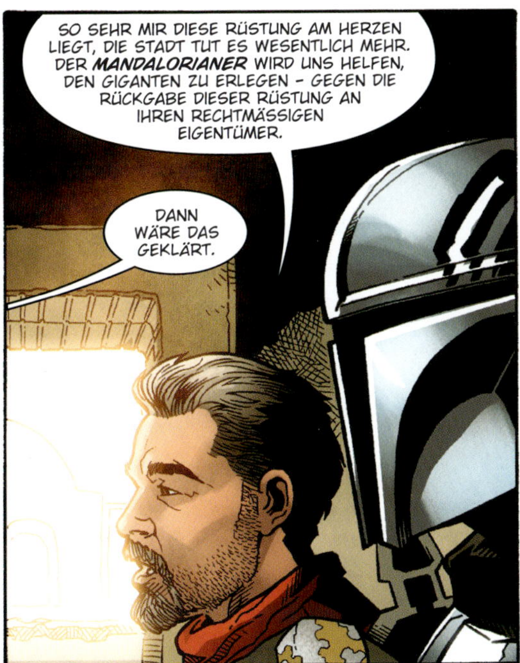
SO SEHR MIR DIESE RÜSTUNG AM HERZEN LIEGT, DIE STADT TUT ES WESENTLICH MEHR. DER MANDALORIANER WIRD UNS HELFEN, DEN GIGANTEN ZU ERLEGEN – GEGEN DIE RÜCKGABE DIESER RÜSTUNG AN IHREN RECHTMÄSSIGEN EIGENTÜMER.
DANN WÄRE DAS GEKLÄRT.

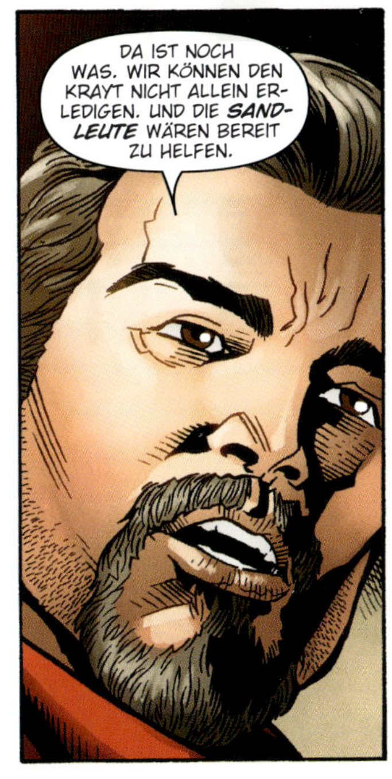
DA IST NOCH WAS. WIR KÖNNEN DEN KRAYT NICHT ALLEIN ERLEDIGEN. UND DIE SANDLEUTE WÄREN BEREIT ZU HELFEN.

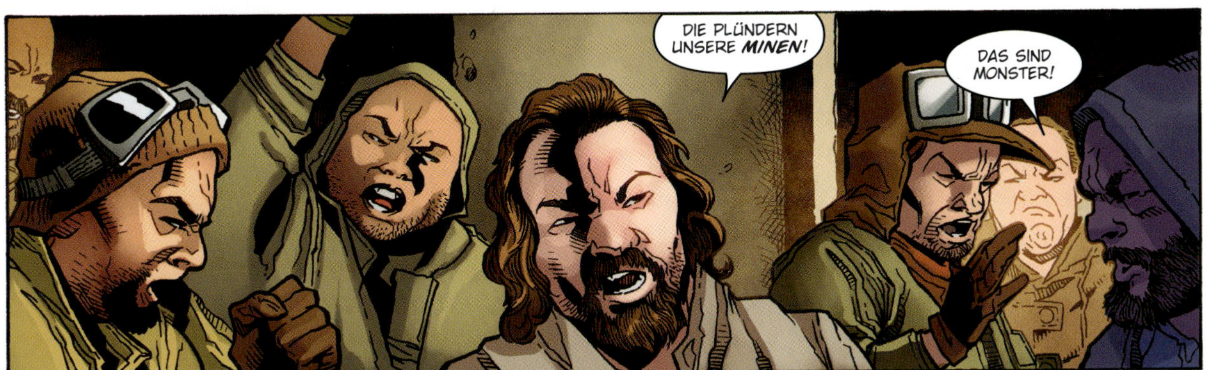
DIE PLÜNDERN UNSERE MINEN!
DAS SIND MONSTER!

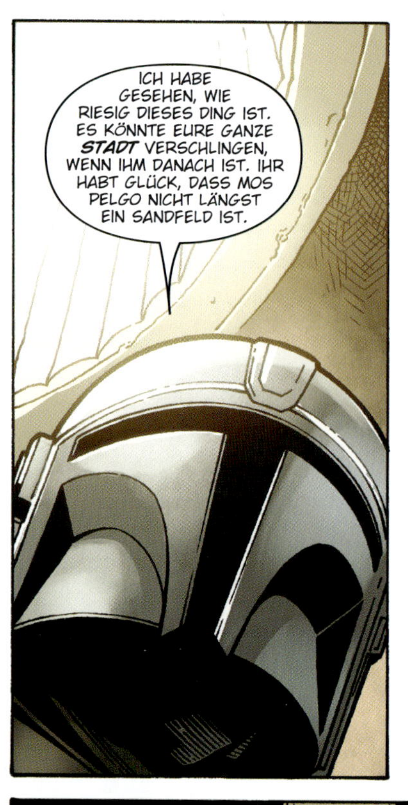
ICH HABE GESEHEN, WIE RIESIG DIESES DING IST. ES KÖNNTE EURE GANZE **STADT** VERSCHLINGEN, WENN IHM DANACH IST. IHR HABT GLÜCK, DASS MOS PELGO NICHT LÄNGST EIN SANDFELD IST.

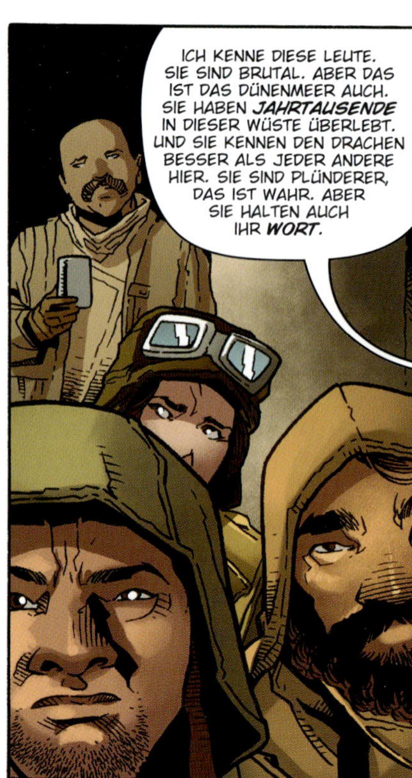
ICH KENNE DIESE LEUTE. SIE SIND BRUTAL. ABER DAS IST DAS DÜNENMEER AUCH. SIE HABEN ***JAHRTAUSENDE*** IN DIESER WÜSTE ÜBERLEBT. UND SIE KENNEN DEN DRACHEN BESSER ALS JEDER ANDERE HIER. SIE SIND PLÜNDERER, DAS IST WAHR. ABER SIE HALTEN AUCH IHR ***WORT***.

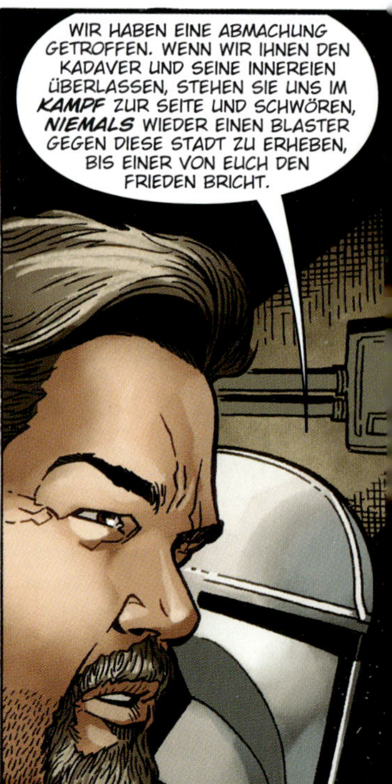
WIR HABEN EINE ABMACHUNG GETROFFEN. WENN WIR IHNEN DEN KADAVER UND SEINE INNEREIEN ÜBERLASSEN, STEHEN SIE UNS IM ***KAMPF*** ZUR SEITE UND SCHWÖREN, ***NIEMALS*** WIEDER EINEN BLASTER GEGEN DIESE STADT ZU ERHEBEN, BIS EINER VON EUCH DEN FRIEDEN BRICHT.

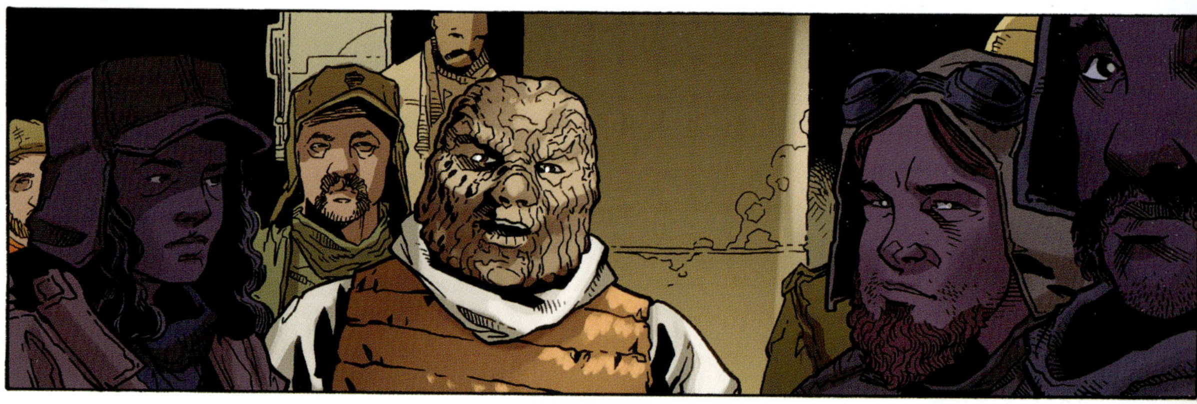

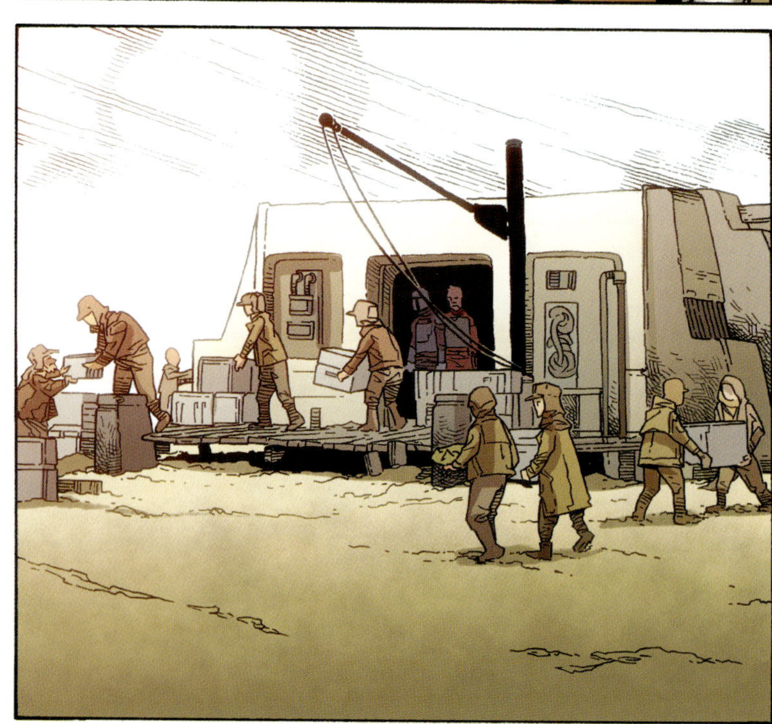

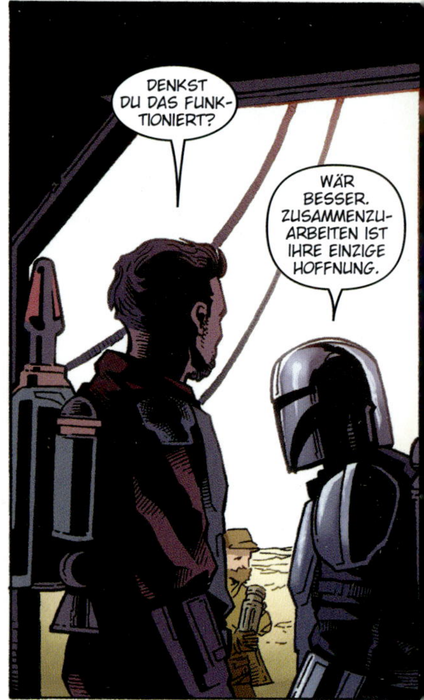
DENKST DU DAS FUNKTIONIERT?
WÄR BESSER. ZUSAMMENZUARBEITEN IST IHRE EINZIGE HOFFNUNG.

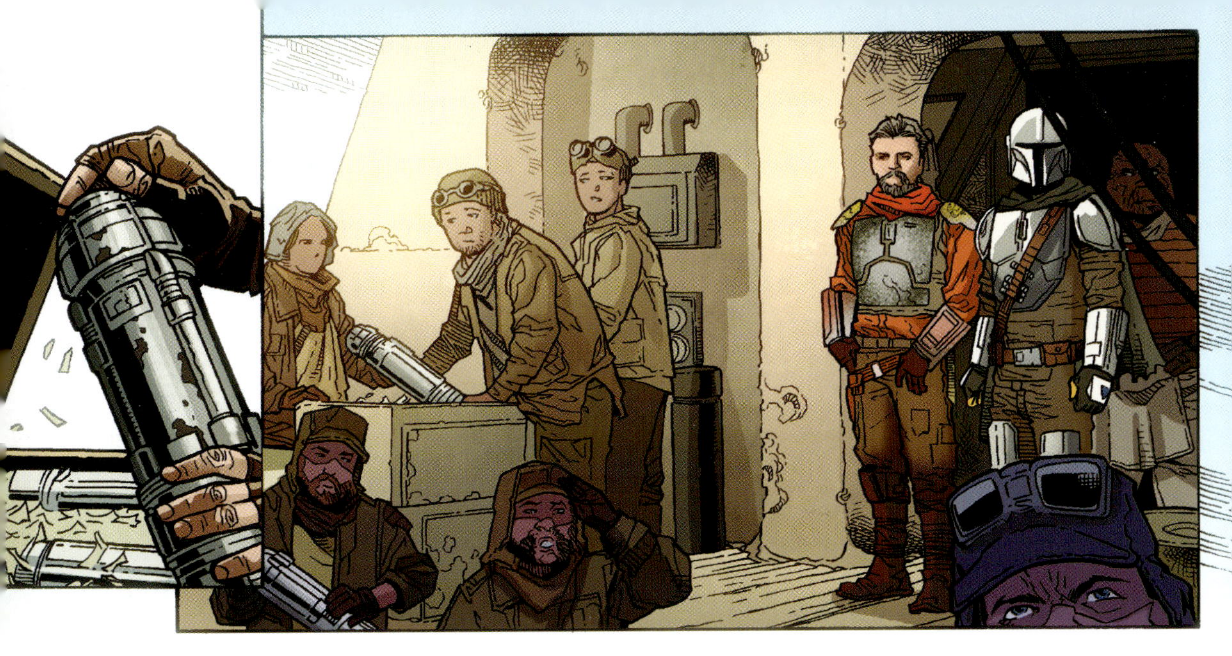

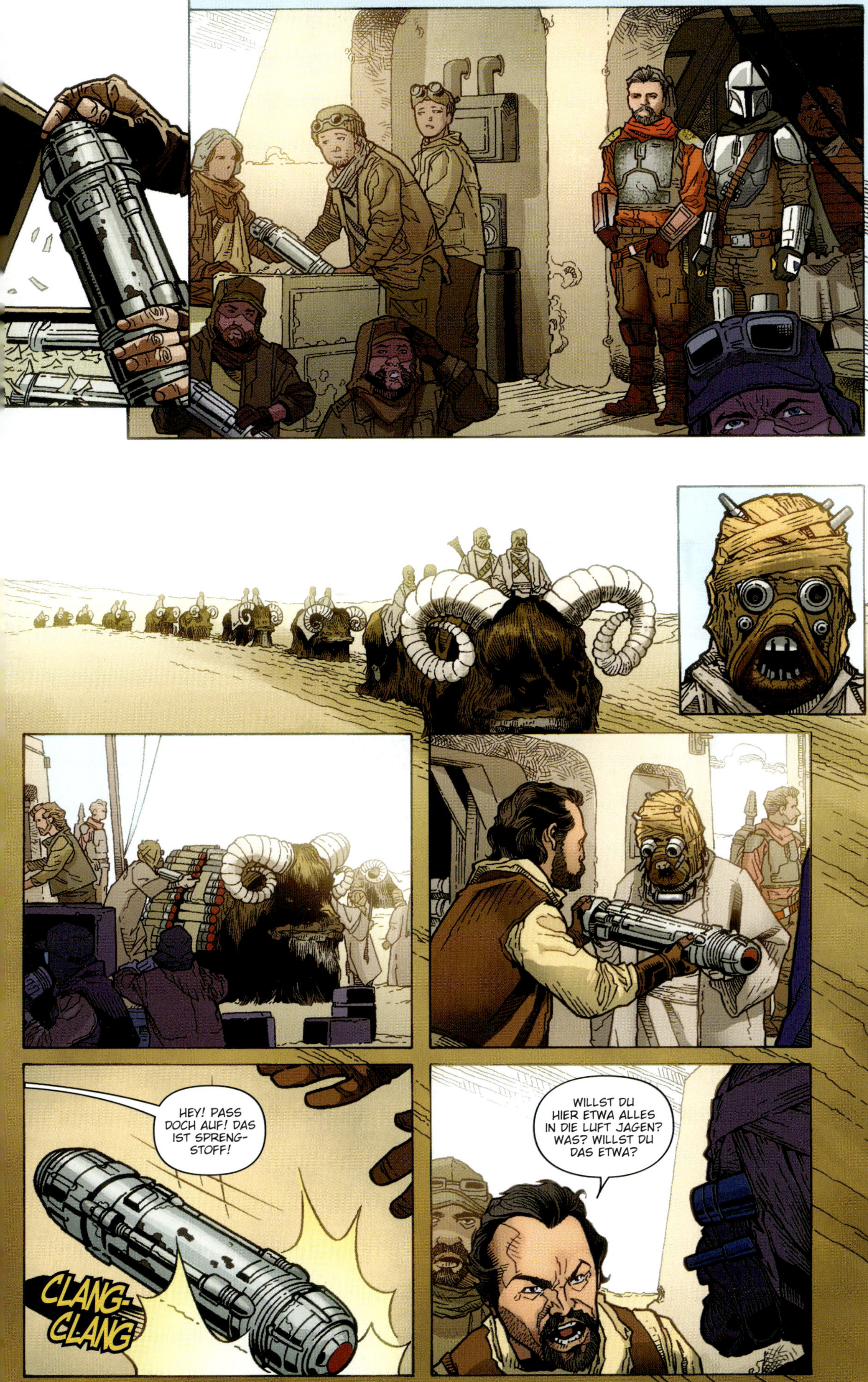

HEY! PASS DOCH AUF! DAS IST SPRENG-STOFF!

CLANG-CLANG

WILLST DU HIER ETWA ALLES IN DIE LUFT JAGEN? WAS? WILLST DU DAS ETWA?

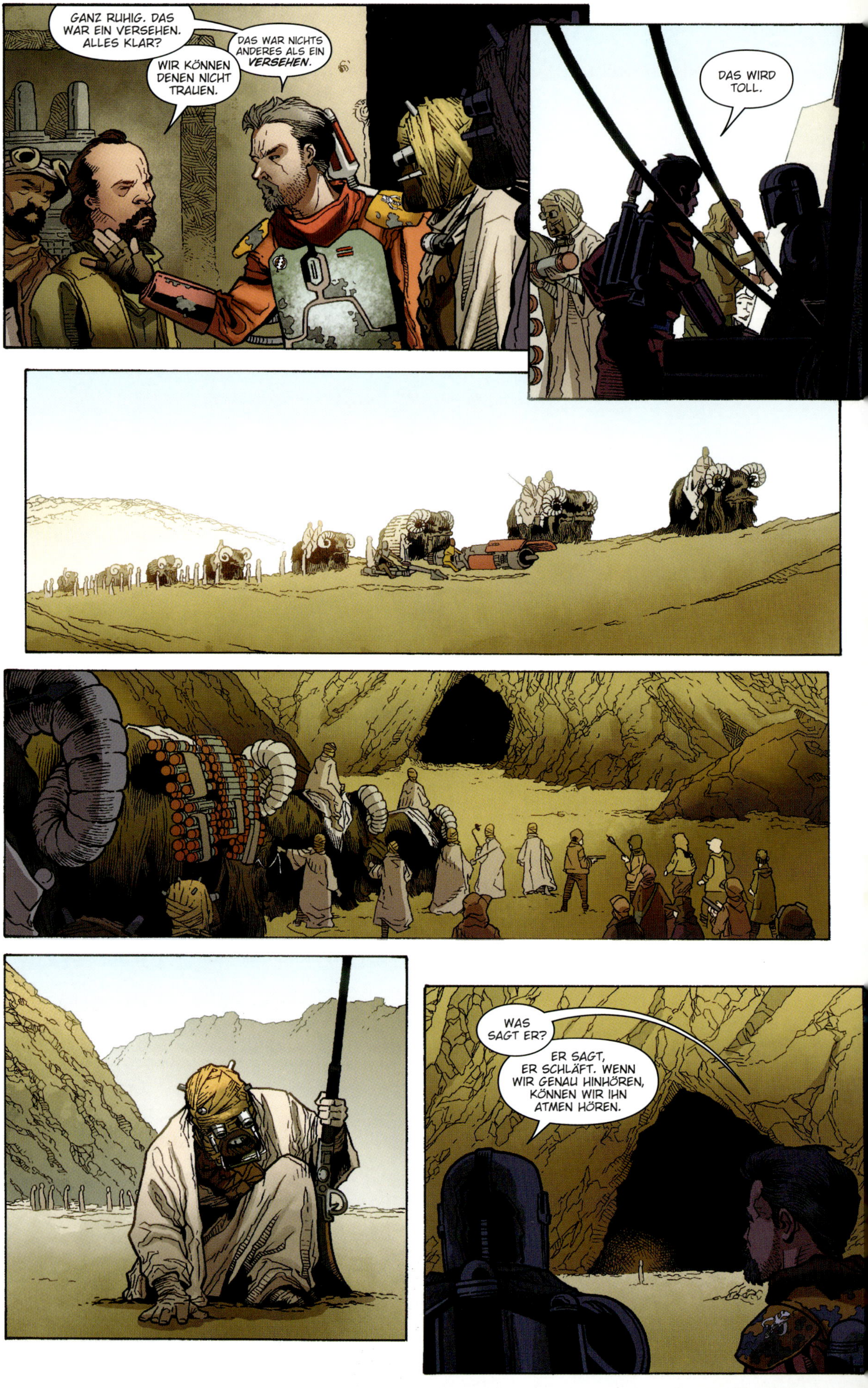

GANZ RUHIG. DAS WAR EIN VERSEHEN. ALLES KLAR?
WIR KÖNNEN DENEN NICHT TRAUEN.
DAS WAR NICHTS ANDERES ALS EIN ***VERSEHEN***.
DAS WIRD TOLL.

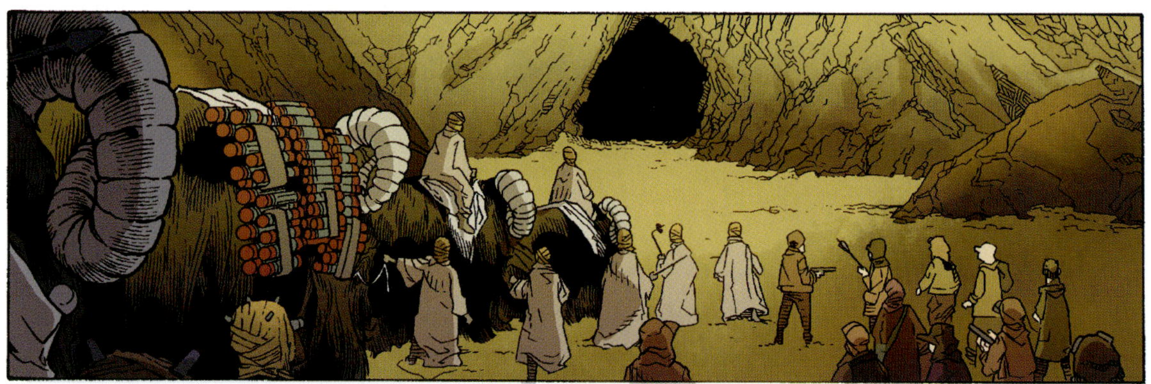

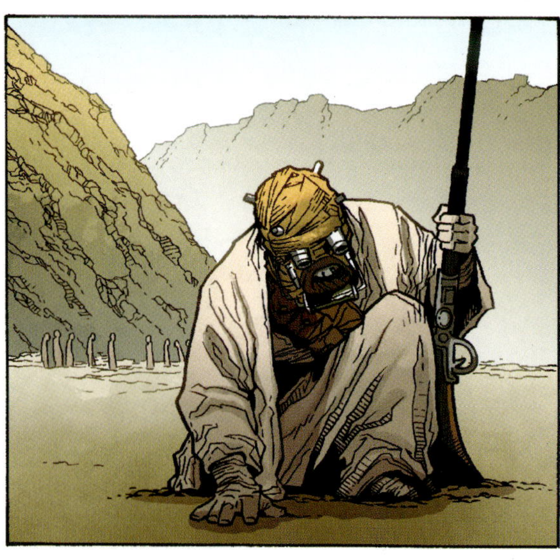

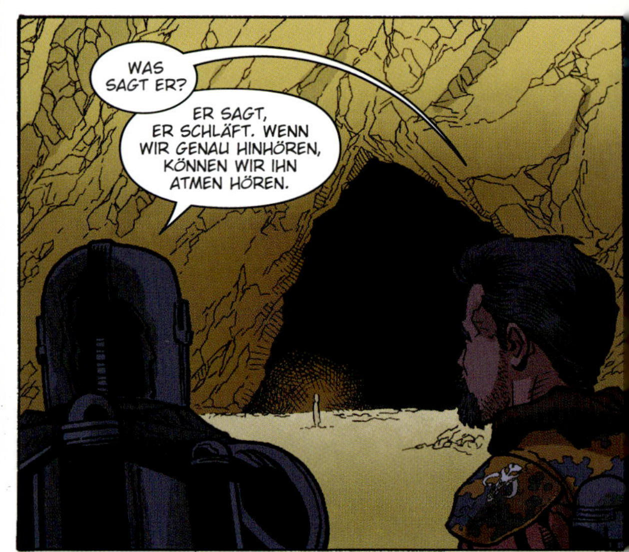

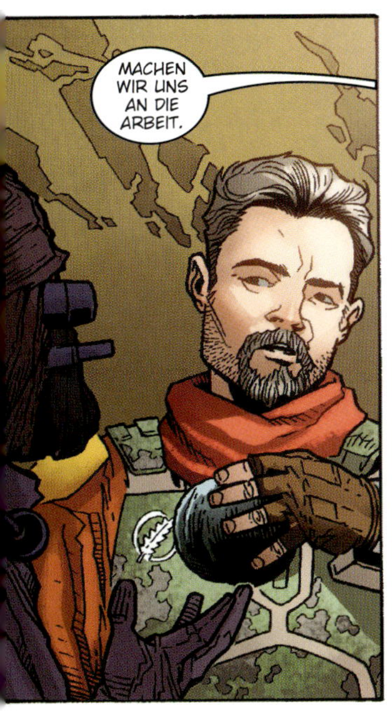
MACHEN WIR UNS AN DIE ARBEIT.

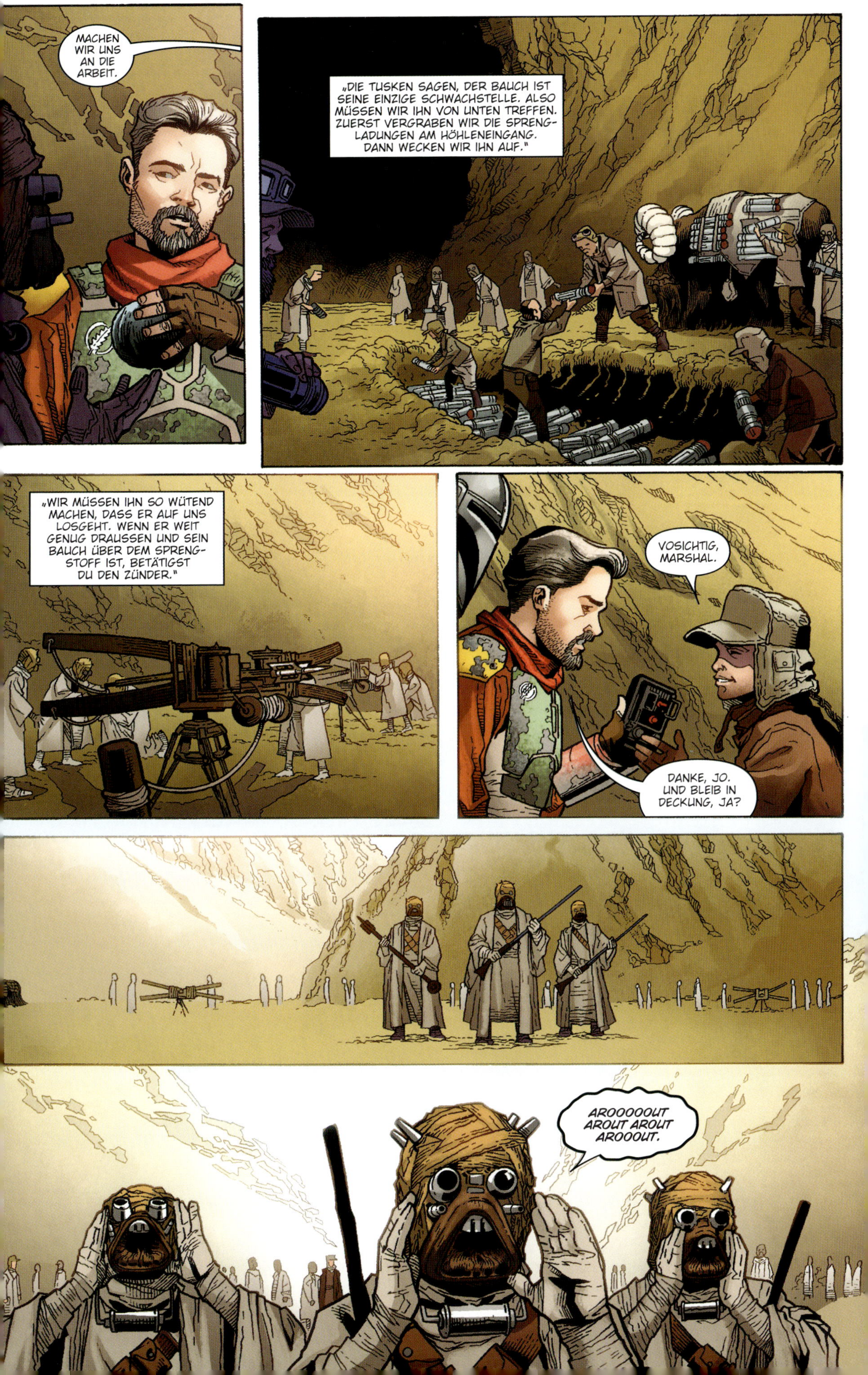

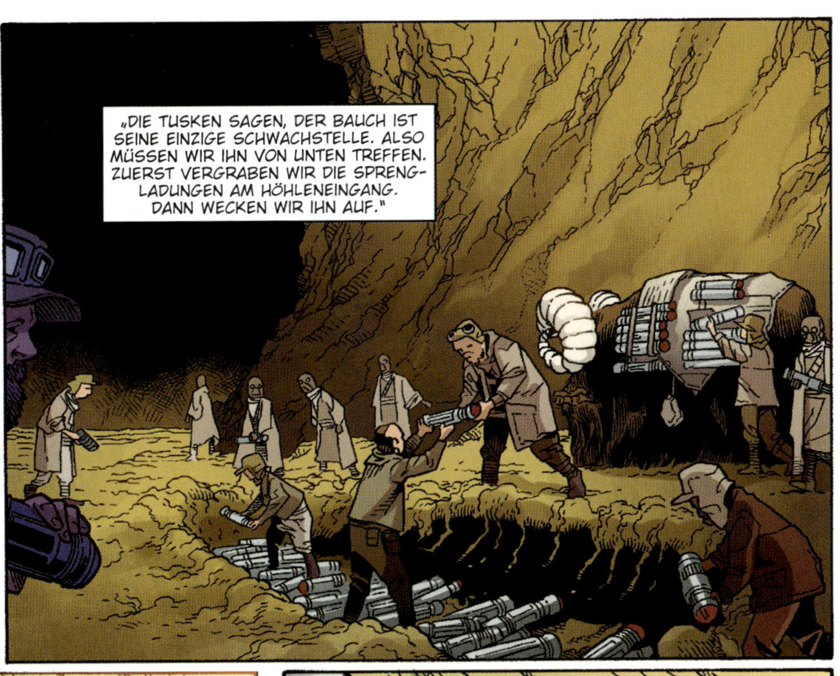
„DIE TUSKEN SAGEN, DER BAUCH IST SEINE EINZIGE SCHWACHSTELLE. ALSO MÜSSEN WIR IHN VON UNTEN TREFFEN. ZUERST VERGRABEN WIR DIE SPRENG-LADUNGEN AM HÖHLENEINGANG. DANN WECKEN WIR IHN AUF."

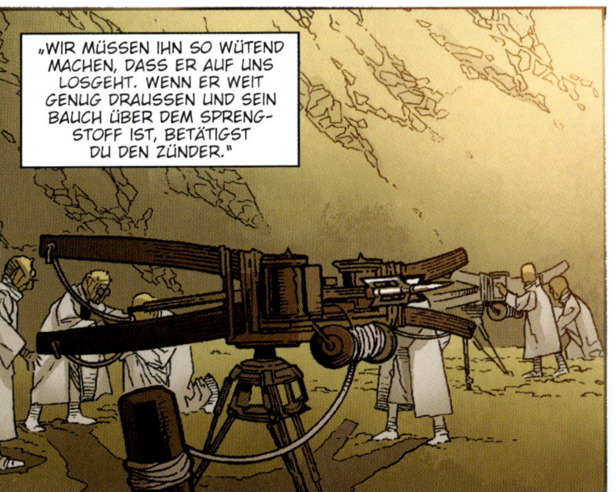
„WIR MÜSSEN IHN SO WÜTEND MACHEN, DASS ER AUF UNS LOSGEHT. WENN ER WEIT GENUG DRAUSSEN UND SEIN BAUCH ÜBER DEM SPRENG-STOFF IST, BETÄTIGST DU DEN ZÜNDER."

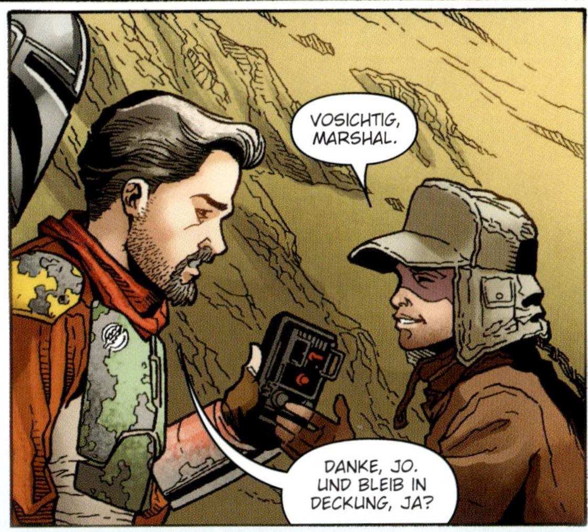
VOSICHTIG, MARSHAL.
DANKE, JO. UND BLEIB IN DECKUNG, JA?

AROOOOOUT AROUT AROUT AROOOUT.

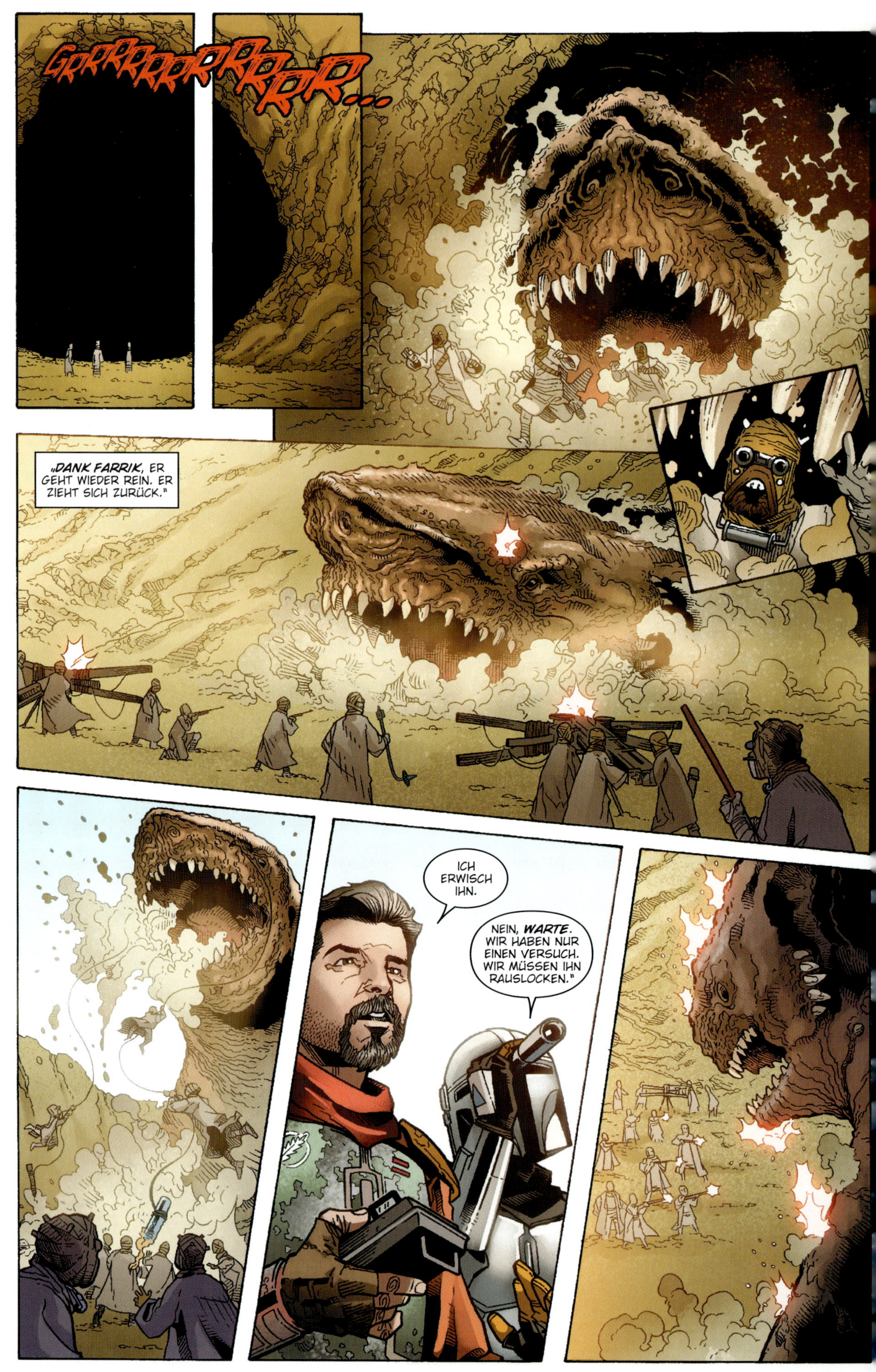
GRRRRRRRRRRRR...
„DANK FARRIK, ER GEHT WIEDER REIN. ER ZIEHT SICH ZURÜCK."
ICH ERWISCH IHN.
NEIN, WARTE. WIR HABEN NUR EINEN VERSUCH. WIR MÜSSEN IHN RAUSLOCKEN."

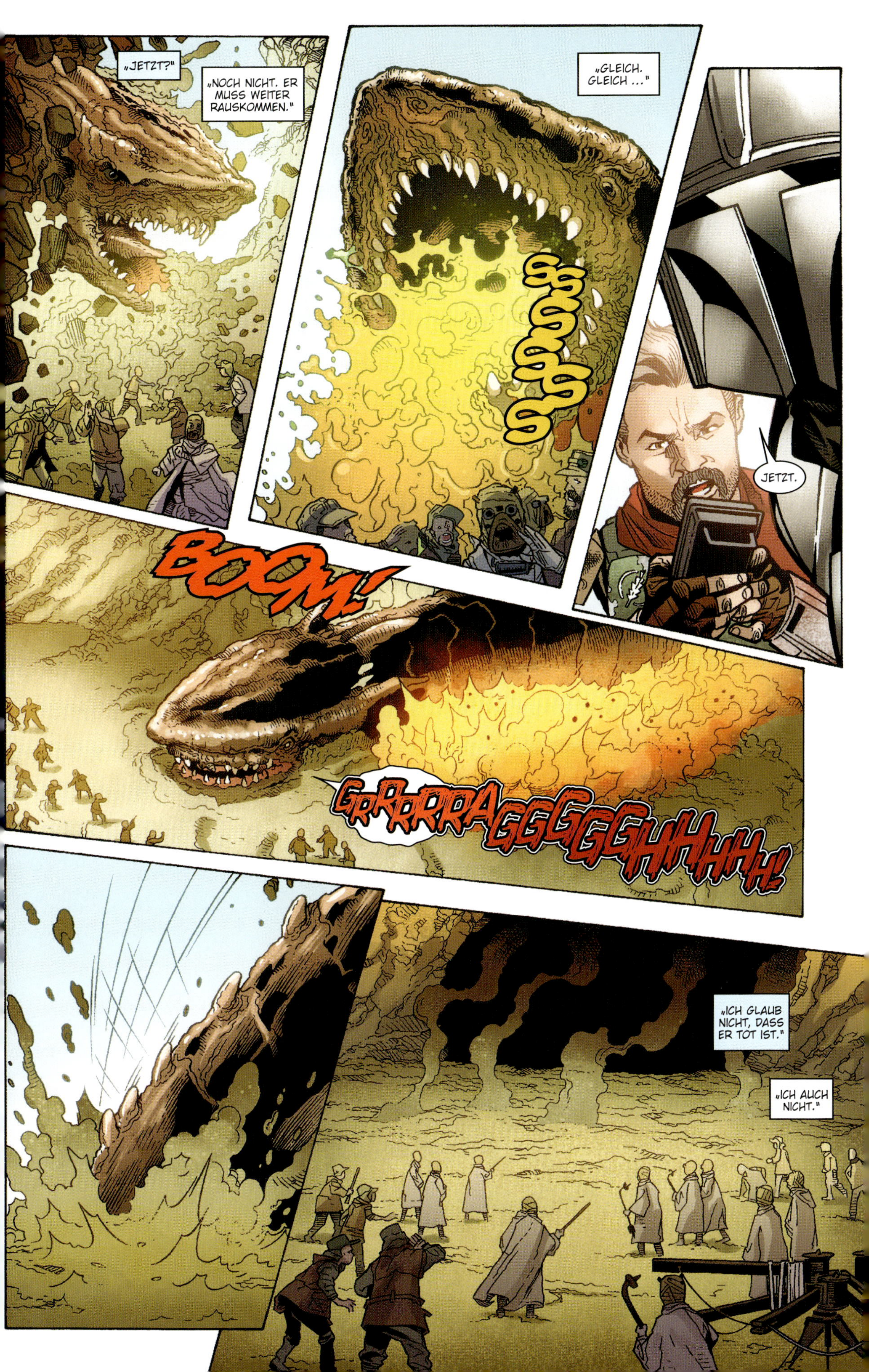
„JETZT?"
„NOCH NICHT. ER MUSS WEITER RAUSKOMMEN."
„GLEICH. GLEICH ..."
SSSSSS
JETZT.
BOOM!
GRRRRRAGGGGGHHHHH!
„ICH GLAUB NICHT, DASS ER TOT IST."
„ICH AUCH NICHT."

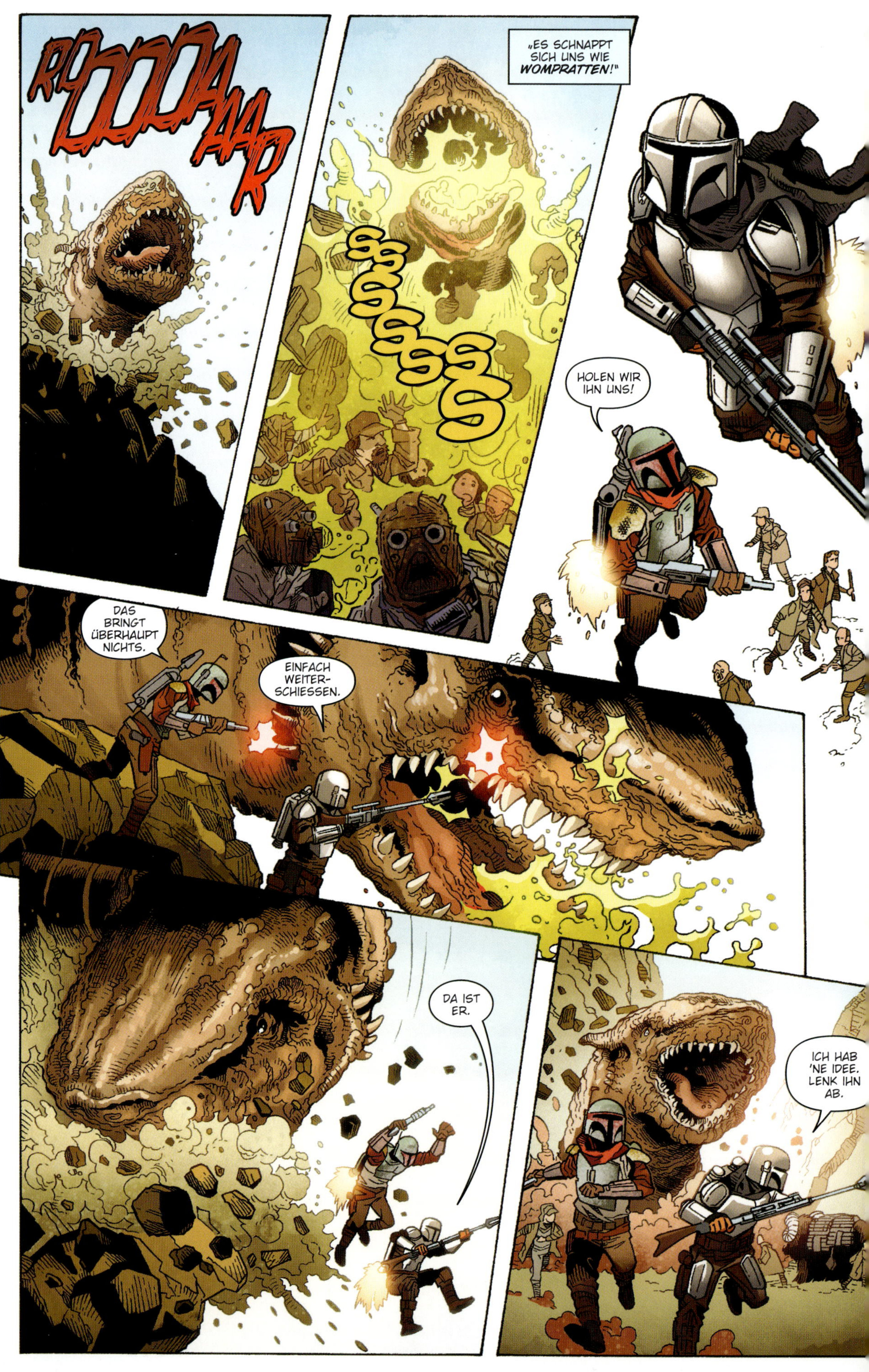

ROOOOAAAR
„ES SCHNAPPT SICH UNS WIE WOMPRATTEN!"
SSSSSSS
HOLEN WIR IHN UNS!
DAS BRINGT ÜBERHAUPT NICHTS.
EINFACH WEITER-SCHIESSEN.
DA IST ER.
ICH HAB 'NE IDEE. LENK IHN AB.

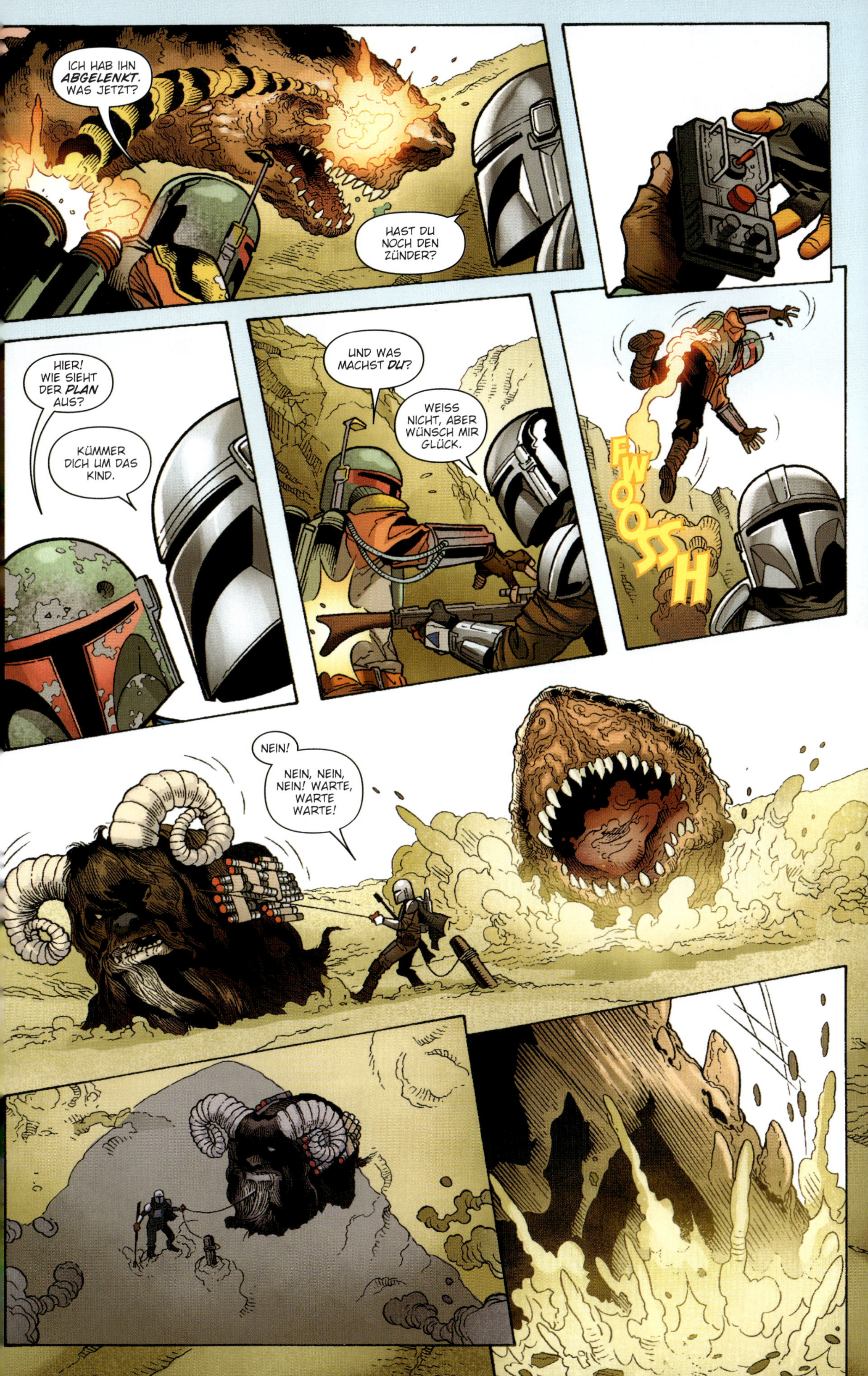
ICH HAB IHN *ABGELENKT*. WAS JETZT?
HAST DU NOCH DEN ZÜNDER?
HIER! WIE SIEHT DER *PLAN* AUS?
KÜMMER DICH UM DAS KIND.
UND WAS MACHST *DU*?
WEISS NICHT, ABER WÜNSCH MIR GLÜCK.
FWOOSSH
NEIN!
NEIN, NEIN, NEIN! WARTE, WARTE WARTE!

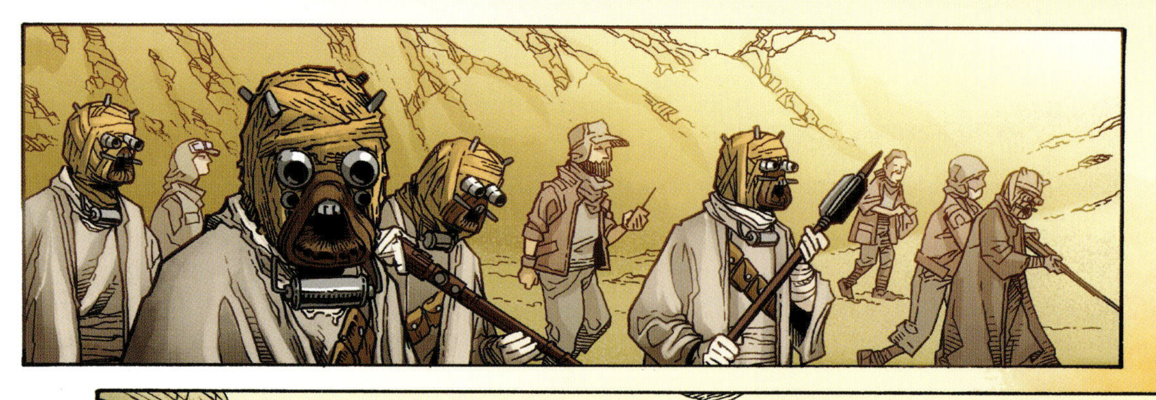

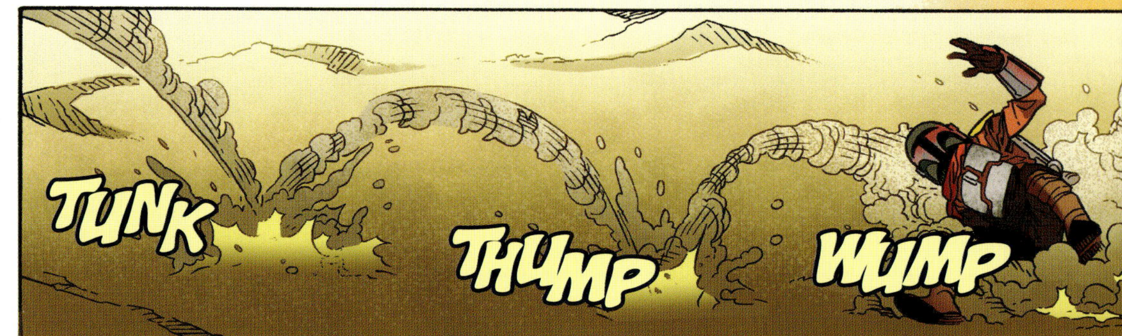
TUNK
THUMP
WUMP

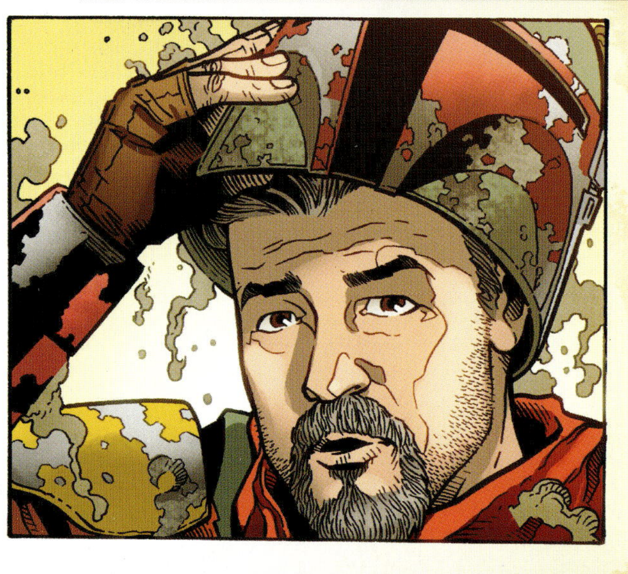

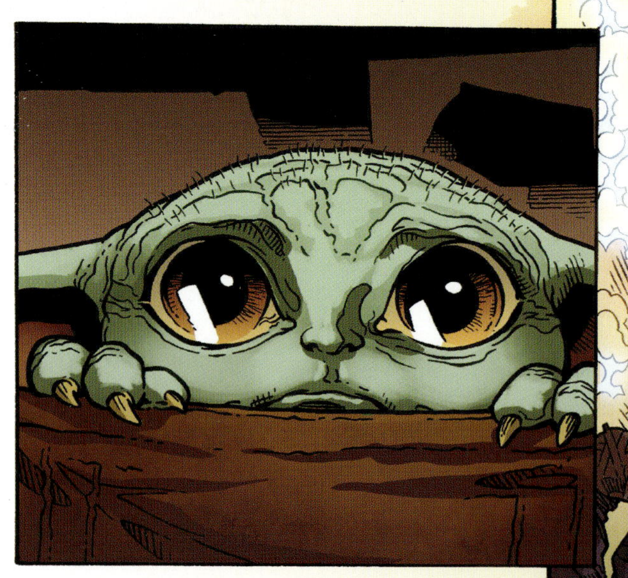

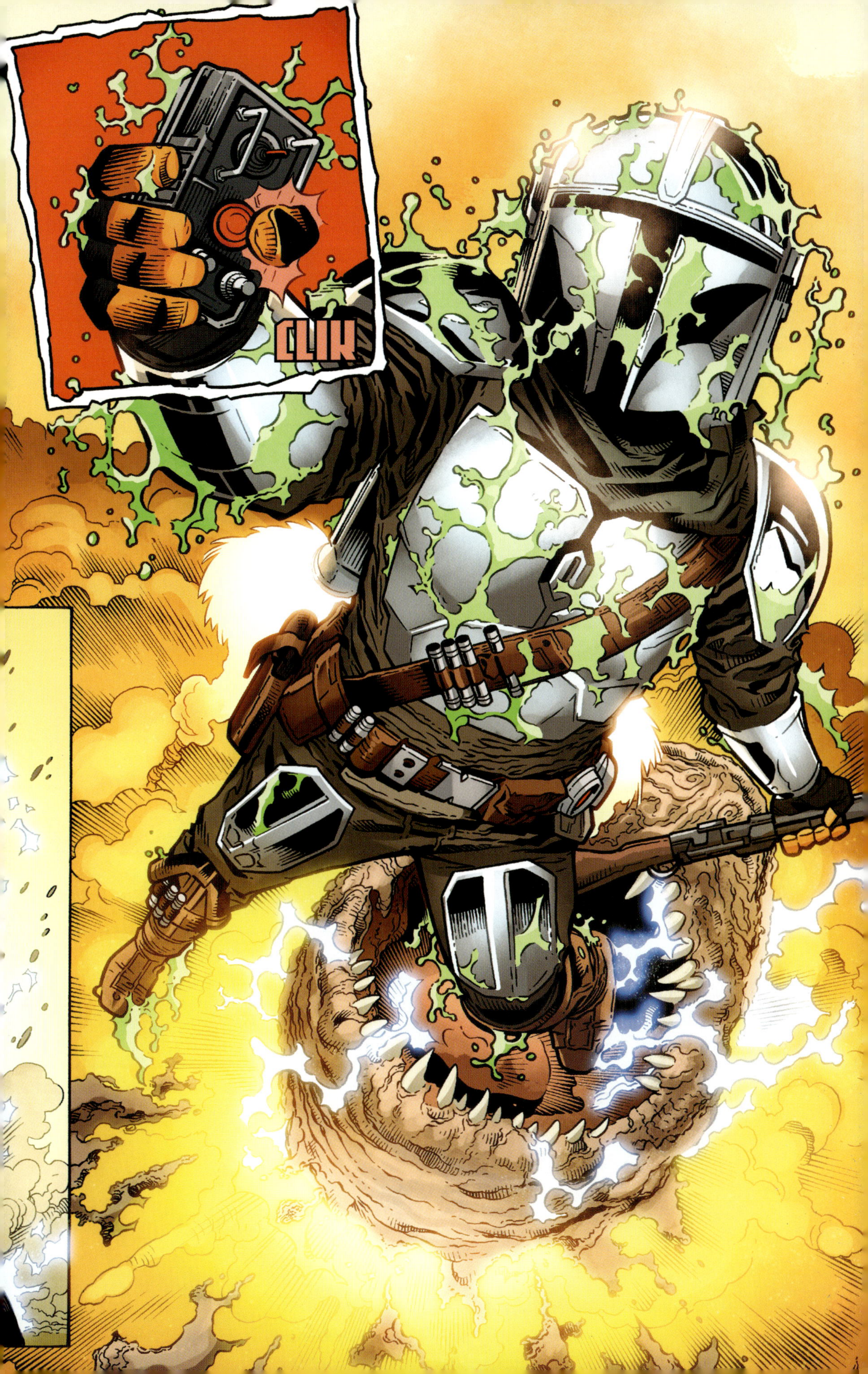
CLIK

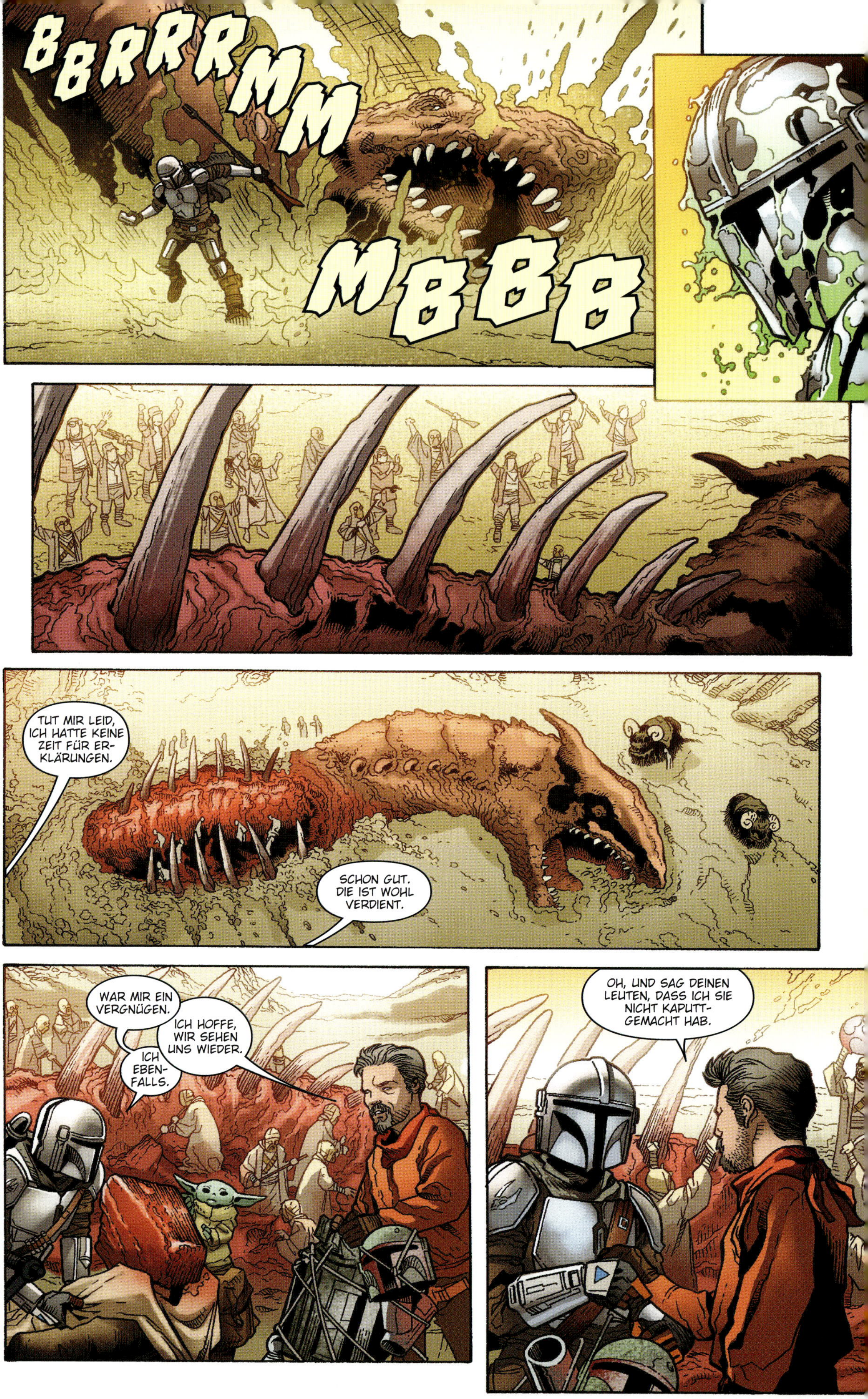

BBRRRRMMM
MBBB

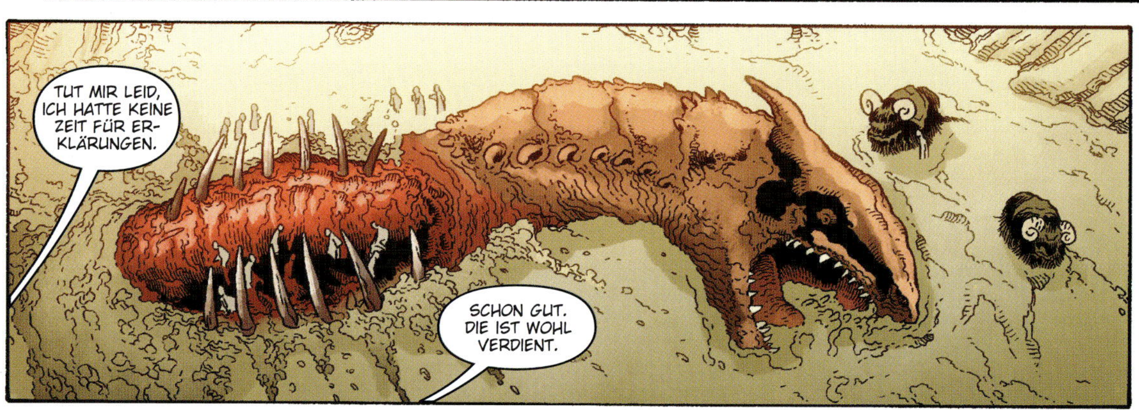
TUT MIR LEID, ICH HATTE KEINE ZEIT FÜR ERKLÄRUNGEN.
SCHON GUT. DIE IST WOHL VERDIENT.

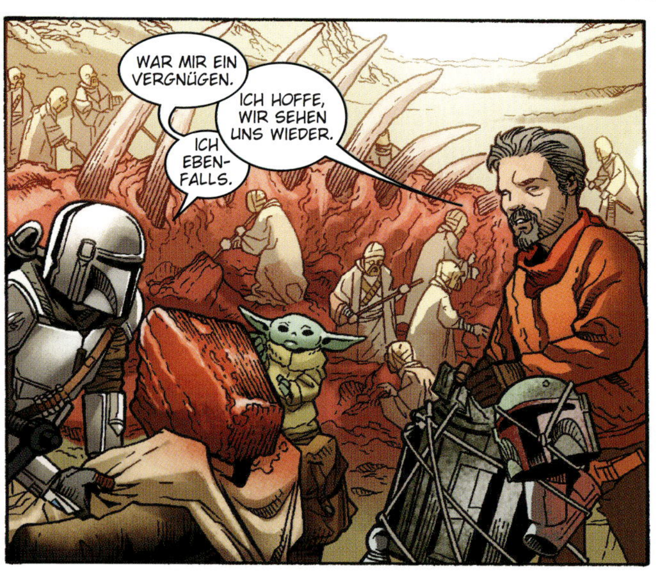
WAR MIR EIN VERGNÜGEN.
ICH HOFFE, WIR SEHEN UNS WIEDER.
ICH EBENFALLS.

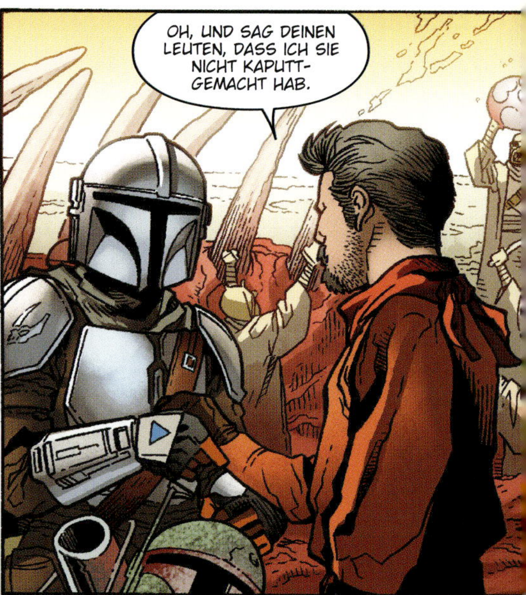
OH, UND SAG DEINEN LEUTEN, DASS ICH SIE NICHT KAPUTTGEMACHT HAB.

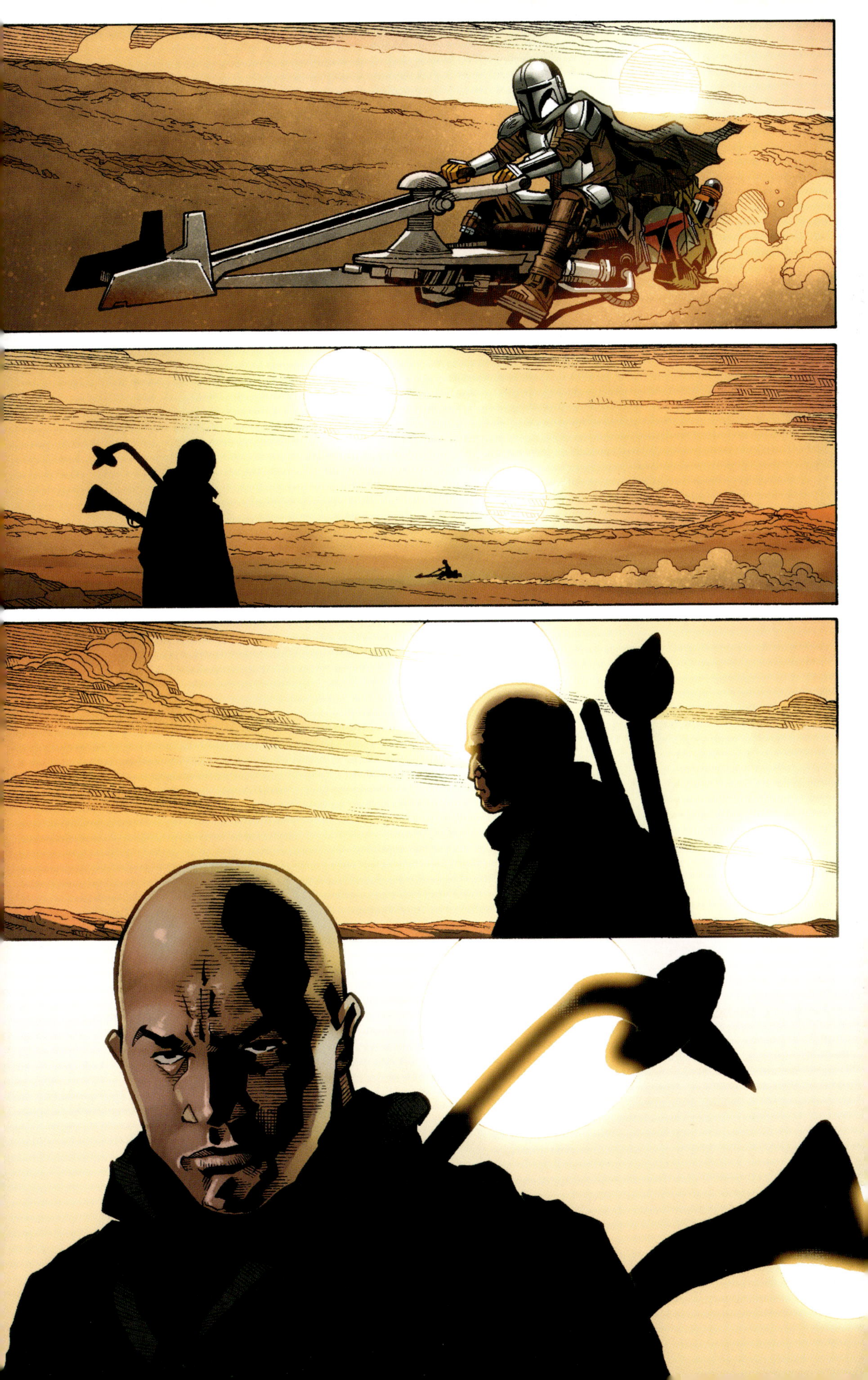

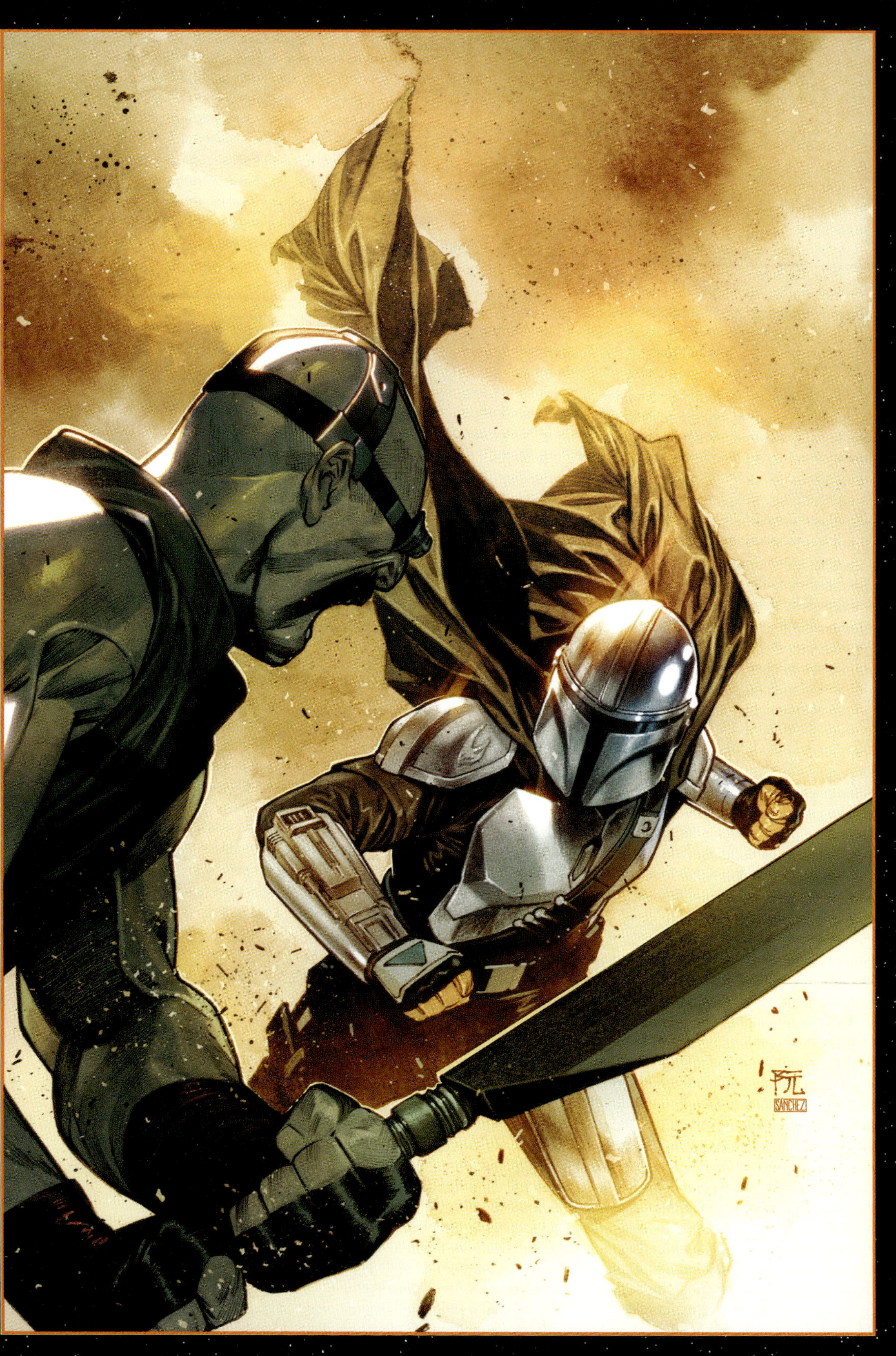

US-*Star Wars: The Mandalorian* #2 (2023)
Cover: **DIKE RUAN** und **ALEJANDRO SÁNCHEZ**

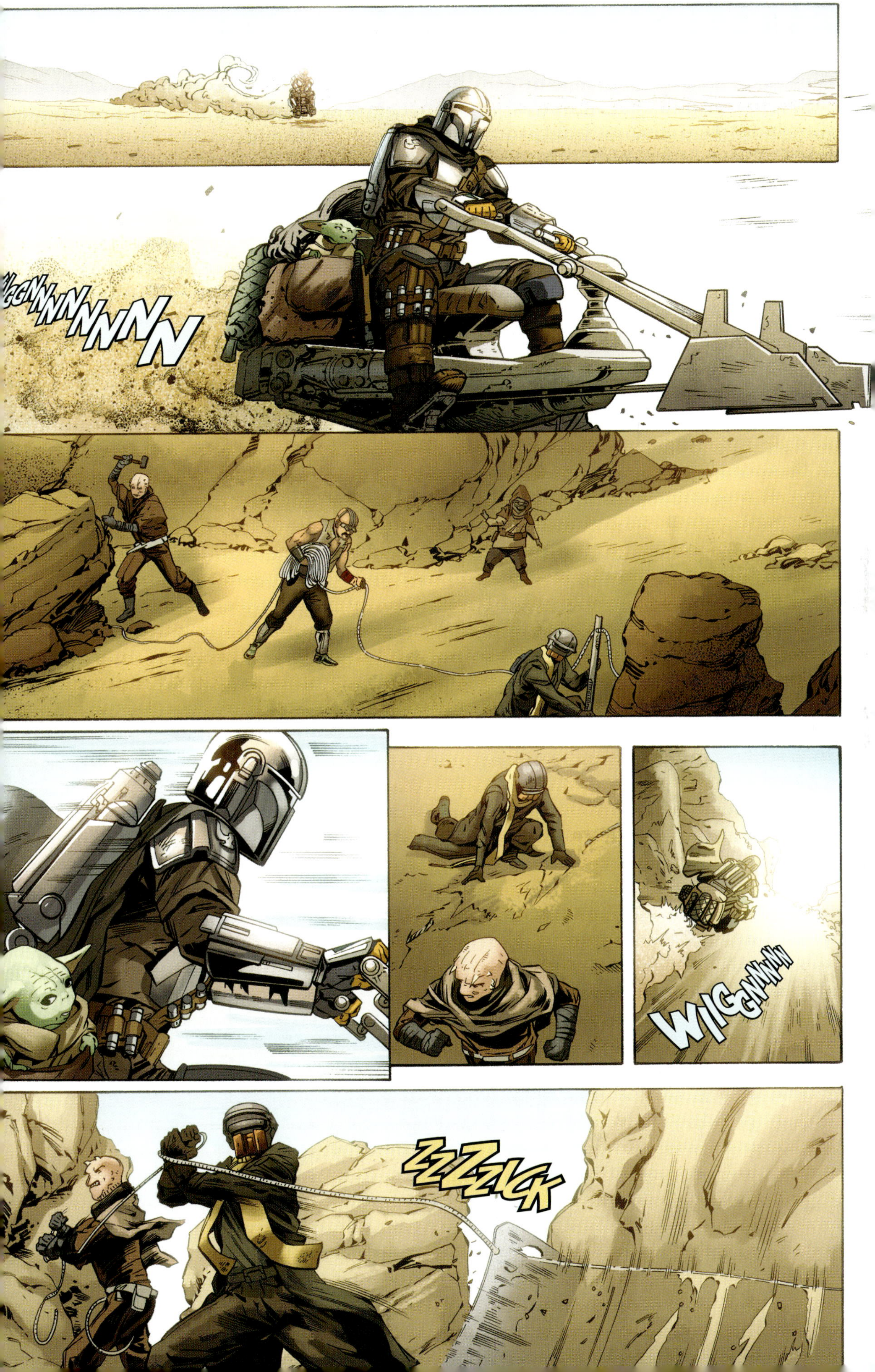

IGGNNNNNNNN

WIGGNNNNN

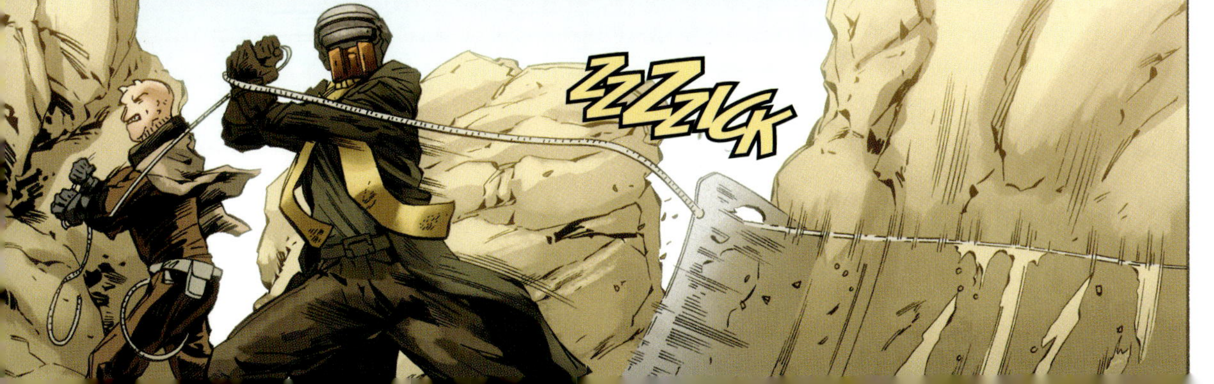

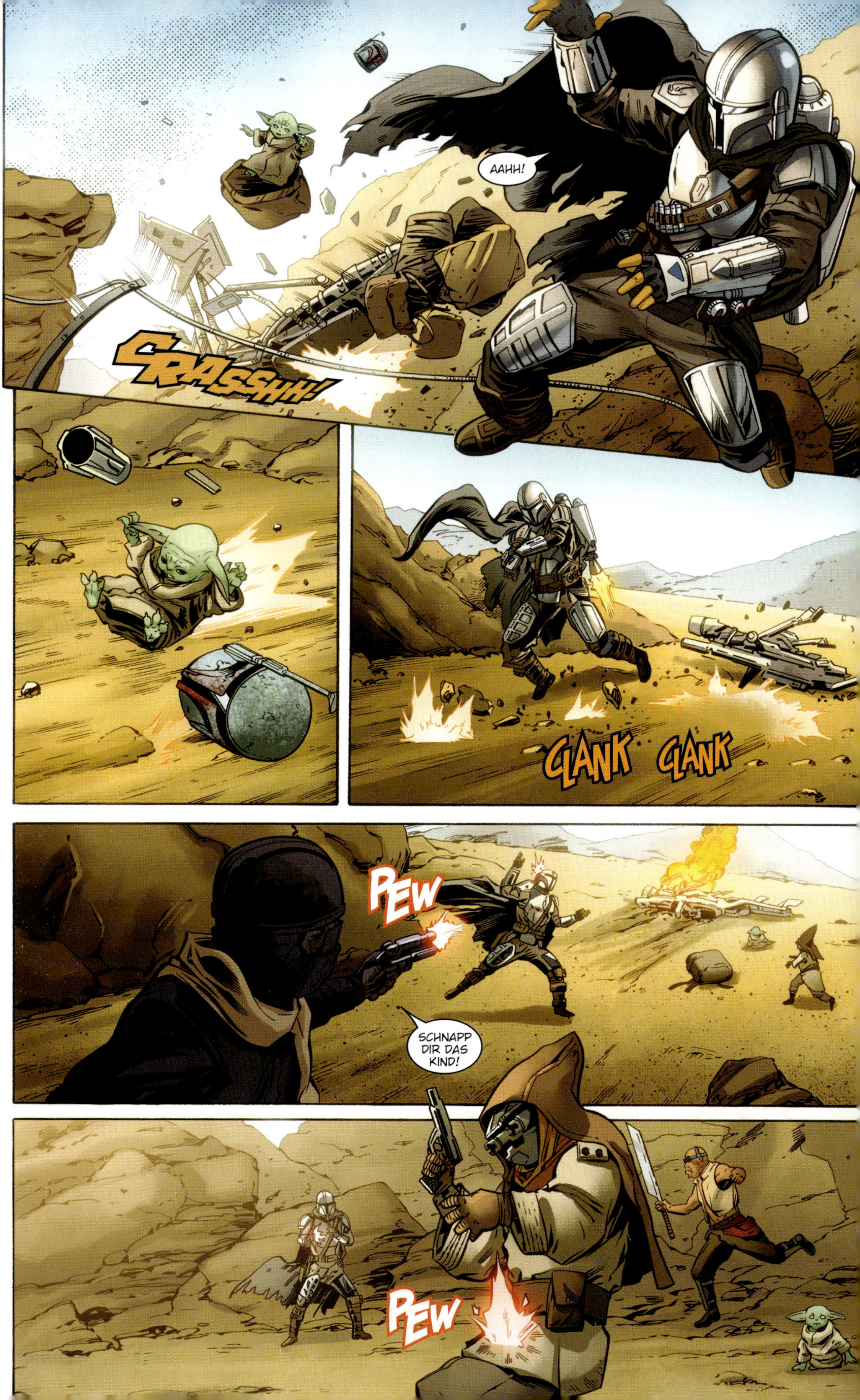

AAHH!
CRASSHH!
CLANK CLANK
PEW
SCHNAPP DIR DAS KIND!
PEW

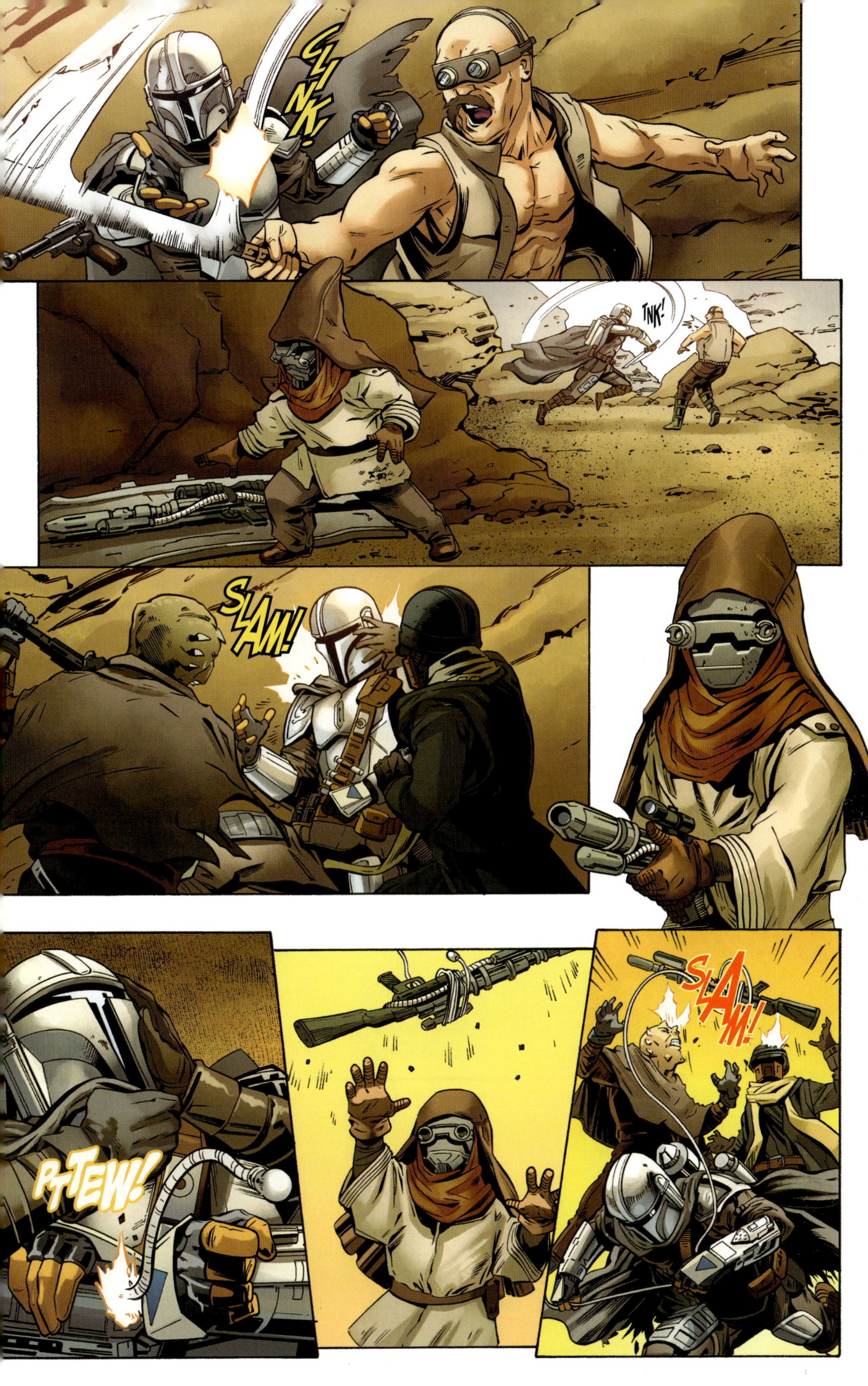
CLINK!
TNK!
SLAM!
PTTEW!
SLAM!

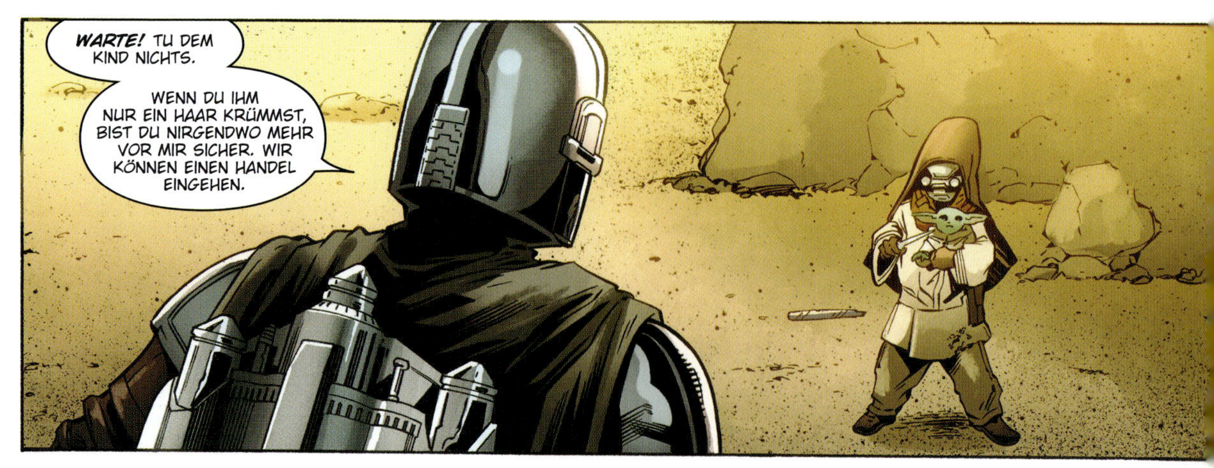
WARTE! TU DEM KIND NICHTS.
WENN DU IHM NUR EIN HAAR KRÜMMST, BIST DU NIRGENDWO MEHR VOR MIR SICHER. WIR KÖNNEN EINEN HANDEL EINGEHEN.

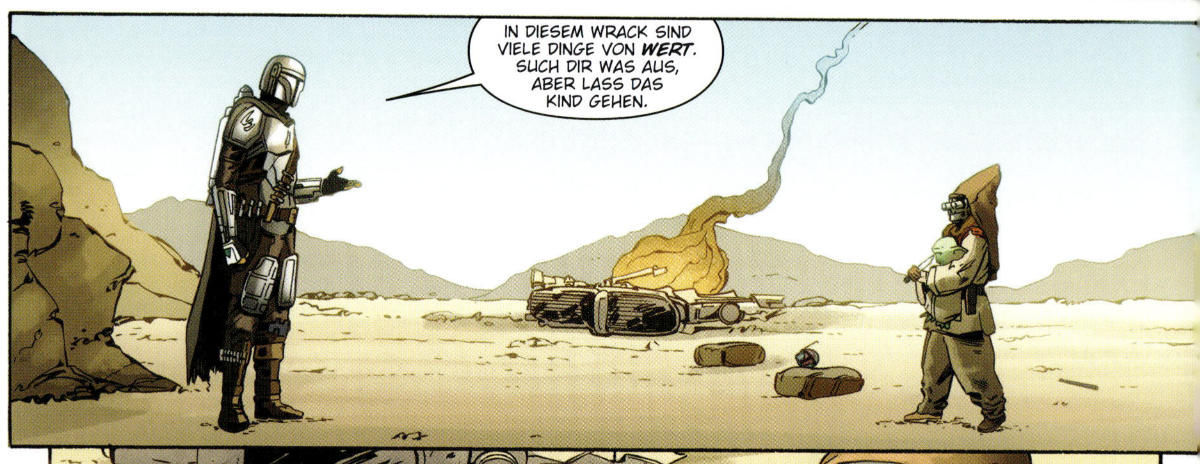
IN DIESEM WRACK SIND VIELE DINGE VON WERT. SUCH DIR WAS AUS, ABER LASS DAS KIND GEHEN.

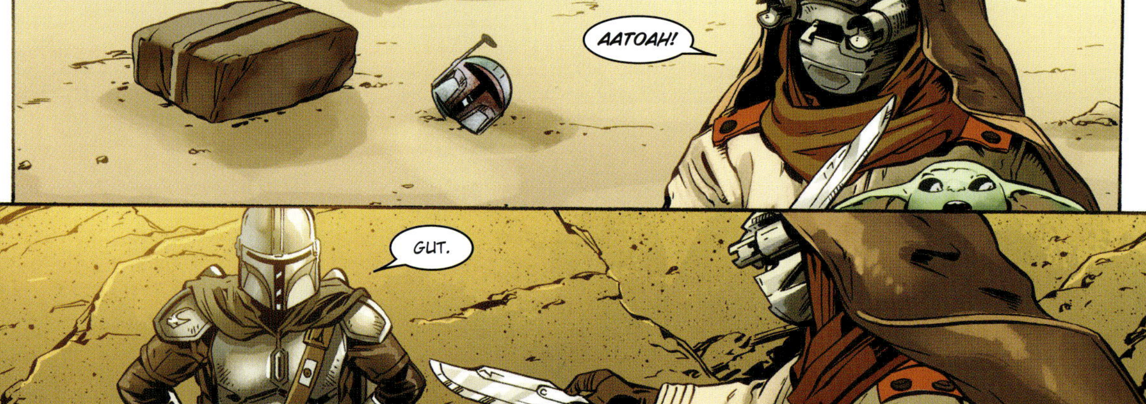
AATOAH!
GUT.

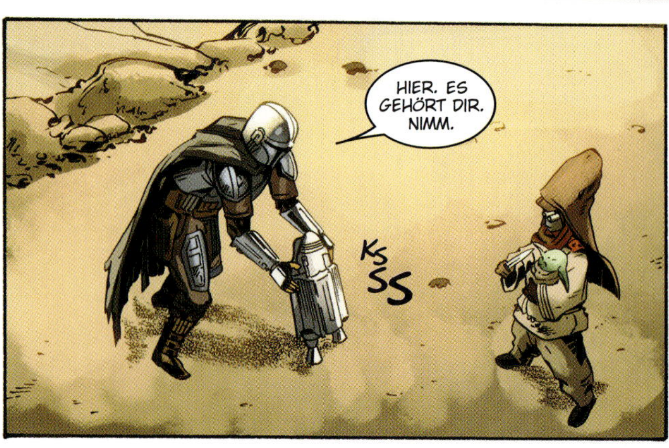
HIER. ES GEHÖRT DIR. NIMM.
KSSS

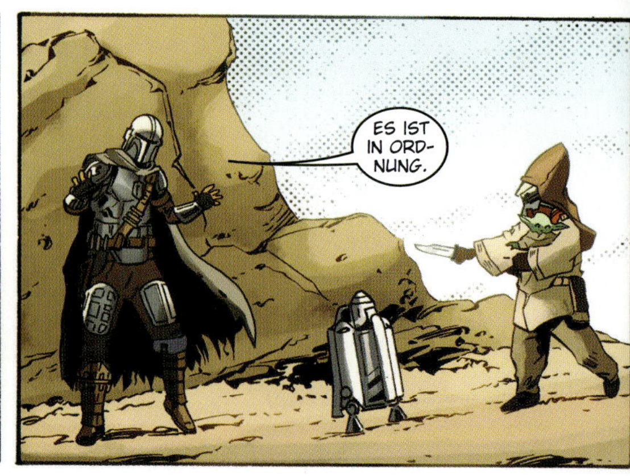
ES IST IN ORD-NUNG.

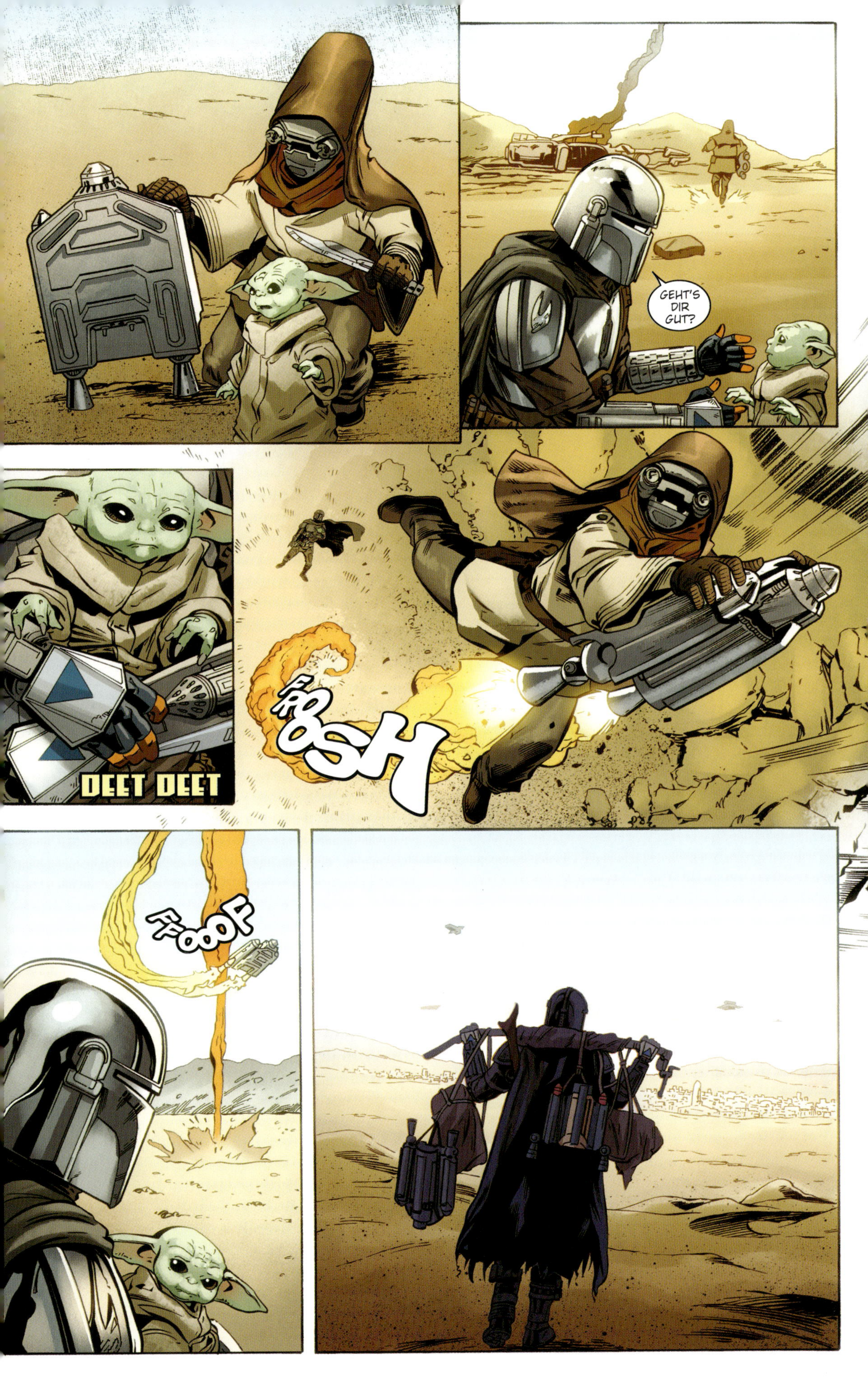
GEHT'S DIR GUT?
DEET DEET
FROOSH
FFOOOF

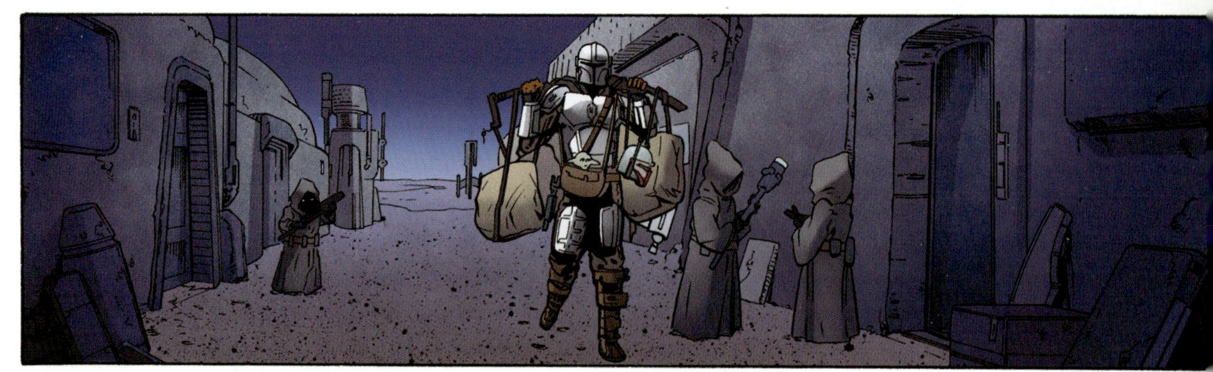

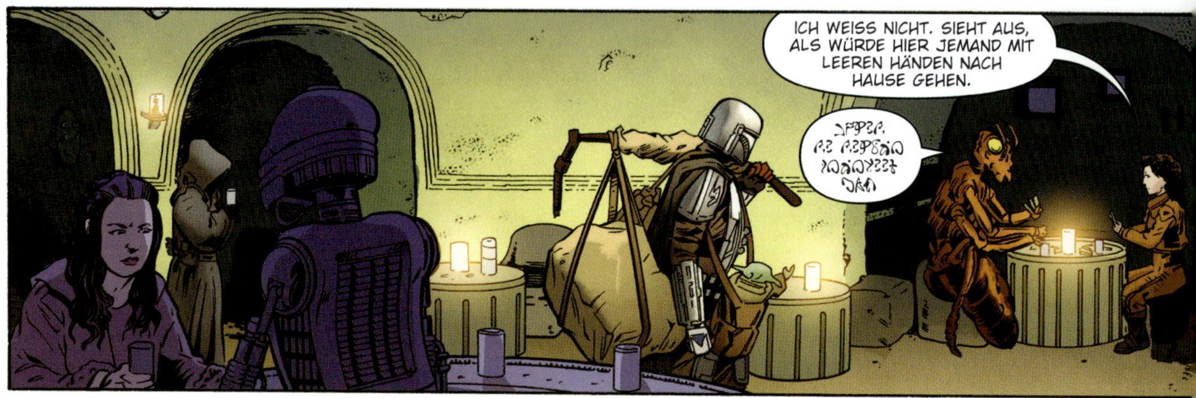
ICH WEISS NICHT. SIEHT AUS, ALS WÜRDE HIER JEMAND MIT LEEREN HÄNDEN NACH HAUSE GEHEN.

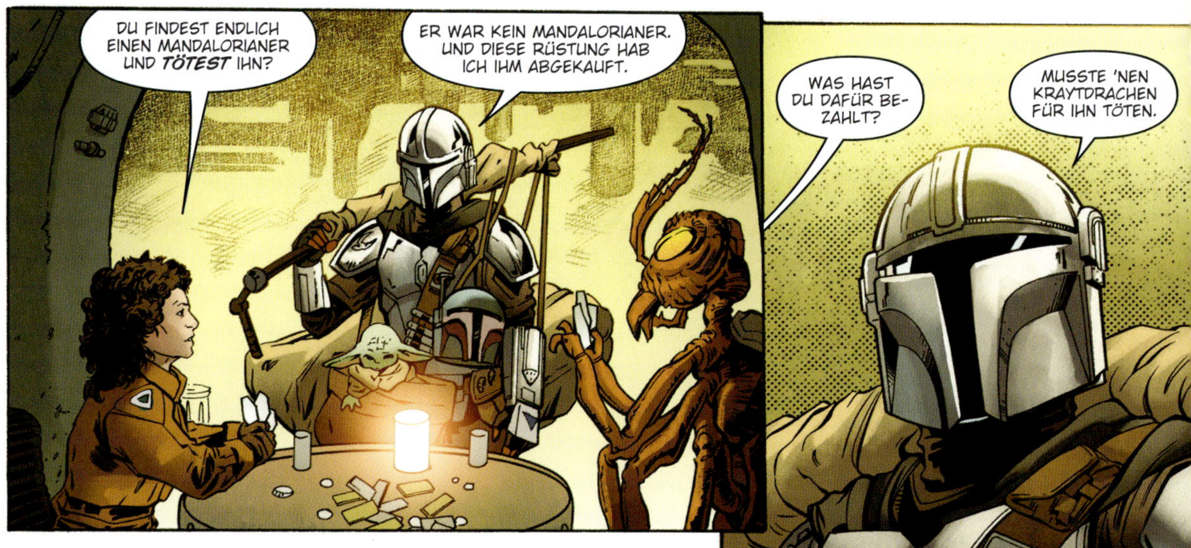
DU FINDEST ENDLICH EINEN MANDALORIANER UND *TÖTEST* IHN?
ER WAR KEIN MANDALORIANER. UND DIESE RÜSTUNG HAB ICH IHM ABGEKAUFT.
WAS HAST DU DAFÜR BEZAHLT?
MUSSTE 'NEN KRAYTDRACHEN FÜR IHN TÖTEN.

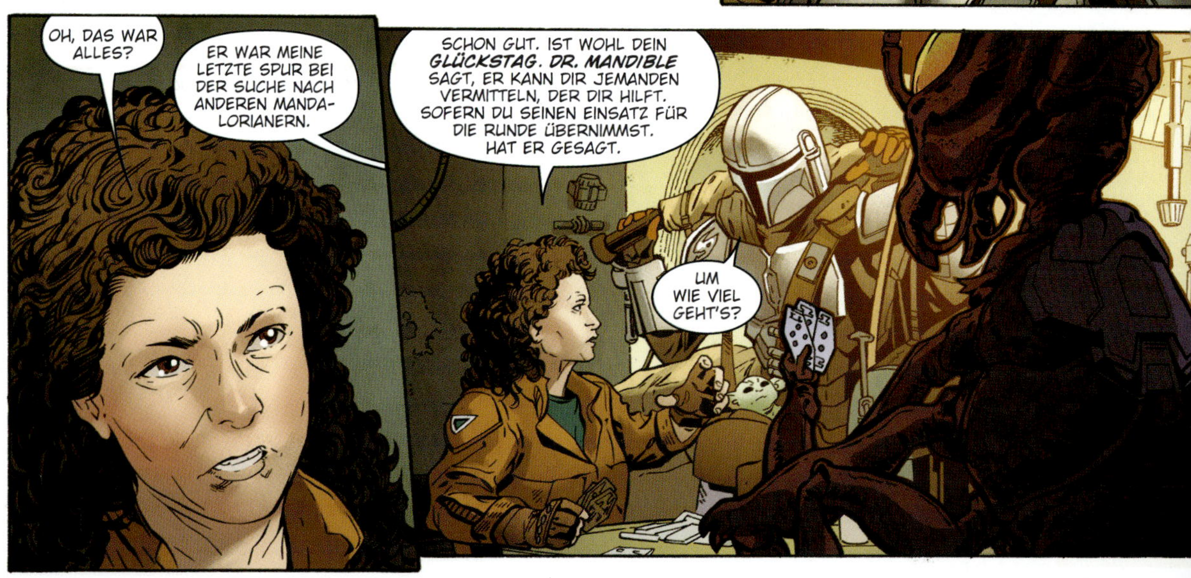
OH, DAS WAR ALLES?
ER WAR MEINE LETZTE SPUR BEI DER SUCHE NACH ANDEREN MANDALORIANERN.
SCHON GUT. IST WOHL DEIN ***GLÜCKSTAG. DR. MANDIBLE*** SAGT, ER KANN DIR JEMANDEN VERMITTELN, DER DIR HILFT. SOFERN DU SEINEN EINSATZ FÜR DIE RUNDE ÜBERNIMMST. HAT ER GESAGT.
UM WIE VIEL GEHT'S?

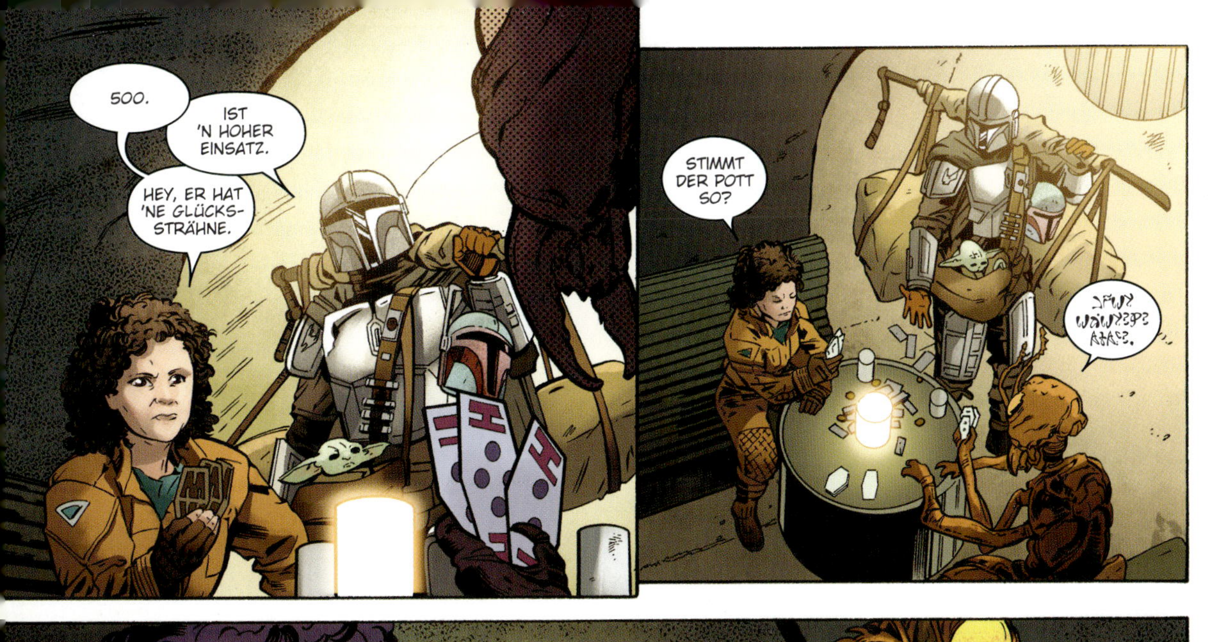

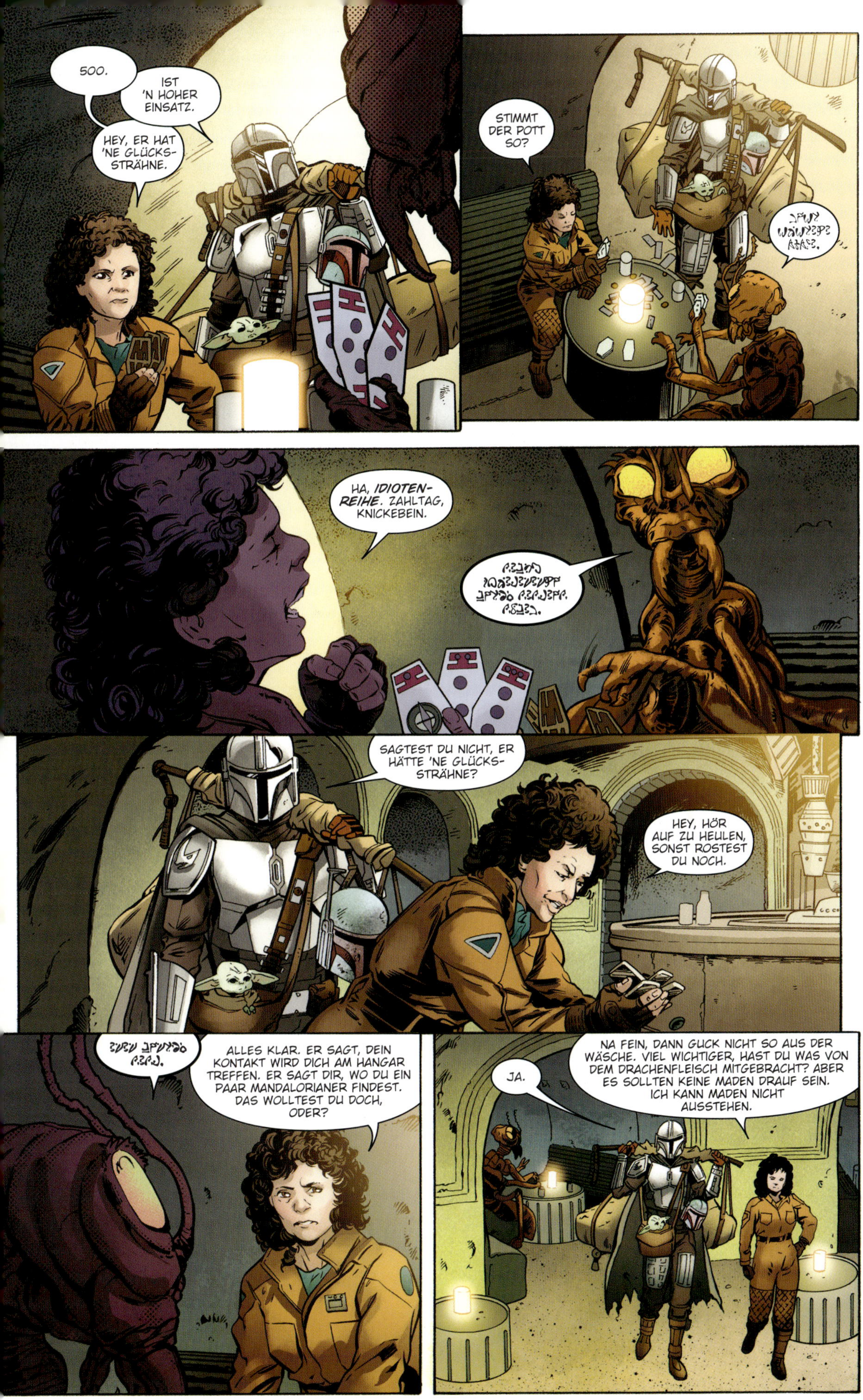

HA, *IDIOTEN-REIHE*. ZAHLTAG, KNICKEBEIN.

SAGTEST DU NICHT, ER HÄTTE 'NE GLÜCKS-STRÄHNE?

HEY, HÖR AUF ZU HEULEN, SONST ROSTEST DU NOCH.

ALLES KLAR. ER SAGT, DEIN KONTAKT WIRD DICH AM HANGAR TREFFEN. ER SAGT DIR, WO DU EIN PAAR MANDALORIANER FINDEST. DAS WOLLTEST DU DOCH, ODER?

JA.

NA FEIN, DANN GUCK NICHT SO AUS DER WÄSCHE. VIEL WICHTIGER, HAST DU WAS VON DEM DRACHENFLEISCH MITGEBRACHT? ABER ES SOLLTEN KEINE MADEN DRAUF SEIN. ICH KANN MADEN NICHT AUSSTEHEN.

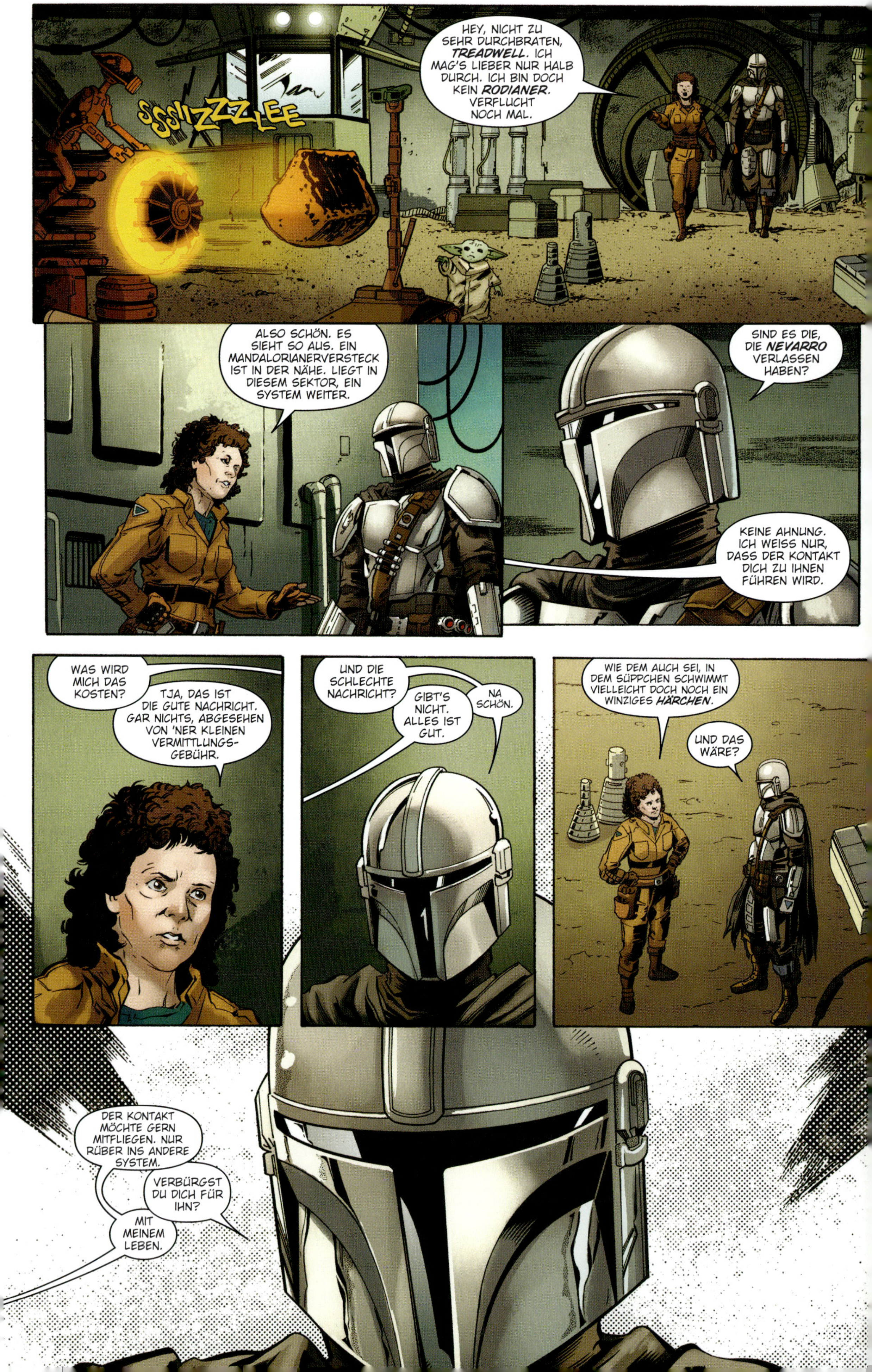

SSSIZZZLEE
HEY, NICHT ZU SEHR DURCHBRATEN, TREADWELL. ICH MAG'S LIEBER NUR HALB DURCH. ICH BIN DOCH KEIN RODIANER. VERFLUCHT NOCH MAL.
ALSO SCHÖN. ES SIEHT SO AUS. EIN MANDALORIANERVERSTECK IST IN DER NÄHE. LIEGT IN DIESEM SEKTOR, EIN SYSTEM WEITER.
SIND ES DIE, DIE NEVARRO VERLASSEN HABEN?
KEINE AHNUNG. ICH WEISS NUR, DASS DER KONTAKT DICH ZU IHNEN FÜHREN WIRD.
WAS WIRD MICH DAS KOSTEN?
TJA, DAS IST DIE GUTE NACHRICHT. GAR NICHTS, ABGESEHEN VON 'NER KLEINEN VERMITTLUNGS-GEBÜHR.
UND DIE SCHLECHTE NACHRICHT?
GIBT'S NICHT. ALLES IST GUT.
NA SCHÖN.
WIE DEM AUCH SEI, IN DEM SÜPPCHEN SCHWIMMT VIELLEICHT DOCH NOCH EIN WINZIGES HÄRCHEN.
UND DAS WÄRE?
DER KONTAKT MÖCHTE GERN MITFLIEGEN. NUR RÜBER INS ANDERE SYSTEM.
VERBÜRGST DU DICH FÜR IHN?
MIT MEINEM LEBEN.

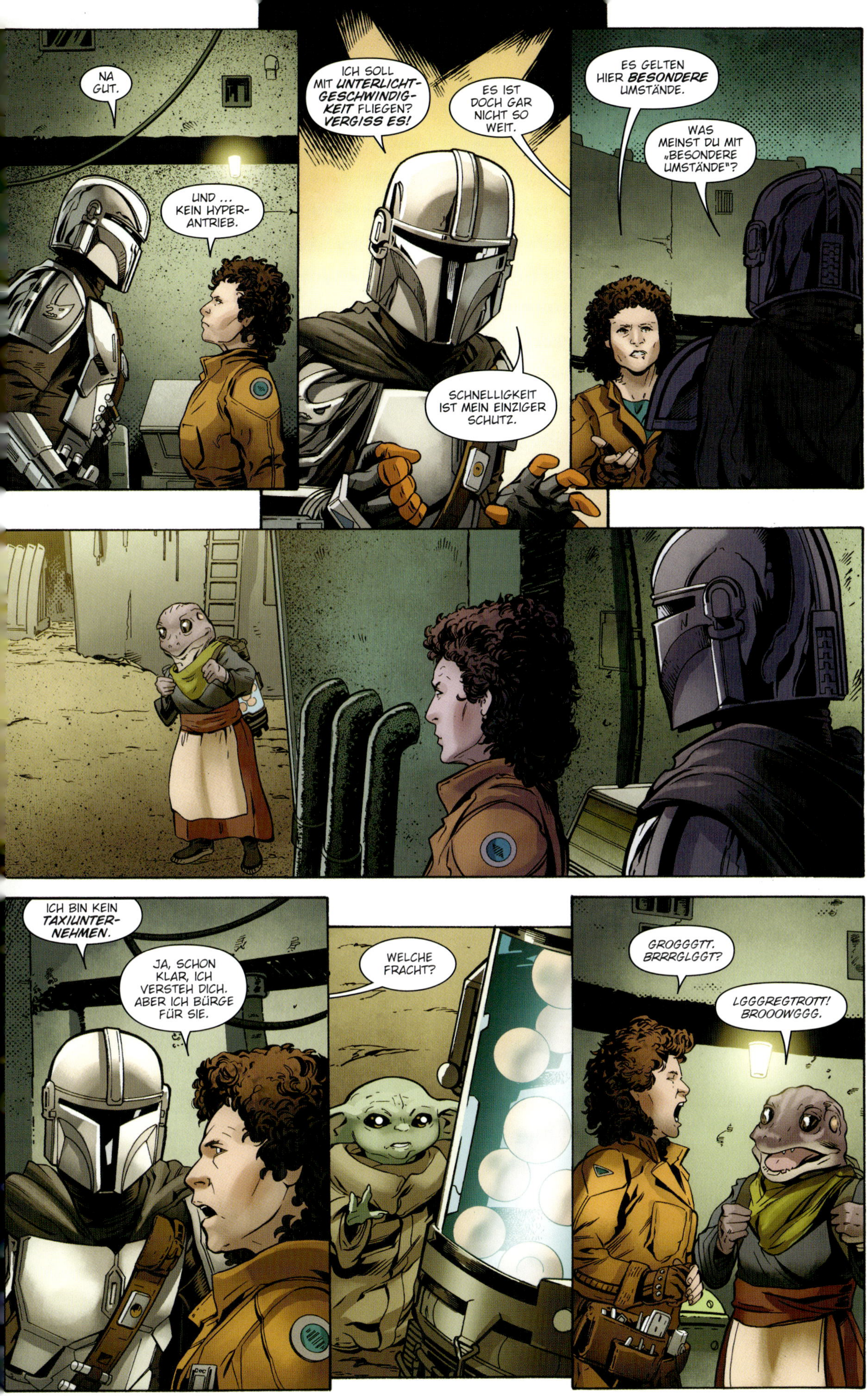

NA GUT.
UND ... KEIN HYPERANTRIEB.
ICH SOLL MIT **UNTERLICHTGESCHWINDIGKEIT** FLIEGEN? **VERGISS ES!**
ES IST DOCH GAR NICHT SO WEIT.
SCHNELLIGKEIT IST MEIN EINZIGER SCHUTZ.
ES GELTEN HIER **BESONDERE** UMSTÄNDE.
WAS MEINST DU MIT „BESONDERE UMSTÄNDE"?

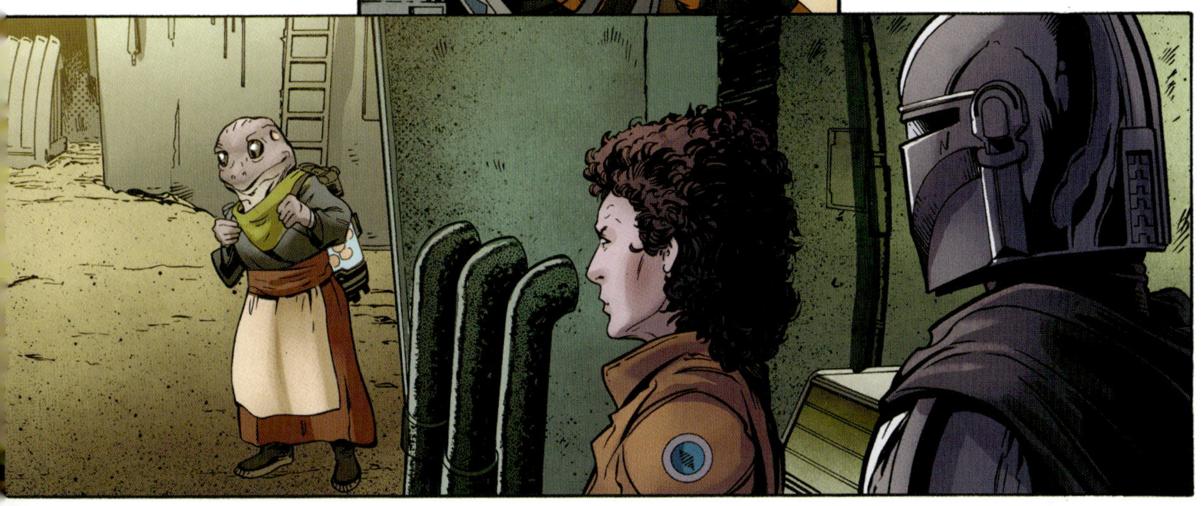

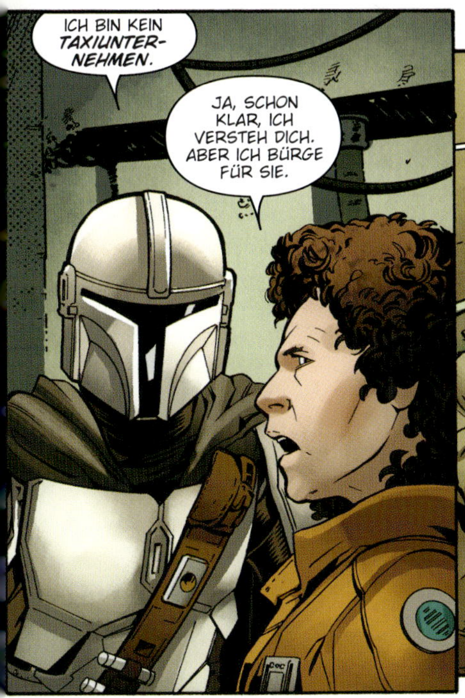
ICH BIN KEIN **TAXIUNTERNEHMEN**.
JA, SCHON KLAR, ICH VERSTEH DICH. ABER ICH BÜRGE FÜR SIE.

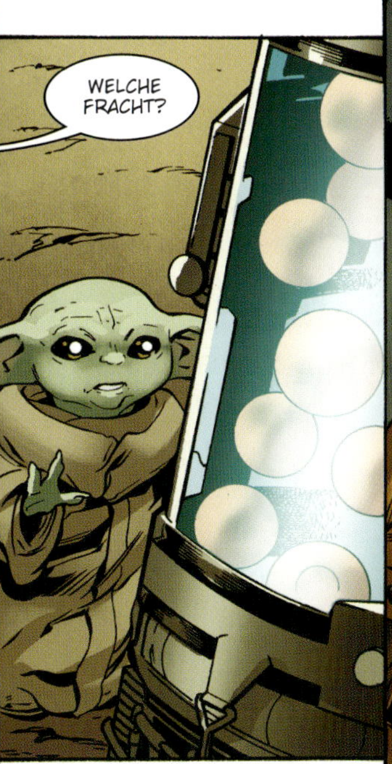
WELCHE FRACHT?

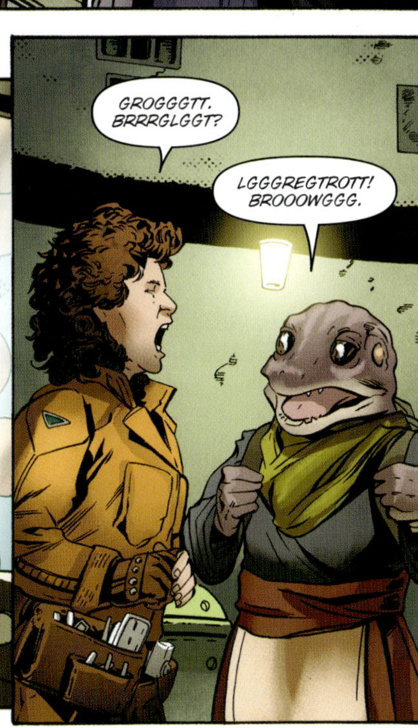
GROGGGTT. BRRRGLGGT?
LGGGREGTROTT! BROOOWGGG.

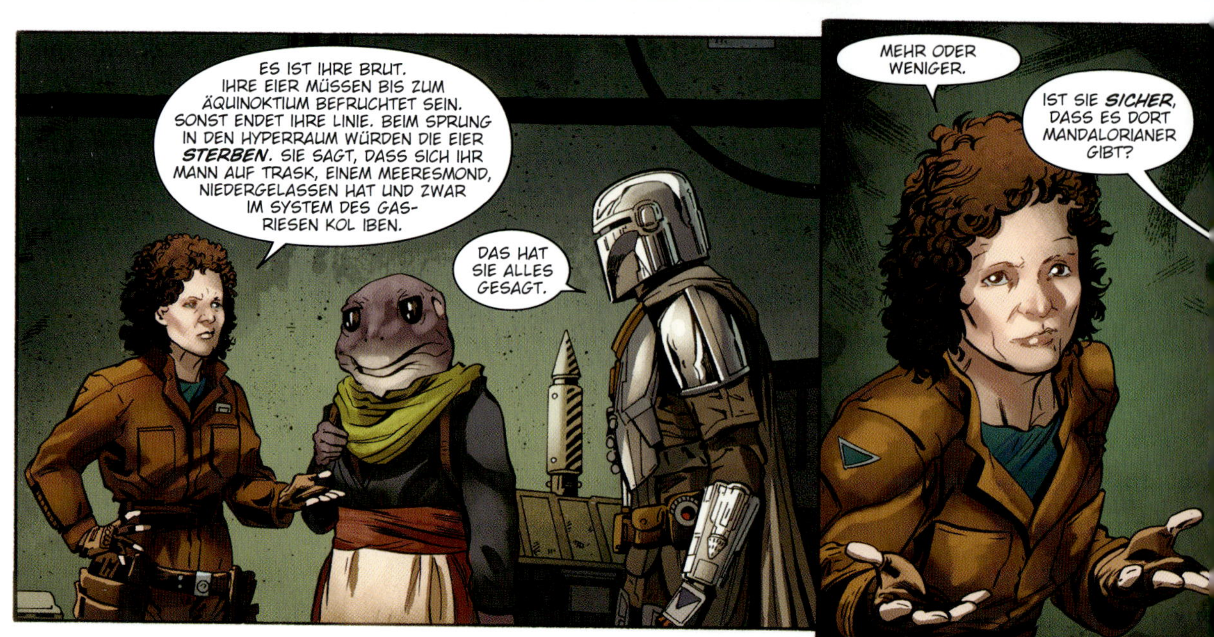

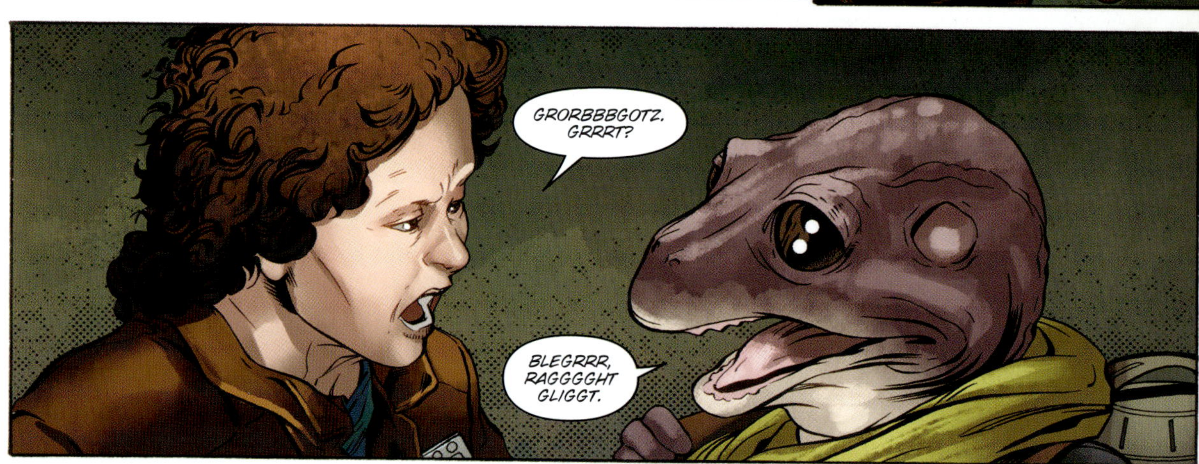

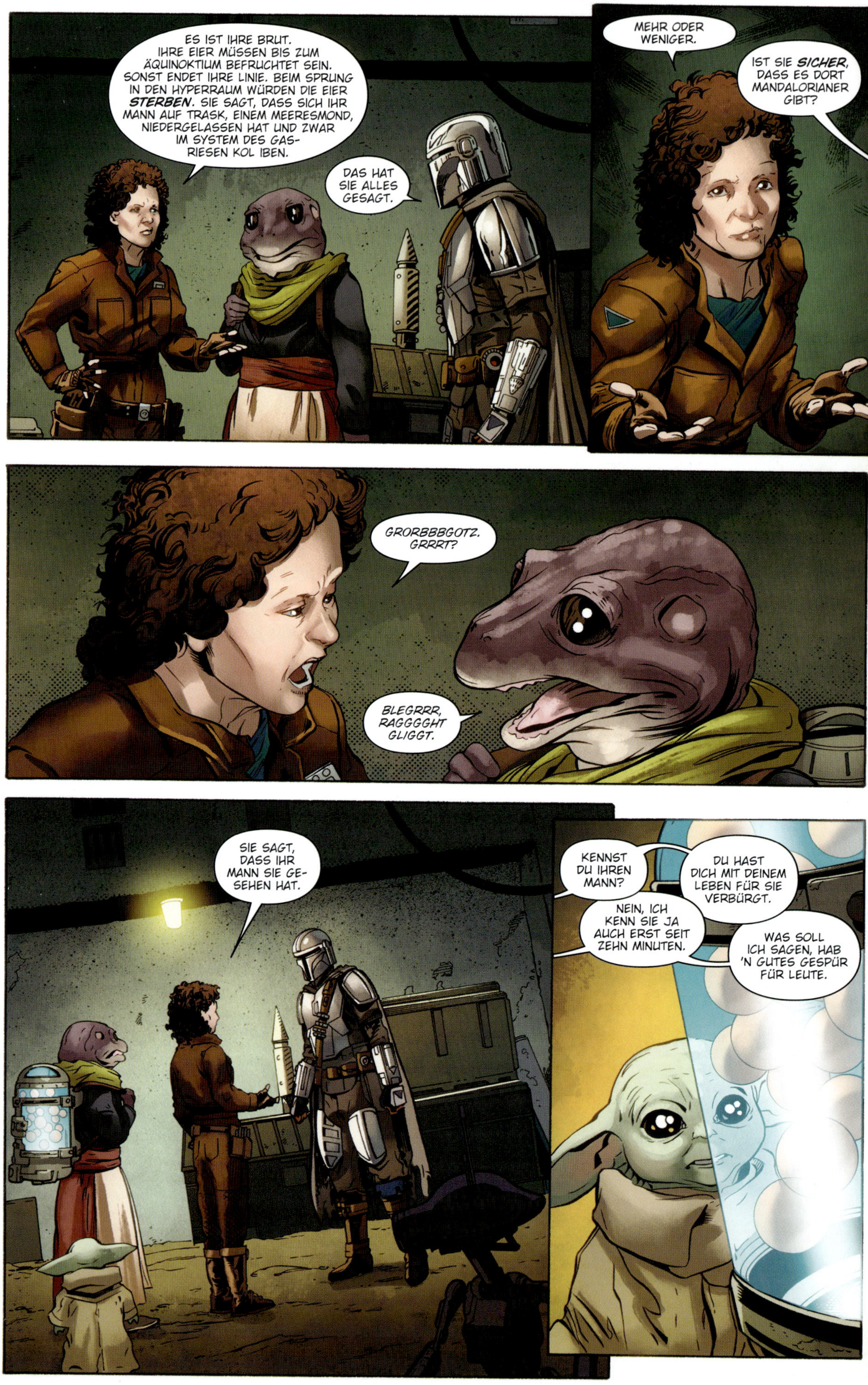

SIE SAGT, DASS IHR MANN SIE GE-SEHEN HAT.

KENNST DU IHREN MANN?

NEIN, ICH KENN SIE JA AUCH ERST SEIT ZEHN MINUTEN.

DU HAST DICH MIT DEINEM LEBEN FÜR SIE VERBÜRGT.

WAS SOLL ICH SAGEN, HAB 'N GUTES GESPÜR FÜR LEUTE.

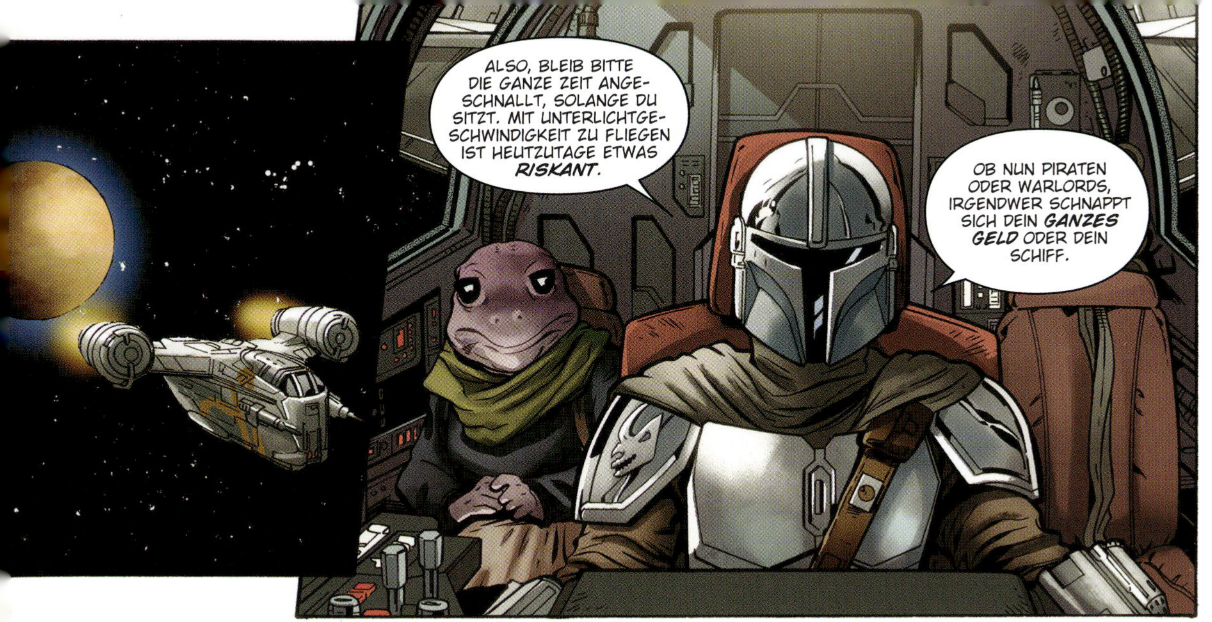
ALSO, BLEIB BITTE DIE GANZE ZEIT ANGE-SCHNALLT, SOLANGE DU SITZT. MIT UNTERLICHTGE-SCHWINDIGKEIT ZU FLIEGEN IST HEUTZUTAGE ETWAS RISKANT.
OB NUN PIRATEN ODER WARLORDS, IRGENDWER SCHNAPPT SICH DEIN GANZES GELD ODER DEIN SCHIFF.

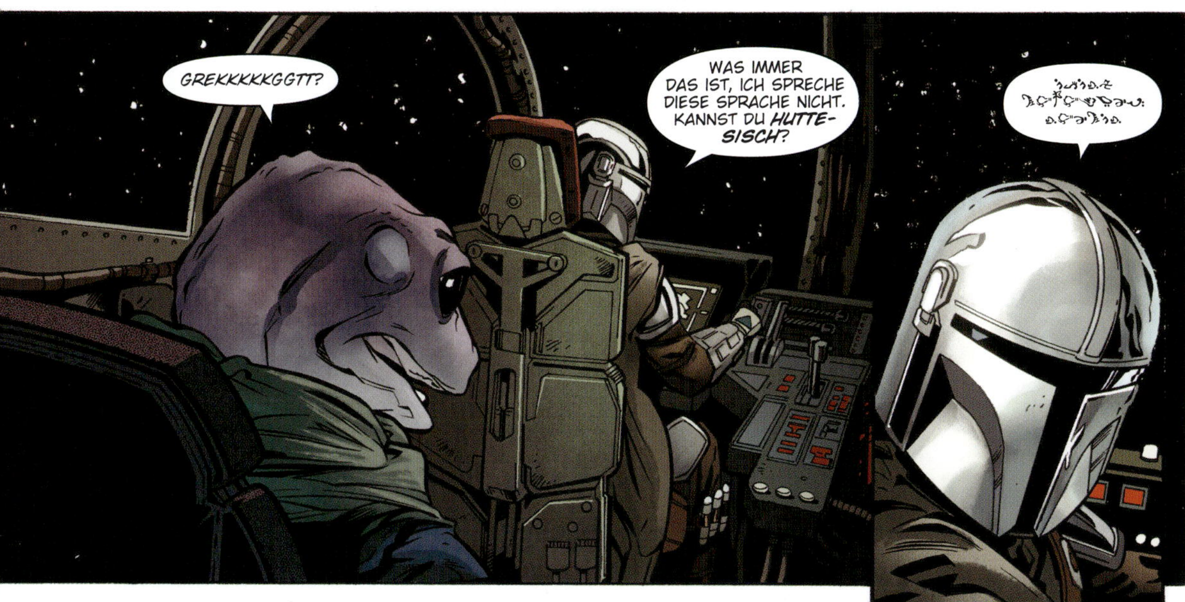
GREKKKKKGGTT?
WAS IMMER DAS IST, ICH SPRECHE DIESE SPRACHE NICHT. KANNST DU HUTTE-SISCH?

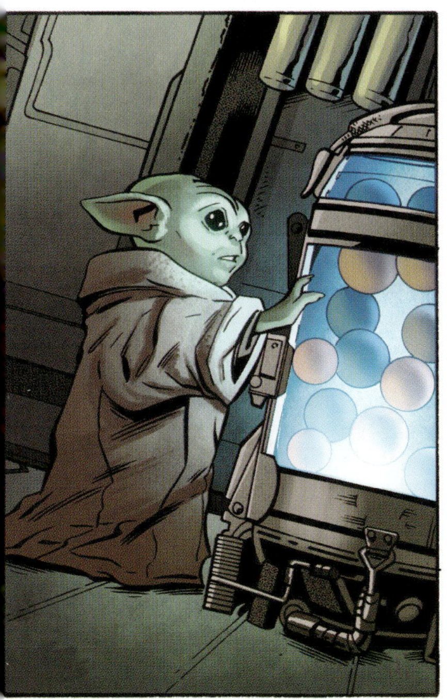

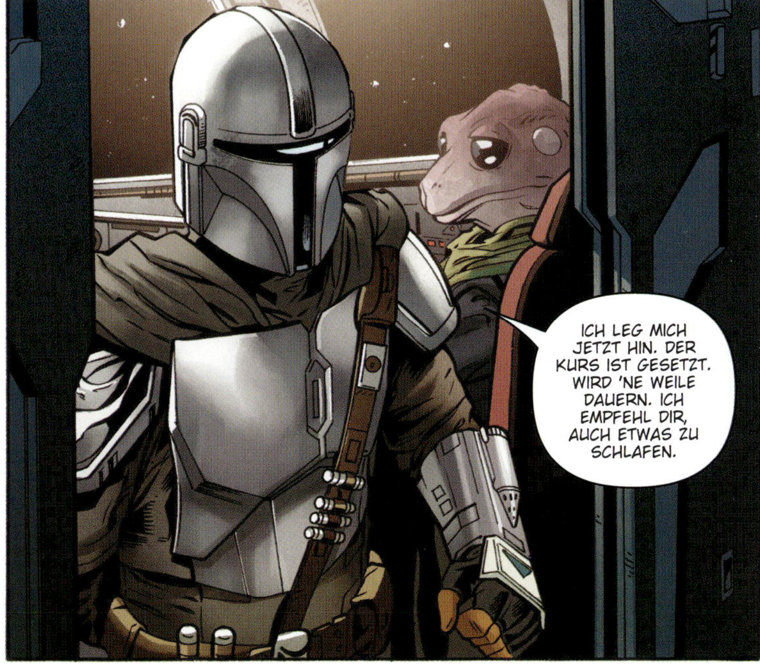
ICH LEG MICH JETZT HIN. DER KURS IST GESETZT. WIRD 'NE WEILE DAUERN. ICH EMPFEHL DIR, AUCH ETWAS ZU SCHLAFEN.

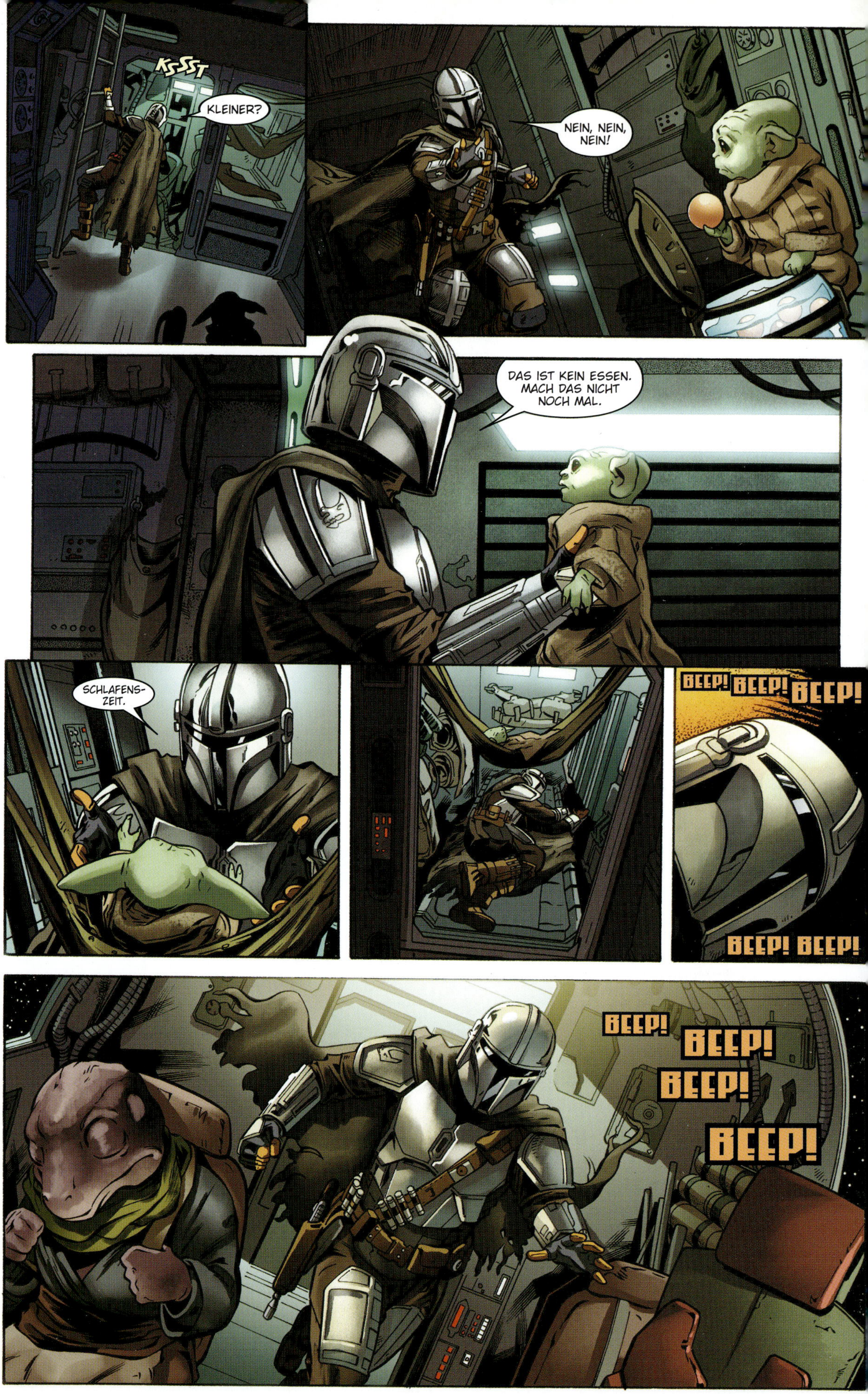

KSSST
KLEINER?
NEIN, NEIN, NEIN!
DAS IST KEIN ESSEN. MACH DAS NICHT NOCH MAL.
SCHLAFENS-ZEIT.
BEEP! BEEP! BEEP!
BEEP! BEEP!

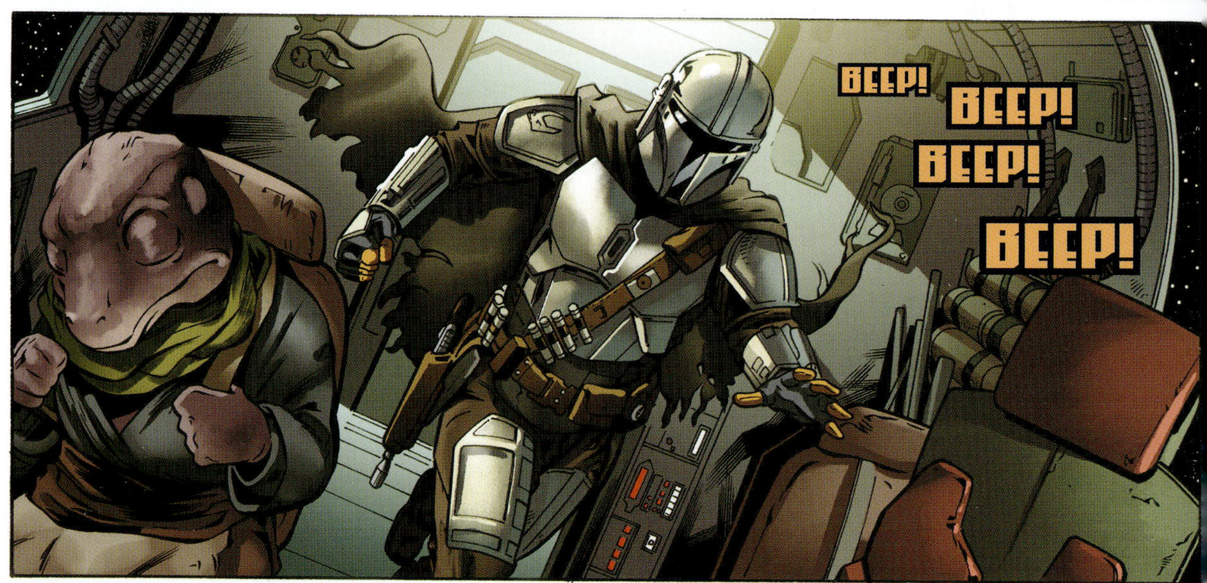

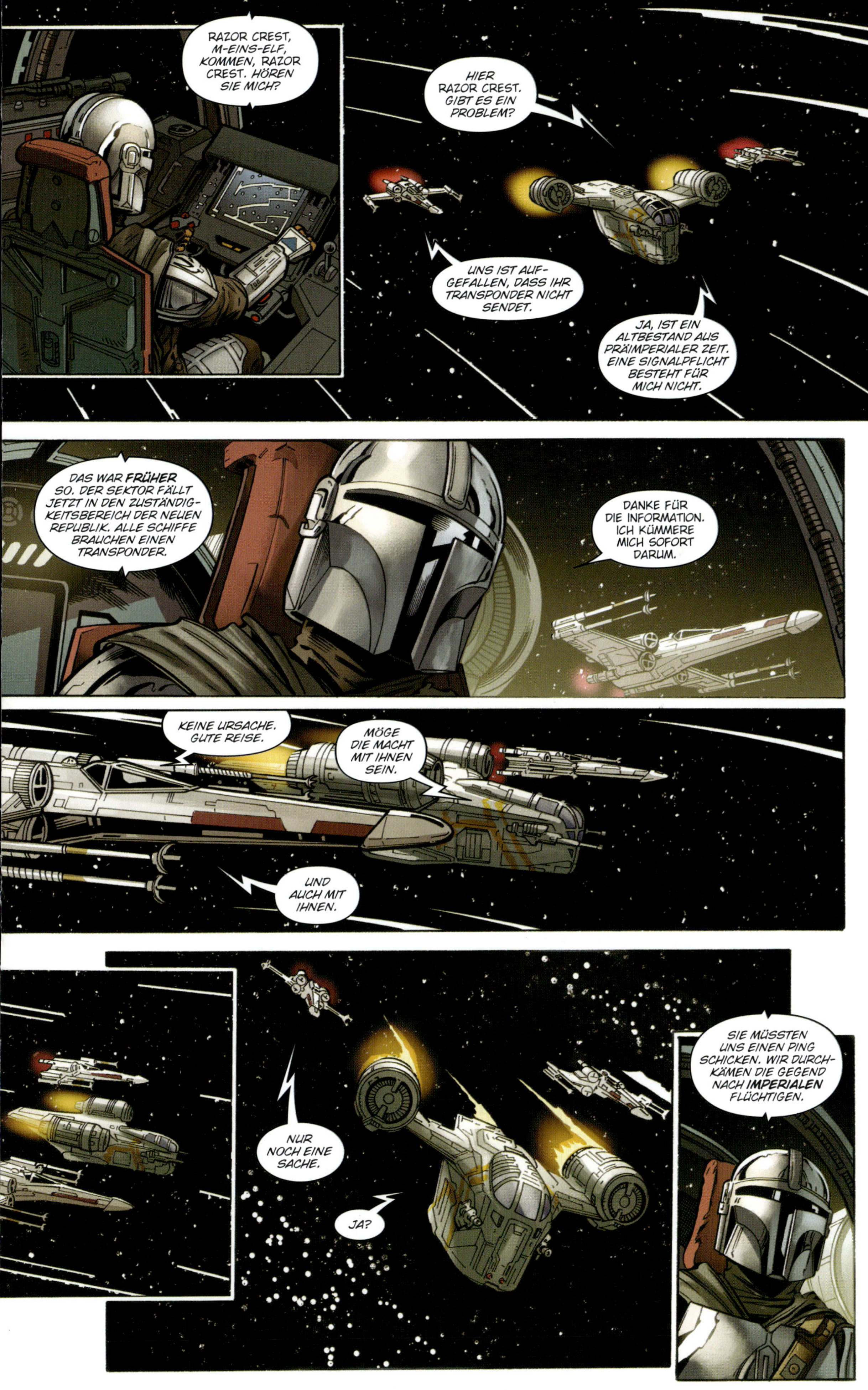
RAZOR CREST, M-EINS-ELF, KOMMEN, RAZOR CREST. HÖREN SIE MICH?
HIER RAZOR CREST. GIBT ES EIN PROBLEM?
UNS IST AUFGEFALLEN, DASS IHR TRANSPONDER NICHT SENDET.
JA, IST EIN ALTBESTAND AUS PRÄIMPERIALER ZEIT. EINE SIGNALPFLICHT BESTEHT FÜR MICH NICHT.
DAS WAR **FRÜHER** SO. DER SEKTOR FÄLLT JETZT IN DEN ZUSTÄNDIGKEITSBEREICH DER NEUEN REPUBLIK. ALLE SCHIFFE BRAUCHEN EINEN TRANSPONDER.
DANKE FÜR DIE INFORMATION. ICH KÜMMERE MICH SOFORT DARUM.
KEINE URSACHE. GUTE REISE.
MÖGE DIE MACHT MIT IHNEN SEIN.
UND AUCH MIT IHNEN.
NUR NOCH EINE SACHE.
JA?
SIE MÜSSTEN UNS EINEN PING SCHICKEN. WIR DURCHKÄMEN DIE GEGEND NACH **IMPERIALEN** FLÜCHTIGEN.

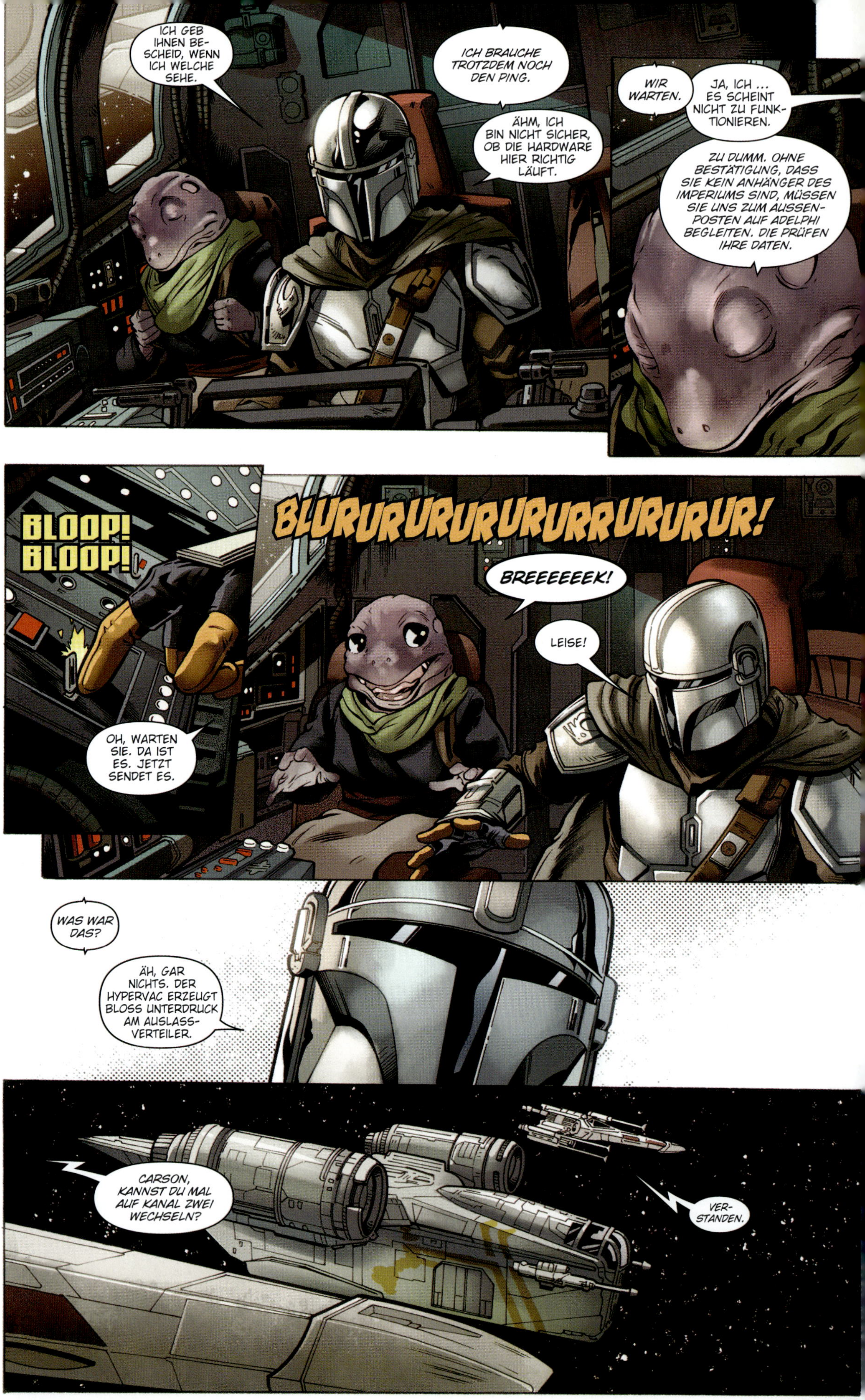

ICH GEB IHNEN BESCHEID, WENN ICH WELCHE SEHE.
ICH BRAUCHE TROTZDEM NOCH DEN PING.
ÄHM, ICH BIN NICHT SICHER, OB DIE HARDWARE HIER RICHTIG LÄUFT.
WIR WARTEN.
JA, ICH ... ES SCHEINT NICHT ZU FUNKTIONIEREN.
ZU DUMM. OHNE BESTÄTIGUNG, DASS SIE KEIN ANHÄNGER DES IMPERIUMS SIND, MÜSSEN SIE UNS ZUM AUSSENPOSTEN AUF ADELPHI BEGLEITEN. DIE PRÜFEN IHRE DATEN.
BLOOP! BLOOP!
OH, WARTEN SIE. DA IST ES. JETZT SENDET ES.
BLURURURURURURRURURUR!
BREEEEEEK!
LEISE!
WAS WAR DAS?
ÄH, GAR NICHTS. DER HYPERVAC ERZEUGT BLOSS UNTERDRUCK AM AUSLASSVERTEILER.

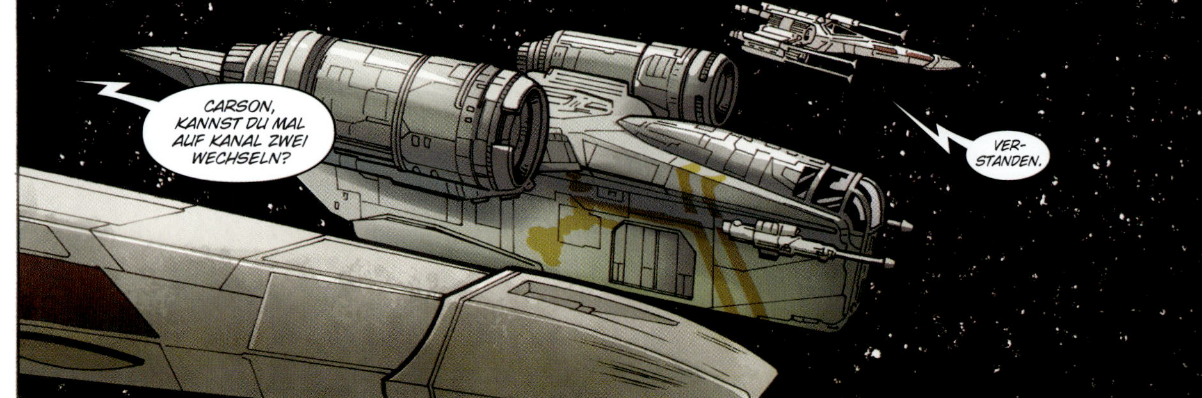

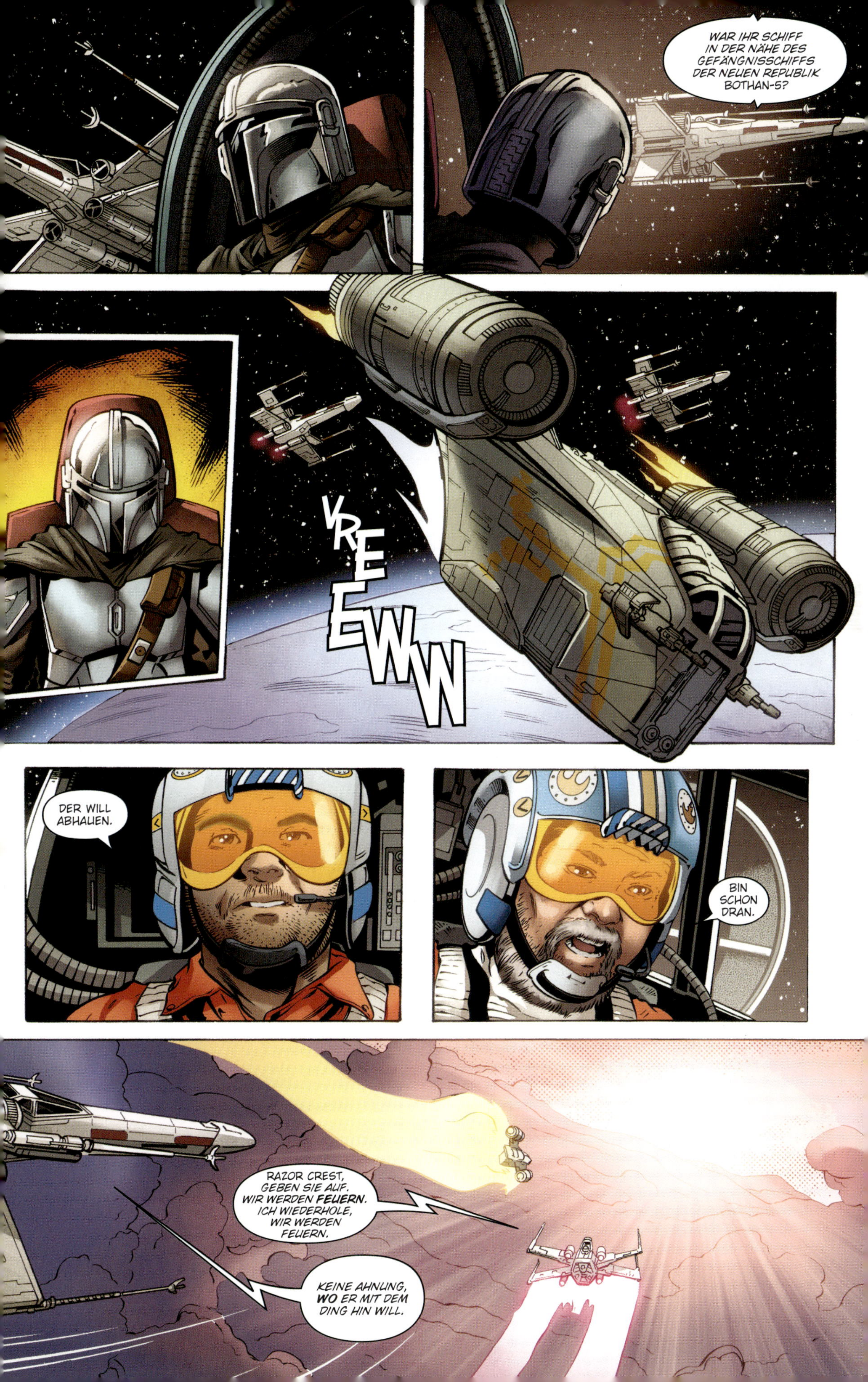

WAR IHR SCHIFF IN DER NÄHE DES GEFÄNGNISSCHIFFS DER NEUEN REPUBLIK BOTHAN-5?

VREEEWW

DER WILL ABHAUEN.

BIN SCHON DRAN.

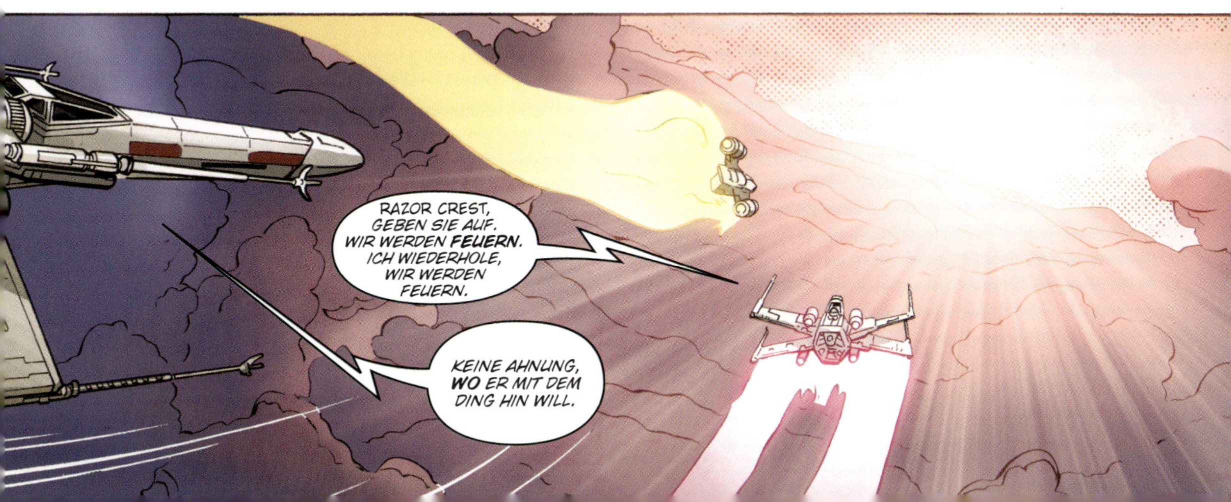

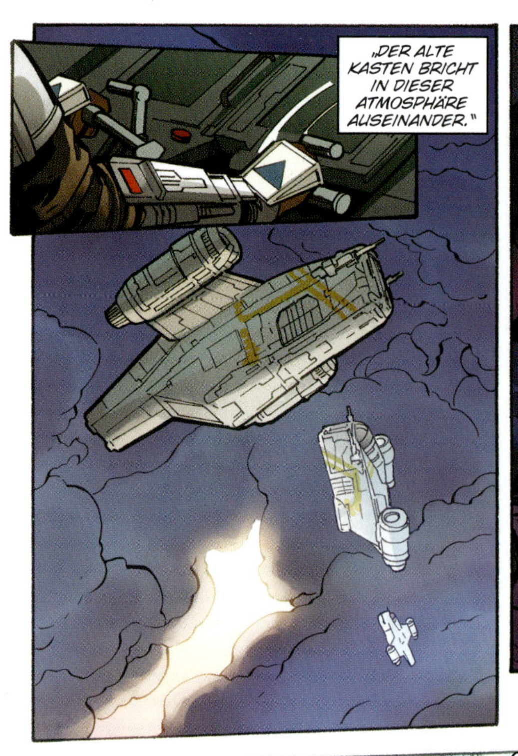

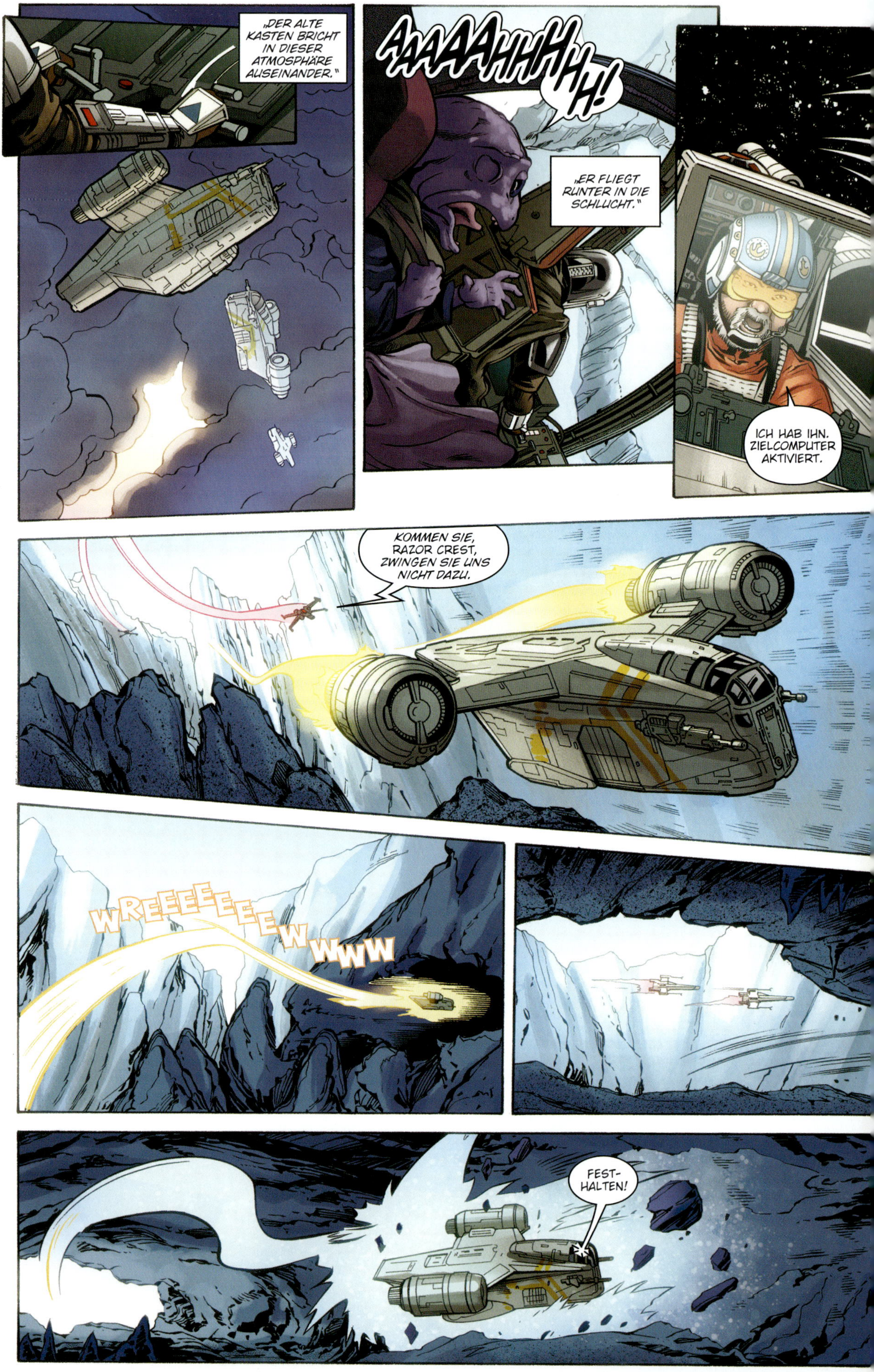

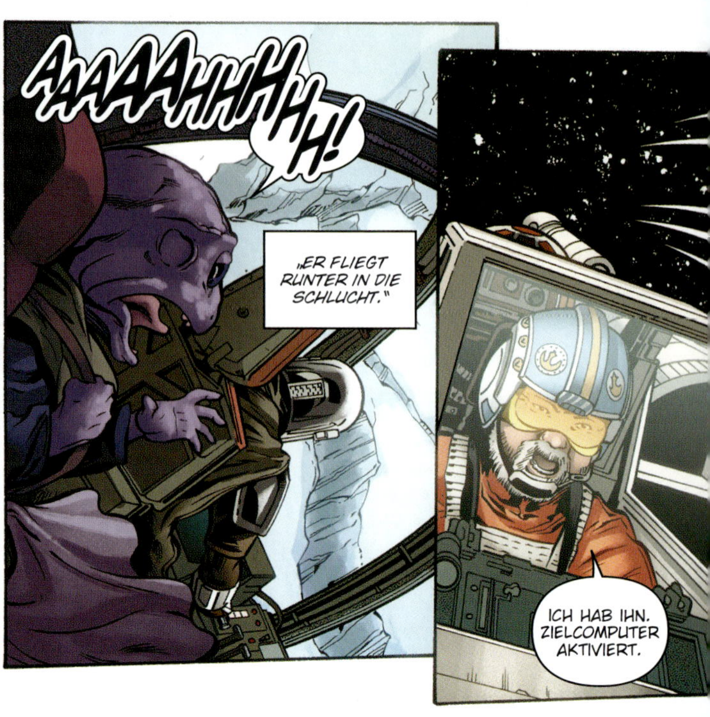

KOMMEN SIE, RAZOR CREST, ZWINGEN SIE UNS NICHT DAZU.

WREEEEEEEWWWW

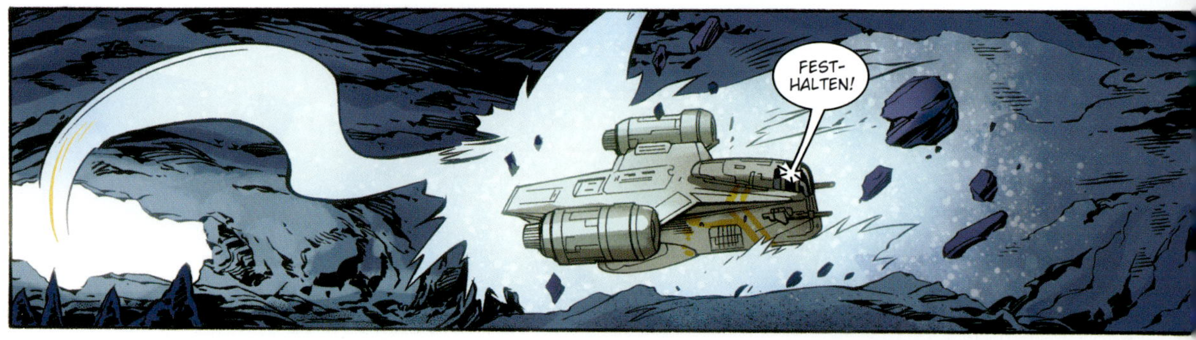

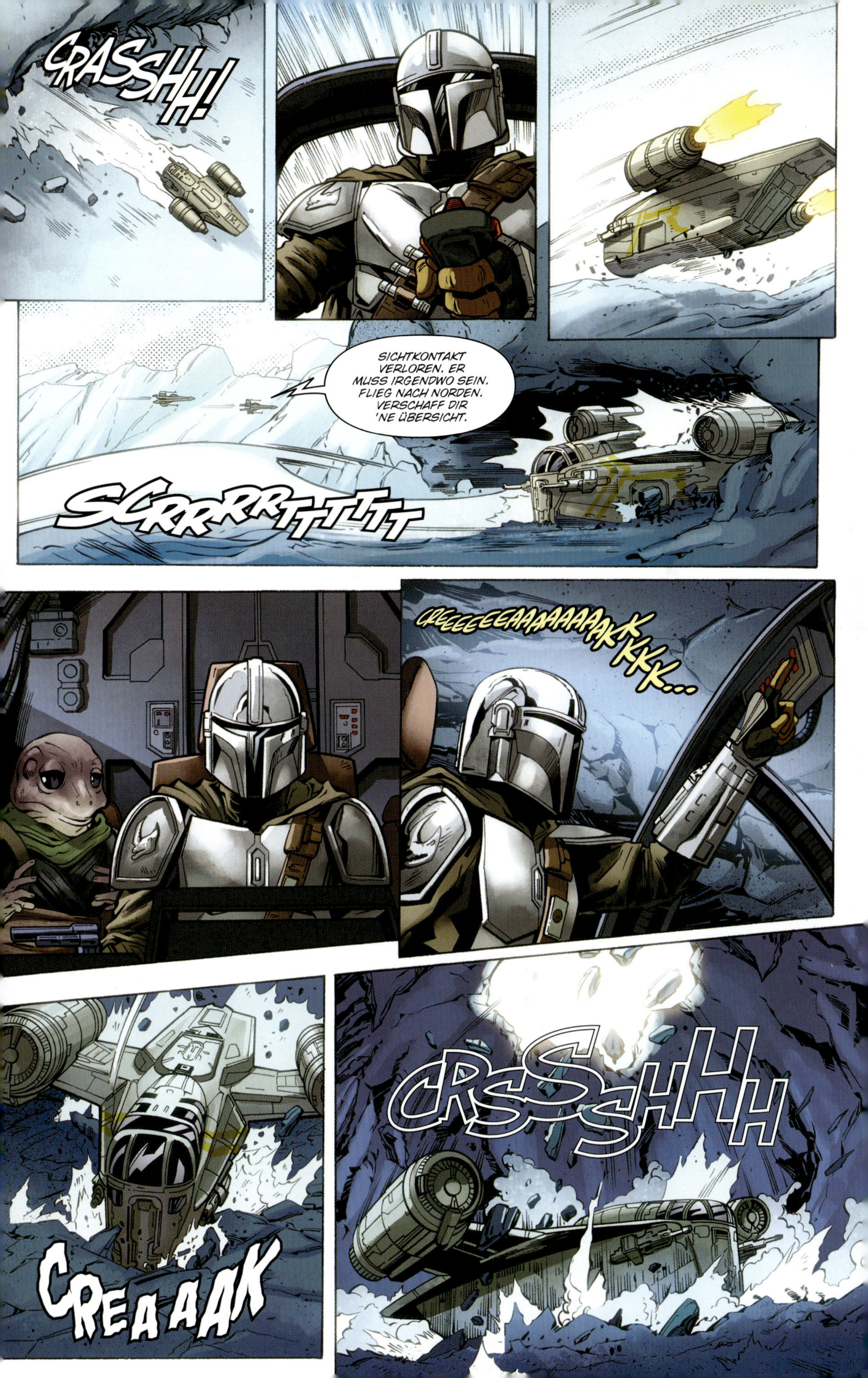

CRASSHH!

SICHTKONTAKT VERLOREN. ER MUSS IRGENDWO SEIN. FLIEG NACH NORDEN. VERSCHAFF DIR 'NE ÜBERSICHT.

SCRRRRRTTTTTT

CREEEEEEAAAAAAAKKKK...

CREAAAK

CRSSSHHH

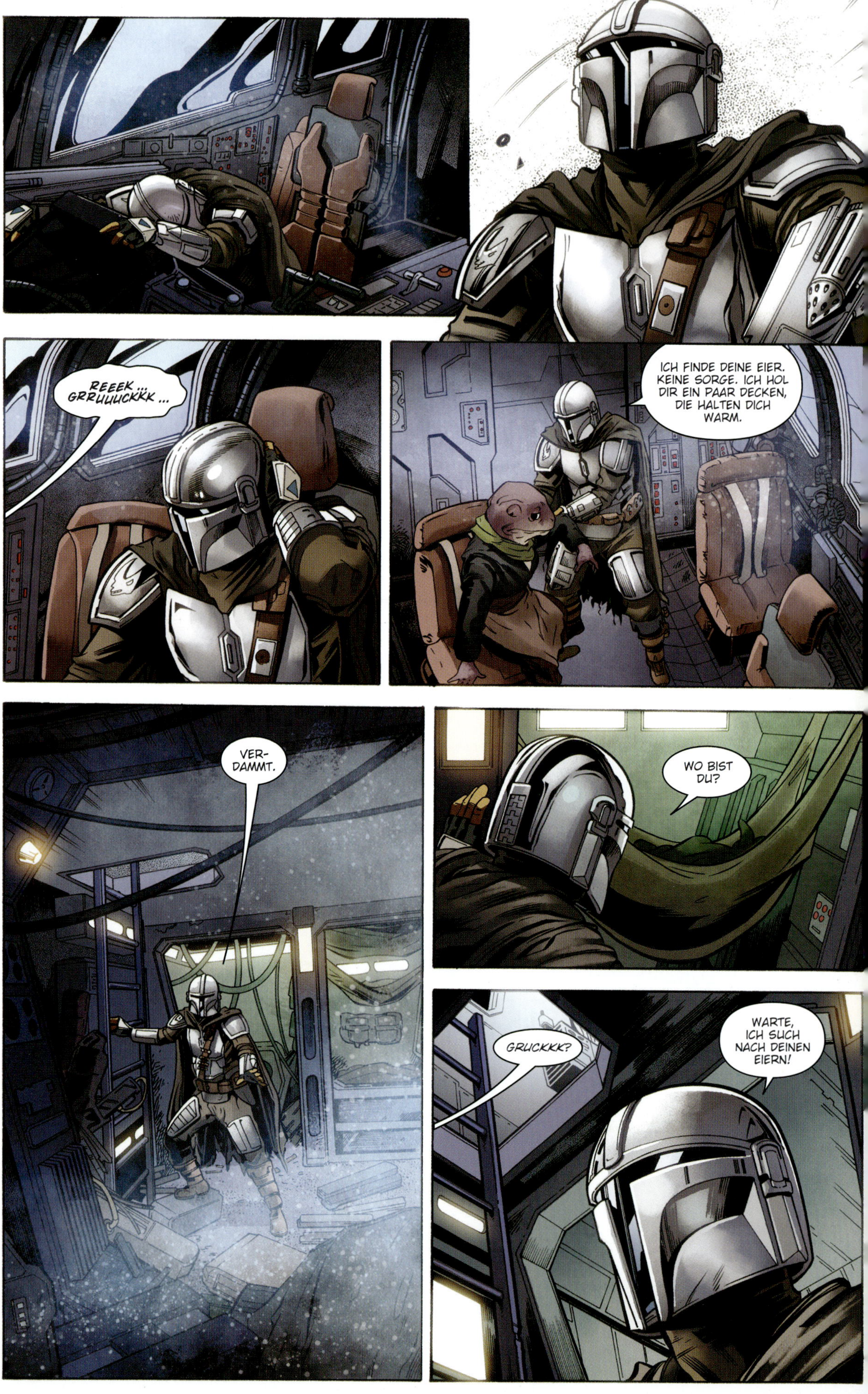

REEEK ... GRRUUUCKKK ...

ICH FINDE DEINE EIER. KEINE SORGE. ICH HOL DIR EIN PAAR DECKEN, DIE HALTEN DICH WARM.

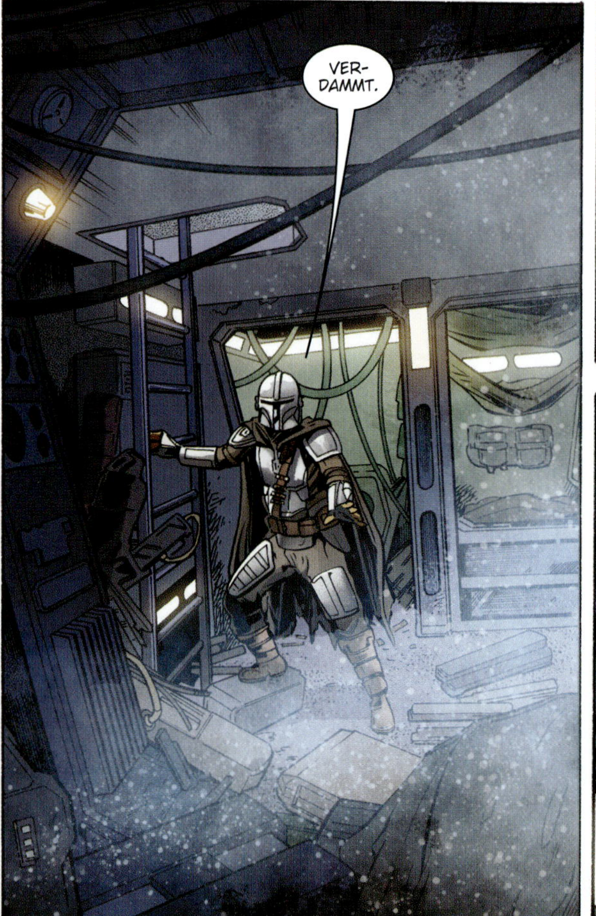

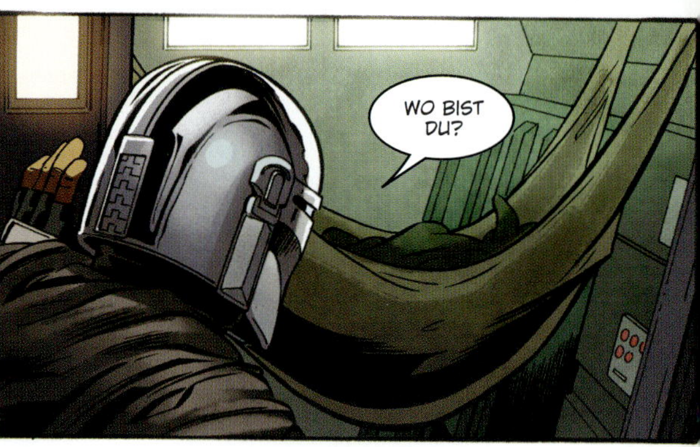

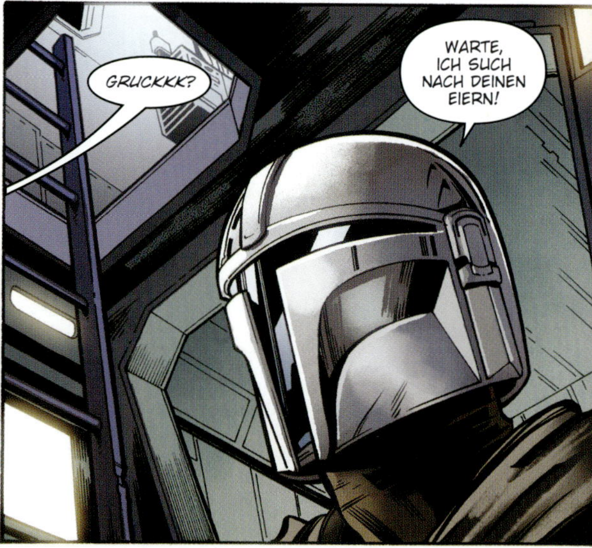

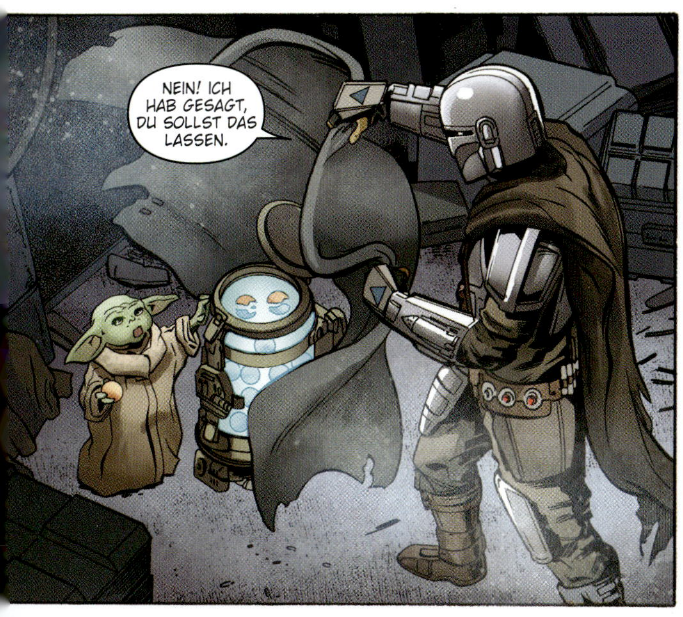
NEIN! ICH HAB GESAGT, DU SOLLST DAS LASSEN.

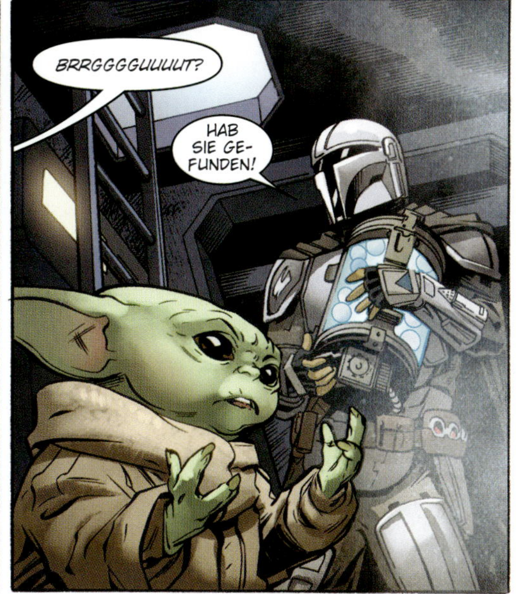
BRRGGGGUUUUT?
HAB SIE GE-FUNDEN!

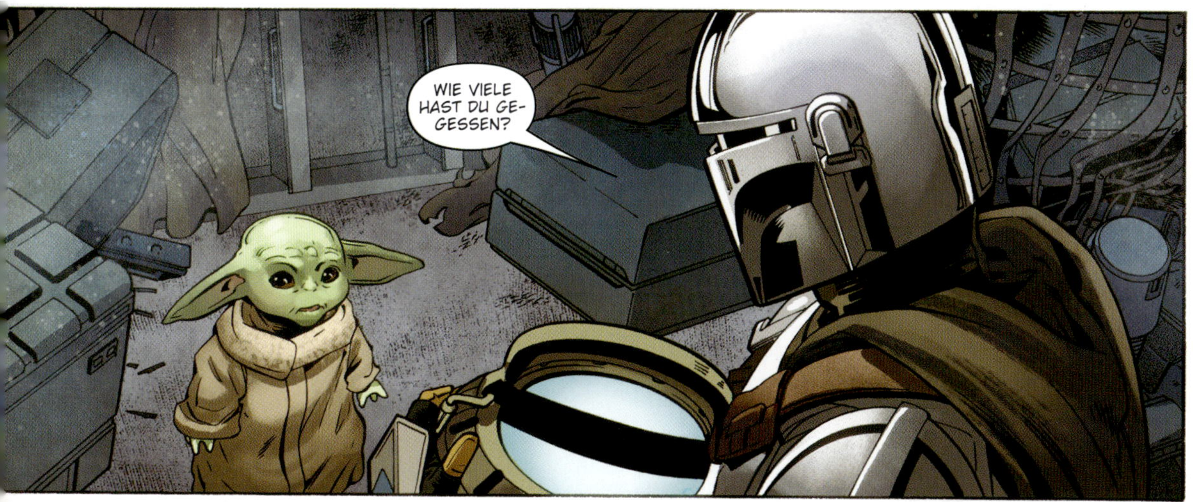
WIE VIELE HAST DU GE-GESSEN?

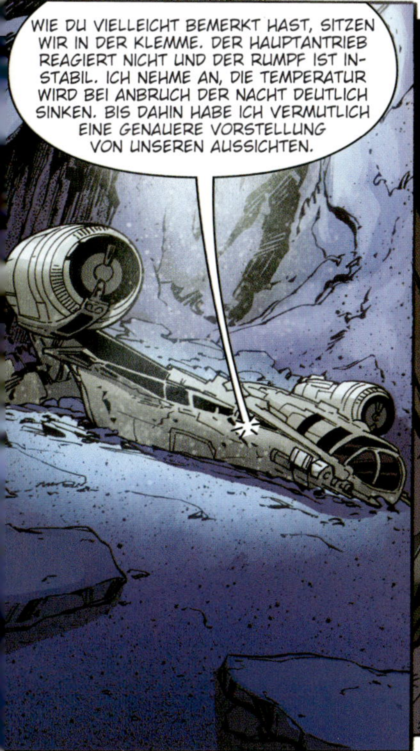
WIE DU VIELLEICHT BEMERKT HAST, SITZEN WIR IN DER KLEMME. DER HAUPTANTRIEB REAGIERT NICHT UND DER RUMPF IST IN-STABIL. ICH NEHME AN, DIE TEMPERATUR WIRD BEI ANBRUCH DER NACHT DEUTLICH SINKEN. BIS DAHIN HABE ICH VERMUTLICH EINE GENAUERE VORSTELLUNG VON UNSEREN AUSSICHTEN.

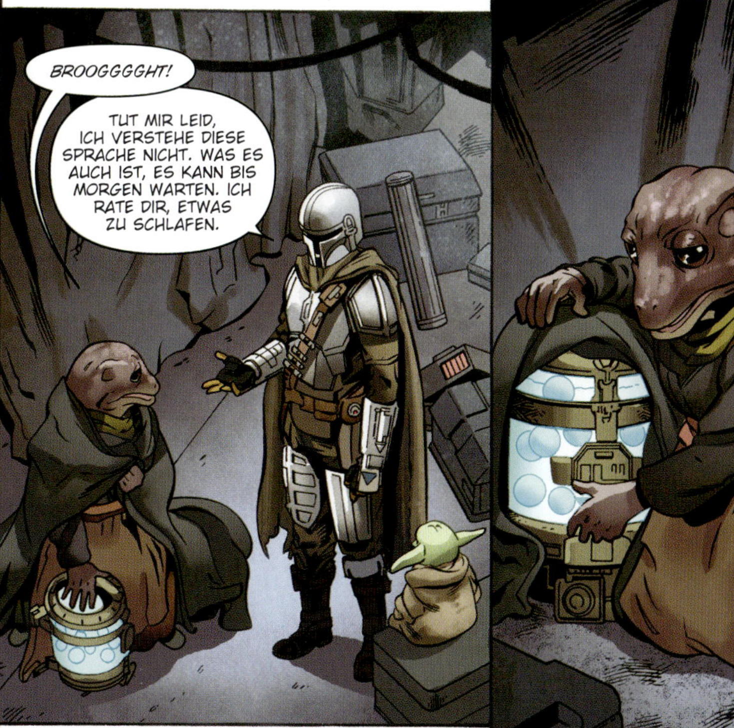
BROOGGGGHT!
TUT MIR LEID, ICH VERSTEHE DIESE SPRACHE NICHT. WAS ES AUCH IST, ES KANN BIS MORGEN WARTEN. ICH RATE DIR, ETWAS ZU SCHLAFEN.

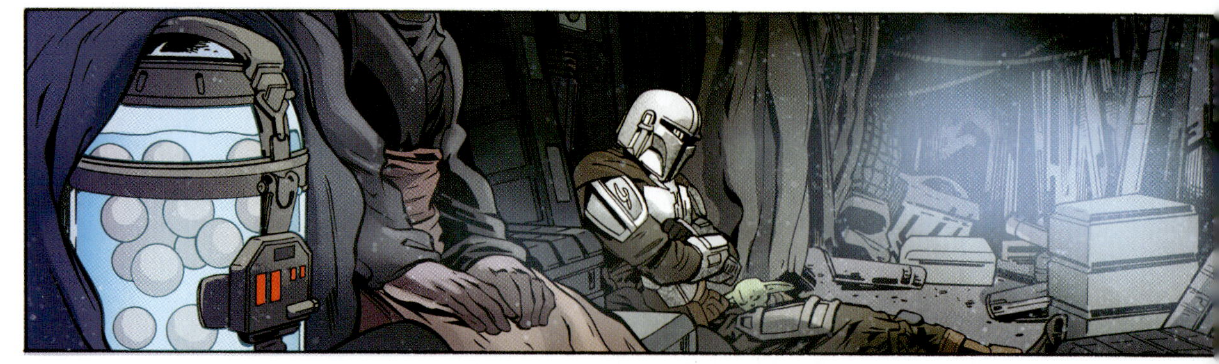
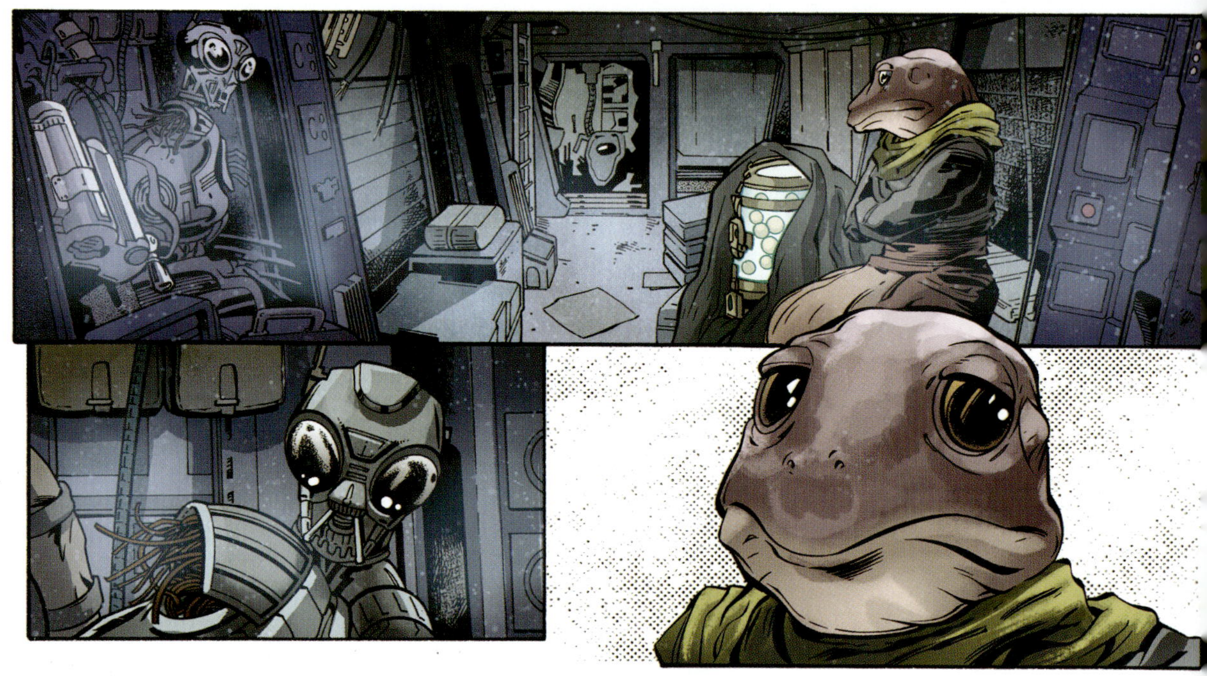
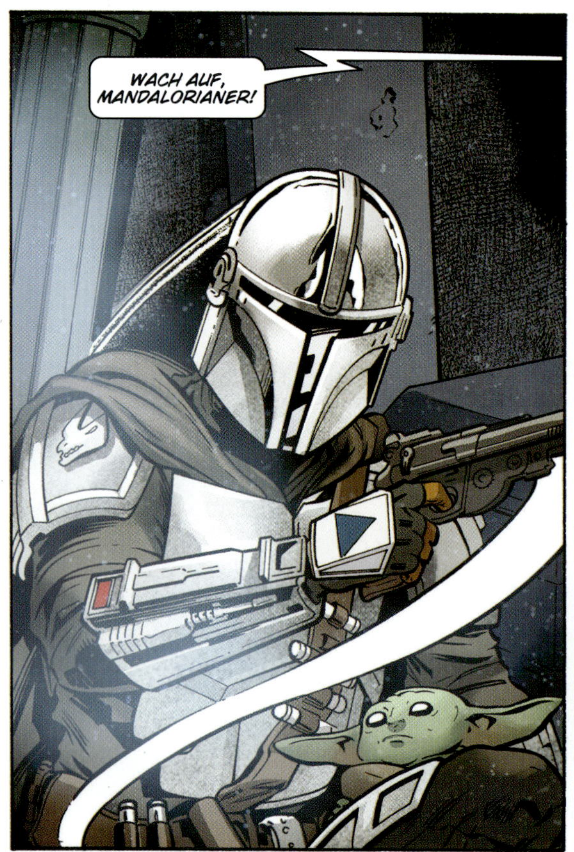
WACH AUF, MANDALORIANER!
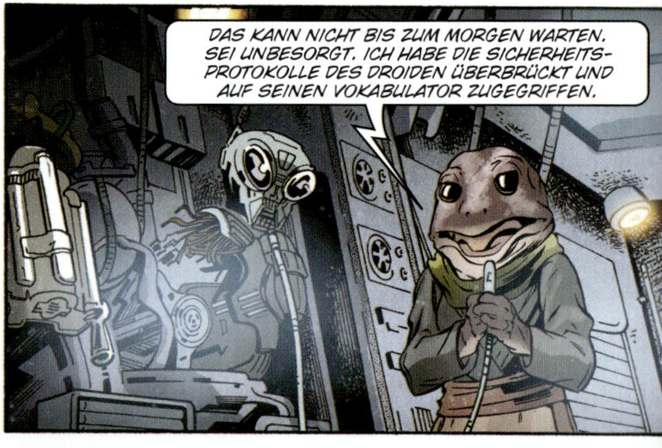
DAS KANN NICHT BIS ZUM MORGEN WARTEN. SEI UNBESORGT. ICH HABE DIE SICHERHEITS-PROTOKOLLE DES DROIDEN ÜBERBRÜCKT UND AUF SEINEN VOKABULATOR ZUGEGRIFFEN.
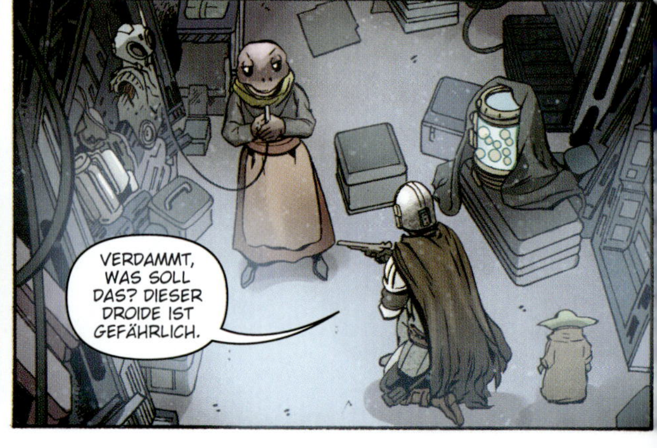
VERDAMMT, WAS SOLL DAS? DIESER DROIDE IST GEFÄHRLICH.

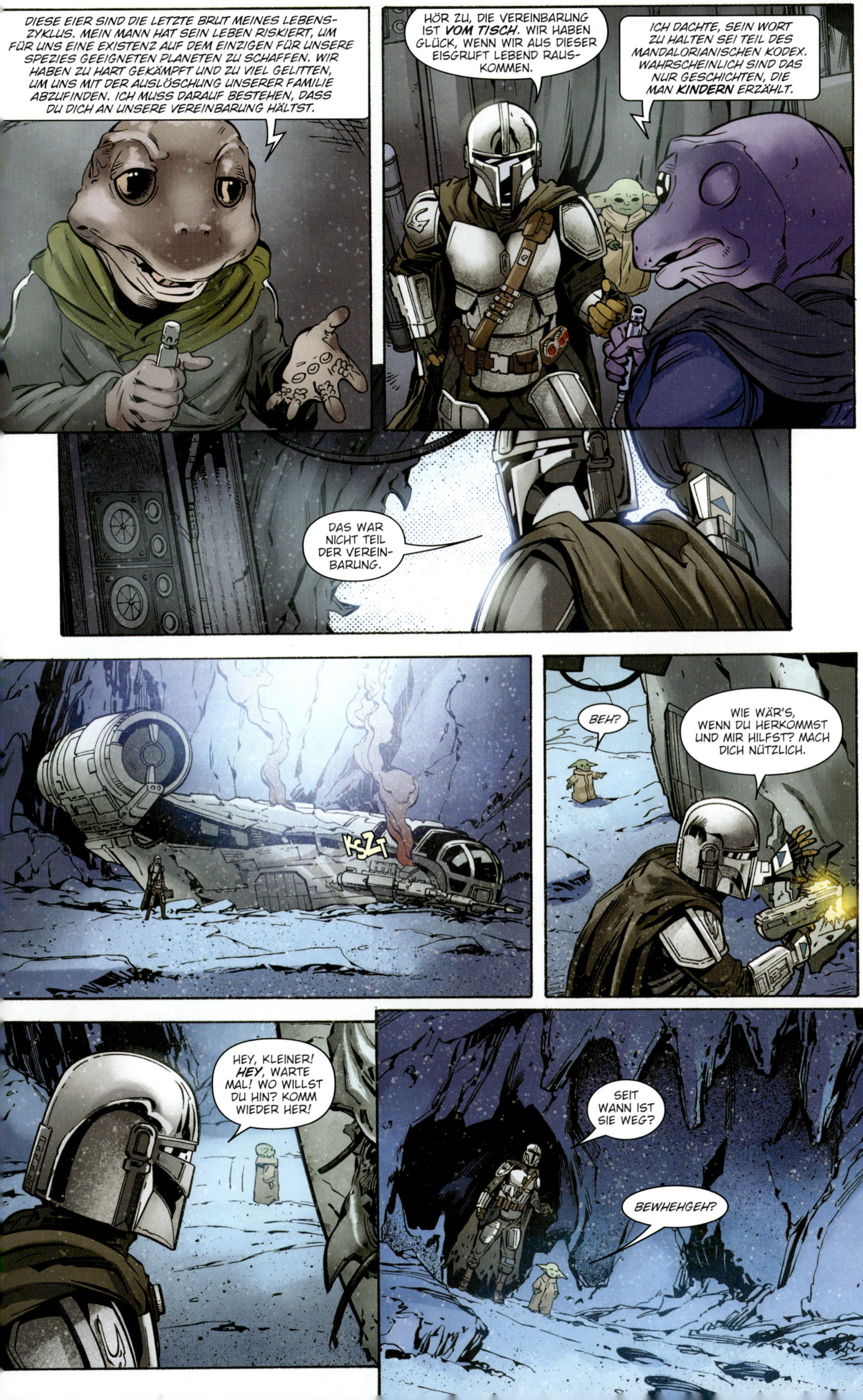

DIESE EIER SIND DIE LETZTE BRUT MEINES LEBENSZYKLUS. MEIN MANN HAT SEIN LEBEN RISKIERT, UM FÜR UNS EINE EXISTENZ AUF DEM EINZIGEN FÜR UNSERE SPEZIES GEEIGNETEN PLANETEN ZU SCHAFFEN. WIR HABEN ZU HART GEKÄMPFT UND ZU VIEL GELITTEN, UM UNS MIT DER AUSLÖSCHUNG UNSERER FAMILIE ABZUFINDEN. ICH MUSS DARAUF BESTEHEN, DASS DU DICH AN UNSERE VEREINBARUNG HÄLTST.

HÖR ZU, DIE VEREINBARUNG IST **VOM TISCH**. WIR HABEN GLÜCK, WENN WIR AUS DIESER EISGRUFT LEBEND RAUSKOMMEN.

ICH DACHTE, SEIN WORT ZU HALTEN SEI TEIL DES MANDALORIANISCHEN KODEX. WAHRSCHEINLICH SIND DAS NUR GESCHICHTEN, DIE MAN **KINDERN** ERZÄHLT.

DAS WAR NICHT TEIL DER VEREINBARUNG.

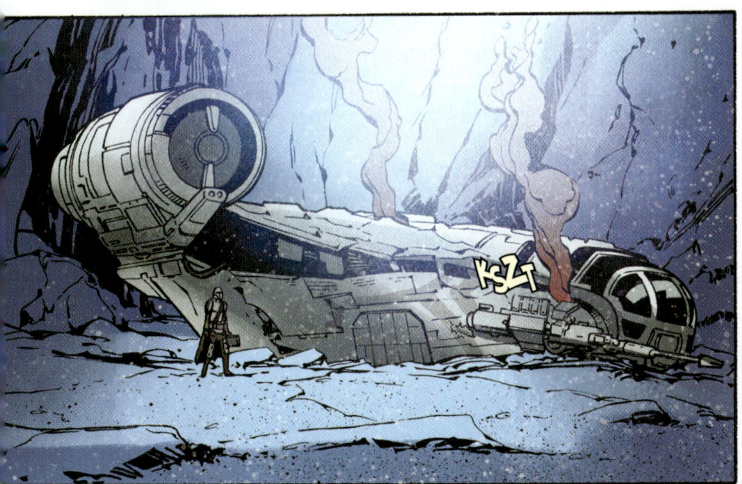

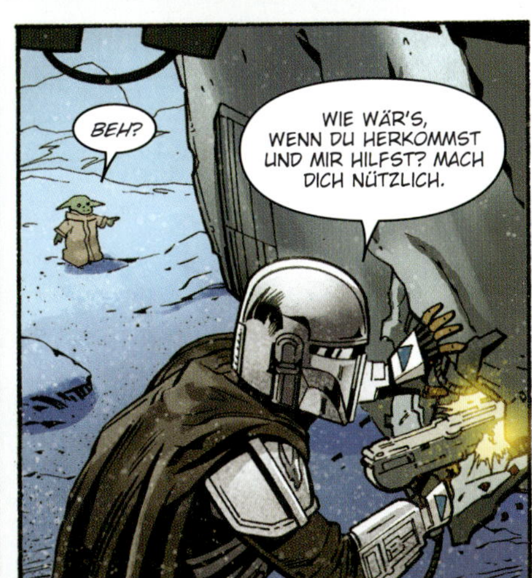

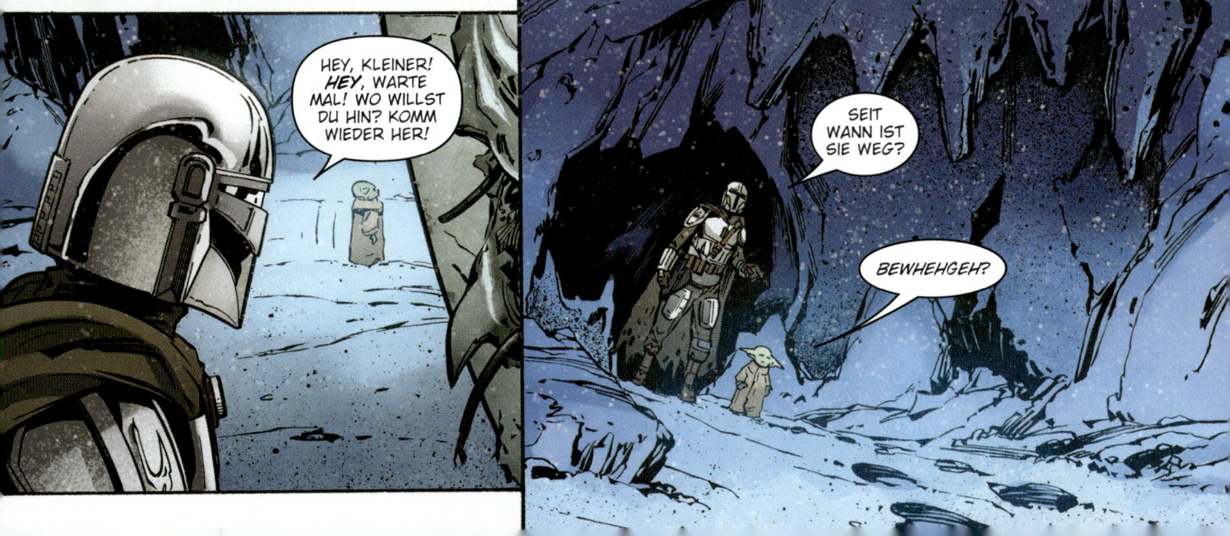

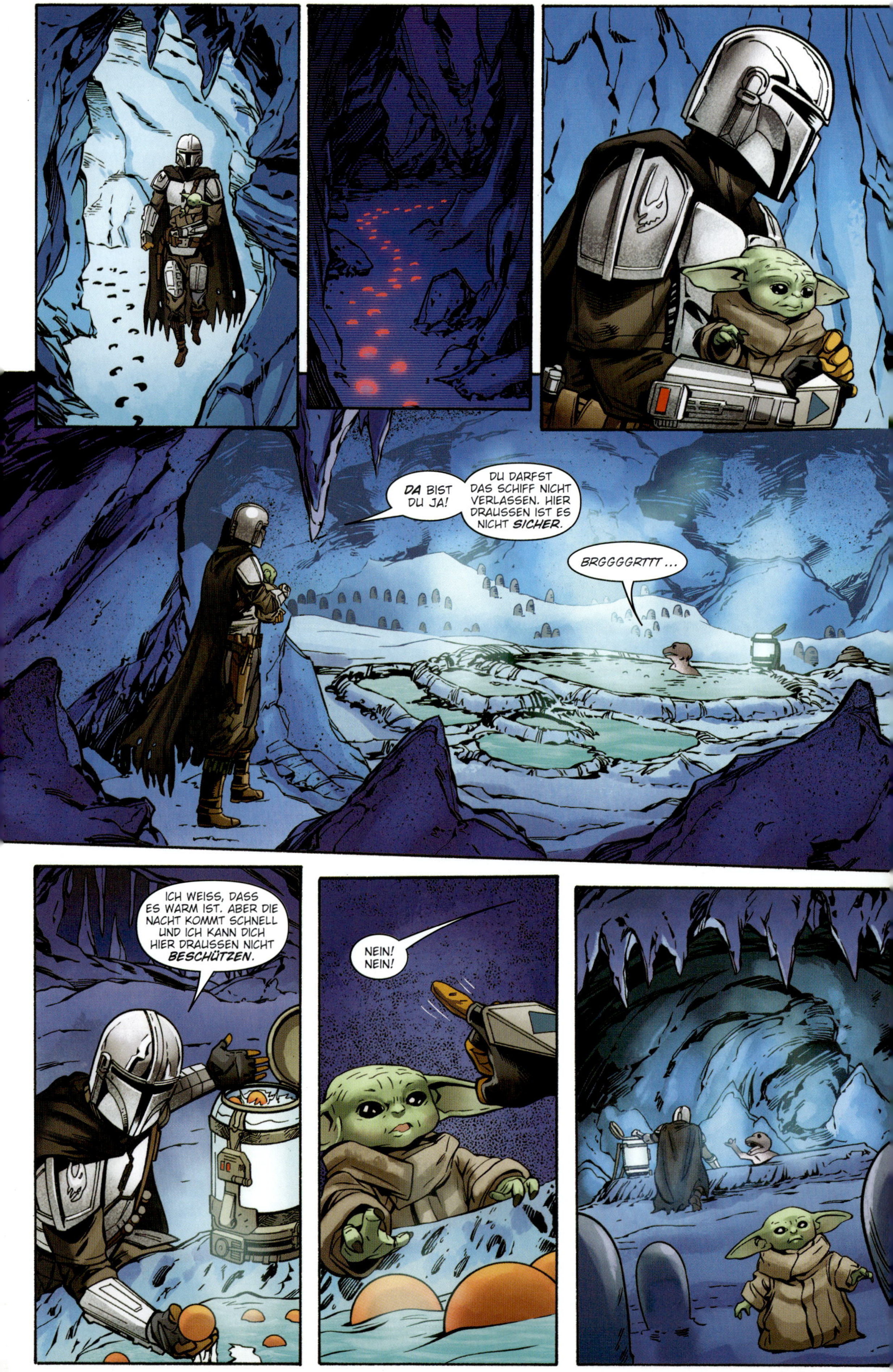

DA BIST DU JA!
DU DARFST DAS SCHIFF NICHT VERLASSEN. HIER DRAUSSEN IST ES NICHT SICHER.
BRGGGGRTTT ...

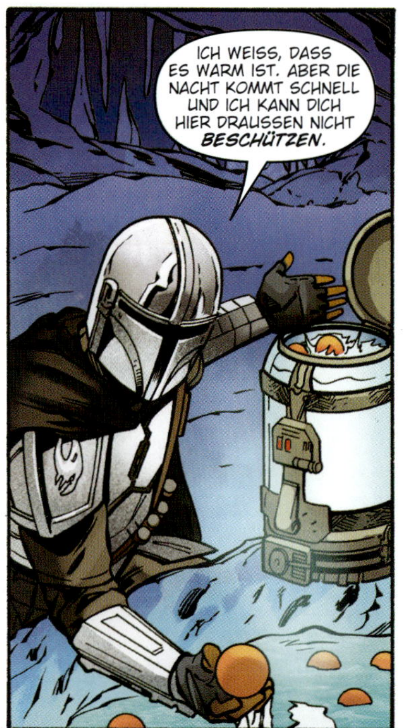
ICH WEISS, DASS ES WARM IST. ABER DIE NACHT KOMMT SCHNELL UND ICH KANN DICH HIER DRAUSSEN NICHT BESCHÜTZEN.

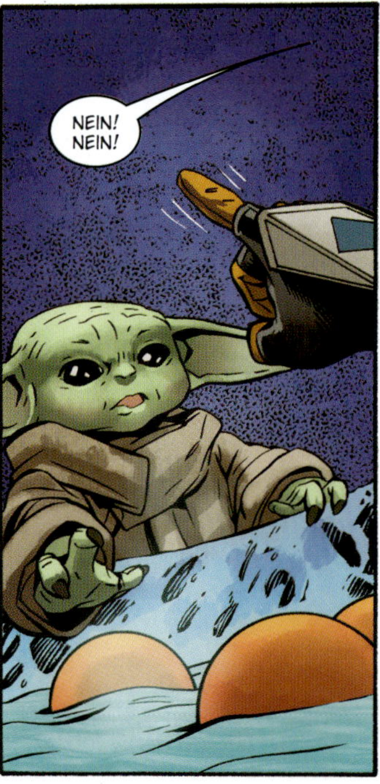
NEIN! NEIN!

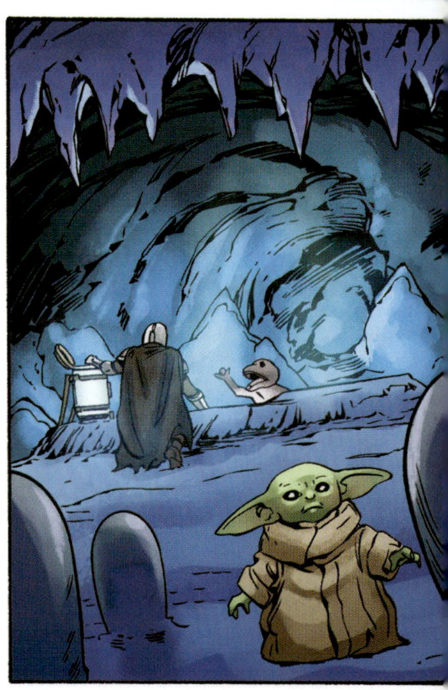

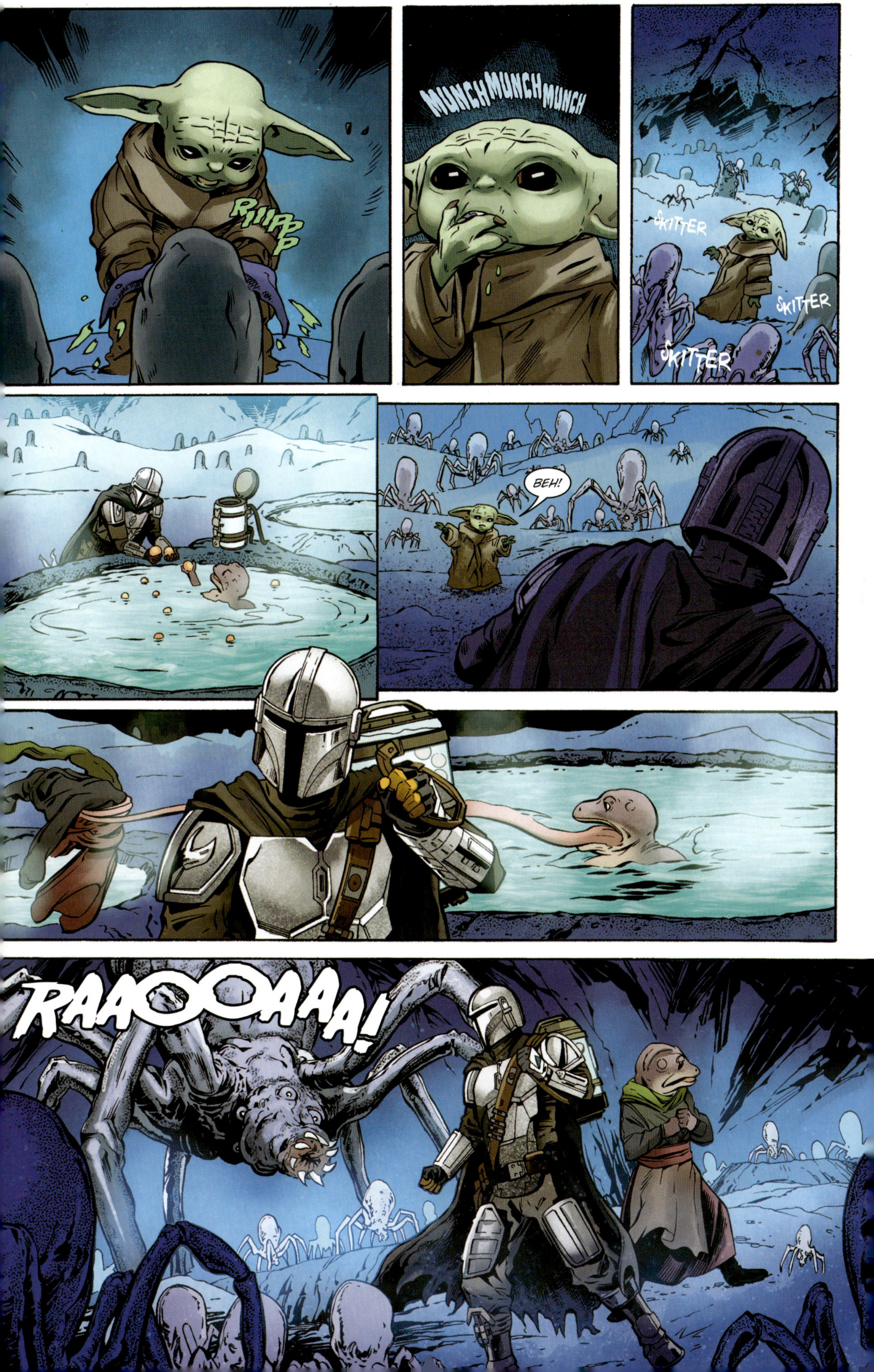

RIIIPP
MUNCHMUNCHMUNCH
SKITTER
SKITTER
SKITTER
BEH!

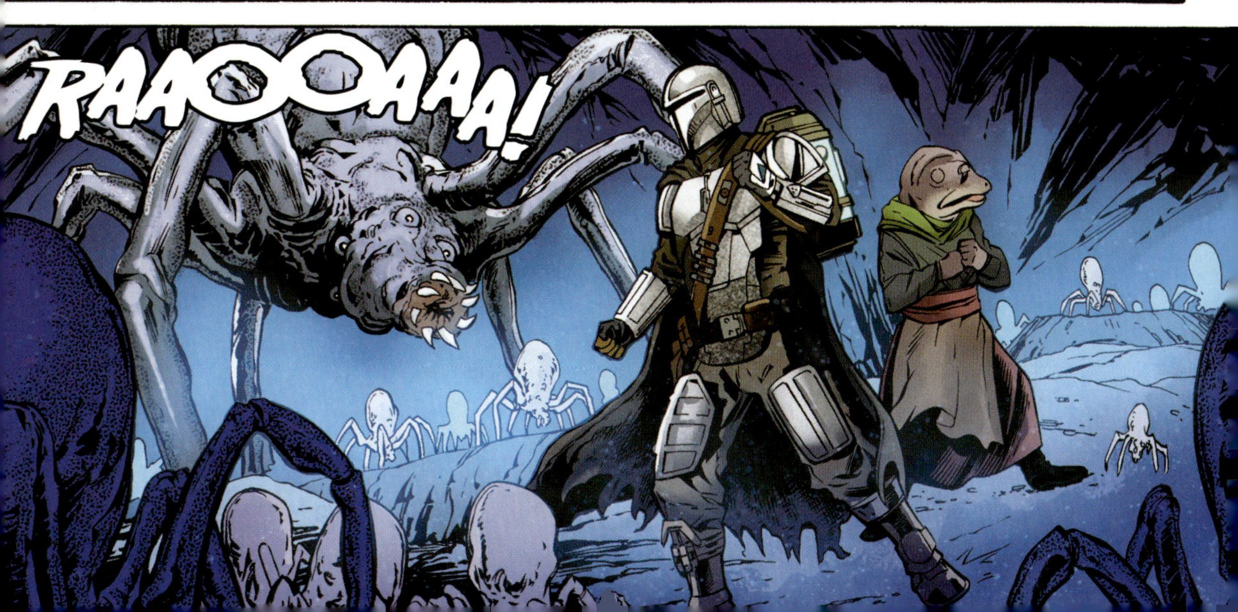
RAAOOAAA!

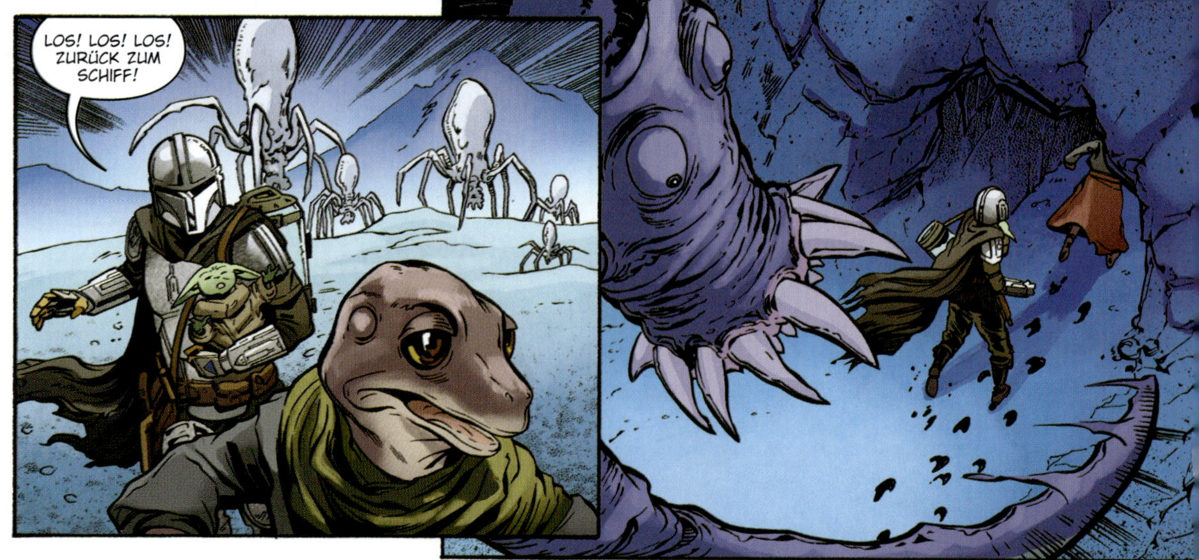
LOS! LOS! LOS! ZURÜCK ZUM SCHIFF!

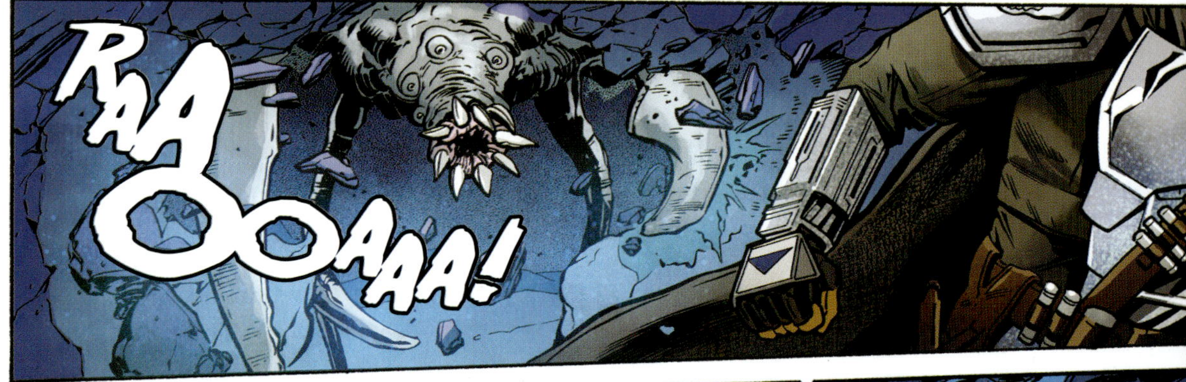
RAAOOOAAA!

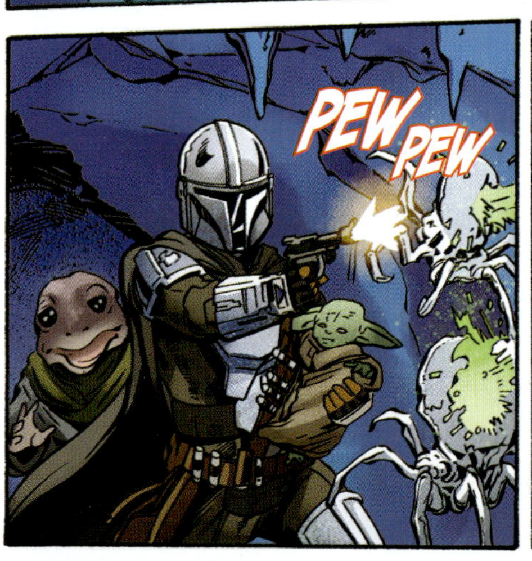
PEW PEW

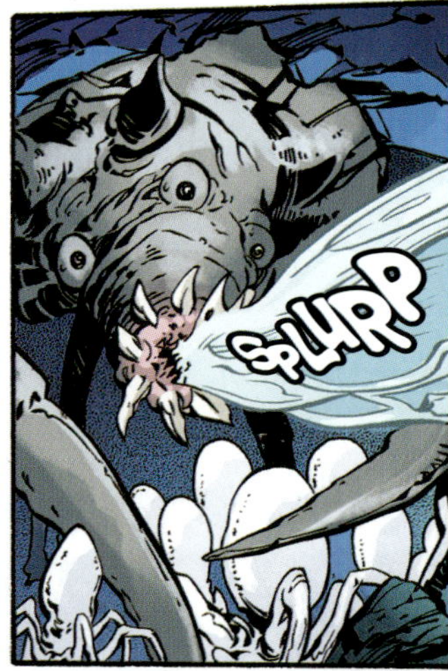
SPLURP

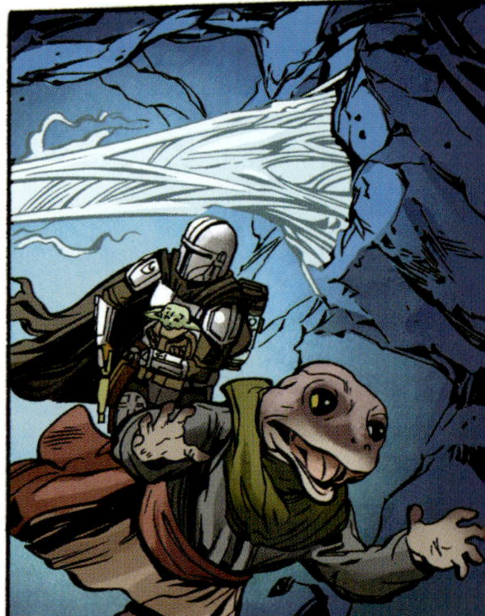

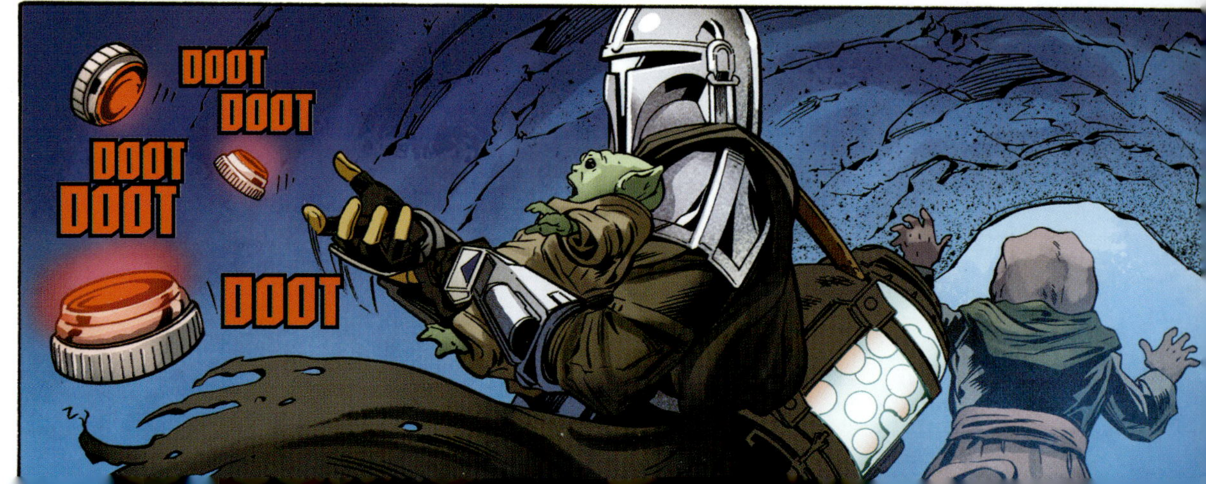
DOOT
DOOT
DOOT
DOOT
DOOT

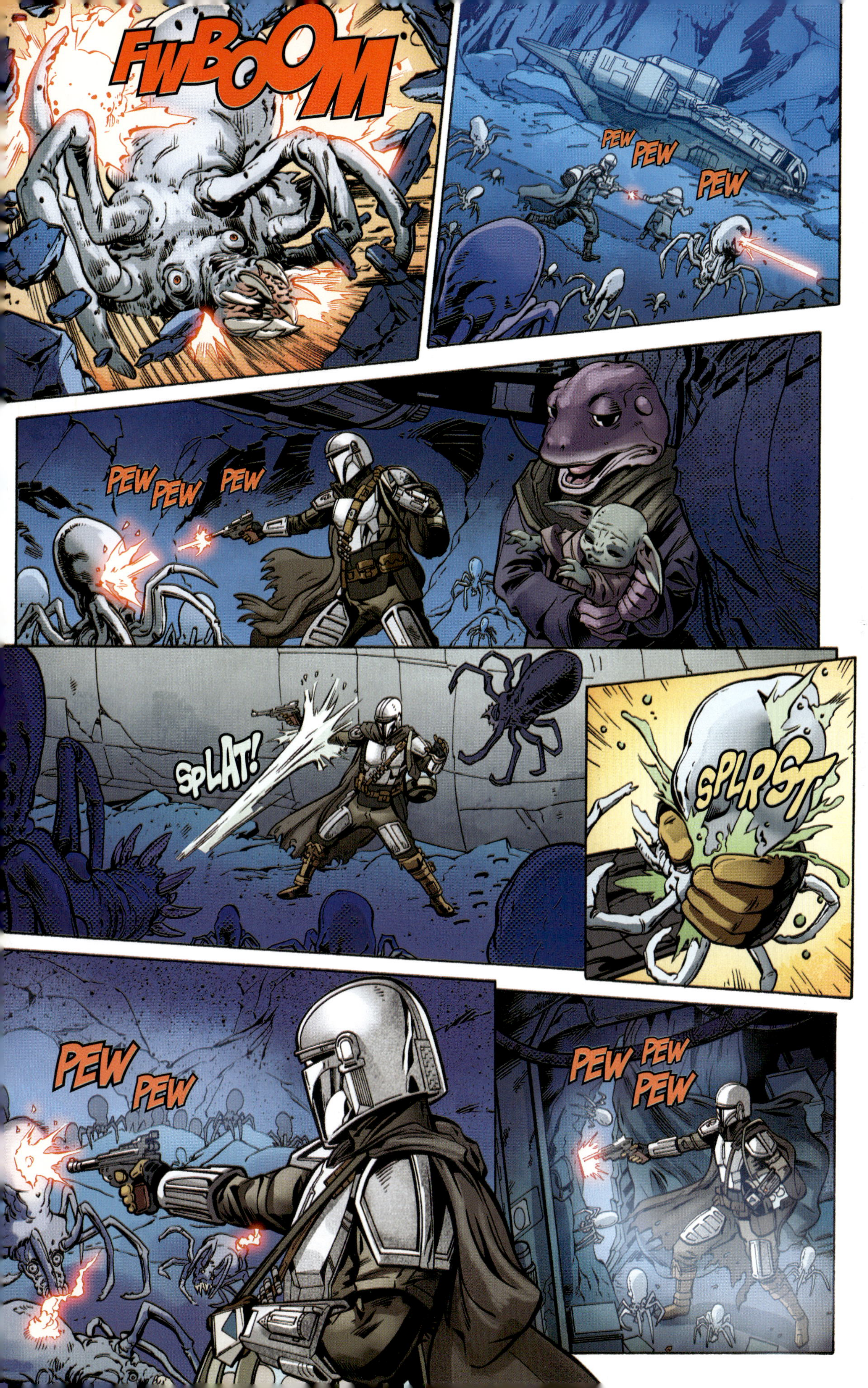
FWBOOM
PEW
PEW
PEW
PEW
PEW
PEW
SPLAT!
SPLRST
PEW
PEW
PEW
PEW
PEW

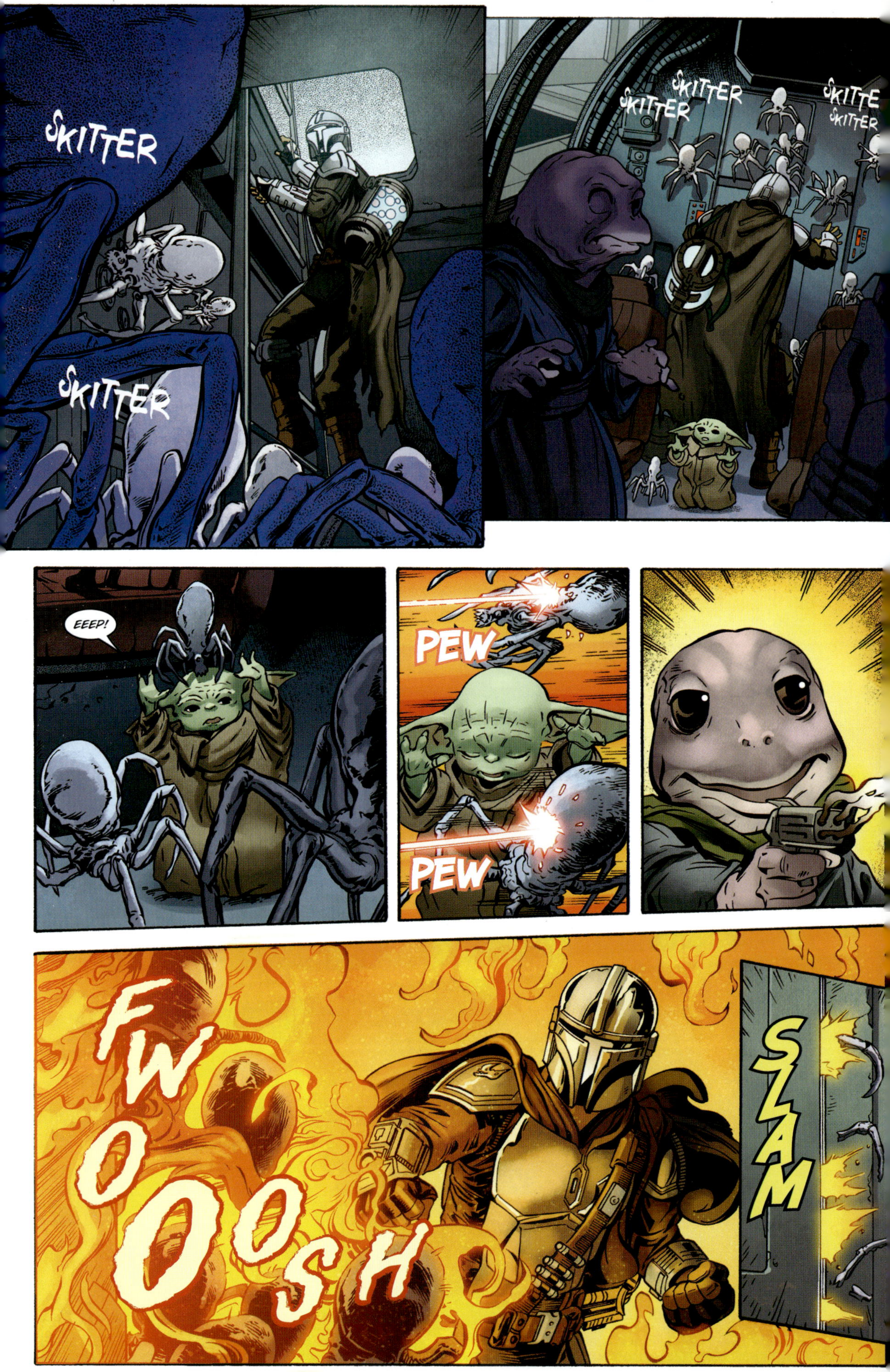

SKITTER
SKITTER
SKITTER
SKITTER
SKITTE
SKITTER

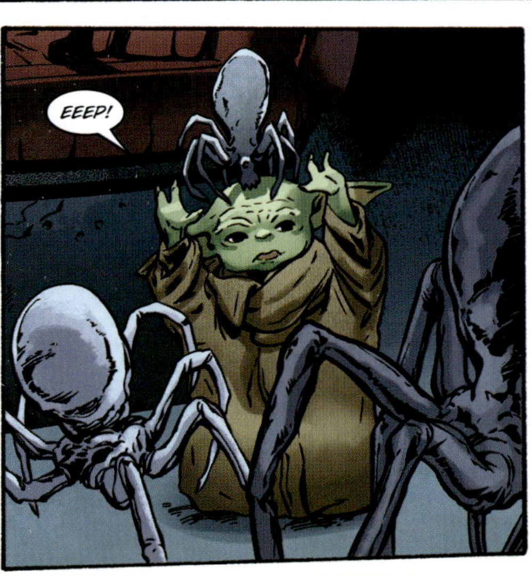

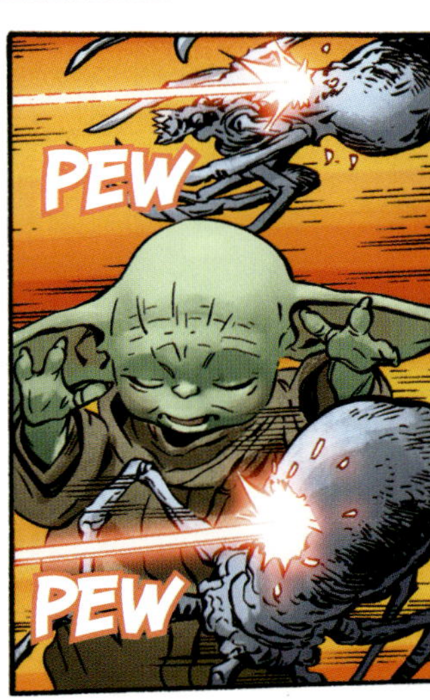

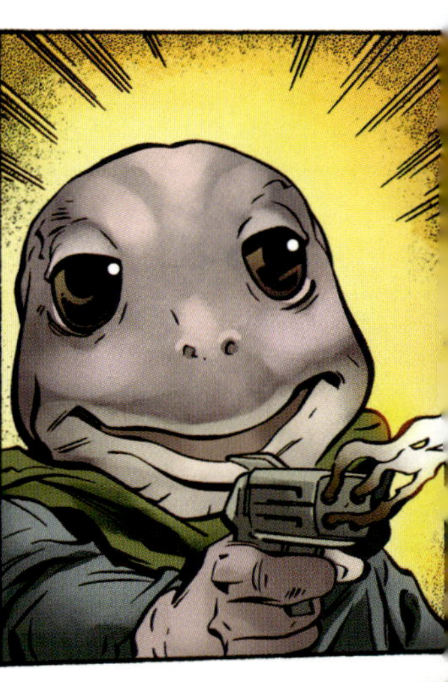

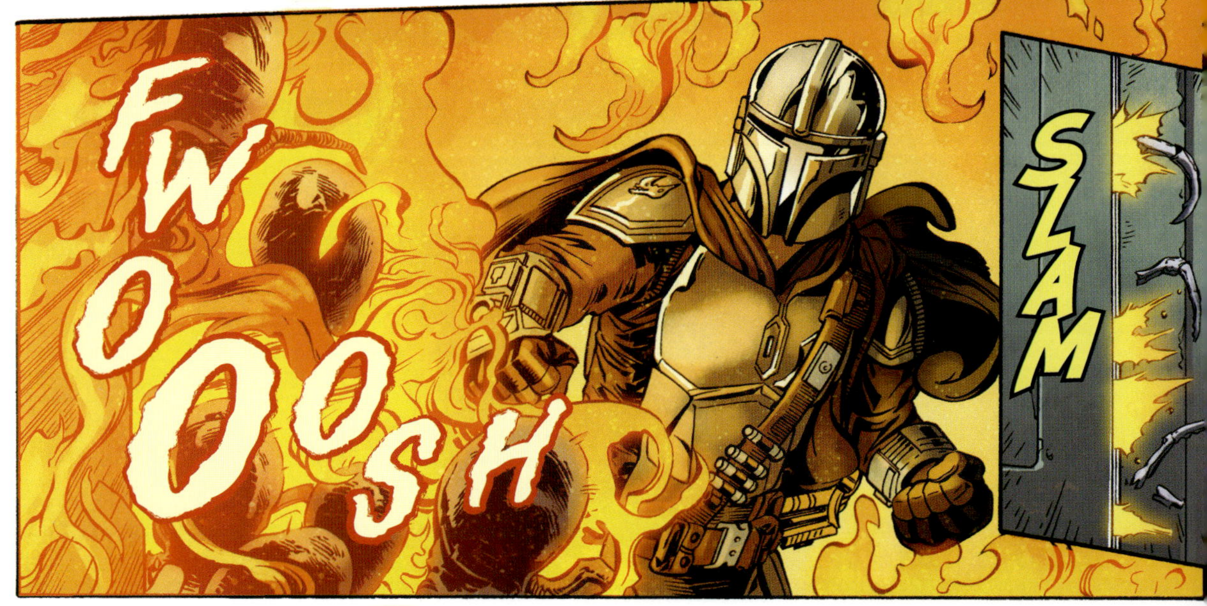

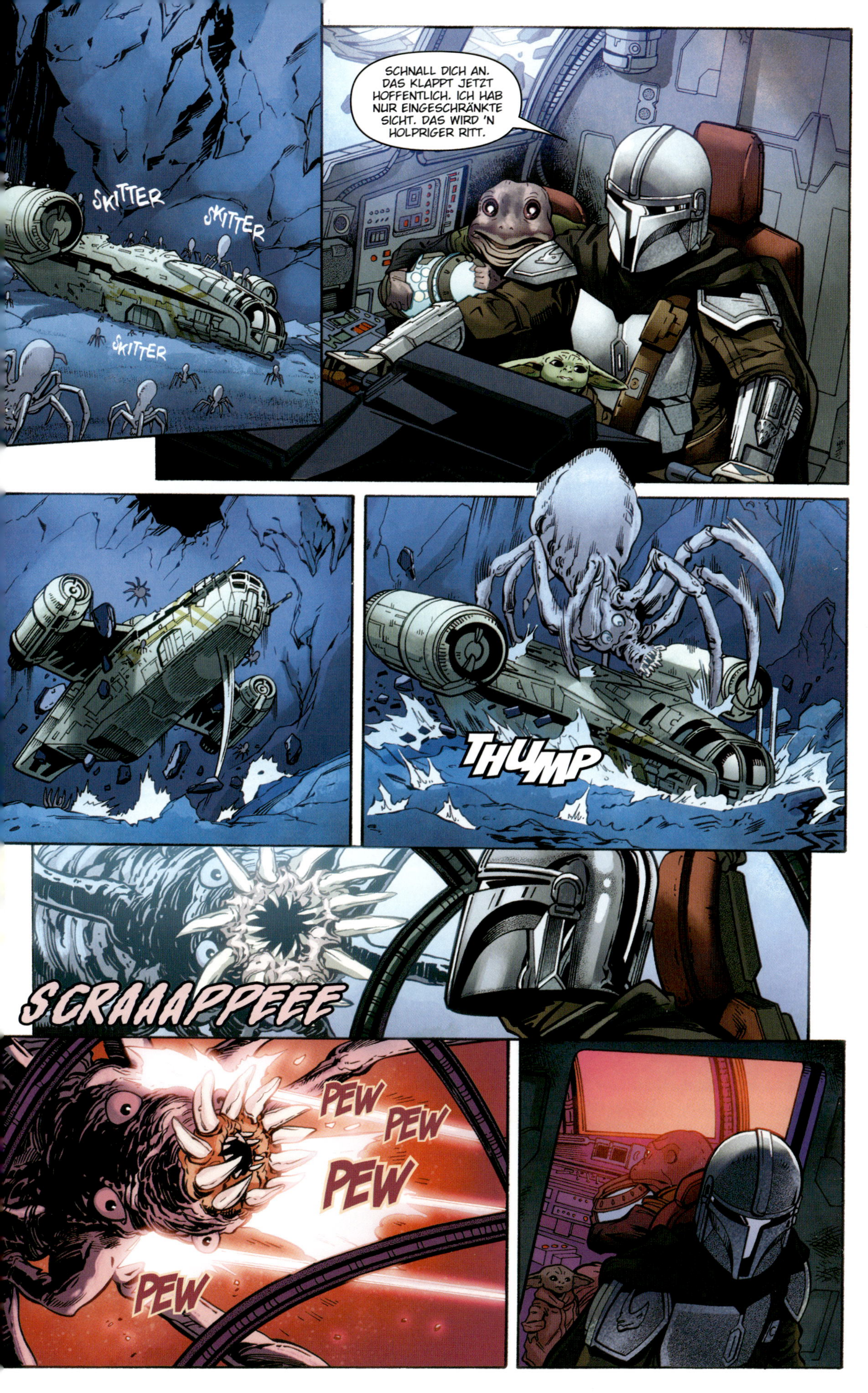
SKITTER
SKITTER
SKITTER
SCHNALL DICH AN. DAS KLAPPT JETZT HOFFENTLICH. ICH HAB NUR EINGESCHRÄNKTE SICHT. DAS WIRD 'N HOLPRIGER RITT.
THUMP
SCRAAAPPEEE
PEW
PEW
PEW
PEW

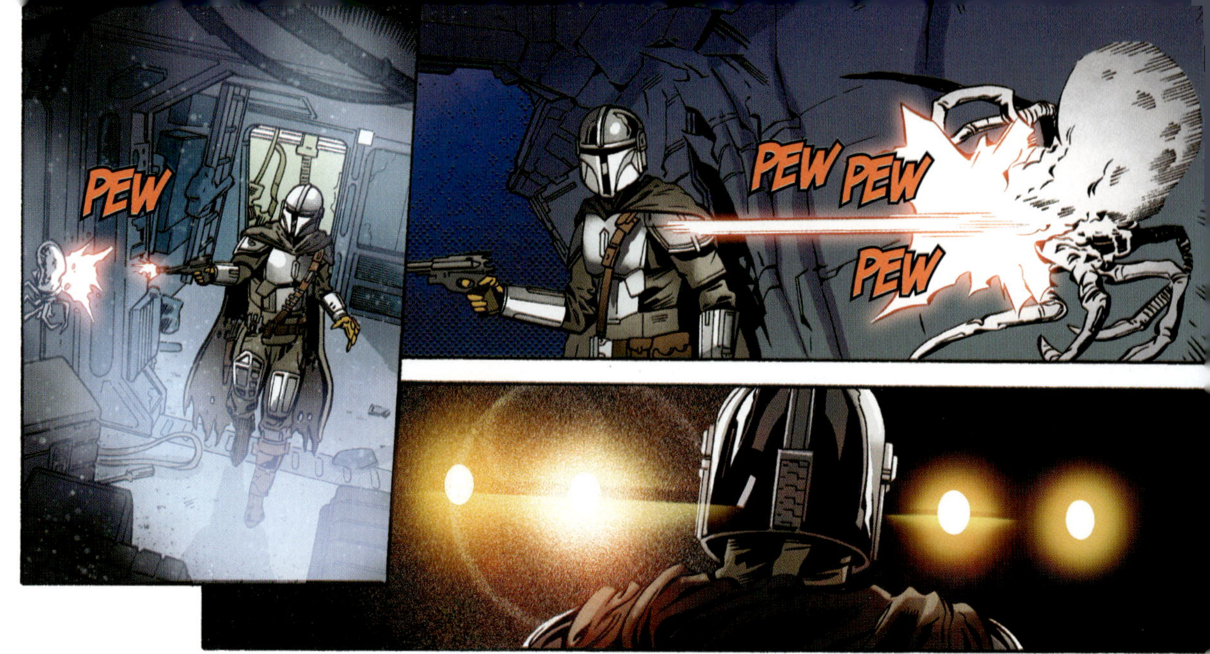

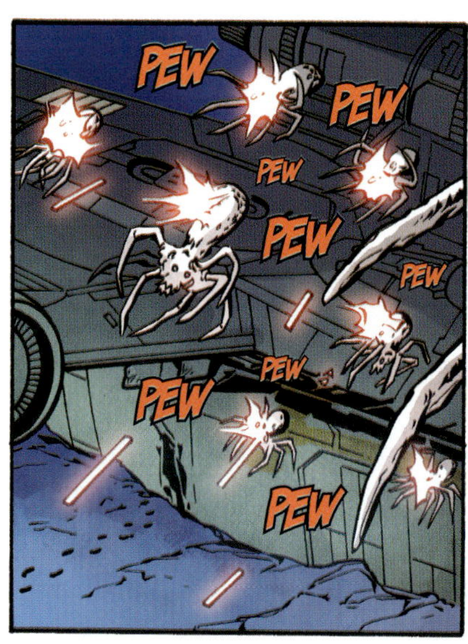

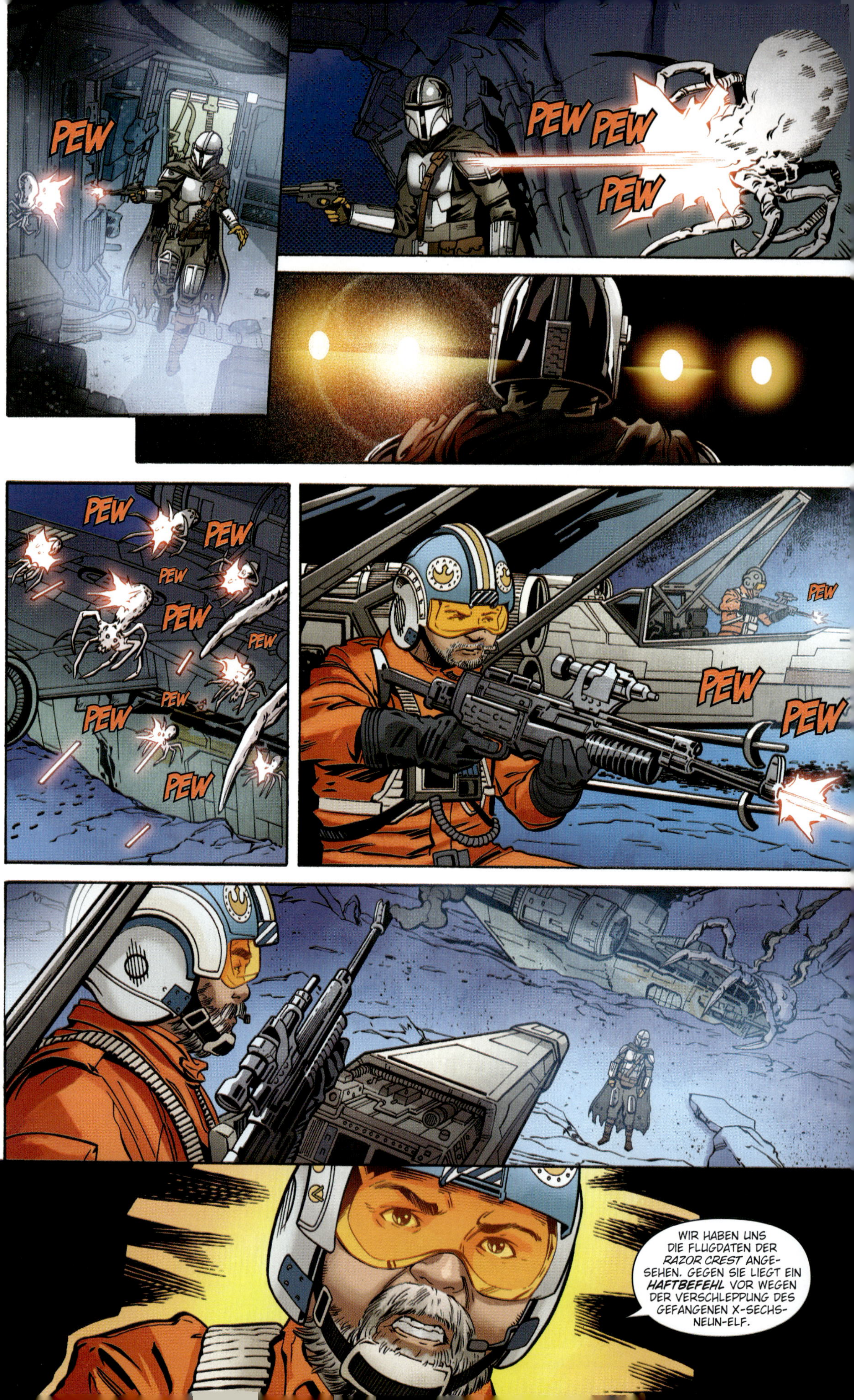

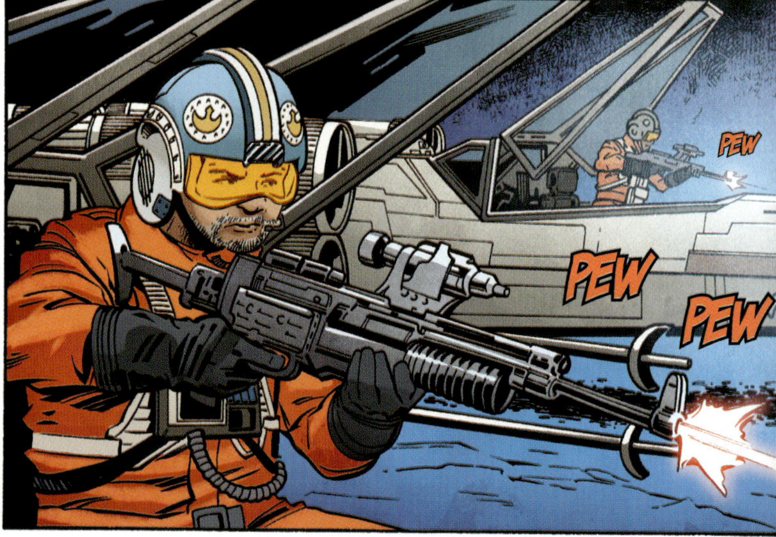

WIR HABEN UNS DIE FLUGDATEN DER *RAZOR CREST* ANGESEHEN. GEGEN SIE LIEGT EIN ***HAFTBEFEHL*** VOR WEGEN DER VERSCHLEPPUNG DES GEFANGENEN X-SECHS-NEUN-ELF.

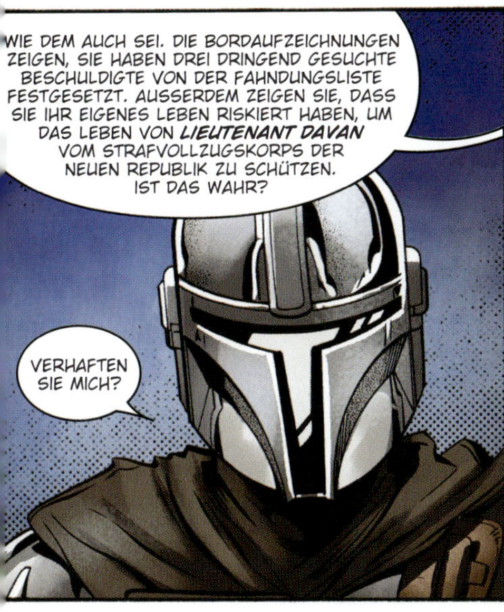
WIE DEM AUCH SEI. DIE BORDAUFZEICHNUNGEN ZEIGEN, SIE HABEN DREI DRINGEND GESUCHTE BESCHULDIGTE VON DER FAHNDUNGSLISTE FESTGESETZT. AUSSERDEM ZEIGEN SIE, DASS SIE IHR EIGENES LEBEN RISKIERT HABEN, UM DAS LEBEN VON LIEUTENANT DAVAN VOM STRAFVOLLZUGSKORPS DER NEUEN REPUBLIK ZU SCHÜTZEN. IST DAS WAHR?
VERHAFTEN SIE MICH?
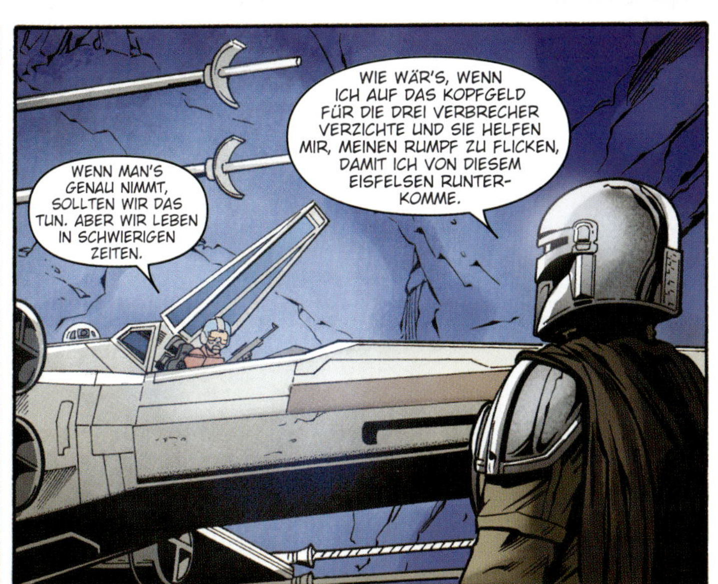
WENN MAN'S GENAU NIMMT, SOLLTEN WIR DAS TUN. ABER WIR LEBEN IN SCHWIERIGEN ZEITEN.
WIE WÄR'S, WENN ICH AUF DAS KOPFGELD FÜR DIE DREI VERBRECHER VERZICHTE UND SIE HELFEN MIR, MEINEN RUMPF ZU FLICKEN, DAMIT ICH VON DIESEM EISFELSEN RUNTERKOMME.
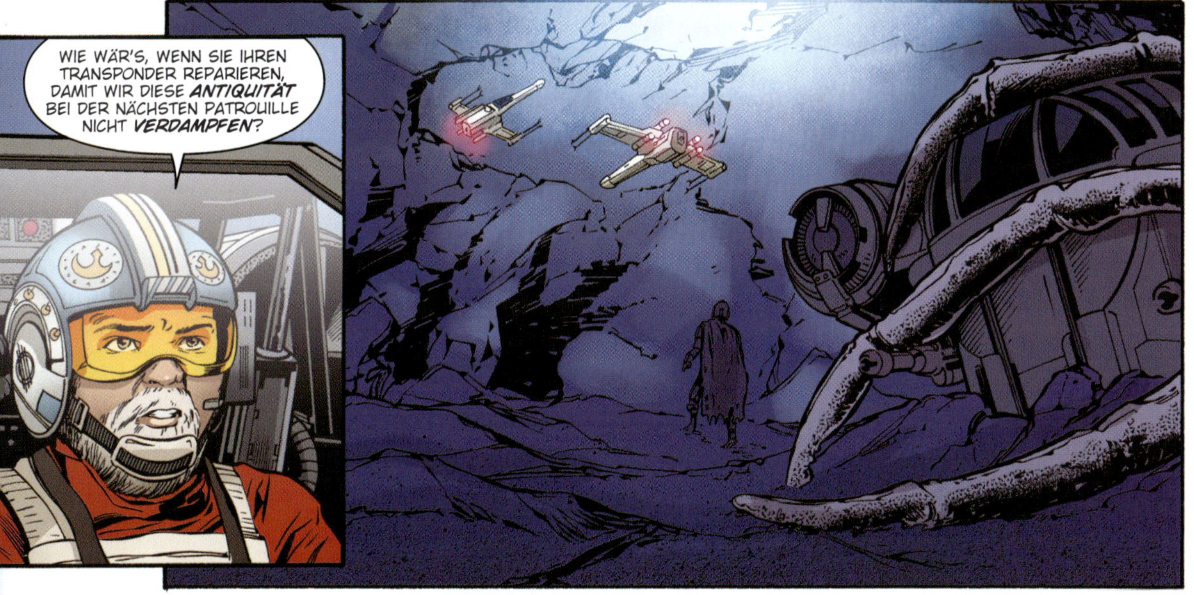
WIE WÄR'S, WENN SIE IHREN TRANSPONDER REPARIEREN, DAMIT WIR DIESE ANTIQUITÄT BEI DER NÄCHSTEN PATROUILLE NICHT VERDAMPFEN?
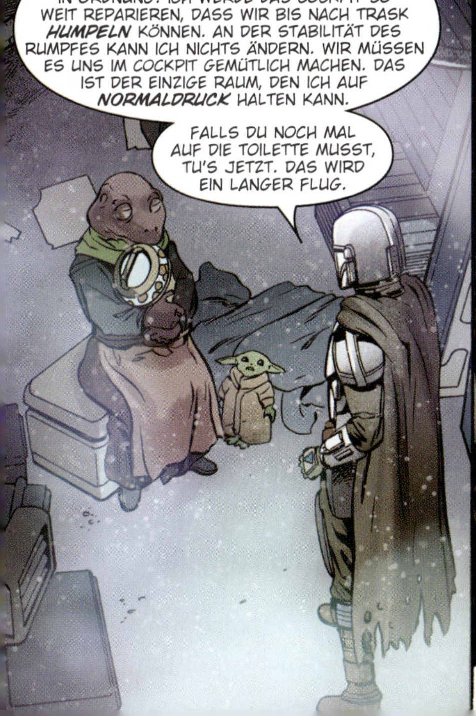
IN ORDNUNG. ICH WERDE DAS COCKPIT SO WEIT REPARIEREN, DASS WIR BIS NACH TRASK HUMPELN KÖNNEN. AN DER STABILITÄT DES RUMPFES KANN ICH NICHTS ÄNDERN. WIR MÜSSEN ES UNS IM COCKPIT GEMÜTLICH MACHEN. DAS IST DER EINZIGE RAUM, DEN ICH AUF NORMALDRUCK HALTEN KANN.
FALLS DU NOCH MAL AUF DIE TOILETTE MUSST, TU'S JETZT. DAS WIRD EIN LANGER FLUG.
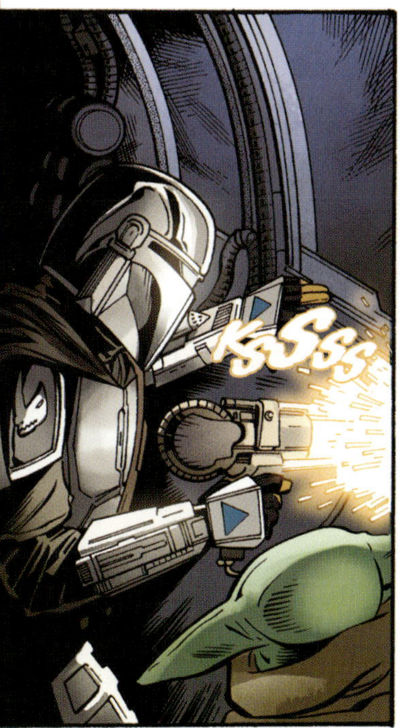
KSSSSS
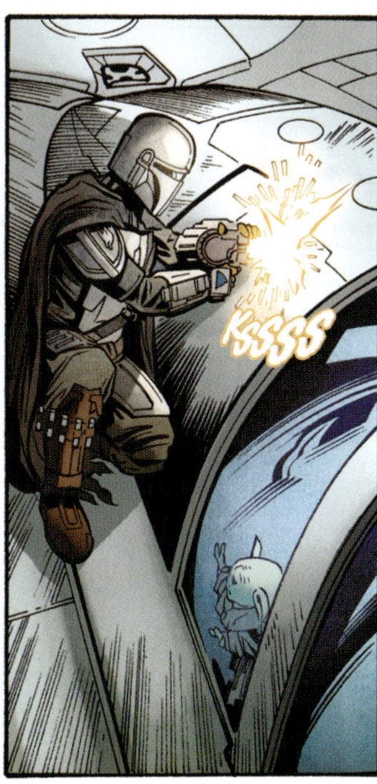
KSSSS

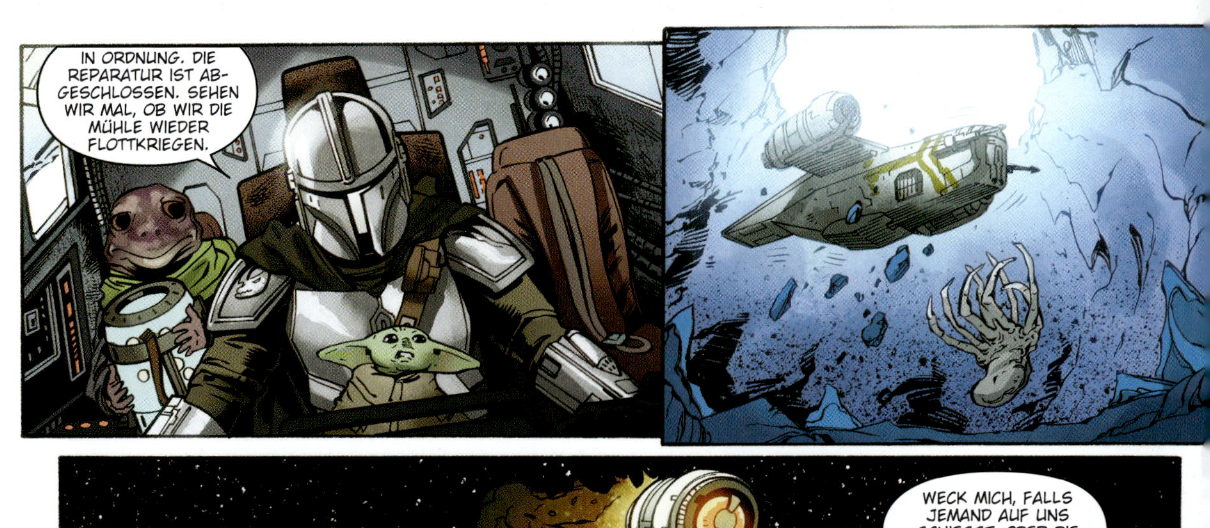
IN ORDNUNG. DIE REPARATUR IST ABGESCHLOSSEN. SEHEN WIR MAL, OB WIR DIE MÜHLE WIEDER FLOTTKRIEGEN.

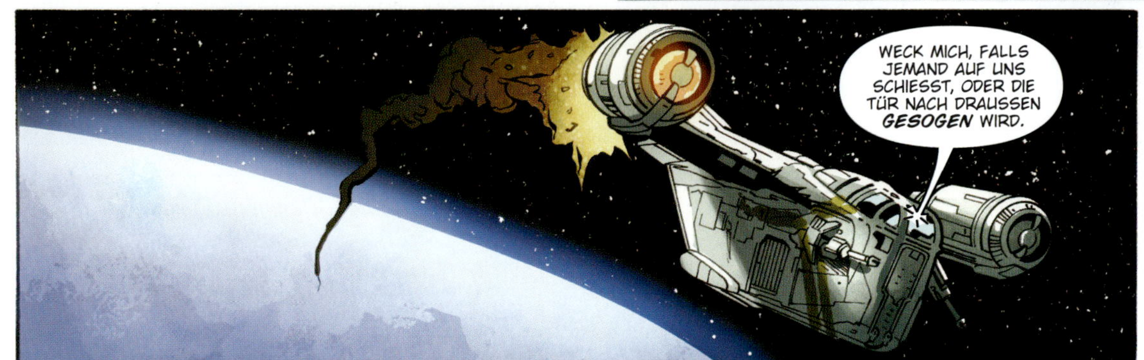
WECK MICH, FALLS JEMAND AUF UNS SCHIESST, ODER DIE TÜR NACH DRAUSSEN **GESOGEN** WIRD.

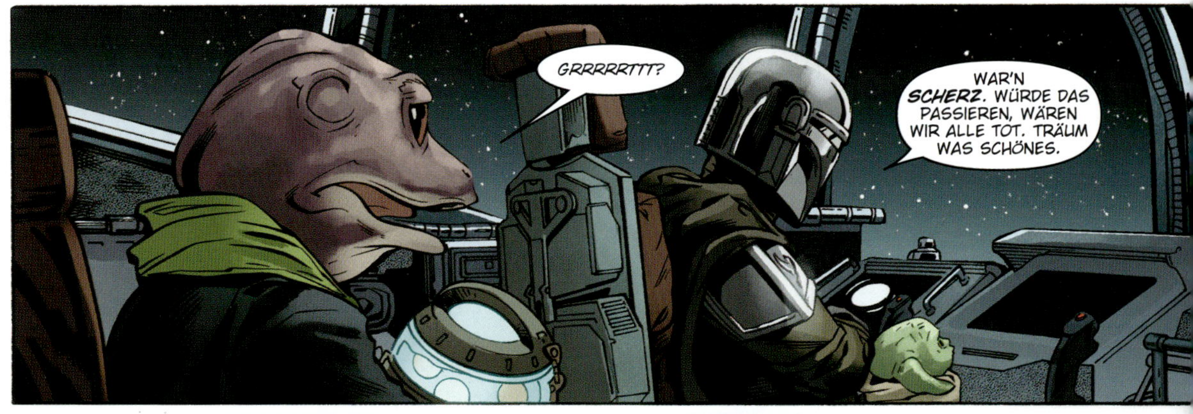
GRRRRRTTT?
WAR'N **SCHERZ**. WÜRDE DAS PASSIEREN, WÄREN WIR ALLE TOT. TRÄUM WAS SCHÖNES.

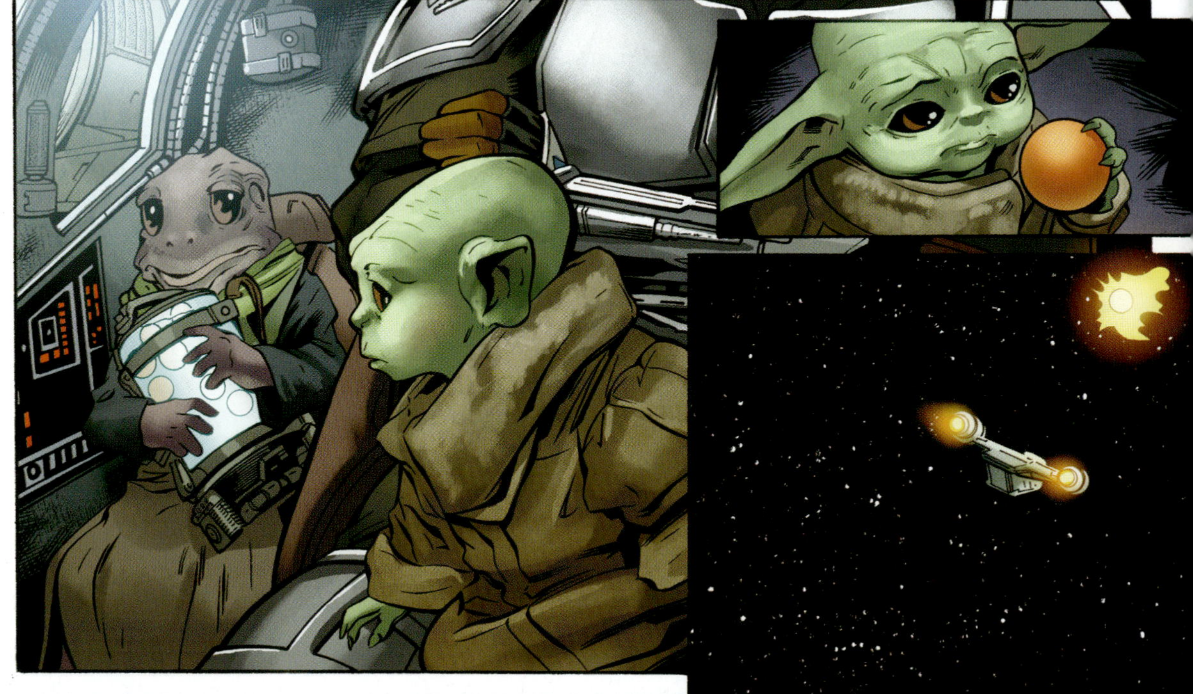

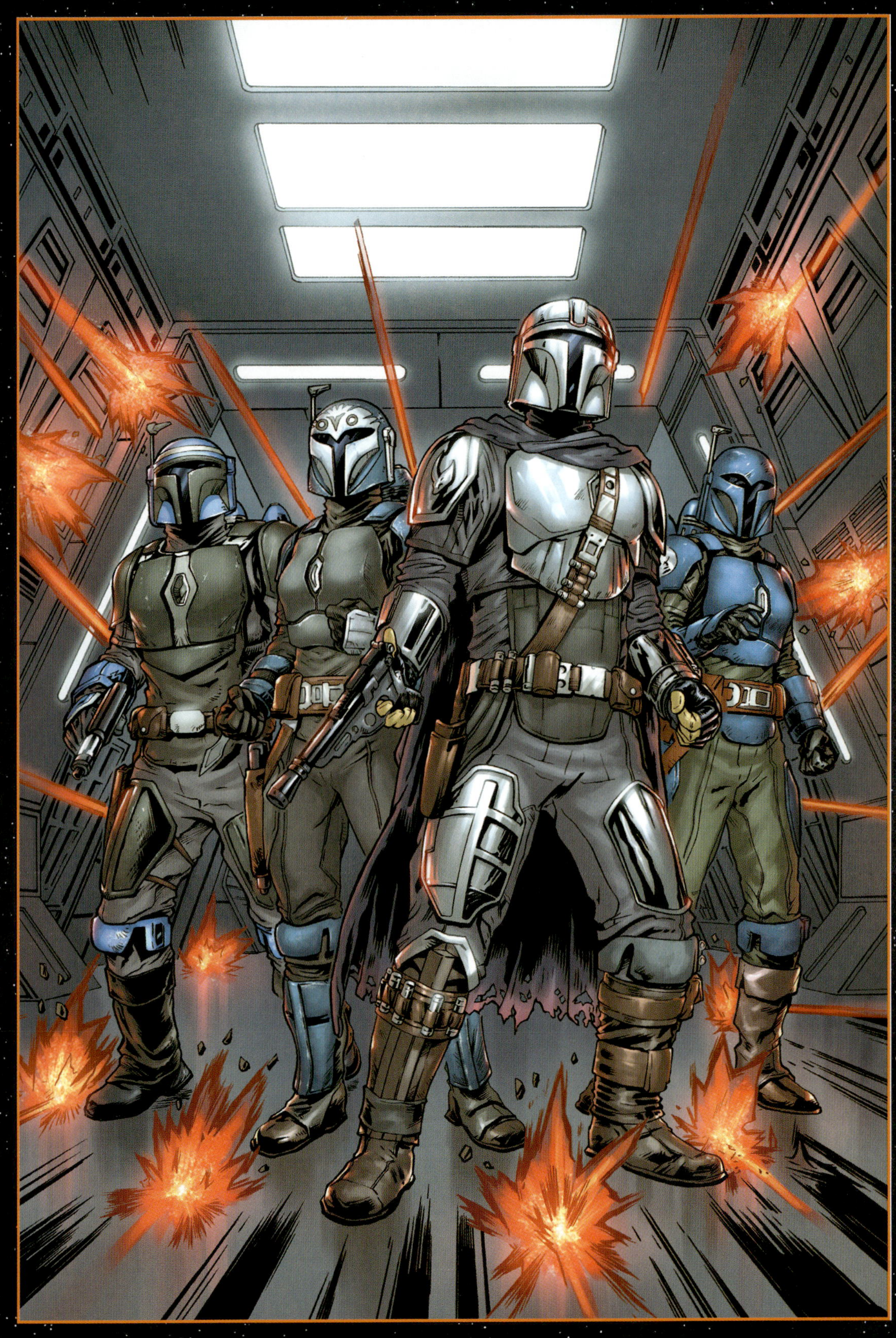

US-*Star Wars: The Mandalorian* #3 (2023)
Cover: **STEVEN CUMMIGS** und **ALEX SINCLAIR**

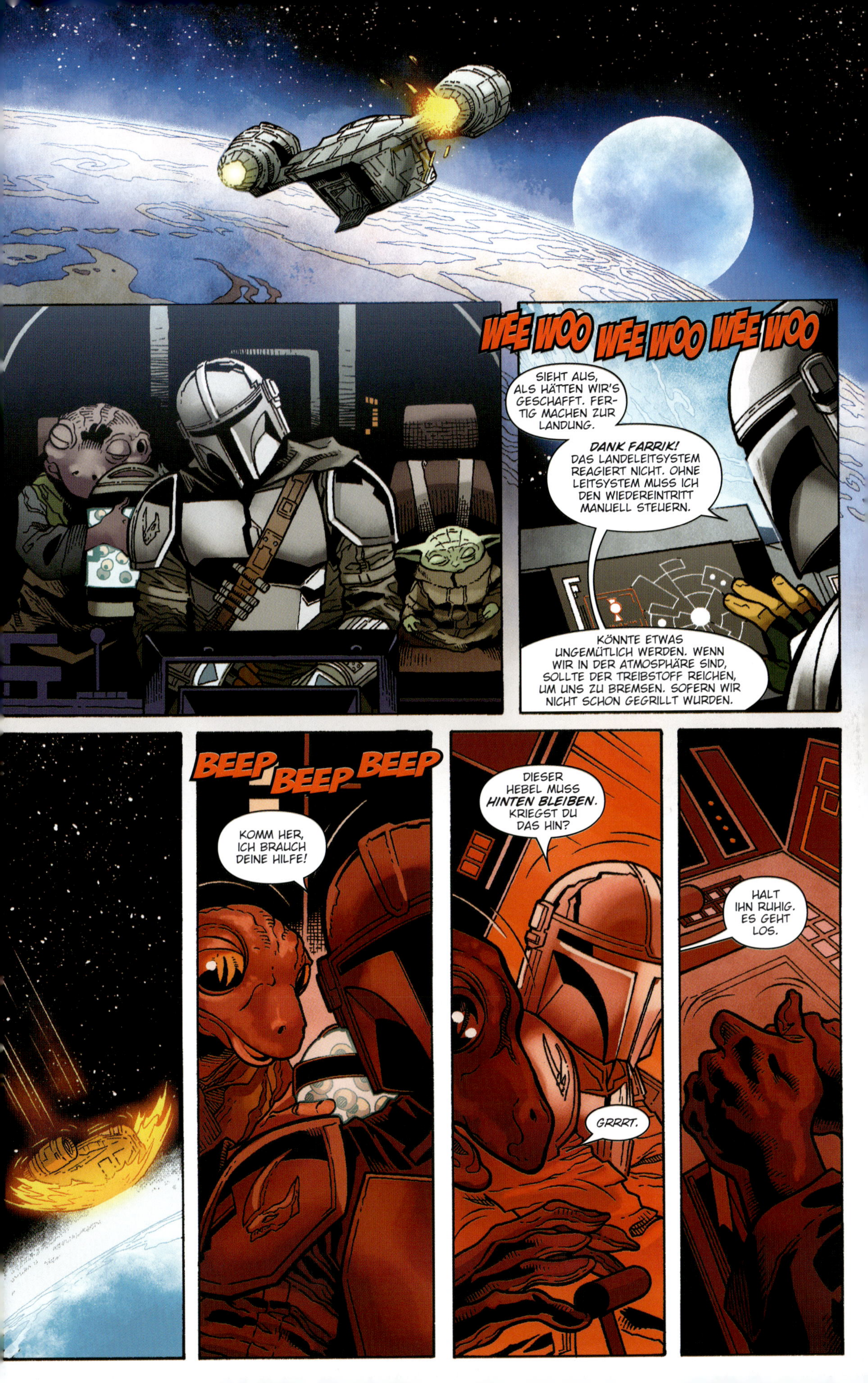

WEE WOO WEE WOO WEE WOO

SIEHT AUS, ALS HÄTTEN WIR'S GESCHAFFT. FERTIG MACHEN ZUR LANDUNG.

DANK FARRIK! DAS LANDELEITSYSTEM REAGIERT NICHT. OHNE LEITSYSTEM MUSS ICH DEN WIEDEREINTRITT MANUELL STEUERN.

KÖNNTE ETWAS UNGEMÜTLICH WERDEN. WENN WIR IN DER ATMOSPHÄRE SIND, SOLLTE DER TREIBSTOFF REICHEN, UM UNS ZU BREMSEN. SOFERN WIR NICHT SCHON GEGRILLT WURDEN.

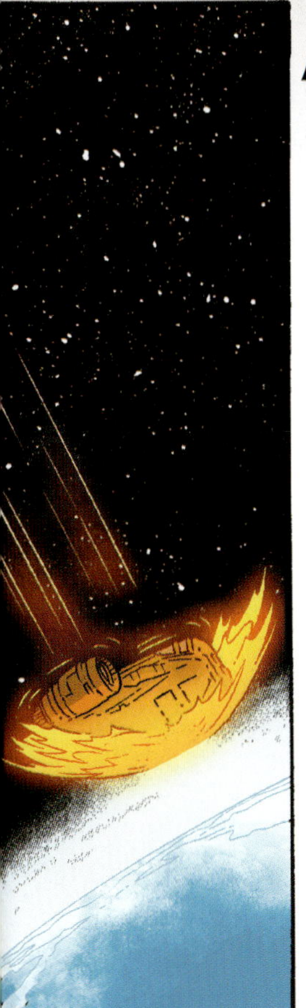

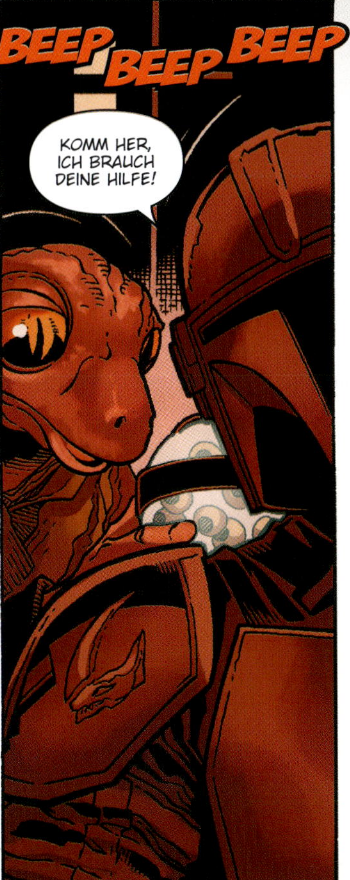

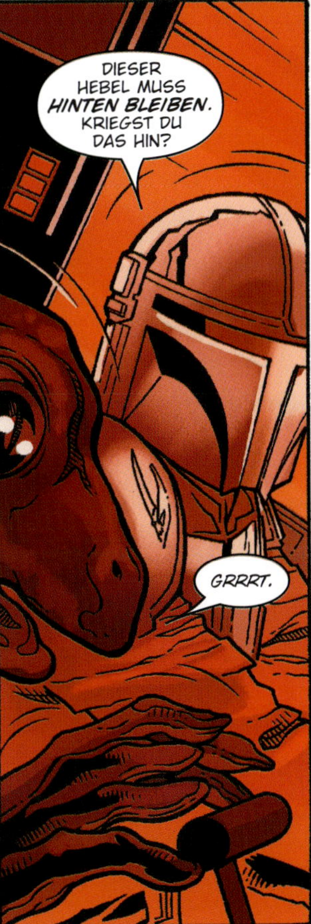

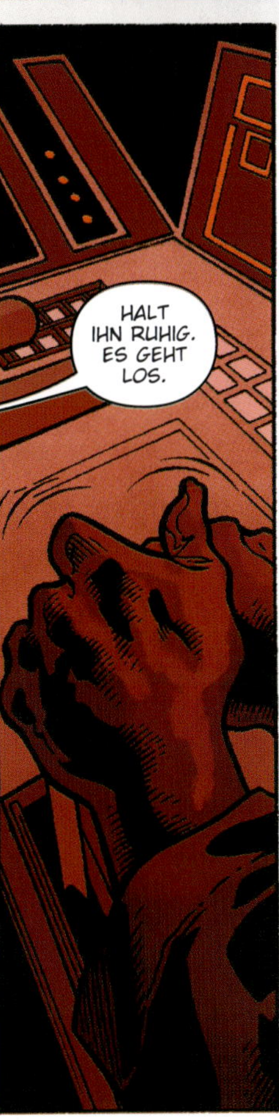

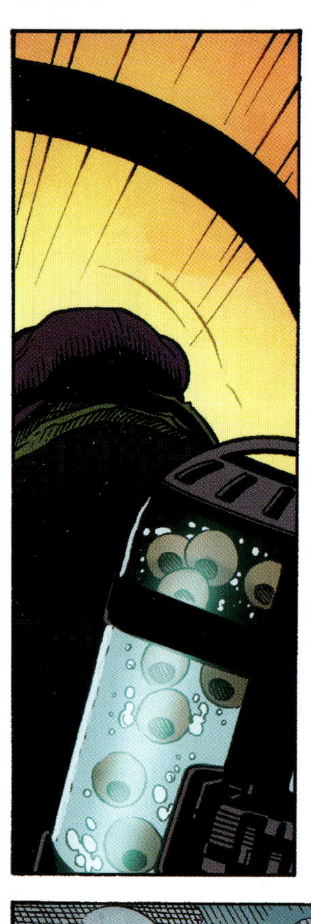

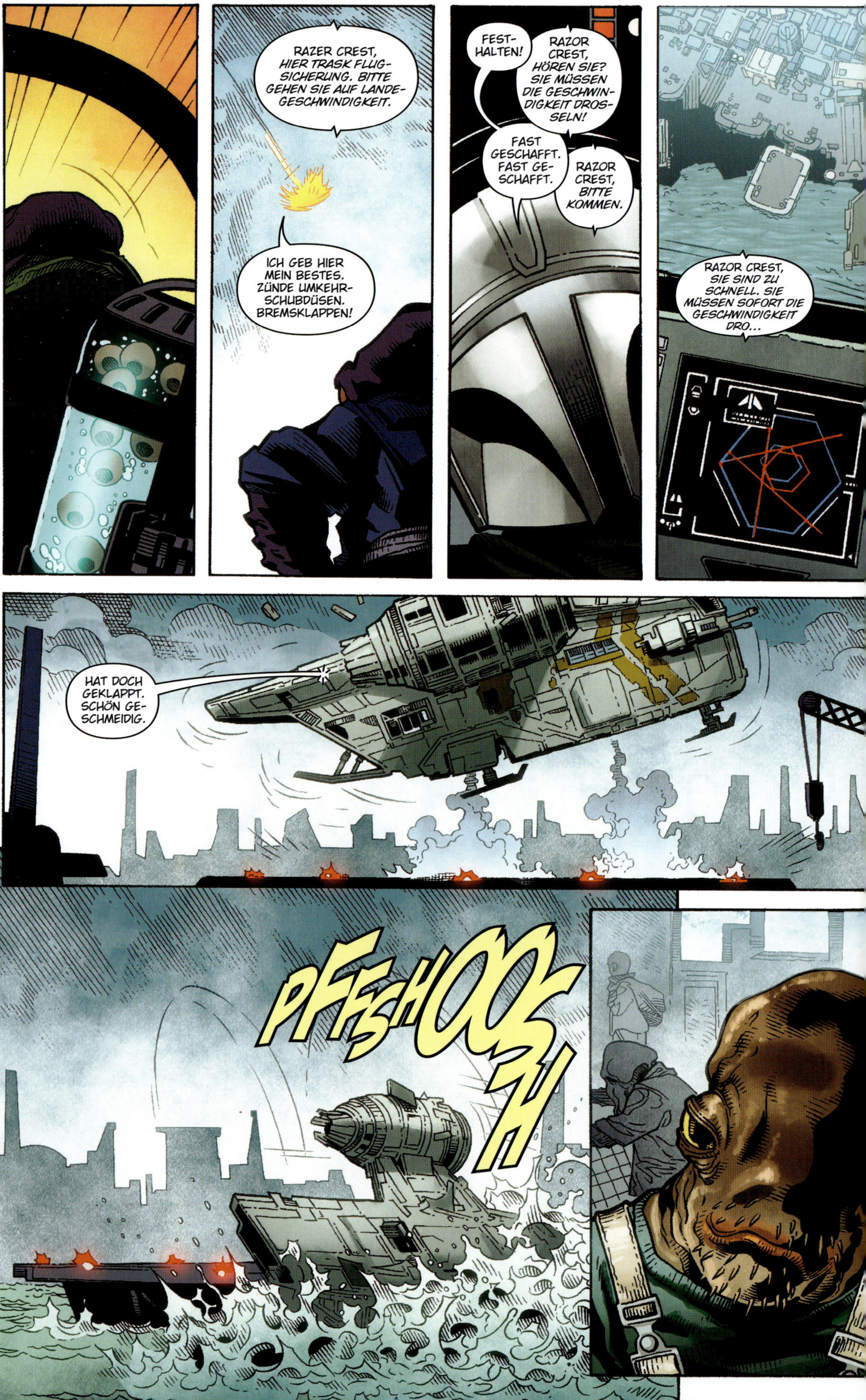

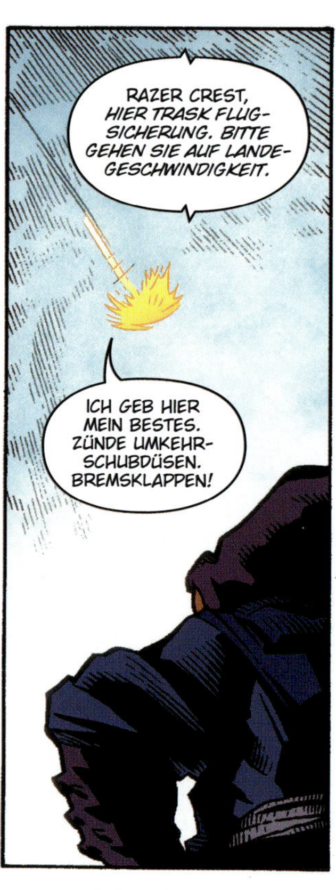
RAZER CREST, HIER TRASK FLUG-SICHERUNG. BITTE GEHEN SIE AUF LANDE-GESCHWINDIGKEIT.
ICH GEB HIER MEIN BESTES. ZÜNDE UMKEHR-SCHUBDÜSEN. BREMSKLAPPEN!

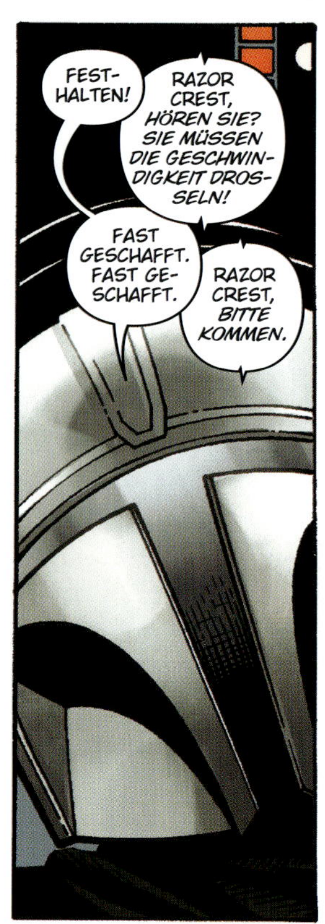
FEST-HALTEN!
RAZOR CREST, HÖREN SIE? SIE MÜSSEN DIE GESCHWIN-DIGKEIT DROS-SELN!
FAST GESCHAFFT. FAST GE-SCHAFFT.
RAZOR CREST, BITTE KOMMEN.

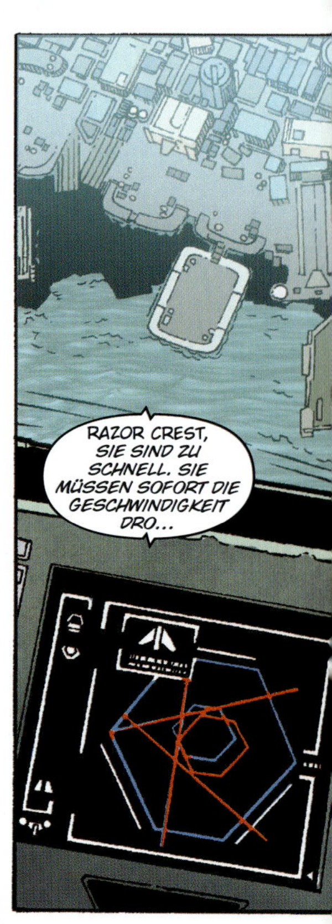
RAZOR CREST, SIE SIND ZU SCHNELL. SIE MÜSSEN SOFORT DIE GESCHWINDIGKEIT DRO…

HAT DOCH GEKLAPPT. SCHÖN GE-SCHMEIDIG.
PFFSHOOSH

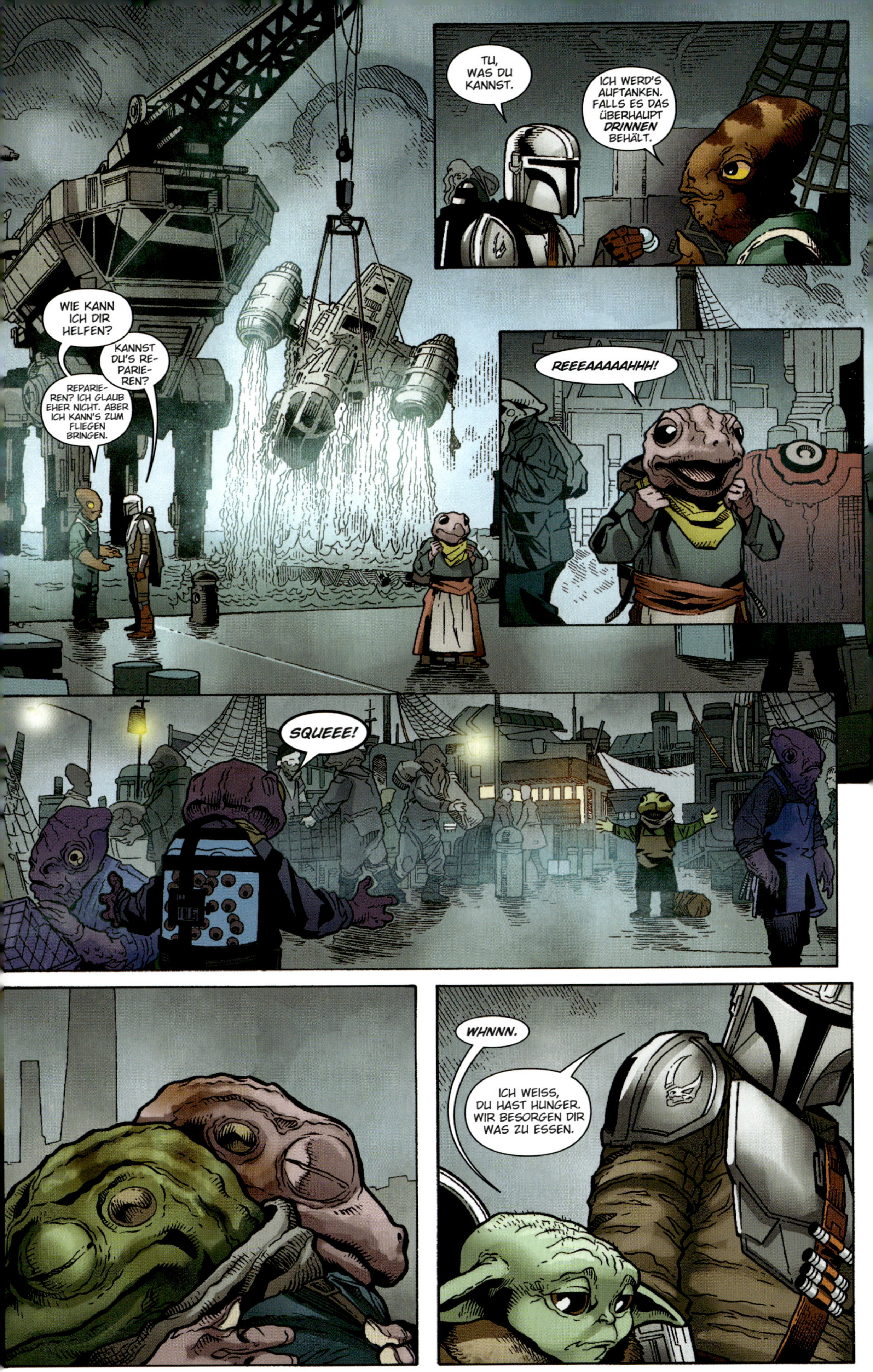

WIE KANN ICH DIR HELFEN?
KANNST DU'S REPARIEREN?
REPARIEREN? ICH GLAUB EHER NICHT. ABER ICH KANN'S ZUM FLIEGEN BRINGEN.

TU, WAS DU KANNST.
ICH WERD'S AUFTANKEN. FALLS ES DAS ÜBERHAUPT ***DRINNEN*** BEHÄLT.

REEEAAAAAHHH!

SQUEEE!

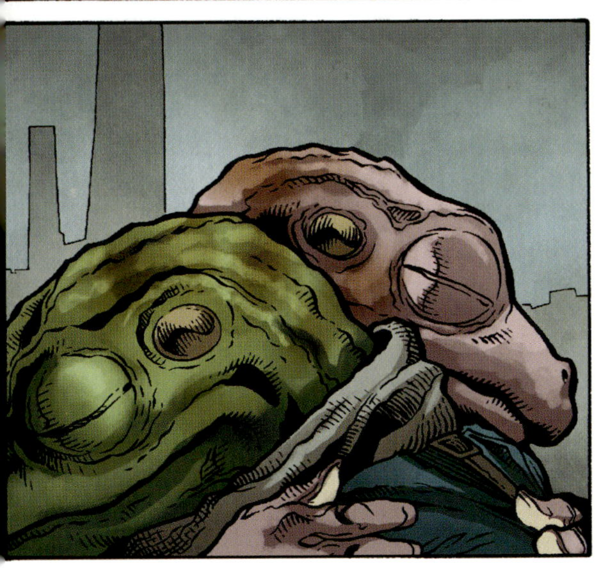

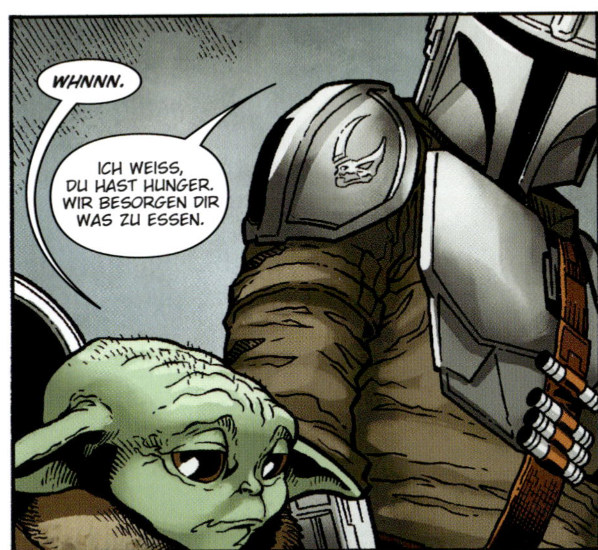

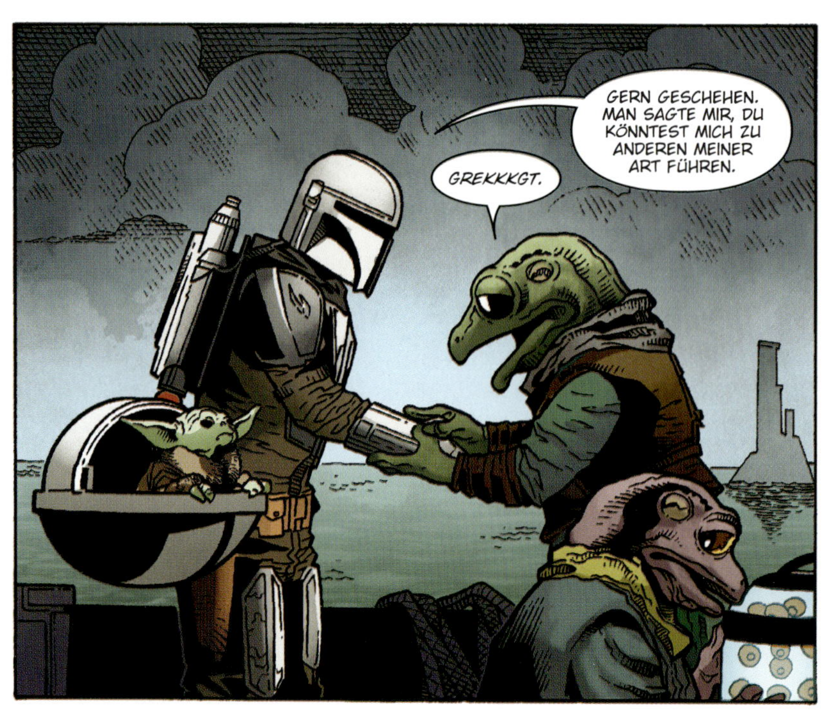
GREKKKGT.
GERN GESCHEHEN. MAN SAGTE MIR, DU KÖNNTEST MICH ZU ANDEREN MEINER ART FÜHREN.

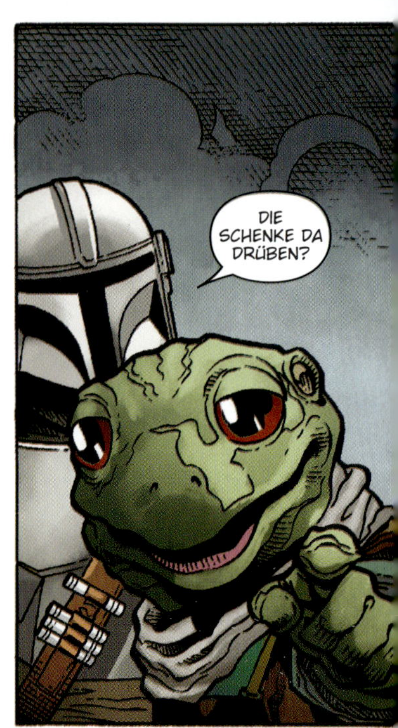
DIE SCHENKE DA DRÜBEN?

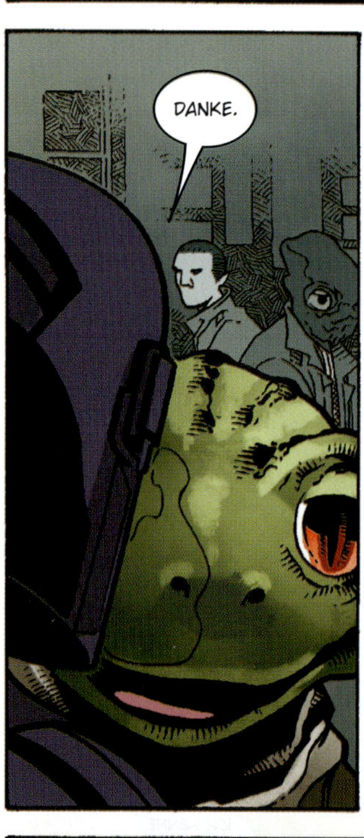
DANKE.

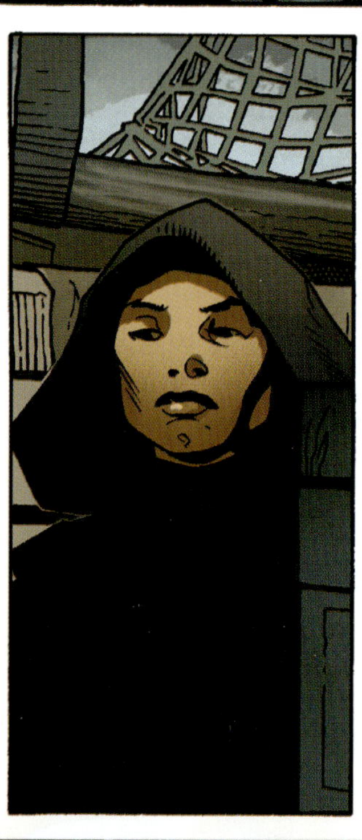

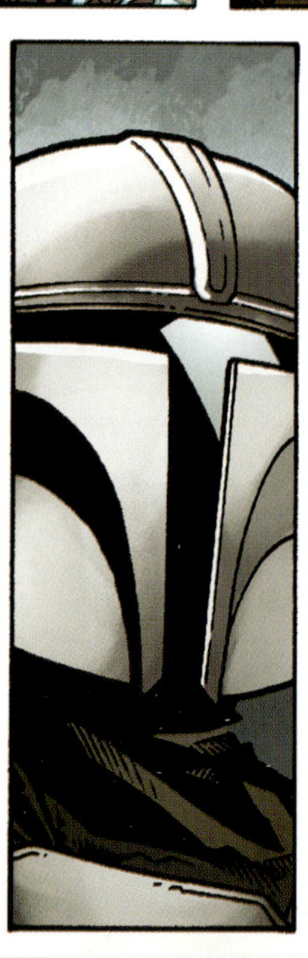

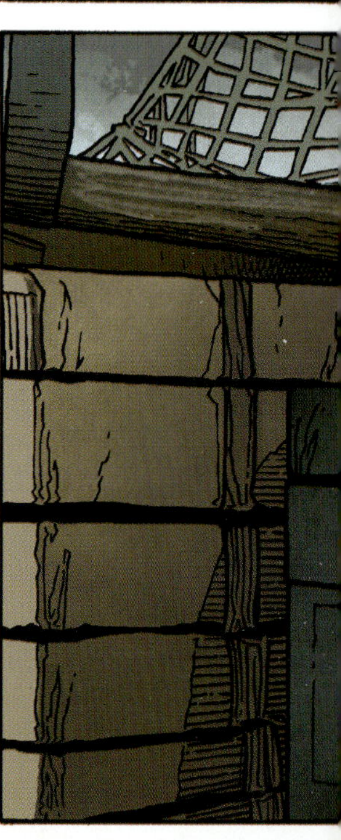

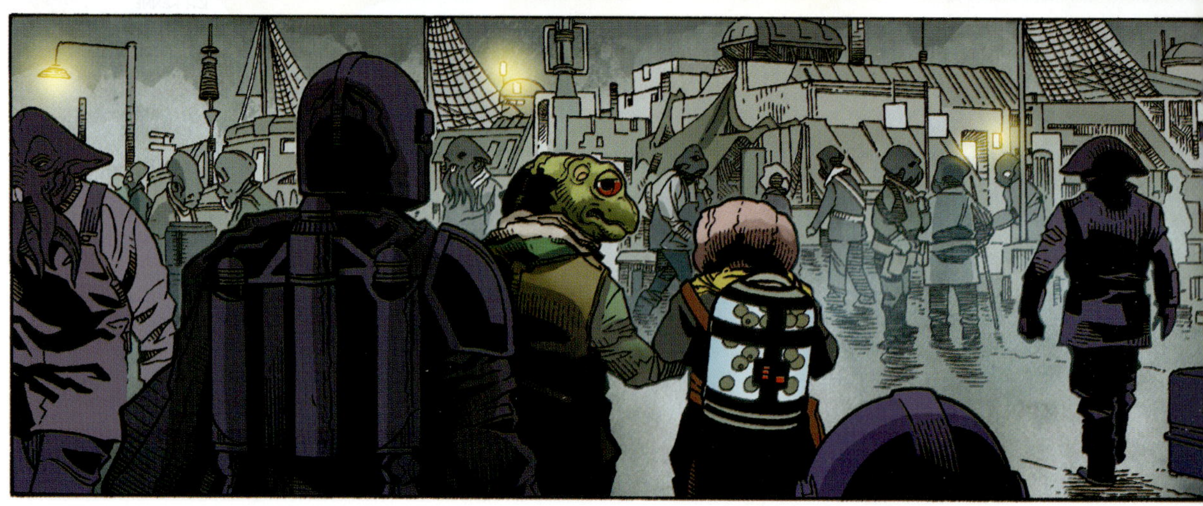

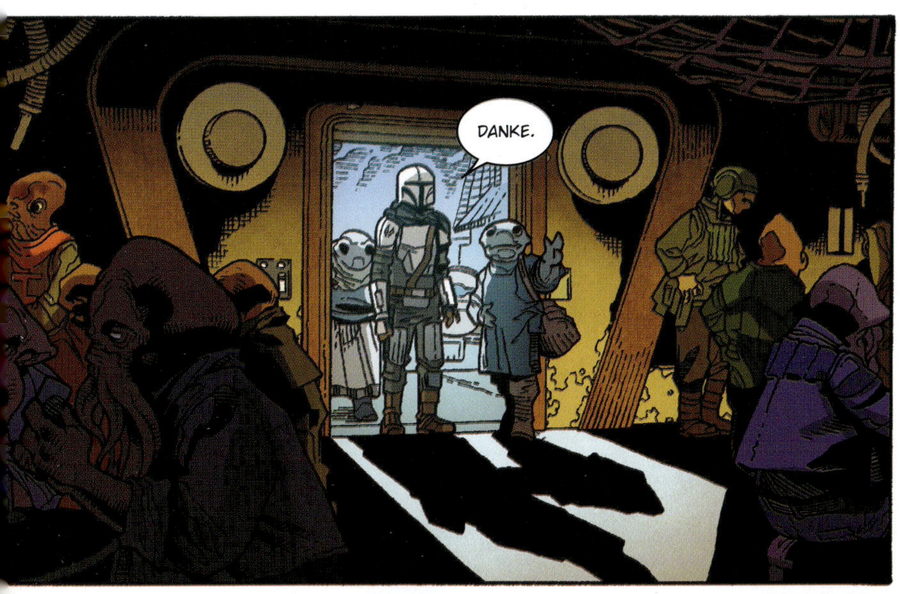
DANKE.

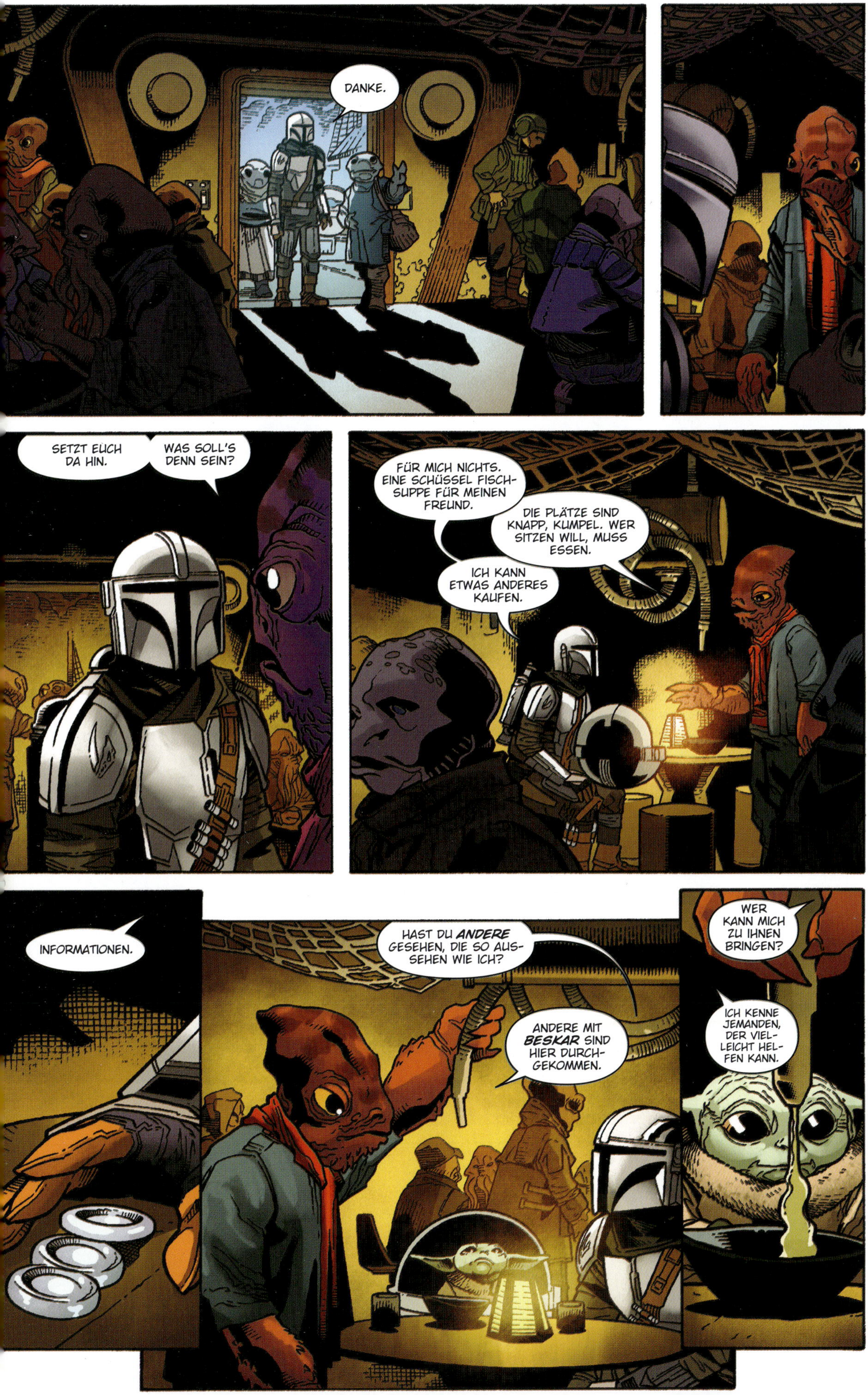

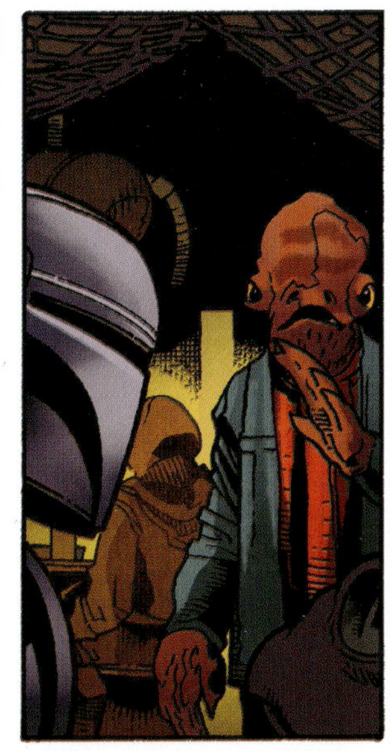

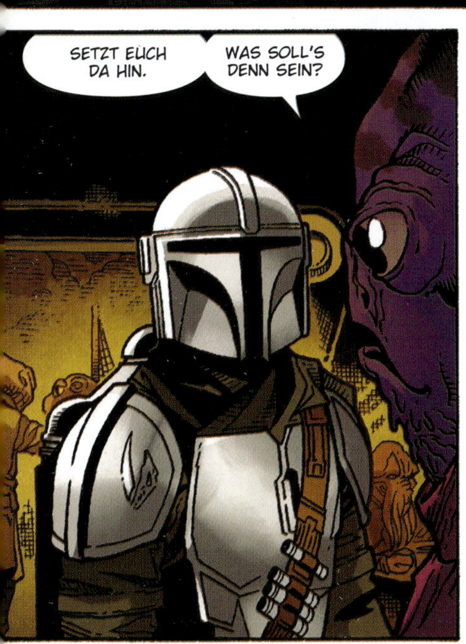
SETZT EUCH DA HIN.
WAS SOLL'S DENN SEIN?

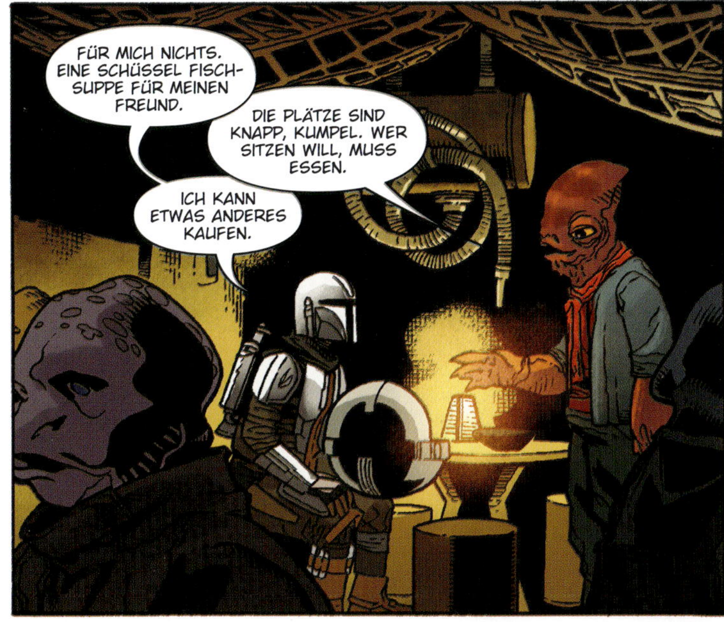
FÜR MICH NICHTS. EINE SCHÜSSEL FISCHSUPPE FÜR MEINEN FREUND.
DIE PLÄTZE SIND KNAPP, KUMPEL. WER SITZEN WILL, MUSS ESSEN.
ICH KANN ETWAS ANDERES KAUFEN.

INFORMATIONEN.
HAST DU *ANDERE* GESEHEN, DIE SO AUSSEHEN WIE ICH?
ANDERE MIT *BESKAR* SIND HIER DURCHGEKOMMEN.
WER KANN MICH ZU IHNEN BRINGEN?
ICH KENNE JEMANDEN, DER VIELLEICHT HELFEN KANN.

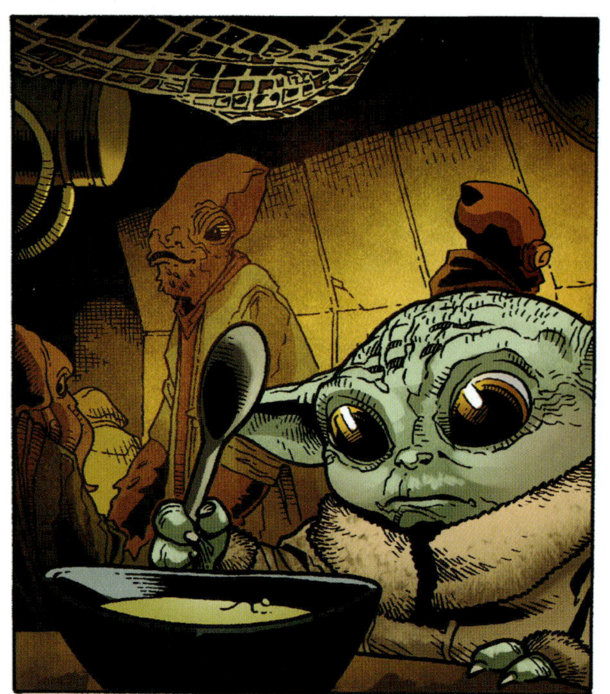
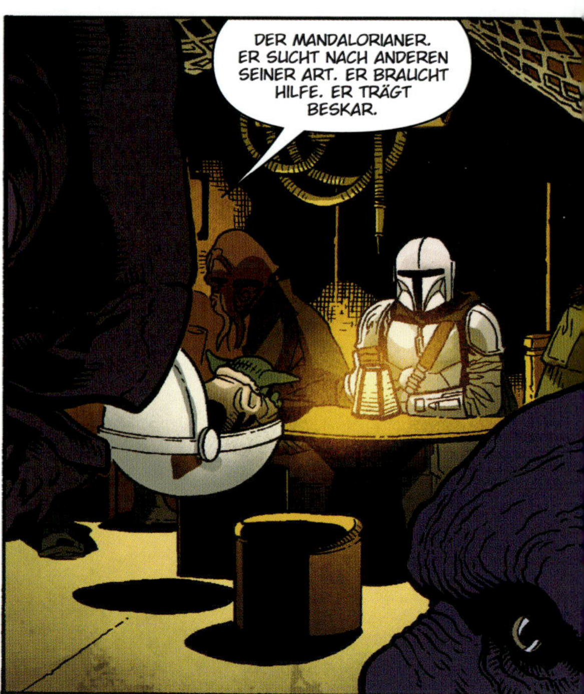
DER MANDALORIANER. ER SUCHT NACH ANDEREN SEINER ART. ER BRAUCHT HILFE. ER TRÄGT BESKAR.
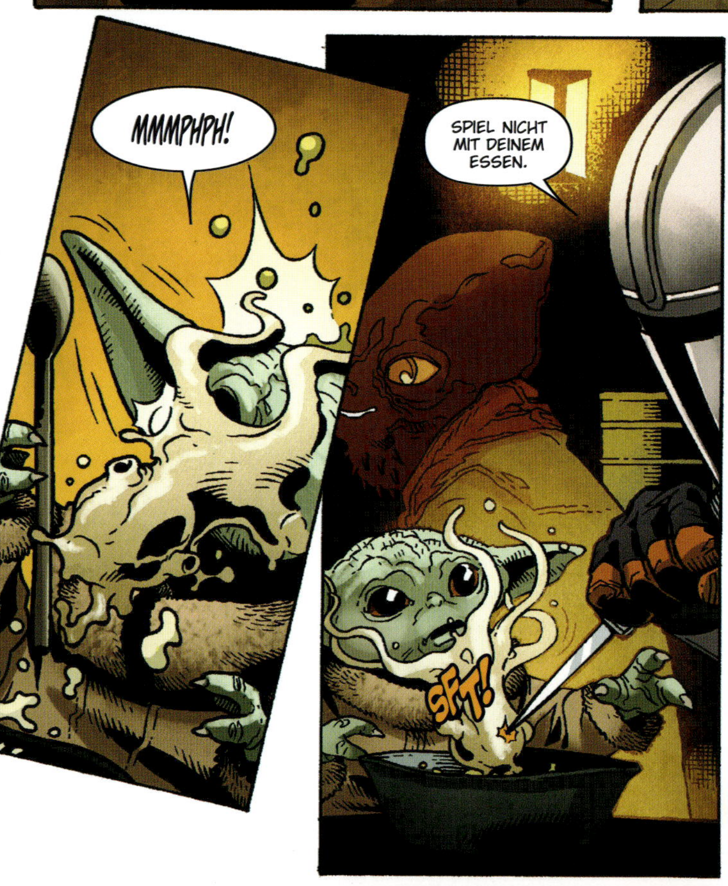
MMMPHPH!
SPIEL NICHT MIT DEINEM ESSEN.
SFT!
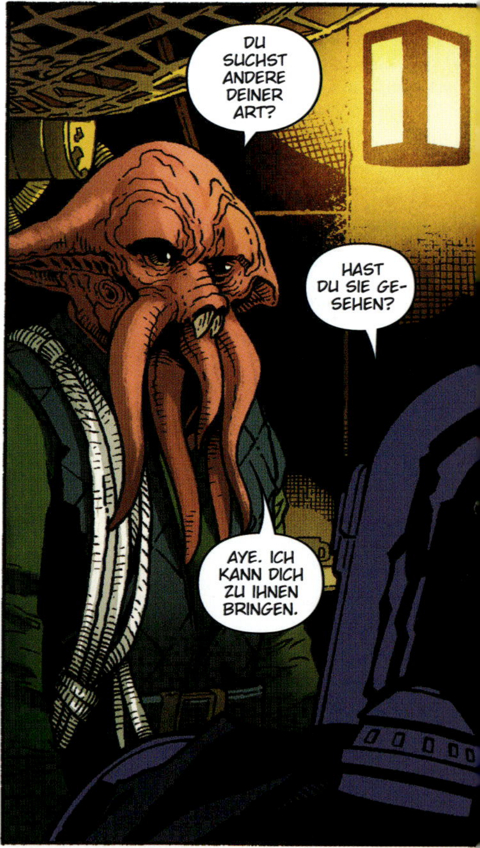
DU SUCHST ANDERE DEINER ART?
HAST DU SIE GE-SEHEN?
AYE. ICH KANN DICH ZU IHNEN BRINGEN.
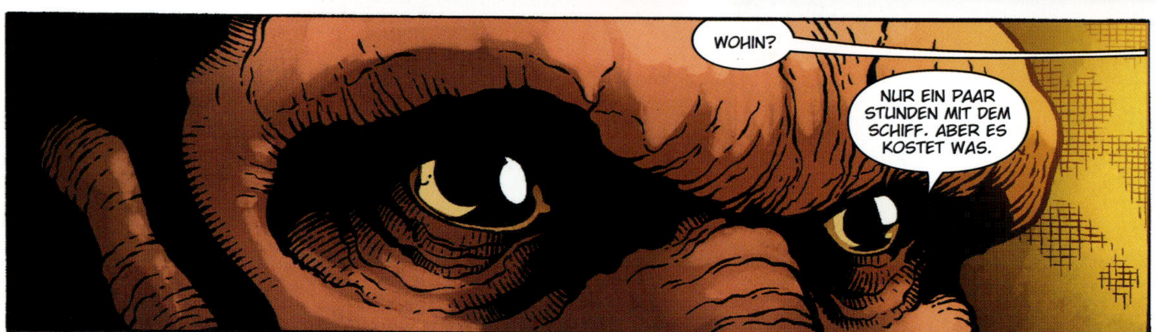
WOHIN?
NUR EIN PAAR STUNDEN MIT DEM SCHIFF. ABER ES KOSTET WAS.

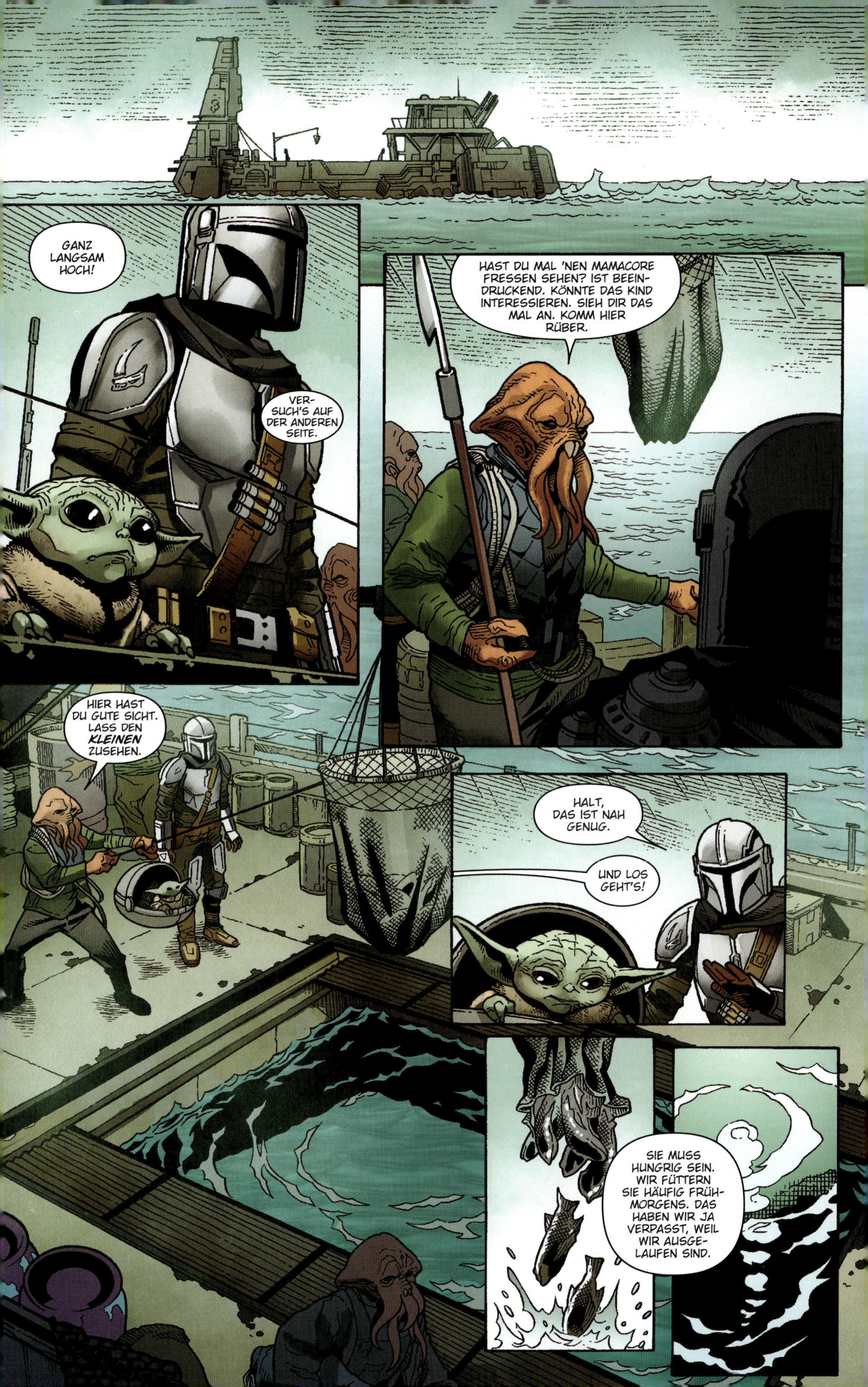
GANZ LANGSAM HOCH!
VER-SUCH'S AUF DER ANDEREN SEITE.
HAST DU MAL 'NEN MAMACORE FRESSEN SEHEN? IST BEEIN-DRUCKEND. KÖNNTE DAS KIND INTERESSIEREN. SIEH DIR DAS MAL AN. KOMM HIER RÜBER.
HIER HAST DU GUTE SICHT. LASS DEN *KLEINEN* ZUSEHEN.
HALT, DAS IST NAH GENUG.
UND LOS GEHT'S!
SIE MUSS HUNGRIG SEIN. WIR FÜTTERN SIE HÄUFIG FRÜH-MORGENS. DAS HABEN WIR JA VERPASST, WEIL WIR AUSGE-LAUFEN SIND.

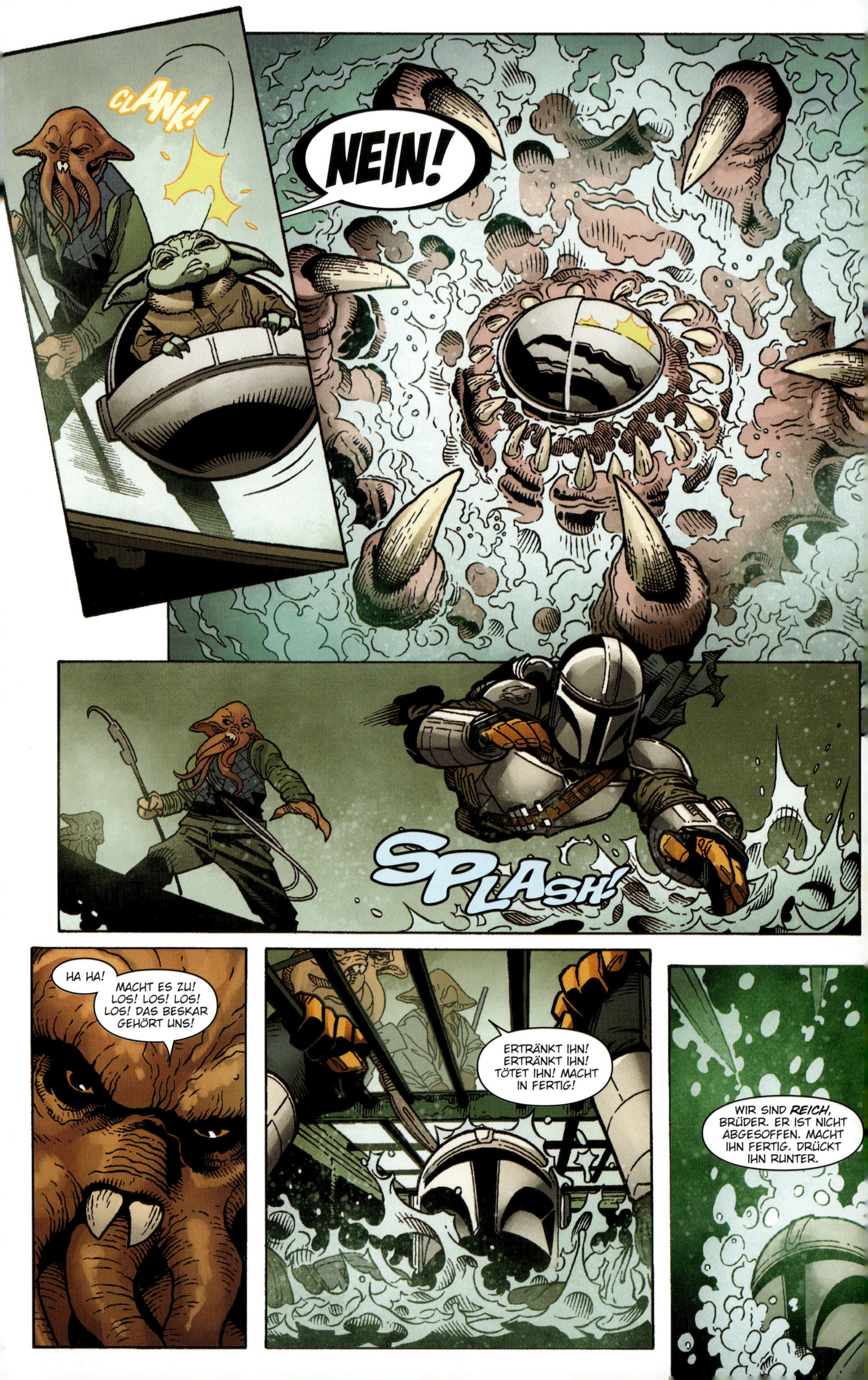

CLANK!

NEIN!

SPLASH!

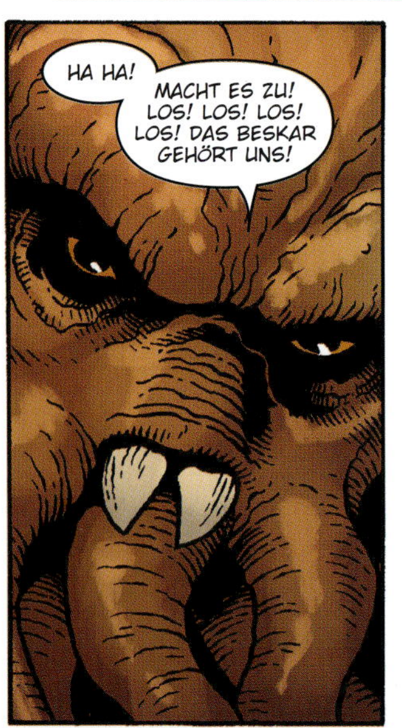

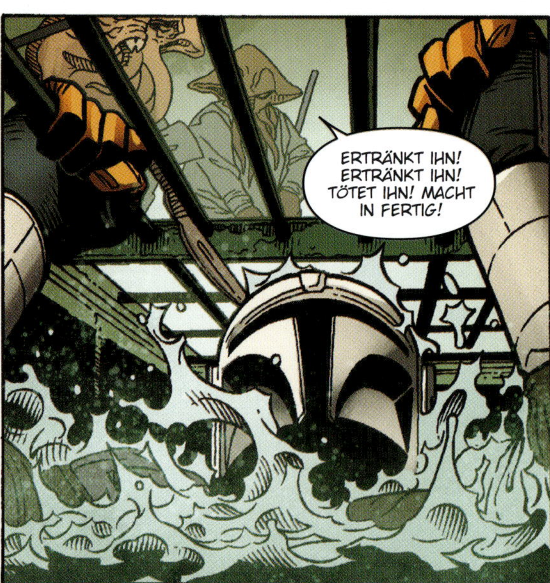

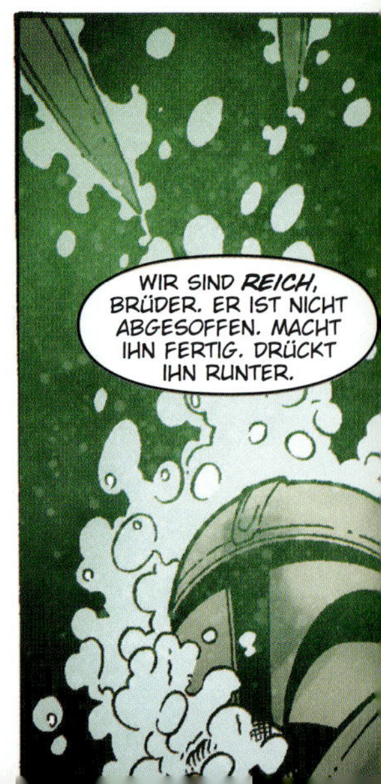

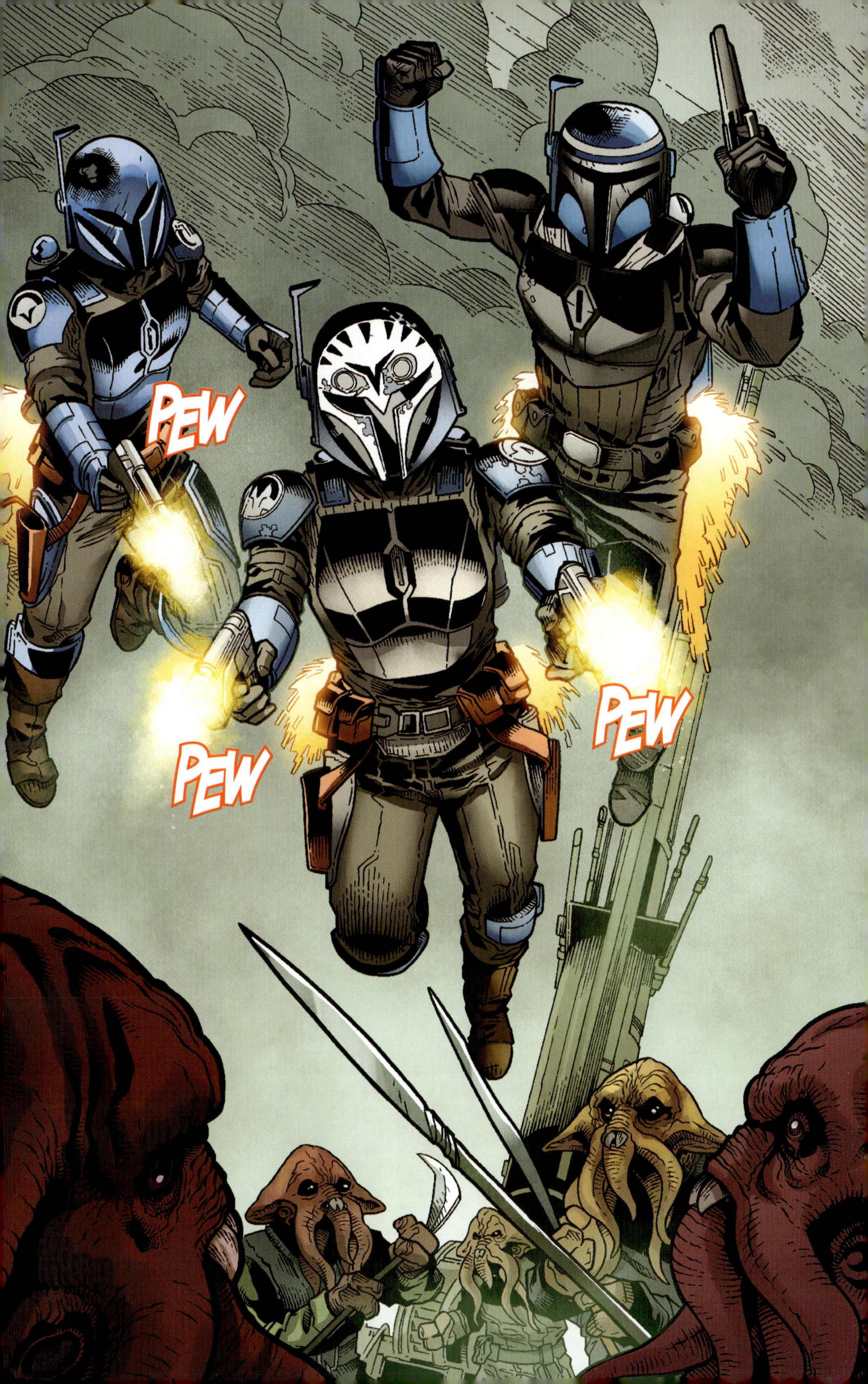
PEW
PEW
PEW

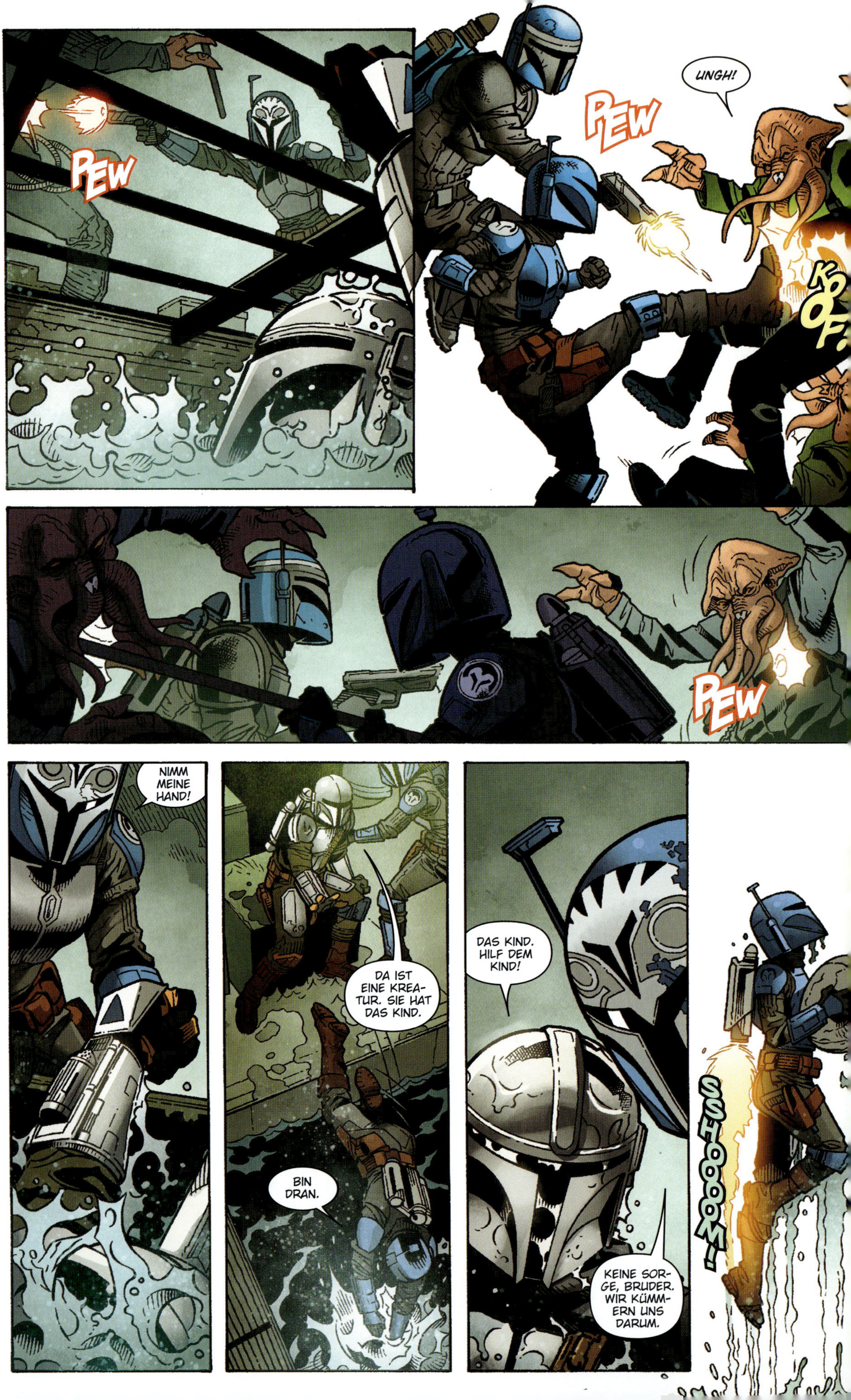

PEW
PEW
UNGH!
KOF!
PEW

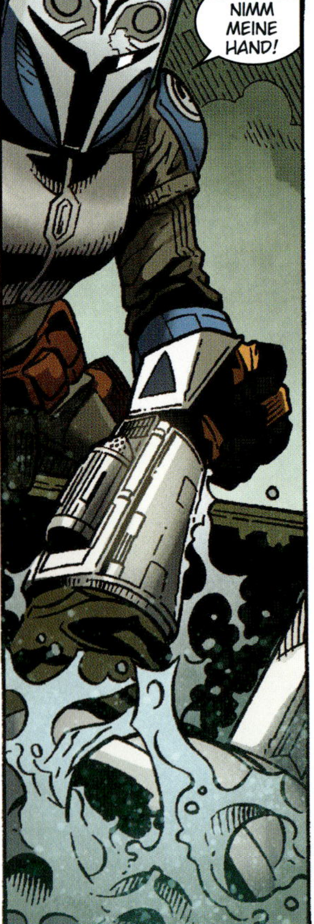
NIMM MEINE HAND!

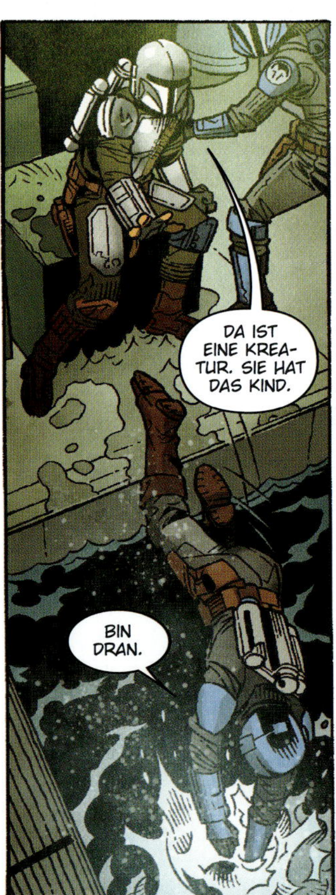
DA IST EINE KREATUR. SIE HAT DAS KIND.
BIN DRAN.

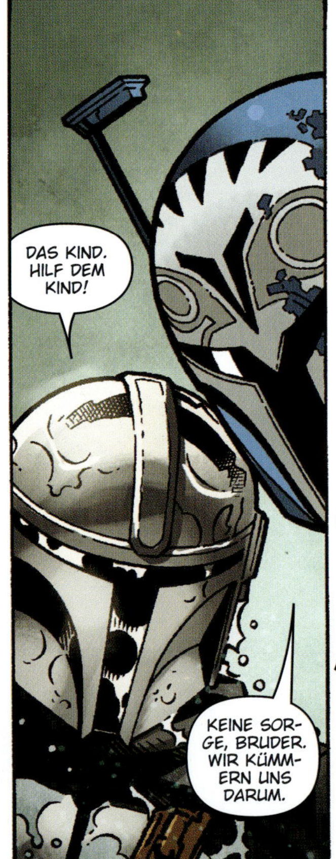
DAS KIND. HILF DEM KIND!
KEINE SORGE, BRUDER. WIR KÜMMERN UNS DARUM.

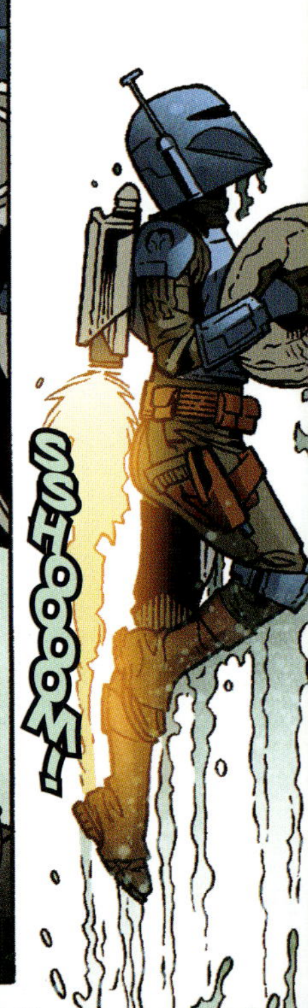
SSHOOOOM!

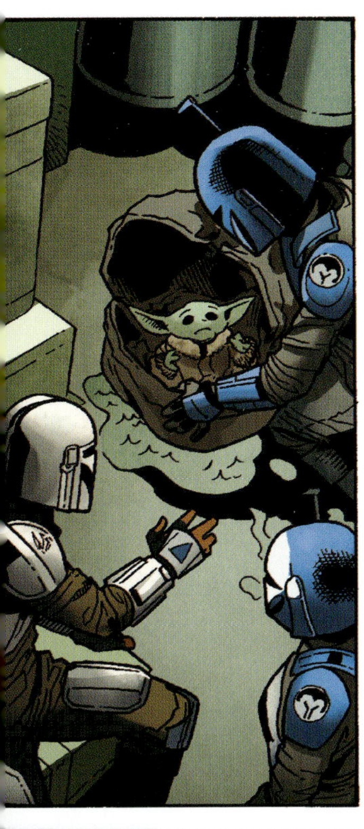
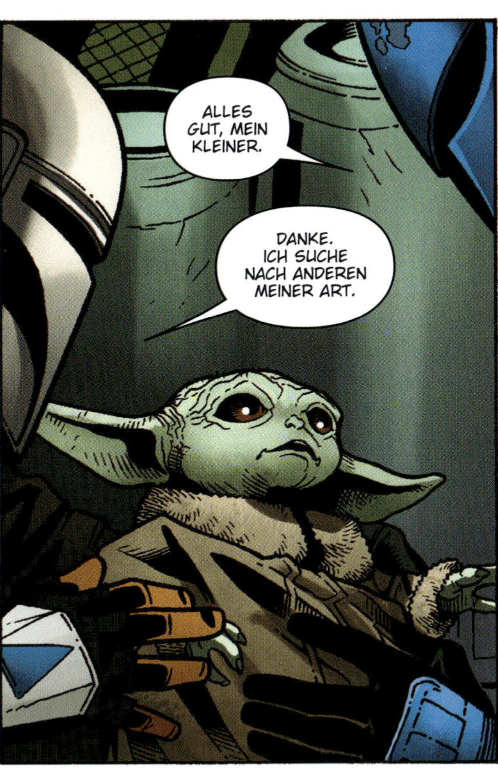
ALLES GUT, MEIN KLEINER.
DANKE. ICH SUCHE NACH ANDEREN MEINER ART.
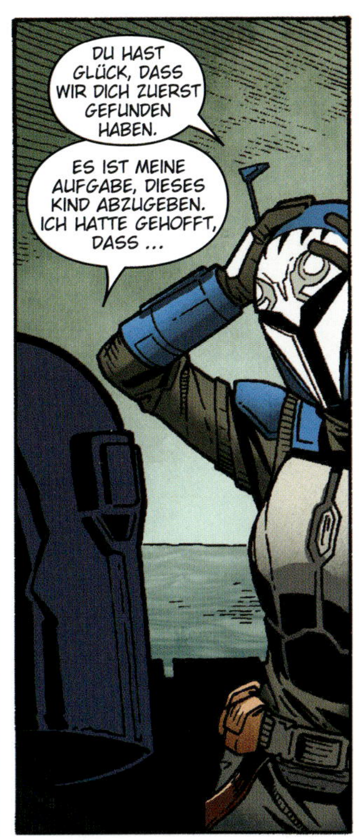
DU HAST GLÜCK, DASS WIR DICH ZUERST GEFUNDEN HABEN.
ES IST MEINE AUFGABE, DIESES KIND ABZUGEBEN. ICH HATTE GEHOFFT, DASS ...
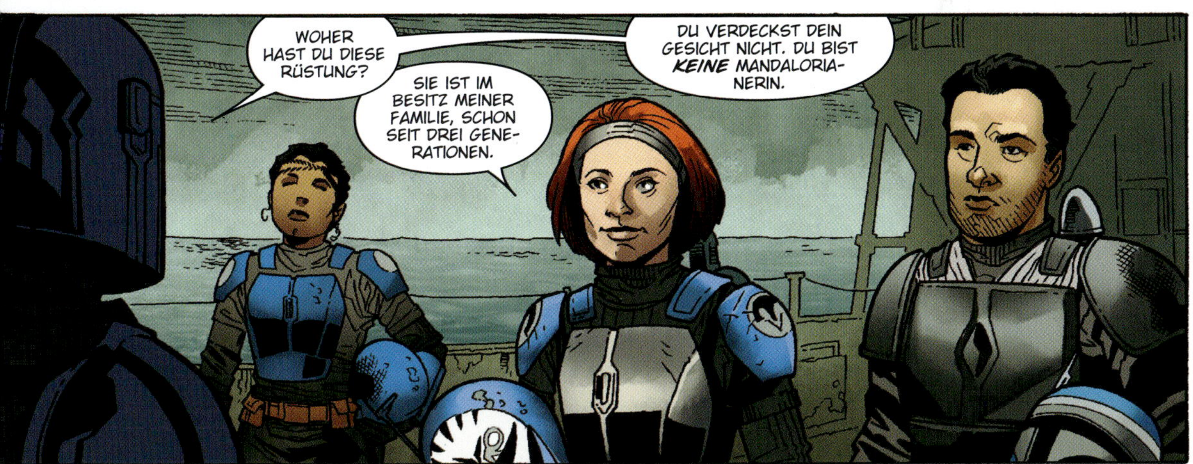
WOHER HAST DU DIESE RÜSTUNG?
SIE IST IM BESITZ MEINER FAMILIE, SCHON SEIT DREI GENE-RATIONEN.
DU VERDECKST DEIN GESICHT NICHT. DU BIST KEINE MANDALORIA-NERIN.
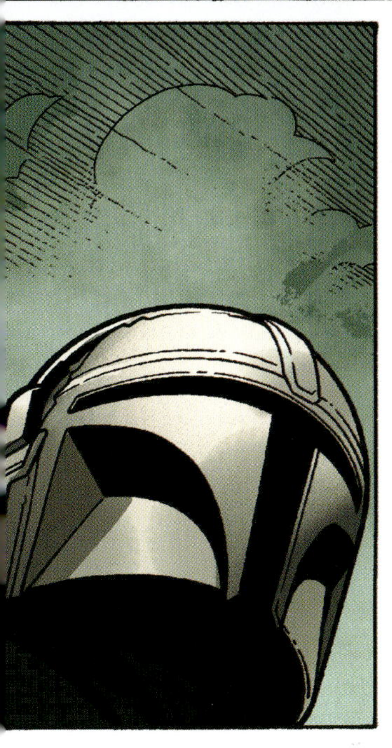
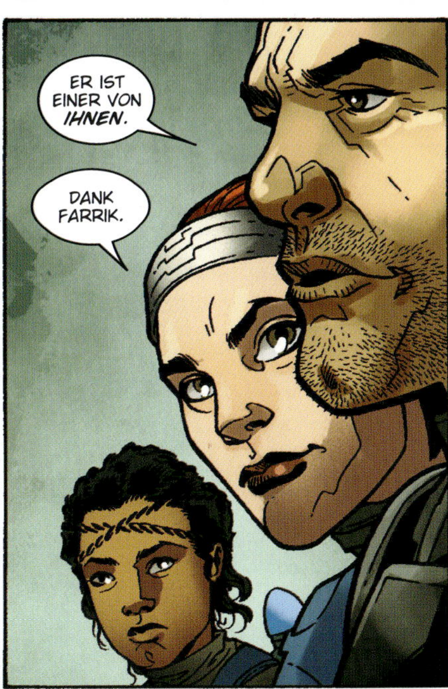
ER IST EINER VON IHNEN.
DANK FARRIK.
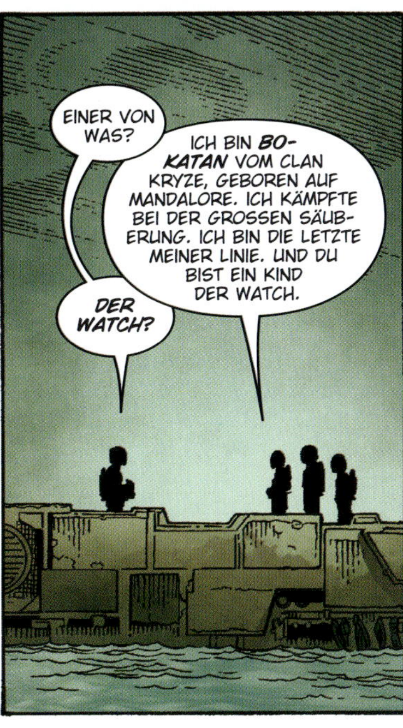
EINER VON WAS?
ICH BIN BO-KATAN VOM CLAN KRYZE, GEBOREN AUF MANDALORE. ICH KÄMPFTE BEI DER GROSSEN SÄUB-ERUNG. ICH BIN DIE LETZTE MEINER LINIE. UND DU BIST EIN KIND DER WATCH.
DER WATCH?

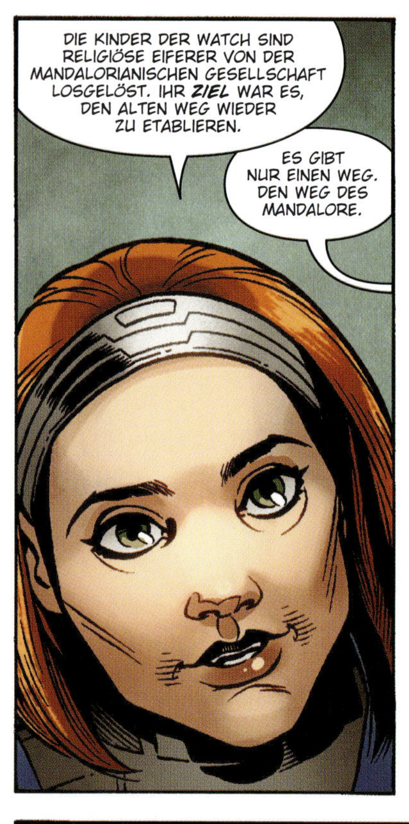
DIE KINDER DER WATCH SIND RELIGIÖSE EIFERER VON DER MANDALORIANISCHEN GESELLSCHAFT LOSGELÖST. IHR *ZIEL* WAR ES, DEN ALTEN WEG WIEDER ZU ETABLIEREN.
ES GIBT NUR EINEN WEG. DEN WEG DES MANDALORE.

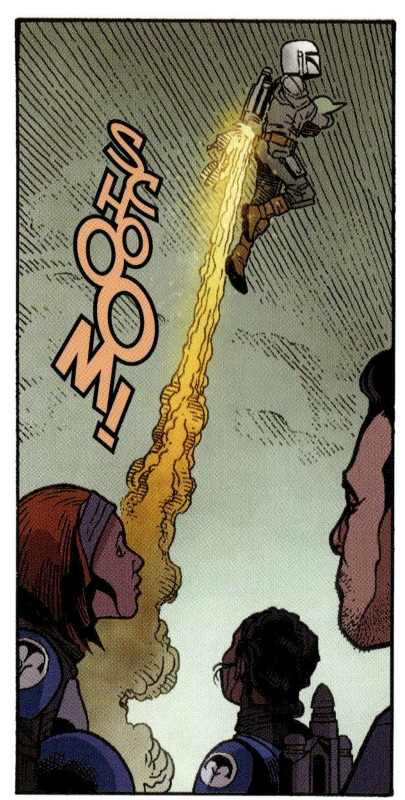
SCHOOOM!

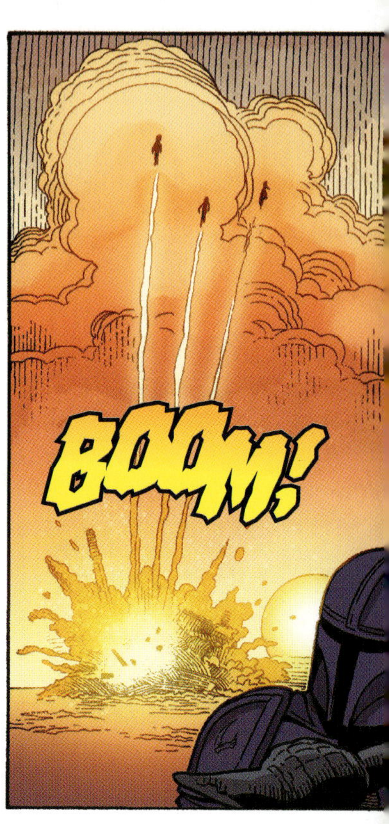
BOOM!

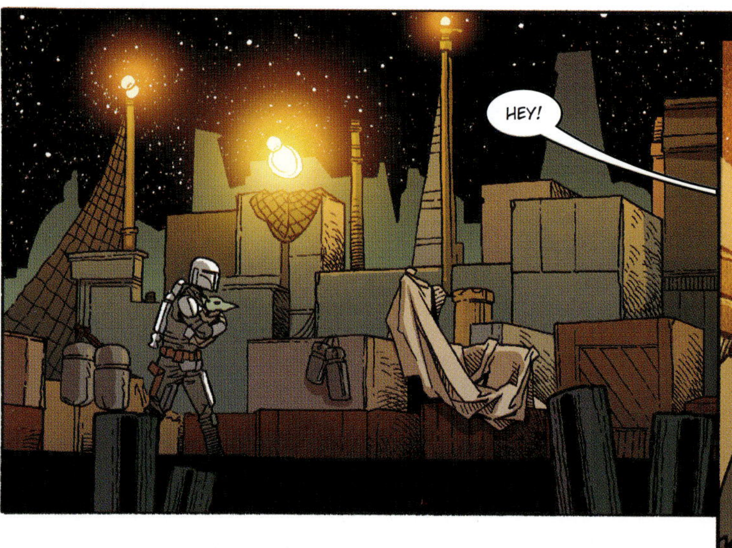
HEY!

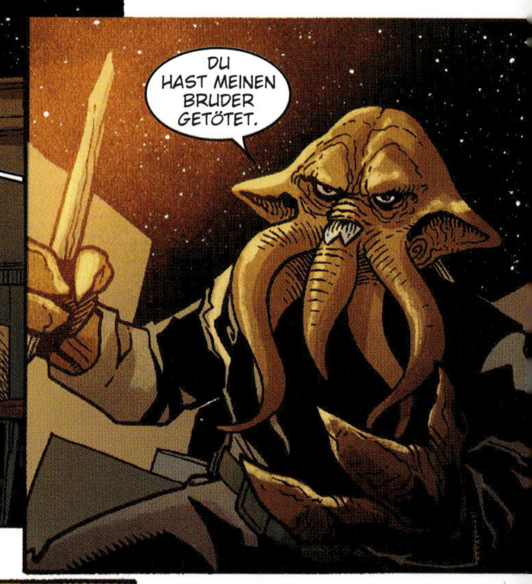
DU HAST MEINEN BRUDER GETÖTET.

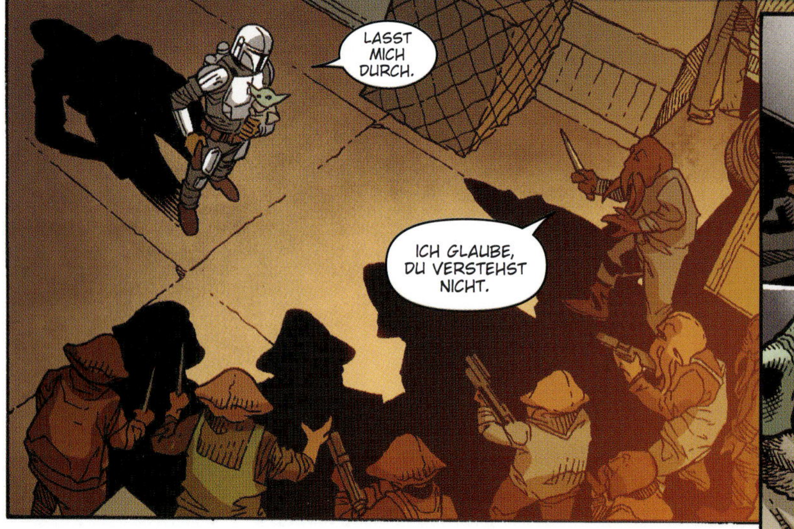
LASST MICH DURCH.
ICH GLAUBE, DU VERSTEHST NICHT.

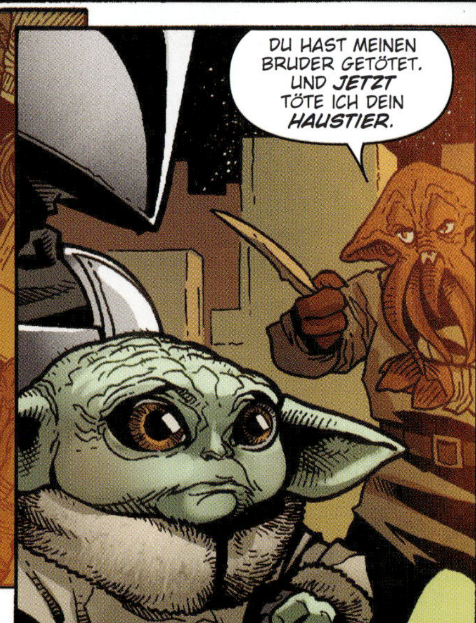
DU HAST MEINEN BRUDER GETÖTET. UND *JETZT* TÖTE ICH DEIN *HAUSTIER*.

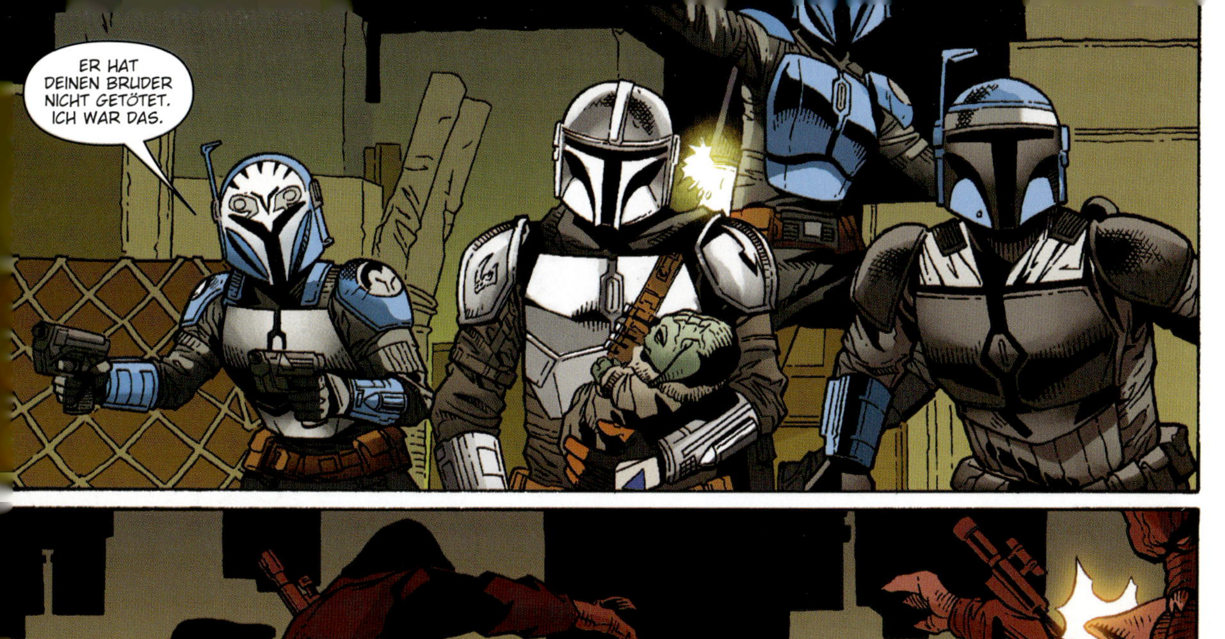

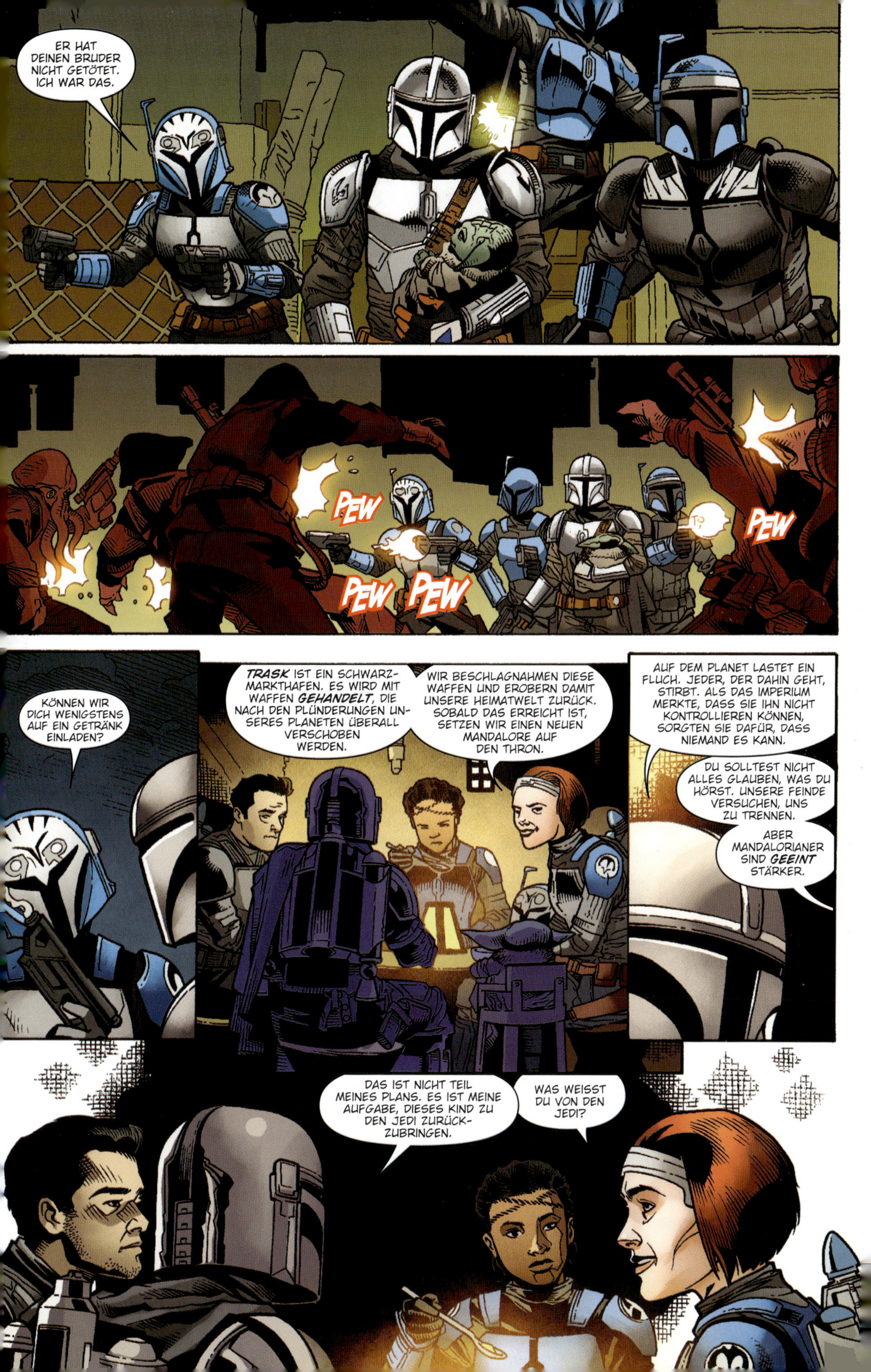

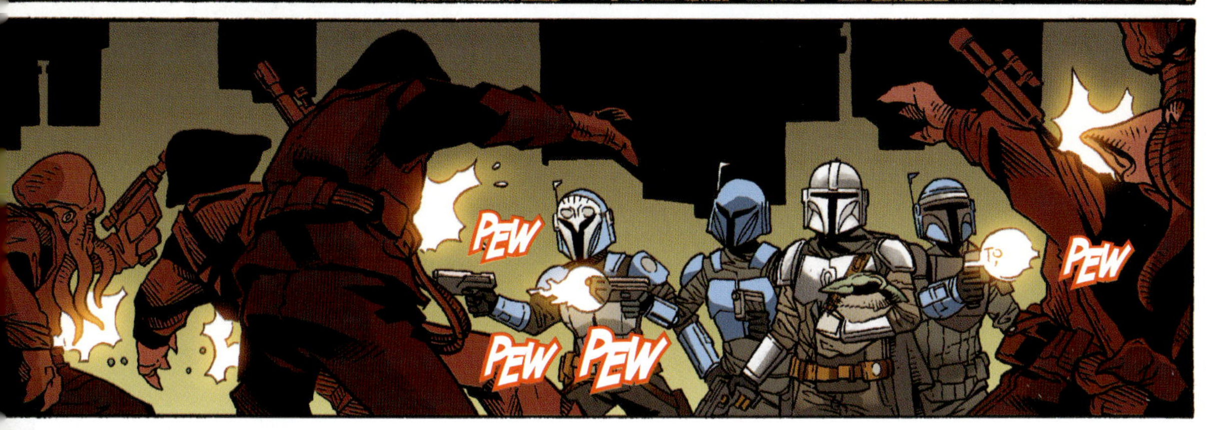

KÖNNEN WIR DICH WENIGSTENS AUF EIN GETRÄNK EINLADEN?

TRASK IST EIN SCHWARZ-MARKTHAFEN. ES WIRD MIT WAFFEN ***GEHANDELT***, DIE NACH DEN PLÜNDERUNGEN UNSERES PLANETEN ÜBERALL VERSCHOBEN WERDEN.

WIR BESCHLAGNAHMEN DIESE WAFFEN UND EROBERN DAMIT UNSERE HEIMATWELT ZURÜCK. SOBALD DAS ERREICHT IST, SETZEN WIR EINEN NEUEN MANDALORE AUF DEN THRON.

AUF DEM PLANET LASTET EIN FLUCH. JEDER, DER DAHIN GEHT, STIRBT. ALS DAS IMPERIUM MERKTE, DASS SIE IHN NICHT KONTROLLIEREN KÖNNEN, SORGTEN SIE DAFÜR, DASS NIEMAND ES KANN.

DU SOLLTEST NICHT ALLES GLAUBEN, WAS DU HÖRST. UNSERE FEINDE VERSUCHEN, UNS ZU TRENNEN.

ABER MANDALORIANER SIND ***GEEINT*** STÄRKER.

DAS IST NICHT TEIL MEINES PLANS. ES IST MEINE AUFGABE, DIESES KIND ZU DEN JEDI ZURÜCKZUBRINGEN.

WAS WEISST DU VON DEN JEDI?

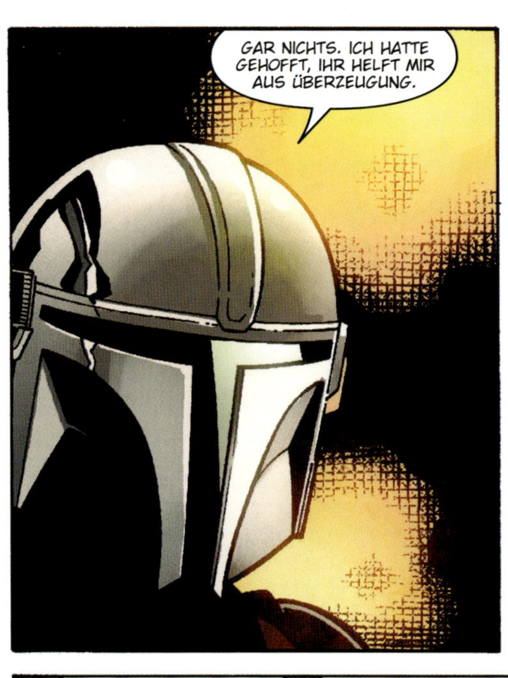
GAR NICHTS. ICH HATTE GEHOFFT, IHR HELFT MIR AUS ÜBERZEUGUNG.

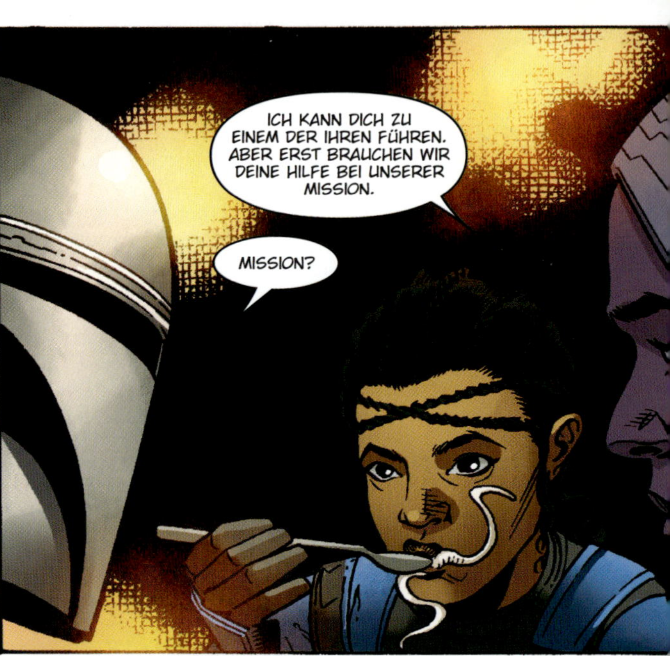
ICH KANN DICH ZU EINEM DER IHREN FÜHREN. ABER ERST BRAUCHEN WIR DEINE HILFE BEI UNSERER MISSION.
MISSION?

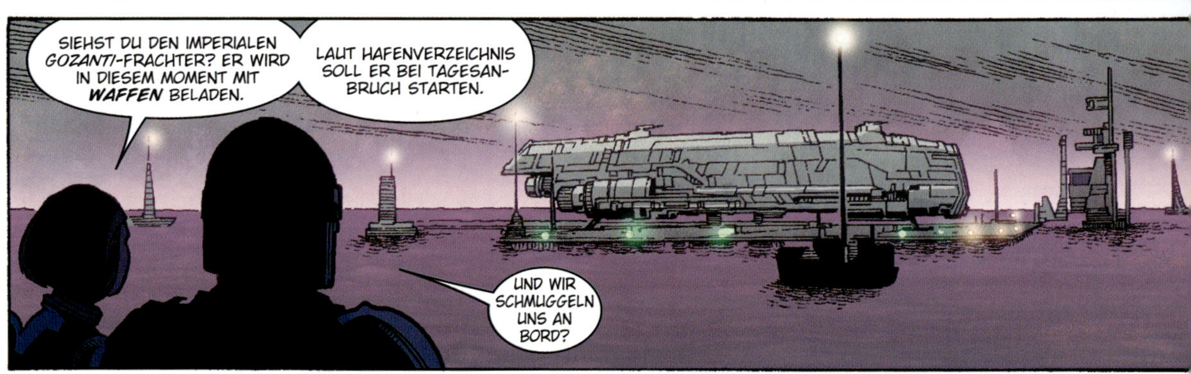
SIEHST DU DEN IMPERIALEN *GOZANTI*-FRACHTER? ER WIRD IN DIESEM MOMENT MIT **WAFFEN** BELADEN.
LAUT HAFENVERZEICHNIS SOLL ER BEI TAGESANBRUCH STARTEN.
UND WIR SCHMUGGELN UNS AN BORD?

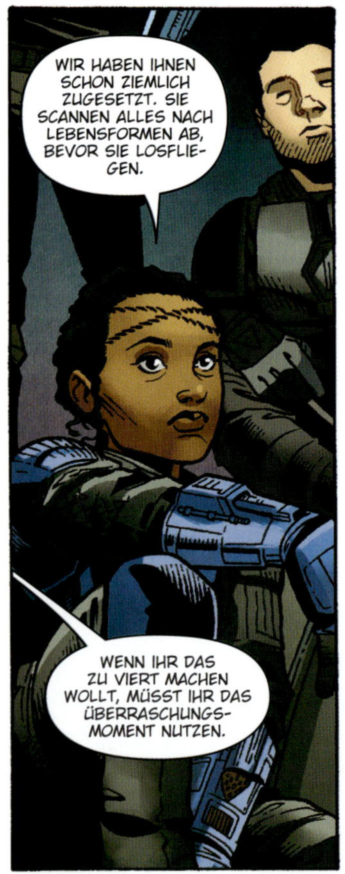
WIR HABEN IHNEN SCHON ZIEMLICH ZUGESETZT. SIE SCANNEN ALLES NACH LEBENSFORMEN AB, BEVOR SIE LOSFLIEGEN.
WENN IHR DAS ZU VIERT MACHEN WOLLT, MÜSST IHR DAS ÜBERRASCHUNGSMOMENT NUTZEN.

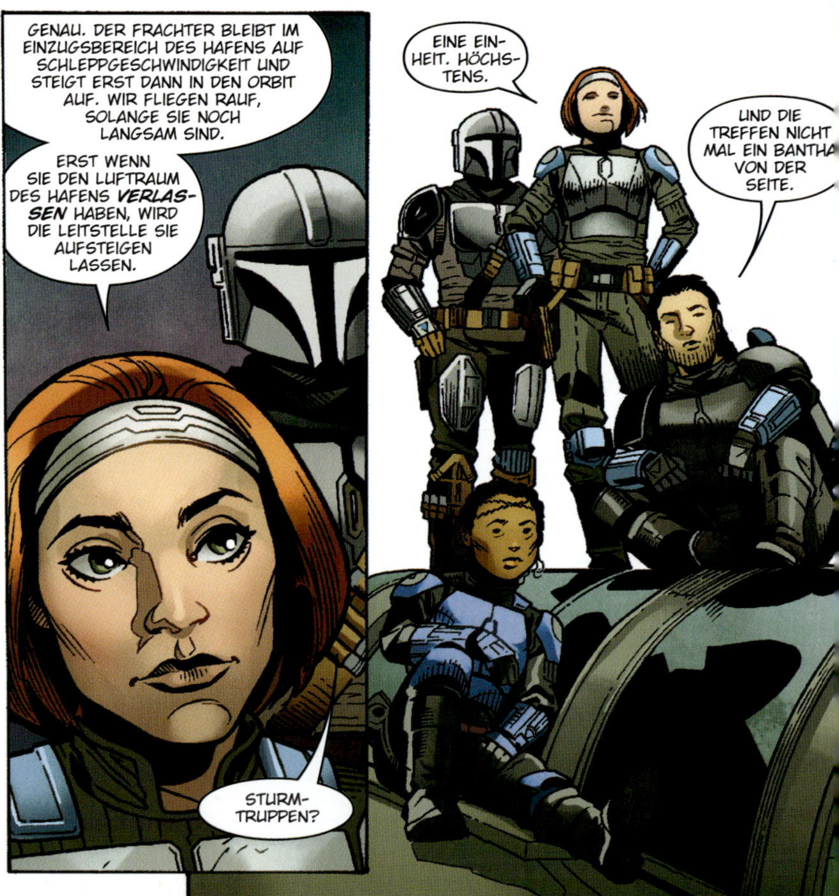
GENAU. DER FRACHTER BLEIBT IM EINZUGSBEREICH DES HAFENS AUF SCHLEPPGESCHWINDIGKEIT UND STEIGT ERST DANN IN DEN ORBIT AUF. WIR FLIEGEN RAUF, SOLANGE SIE NOCH LANGSAM SIND.
ERST WENN SIE DEN LUFTRAUM DES HAFENS **VERLASSEN** HABEN, WIRD DIE LEITSTELLE SIE AUFSTEIGEN LASSEN.
STURMTRUPPEN?
EINE EINHEIT. HÖCHSTENS.
UND DIE TREFFEN NICHT MAL EIN BANTHA VON DER SEITE.

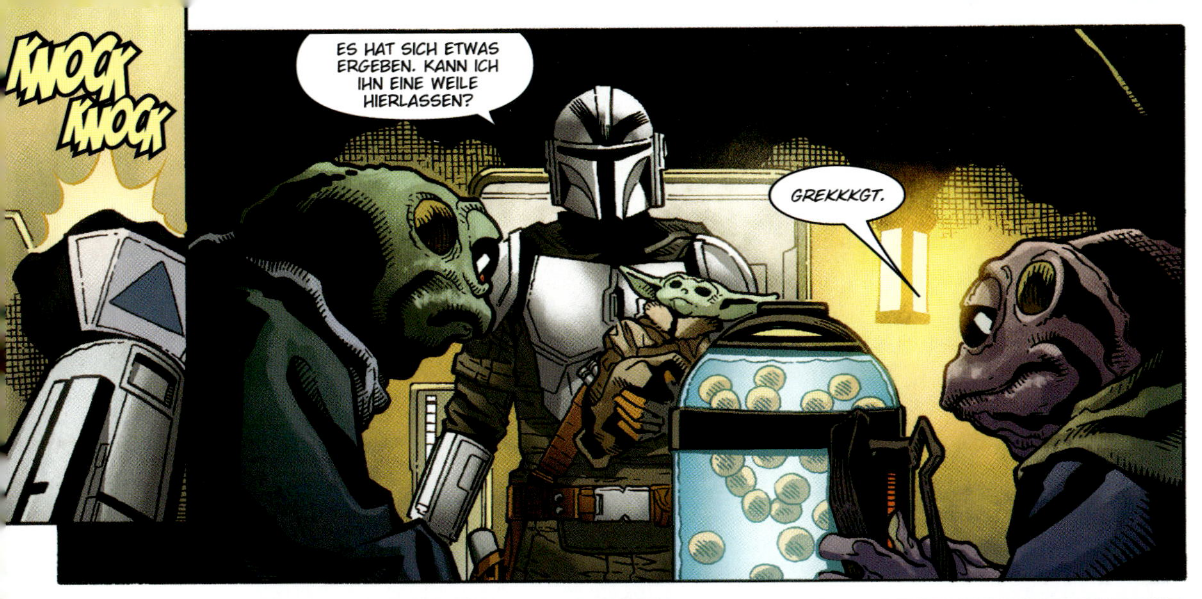
KNOCK KNOCK
ES HAT SICH ETWAS ERGEBEN. KANN ICH IHN EINE WEILE HIERLASSEN?
GREKKKGT.

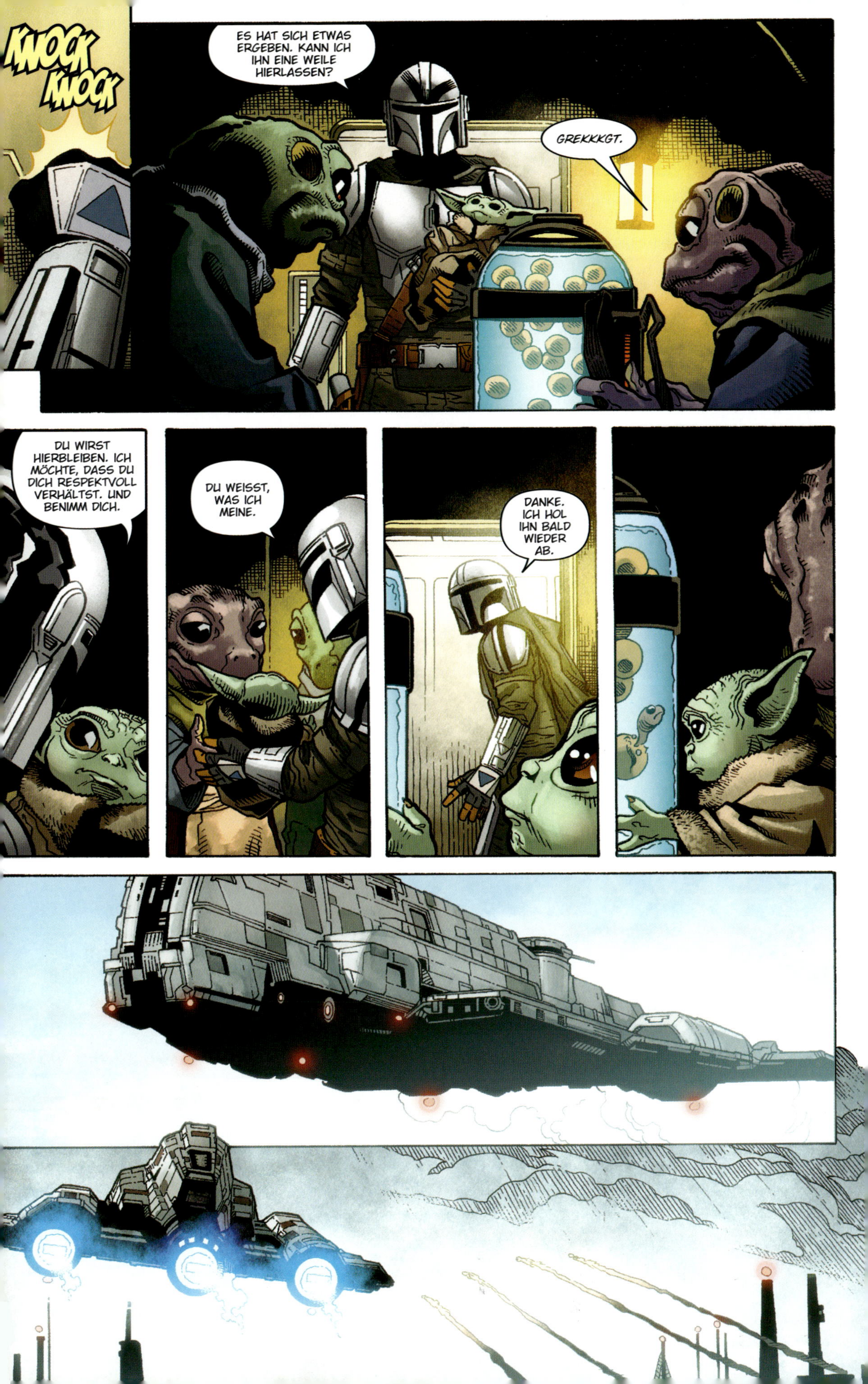

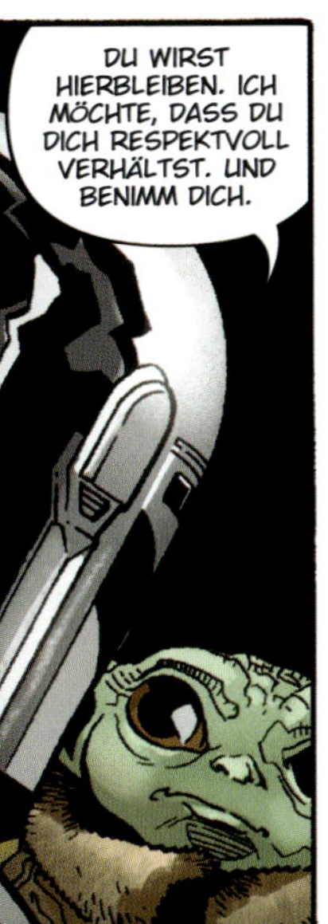
DU WIRST HIERBLEIBEN. ICH MÖCHTE, DASS DU DICH RESPEKTVOLL VERHÄLTST. UND BENIMM DICH.

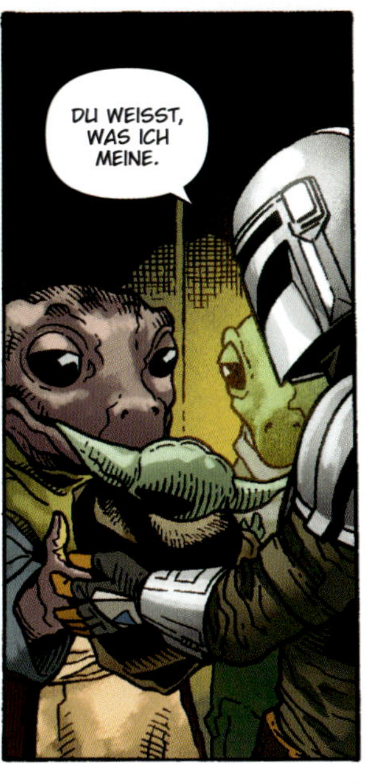
DU WEISST, WAS ICH MEINE.

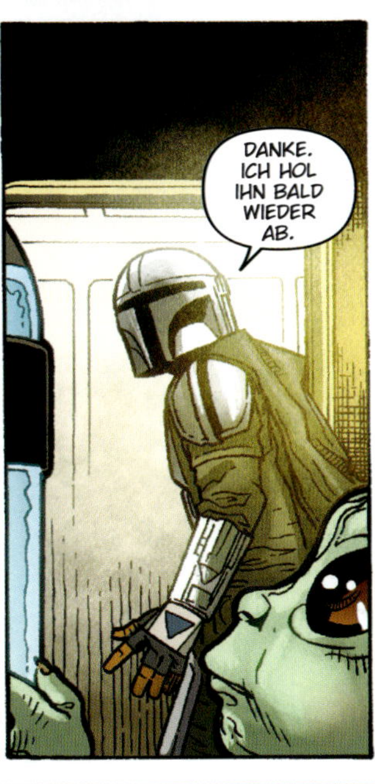
DANKE. ICH HOL IHN BALD WIEDER AB.

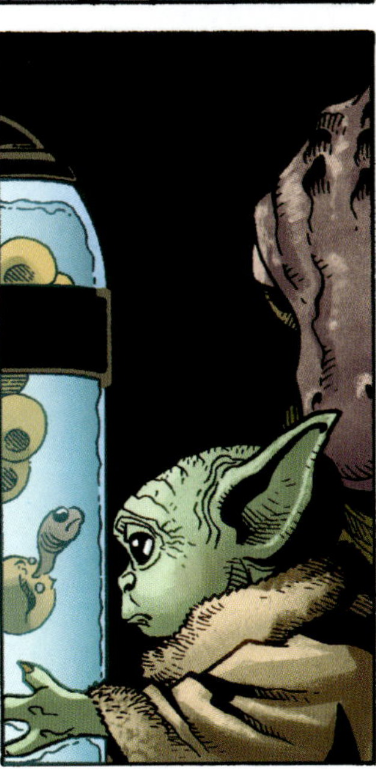

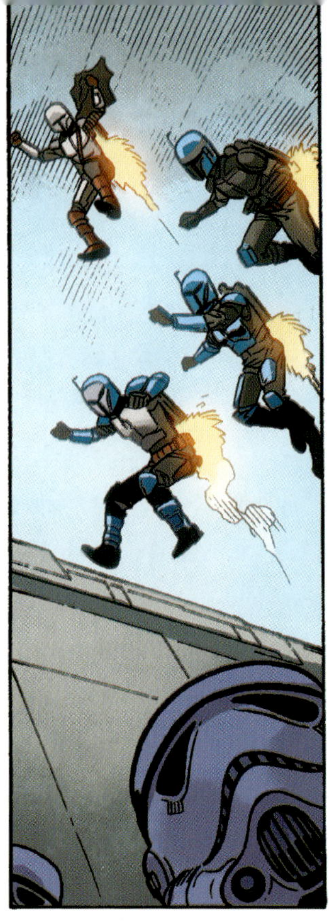

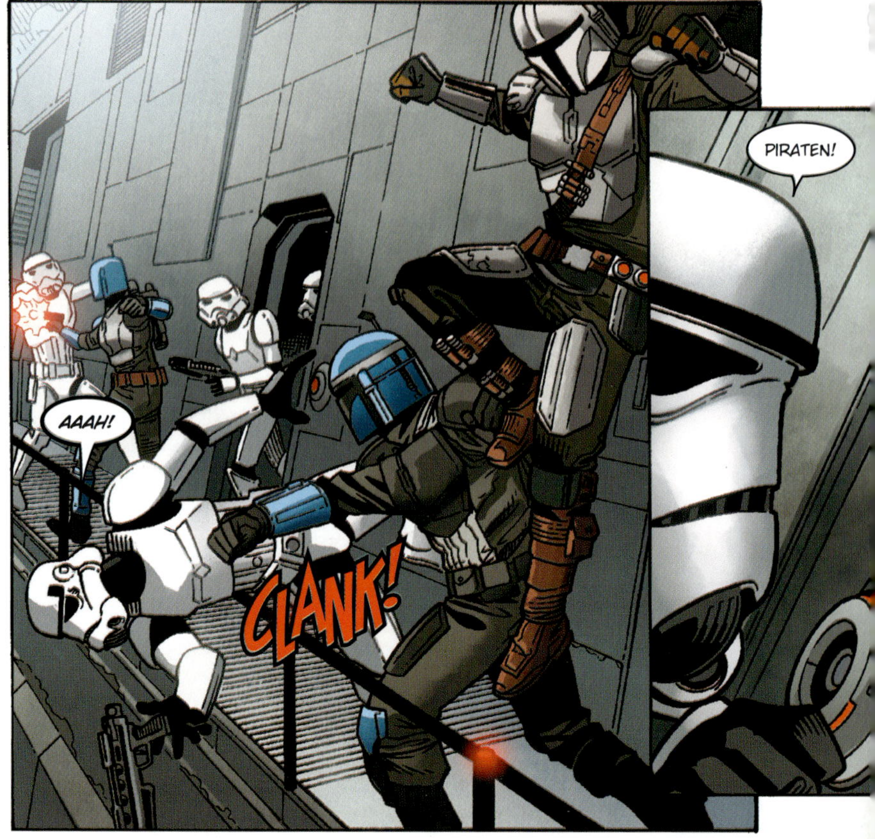
AAAH!
CLANK!
PIRATEN!

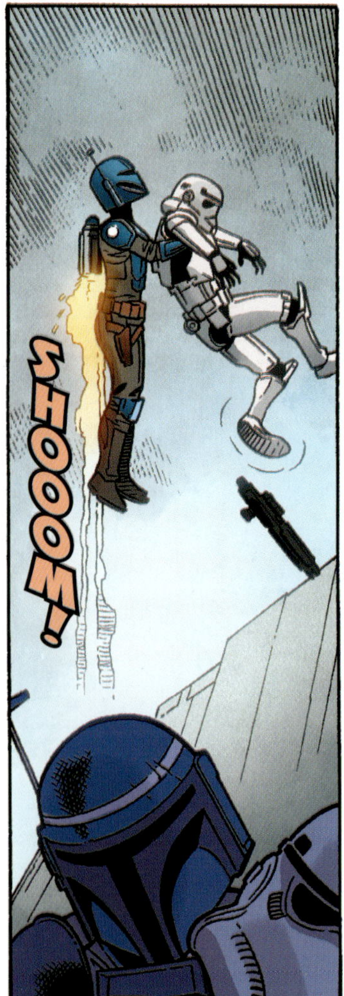
SHOOOM!

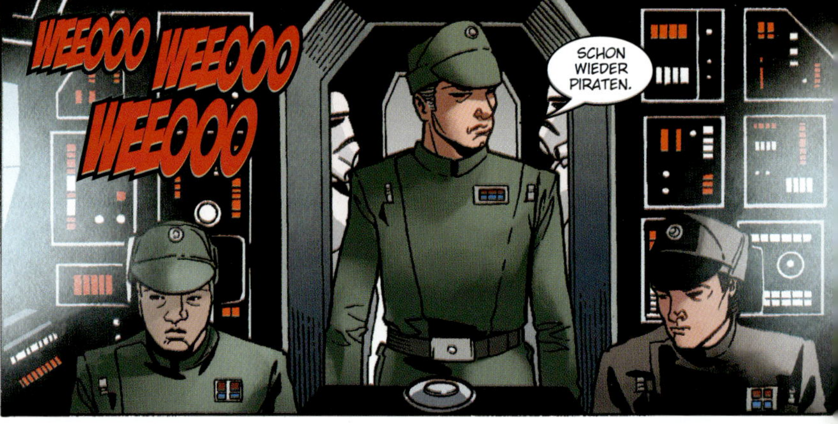
WEEOOO WEEOOO WEEOOO
SCHON WIEDER PIRATEN.

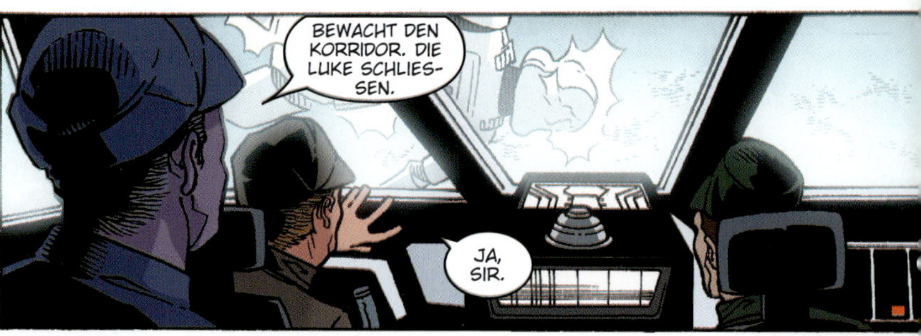
BEWACHT DEN KORRIDOR. DIE LUKE SCHLIES-SEN.
JA, SIR.

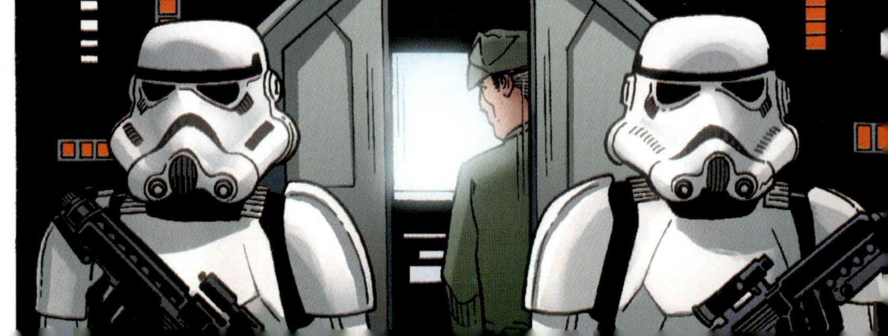

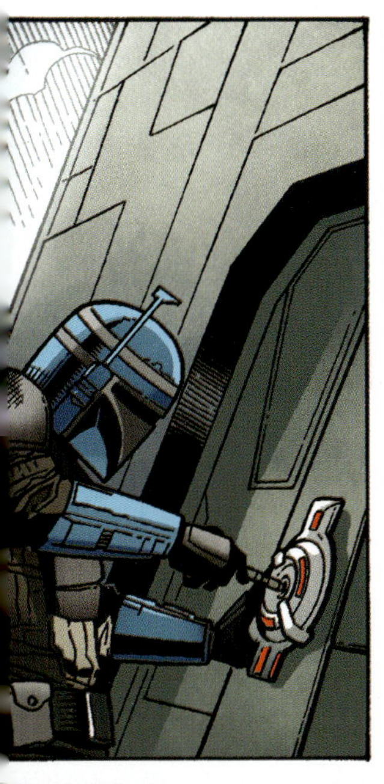
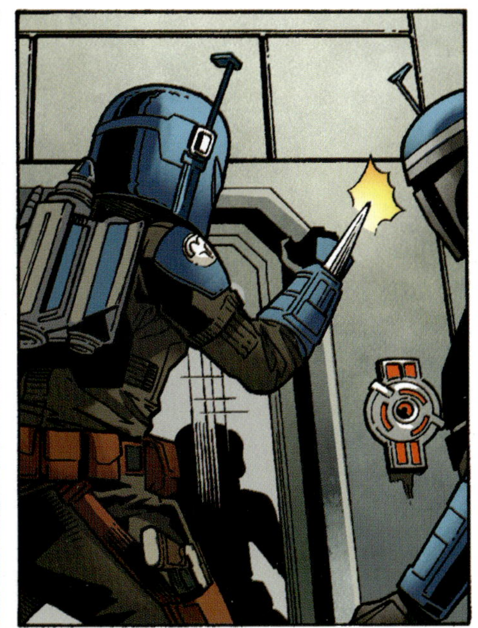
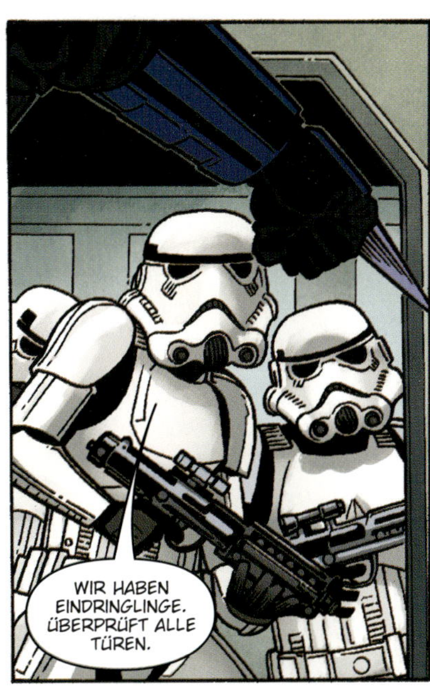
WIR HABEN EINDRINGLINGE. ÜBERPRÜFT ALLE TÜREN.
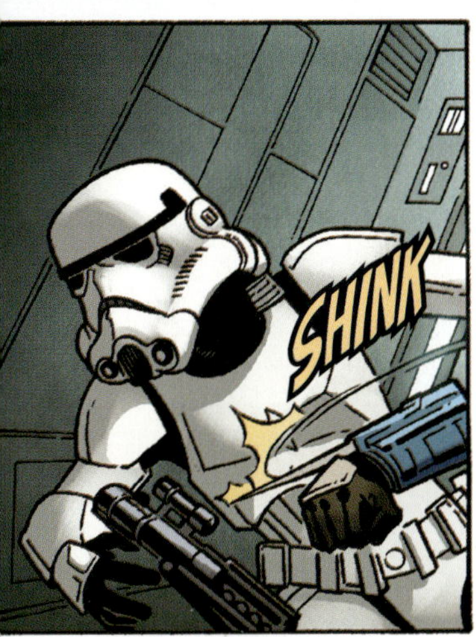
SHINK
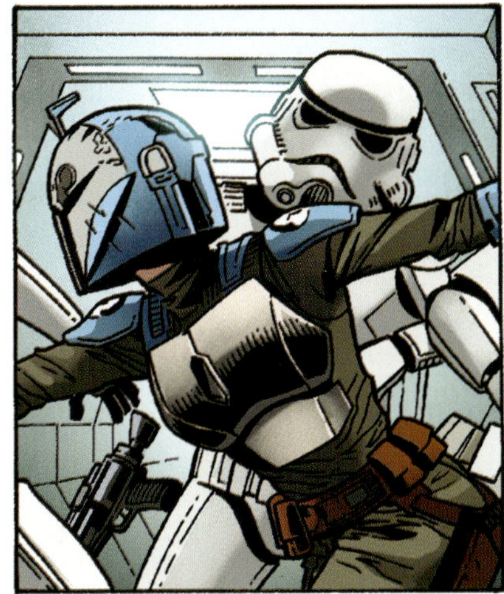
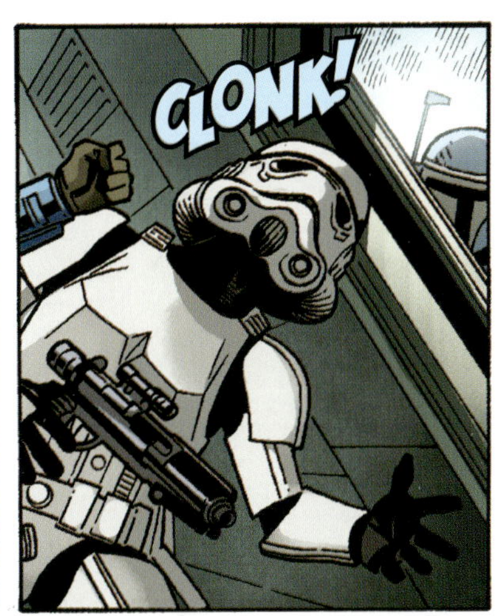
CLONK!
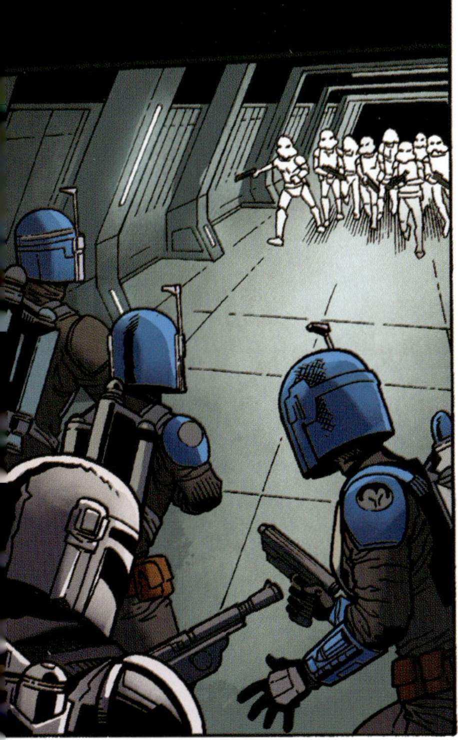
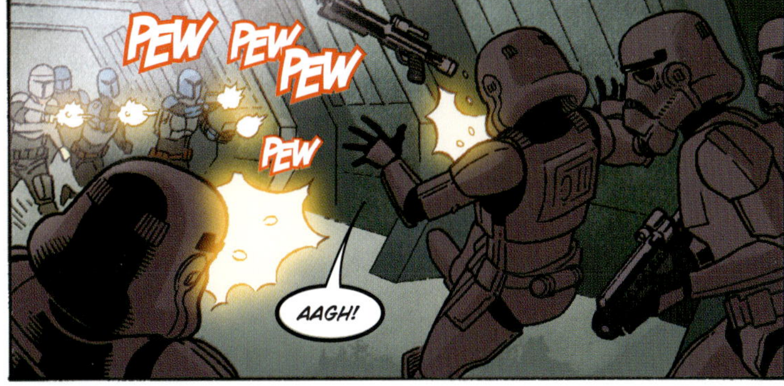
PEW
PEW
PEW
PEW
AAGH!
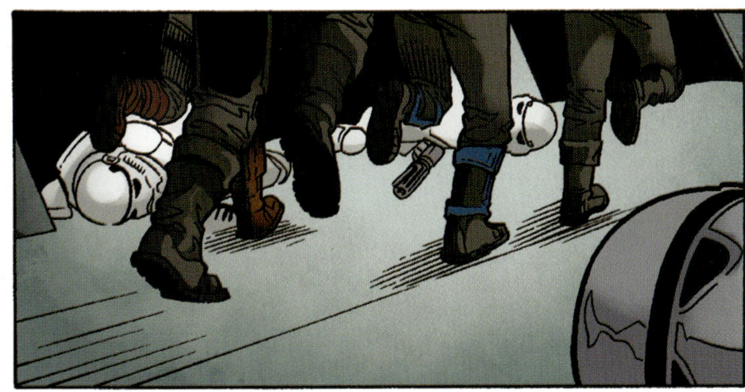

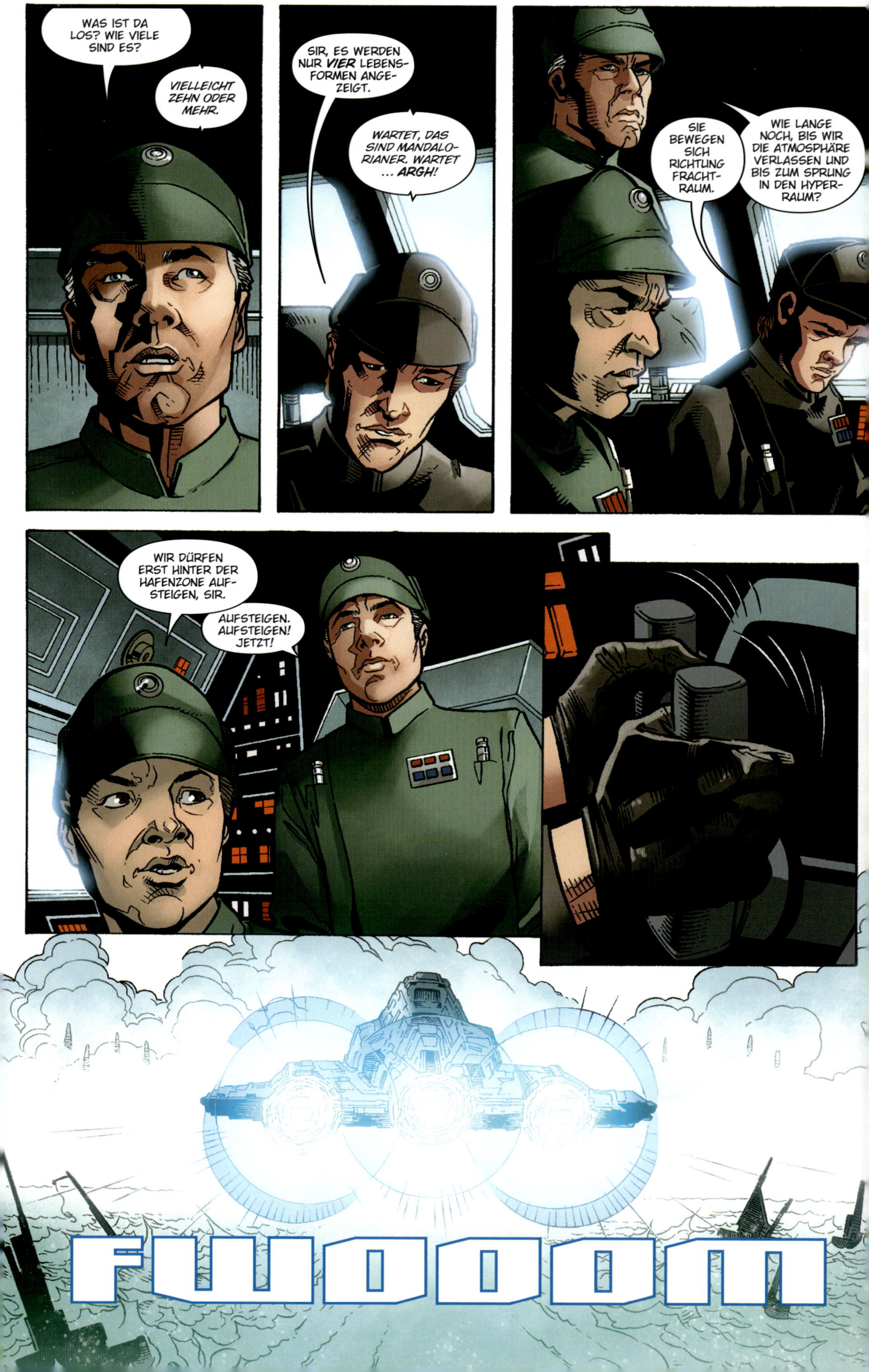

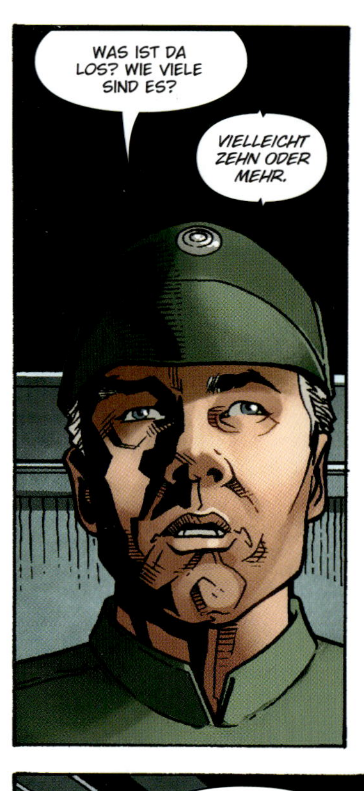

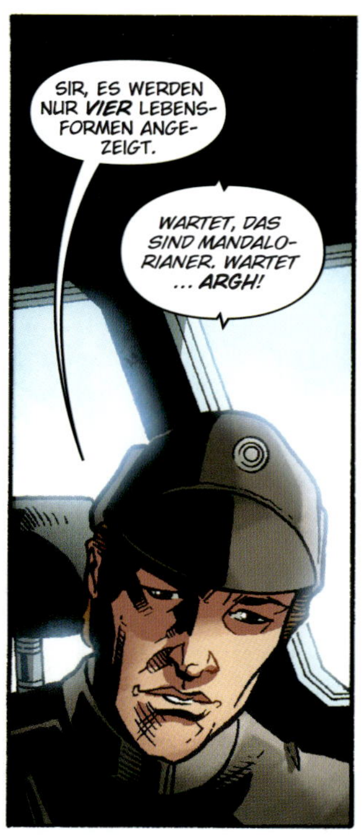

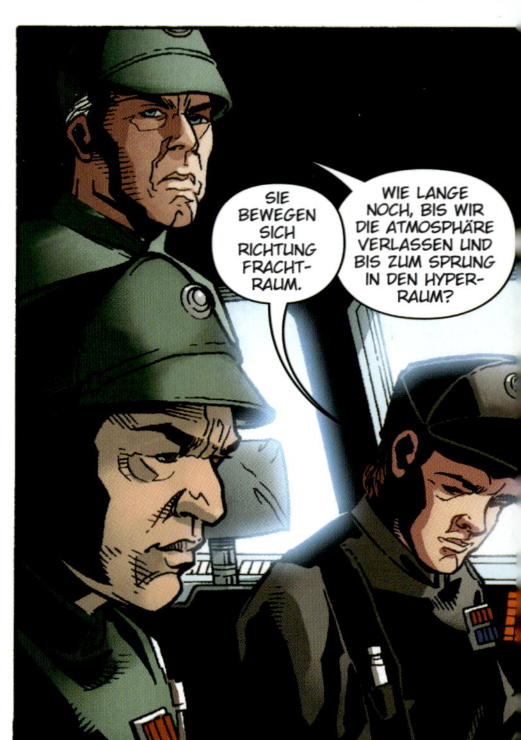

WIR DÜRFEN ERST HINTER DER HAFENZONE AUFSTEIGEN, SIR.

AUFSTEIGEN. AUFSTEIGEN! JETZT!

FWOOOM

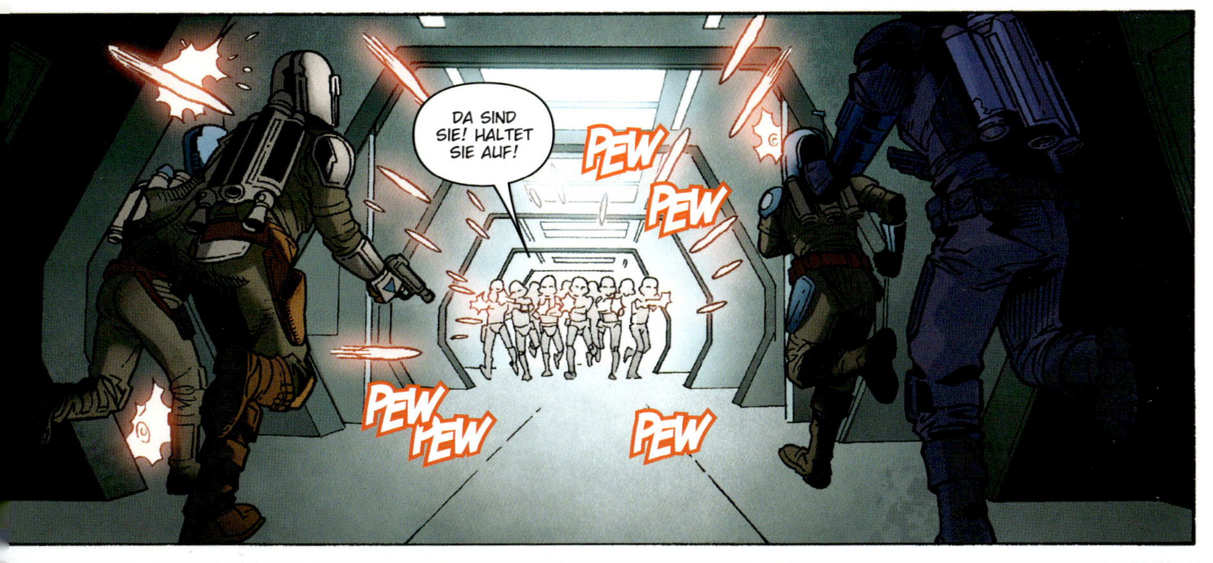
DA SIND SIE! HALTET SIE AUF!
PEW
PEW
PEW PEW
PEW

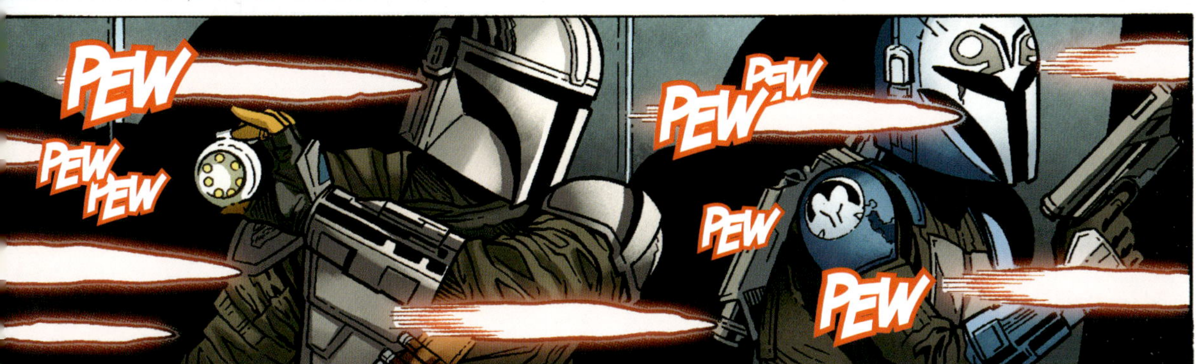
PEW
PEW PEW
PEW PEW
PEW
PEW

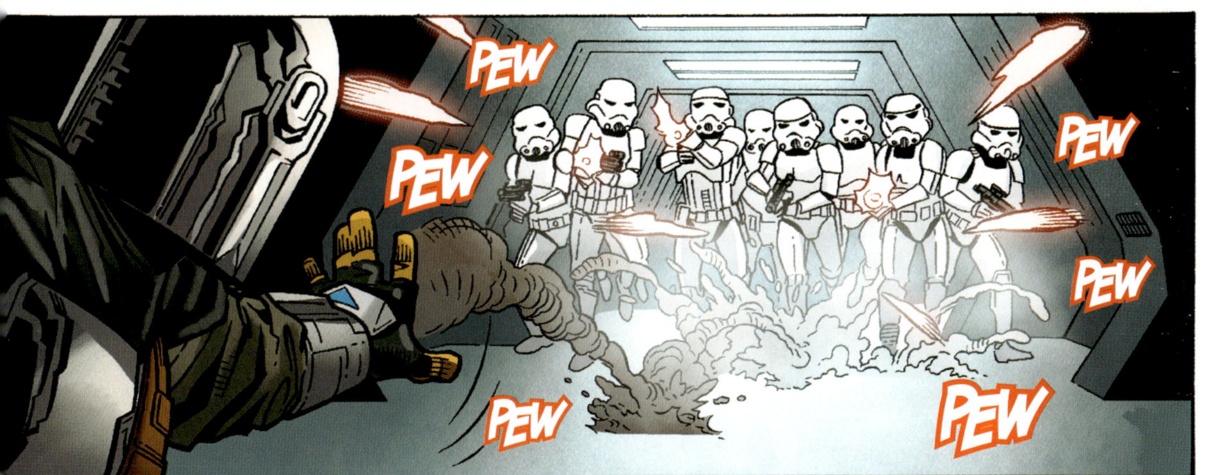
PEW
PEW
PEW
PEW
PEW
PEW

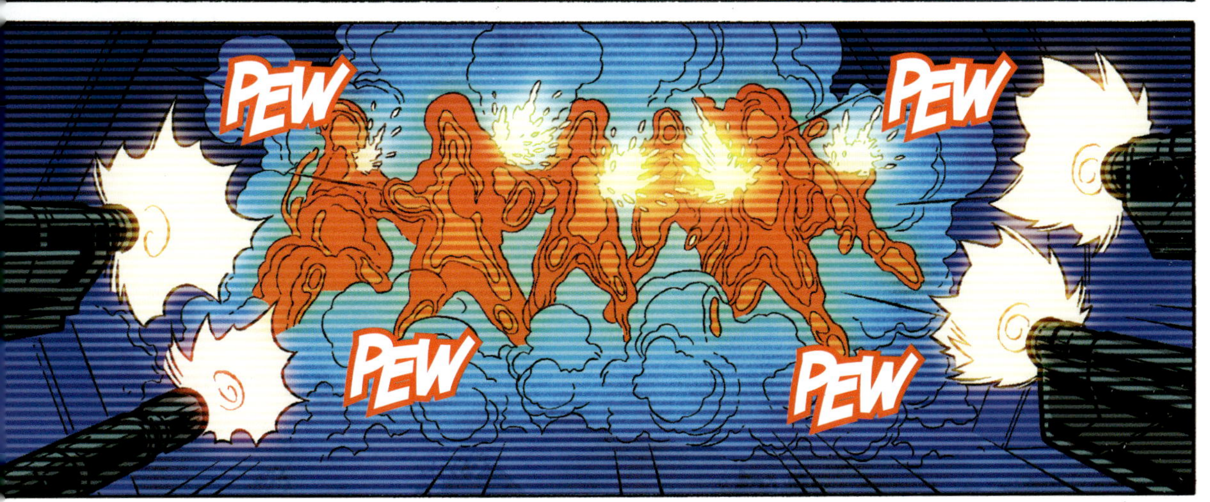
PEW
PEW
PEW
PEW

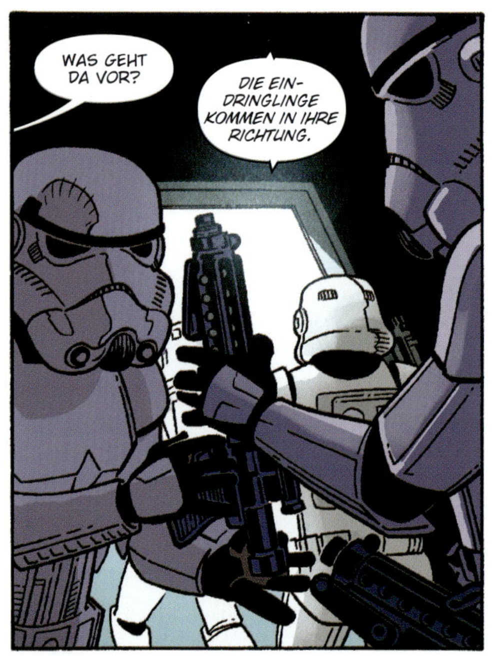
WAS GEHT DA VOR?
DIE EIN-DRINGLINGE KOMMEN IN IHRE RICHTUNG.

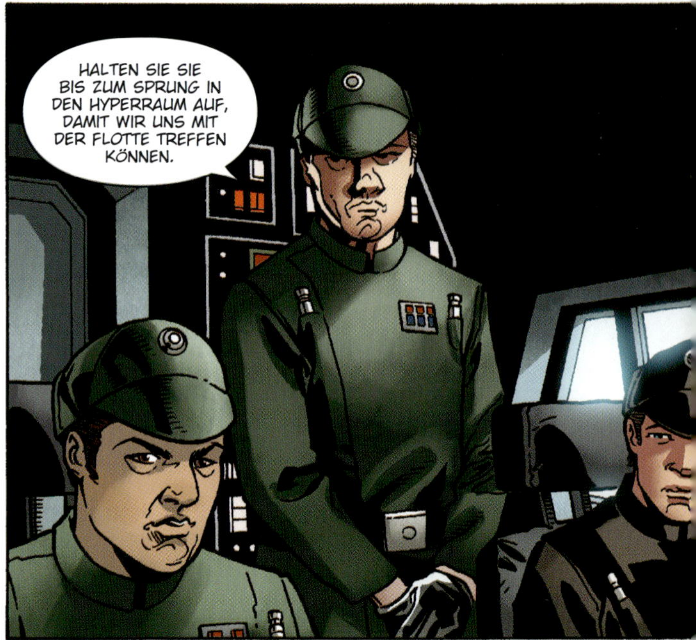
HALTEN SIE SIE BIS ZUM SPRUNG IN DEN HYPERRAUM AUF, DAMIT WIR UNS MIT DER FLOTTE TREFFEN KÖNNEN.

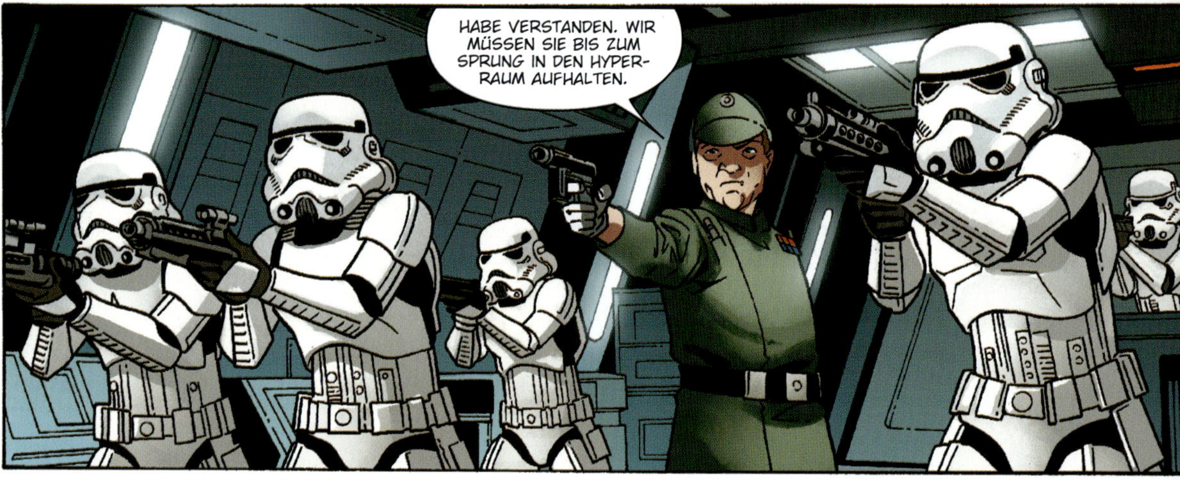
HABE VERSTANDEN. WIR MÜSSEN SIE BIS ZUM SPRUNG IN DEN HYPER-RAUM AUFHALTEN.

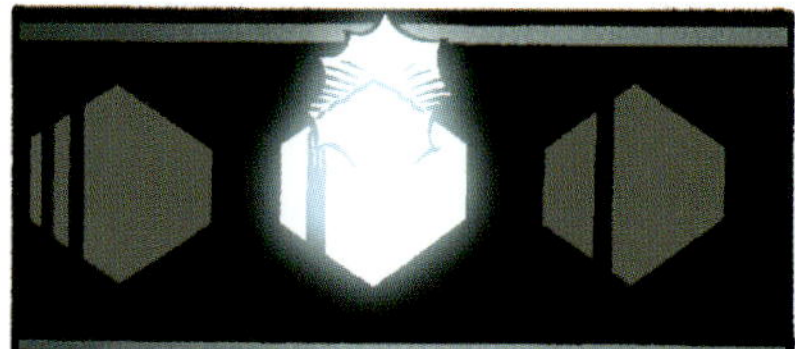

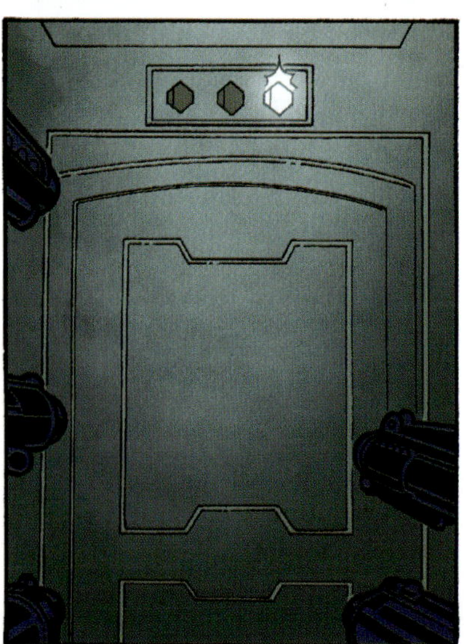

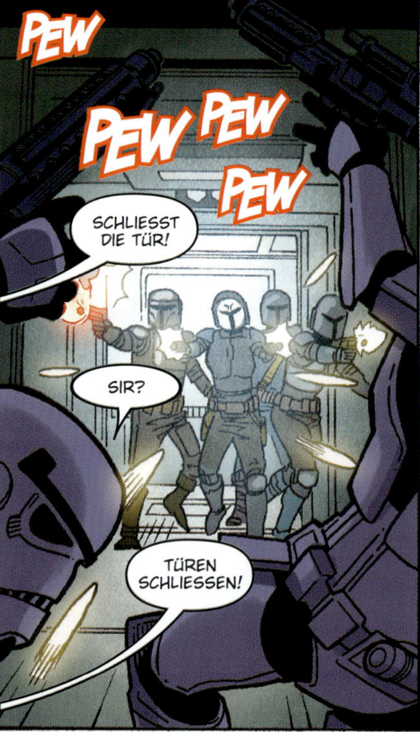
PEW
PEW PEW
PEW
SCHLIESST DIE TÜR!
SIR?
TÜREN SCHLIESSEN!

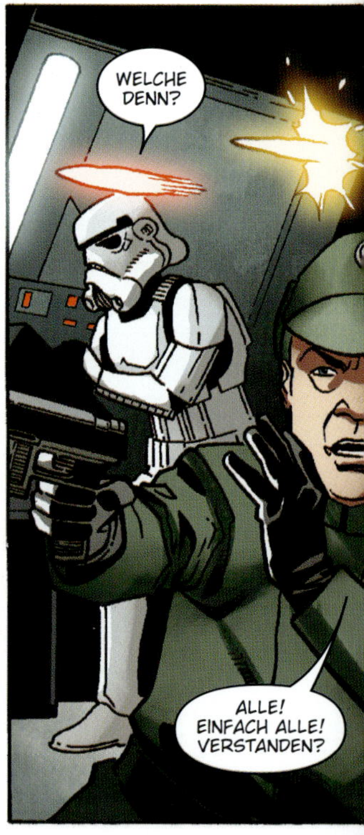
WELCHE DENN?
ALLE! EINFACH ALLE! VERSTANDEN?

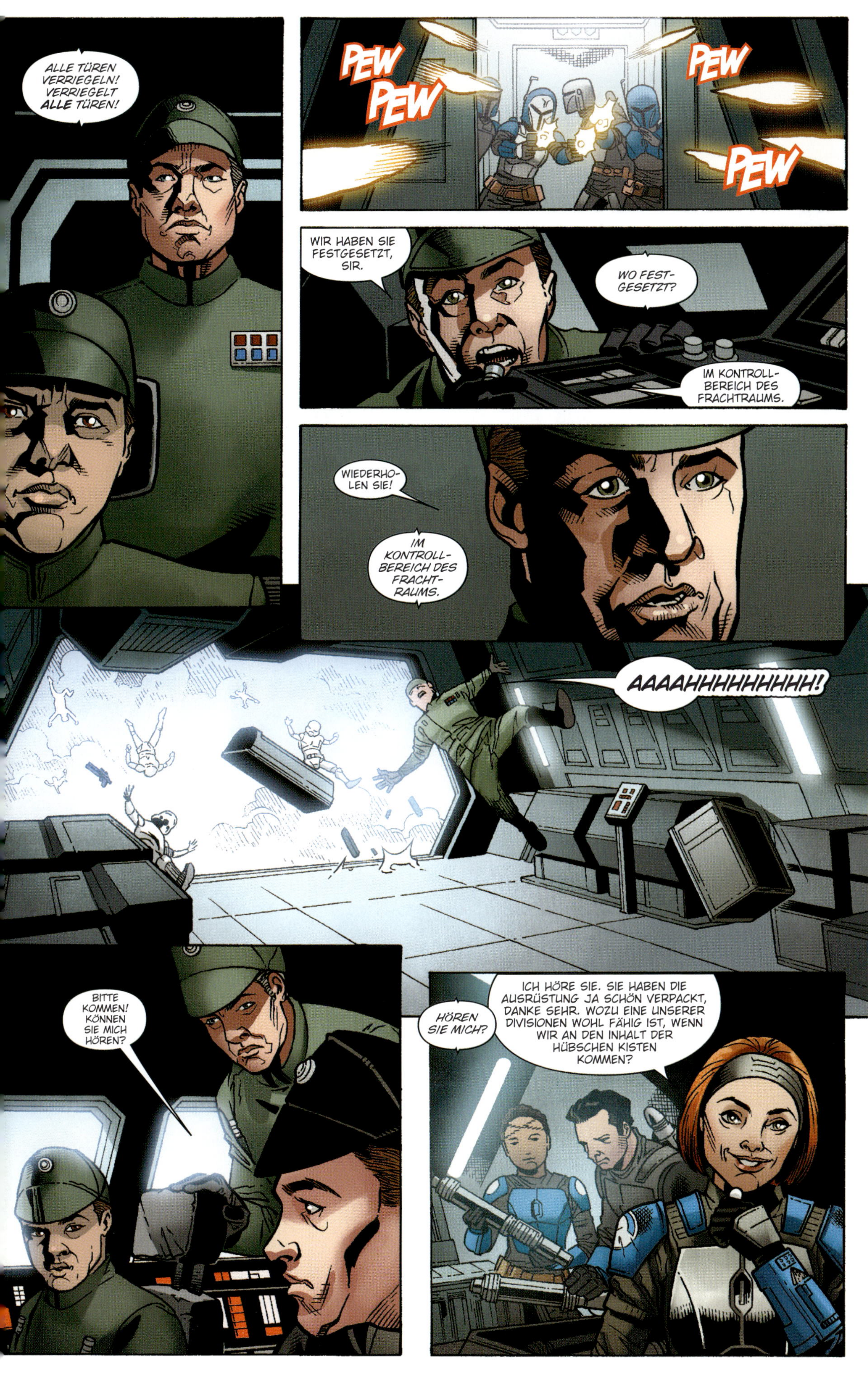
ALLE TÜREN VERRIEGELN! VERRIEGELT ALLE TÜREN!
PEW
PEW
PEW
PEW
WIR HABEN SIE FESTGESETZT, SIR.
WO FEST-GESETZT?
IM KONTROLL-BEREICH DES FRACHTRAUMS.
WIEDERHO-LEN SIE!
IM KONTROLL-BEREICH DES FRACHT-RAUMS.
AAAAHHHHHHHHH!
BITTE KOMMEN! KÖNNEN SIE MICH HÖREN?
HÖREN SIE MICH?
ICH HÖRE SIE. SIE HABEN DIE AUSRÜSTUNG JA SCHÖN VERPACKT, DANKE SEHR. WOZU EINE UNSERER DIVISIONEN WOHL FÄHIG IST, WENN WIR AN DEN INHALT DER HÜBSCHEN KISTEN KOMMEN?

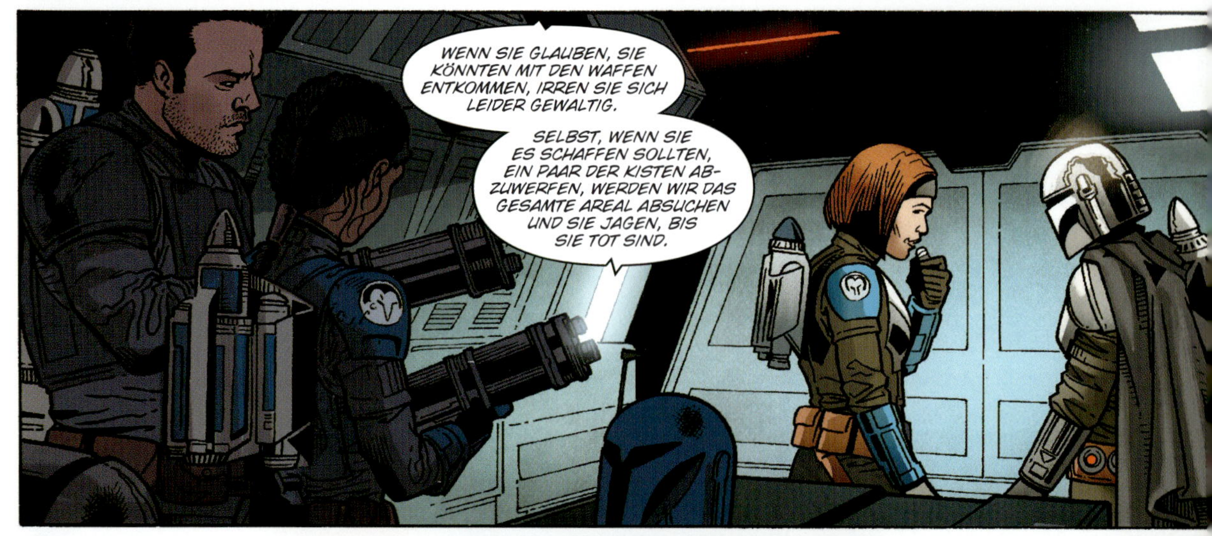
WENN SIE GLAUBEN, SIE KÖNNTEN MIT DEN WAFFEN ENTKOMMEN, IRREN SIE SICH LEIDER GEWALTIG.
SELBST, WENN SIE ES SCHAFFEN SOLLTEN, EIN PAAR DER KISTEN ABZUWERFEN, WERDEN WIR DAS GESAMTE AREAL ABSUCHEN UND SIE JAGEN, BIS SIE TOT SIND.

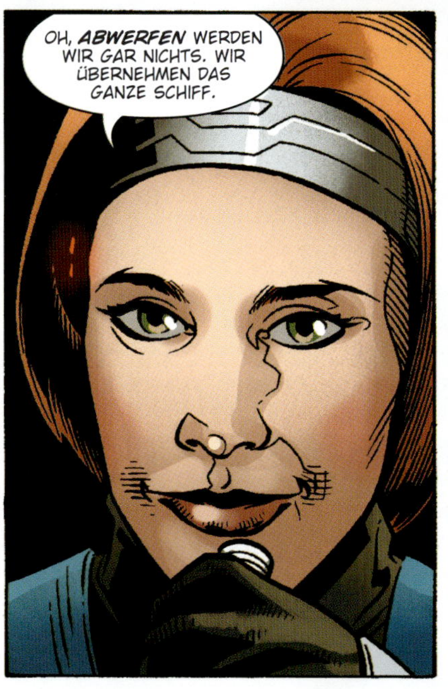
OH, ***ABWERFEN*** WERDEN WIR GAR NICHTS. WIR ÜBERNEHMEN DAS GANZE SCHIFF.

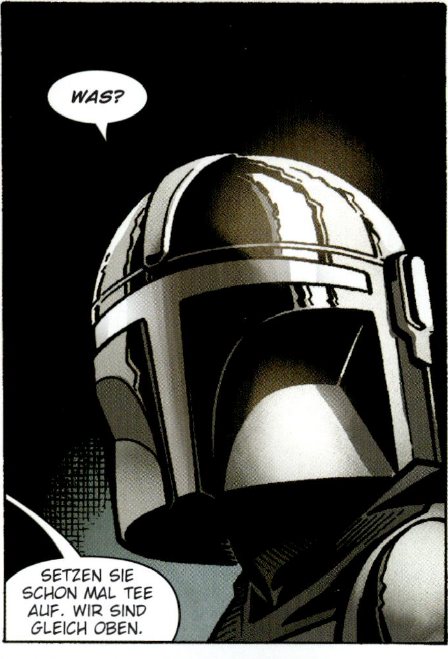
WAS?
SETZEN SIE SCHON MAL TEE AUF. WIR SIND GLEICH OBEN.

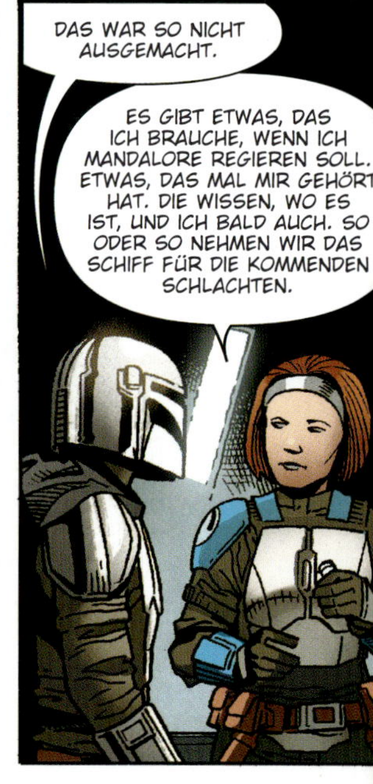
DAS WAR SO NICHT AUSGEMACHT.
ES GIBT ETWAS, DAS ICH BRAUCHE, WENN ICH MANDALORE REGIEREN SOLL. ETWAS, DAS MAL MIR GEHÖRT HAT. DIE WISSEN, WO ES IST, UND ICH BALD AUCH. SO ODER SO NEHMEN WIR DAS SCHIFF FÜR DIE KOMMENDEN SCHLACHTEN.

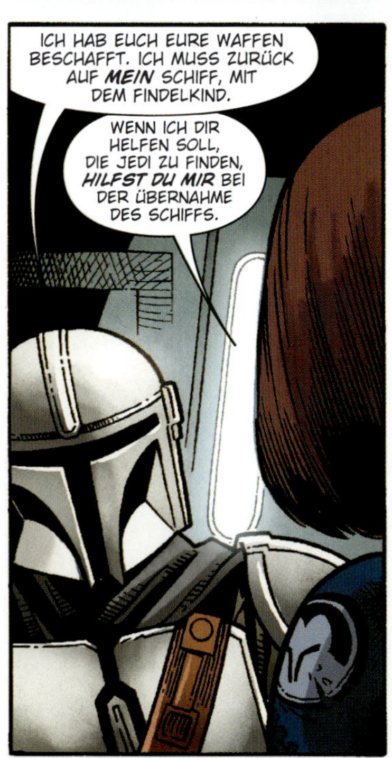
ICH HAB EUCH EURE WAFFEN BESCHAFFT. ICH MUSS ZURÜCK AUF ***MEIN*** SCHIFF, MIT DEM FINDELKIND.
WENN ICH DIR HELFEN SOLL, DIE JEDI ZU FINDEN, ***HILFST DU MIR*** BEI DER ÜBERNAHME DES SCHIFFS.

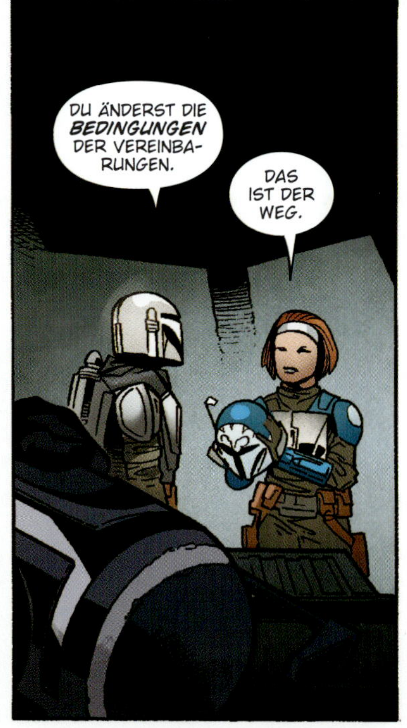
DU ÄNDERST DIE ***BEDINGUNGEN*** DER VEREINBARUNGEN.
DAS IST DER WEG.

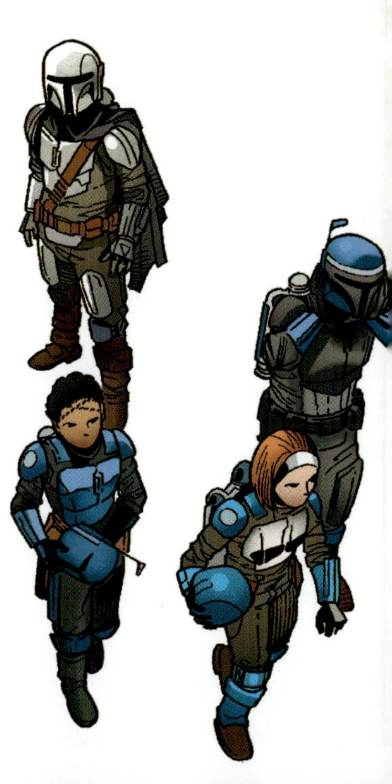

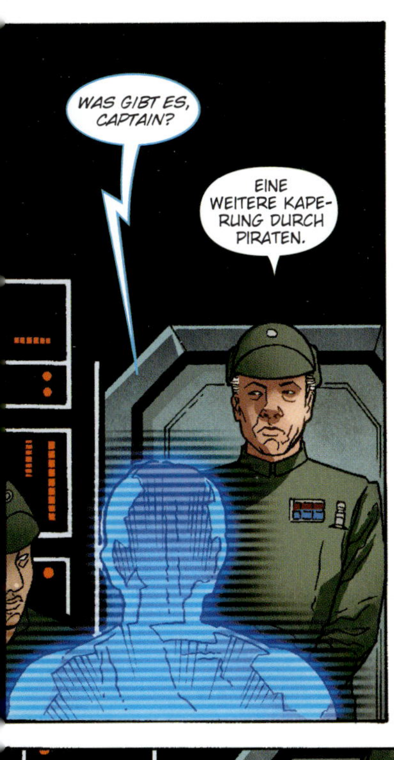
WAS GIBT ES, CAPTAIN?
EINE WEITERE KAPERUNG DURCH PIRATEN.

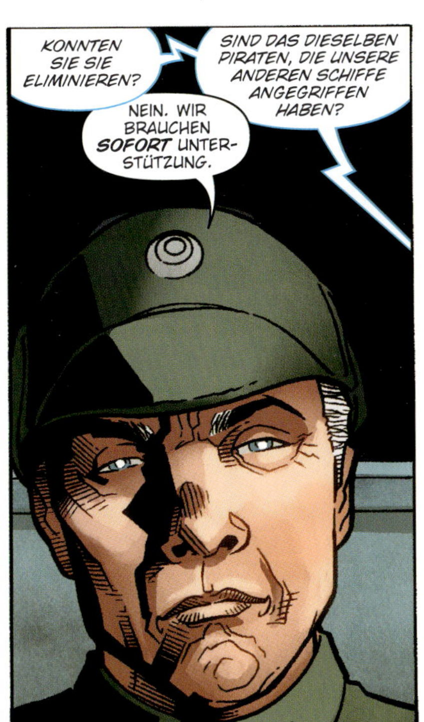
KONNTEN SIE SIE ELIMINIEREN?
NEIN. WIR BRAUCHEN SOFORT UNTERSTÜTZUNG.
SIND DAS DIESELBEN PIRATEN, DIE UNSERE ANDEREN SCHIFFE ANGEGRIFFEN HABEN?

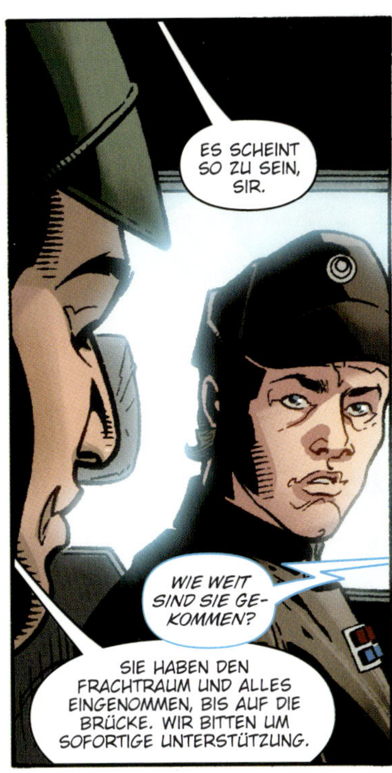
ES SCHEINT SO ZU SEIN, SIR.
WIE WEIT SIND SIE GEKOMMEN?
SIE HABEN DEN FRACHTRAUM UND ALLES EINGENOMMEN, BIS AUF DIE BRÜCKE. WIR BITTEN UM SOFORTIGE UNTERSTÜTZUNG.

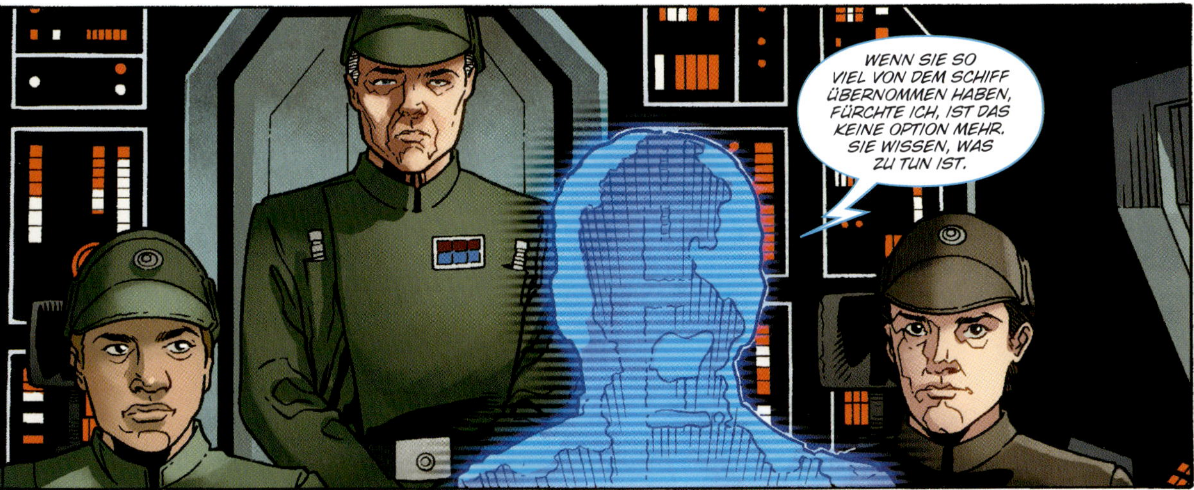
WENN SIE SO VIEL VON DEM SCHIFF ÜBERNOMMEN HABEN, FÜRCHTE ICH, IST DAS KEINE OPTION MEHR. SIE WISSEN, WAS ZU TUN IST.

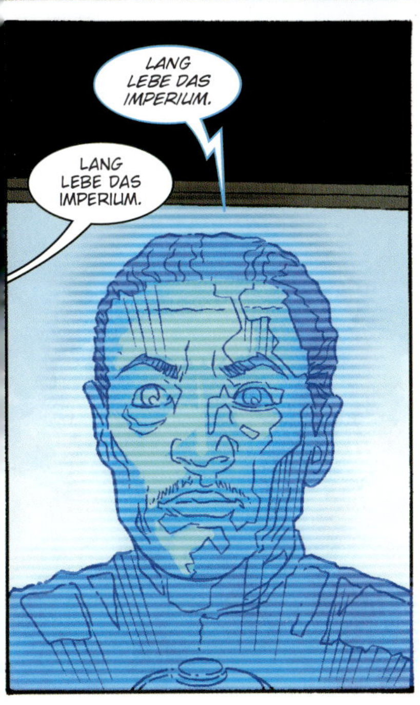
LANG LEBE DAS IMPERIUM.
LANG LEBE DAS IMPERIUM.

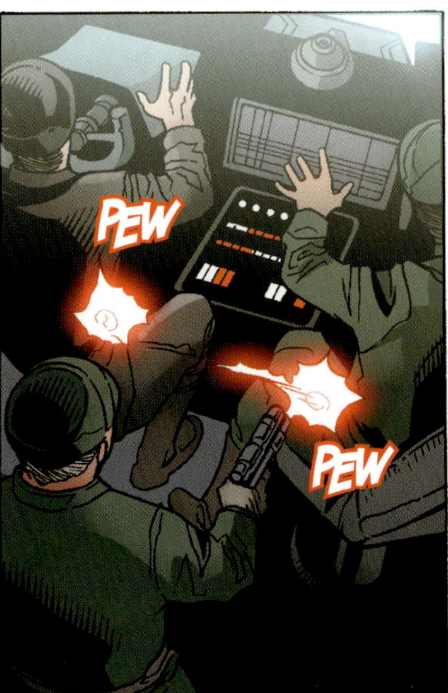
PEW
PEW

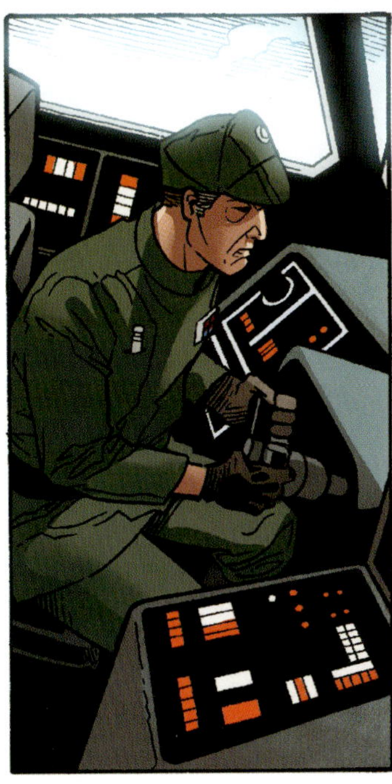

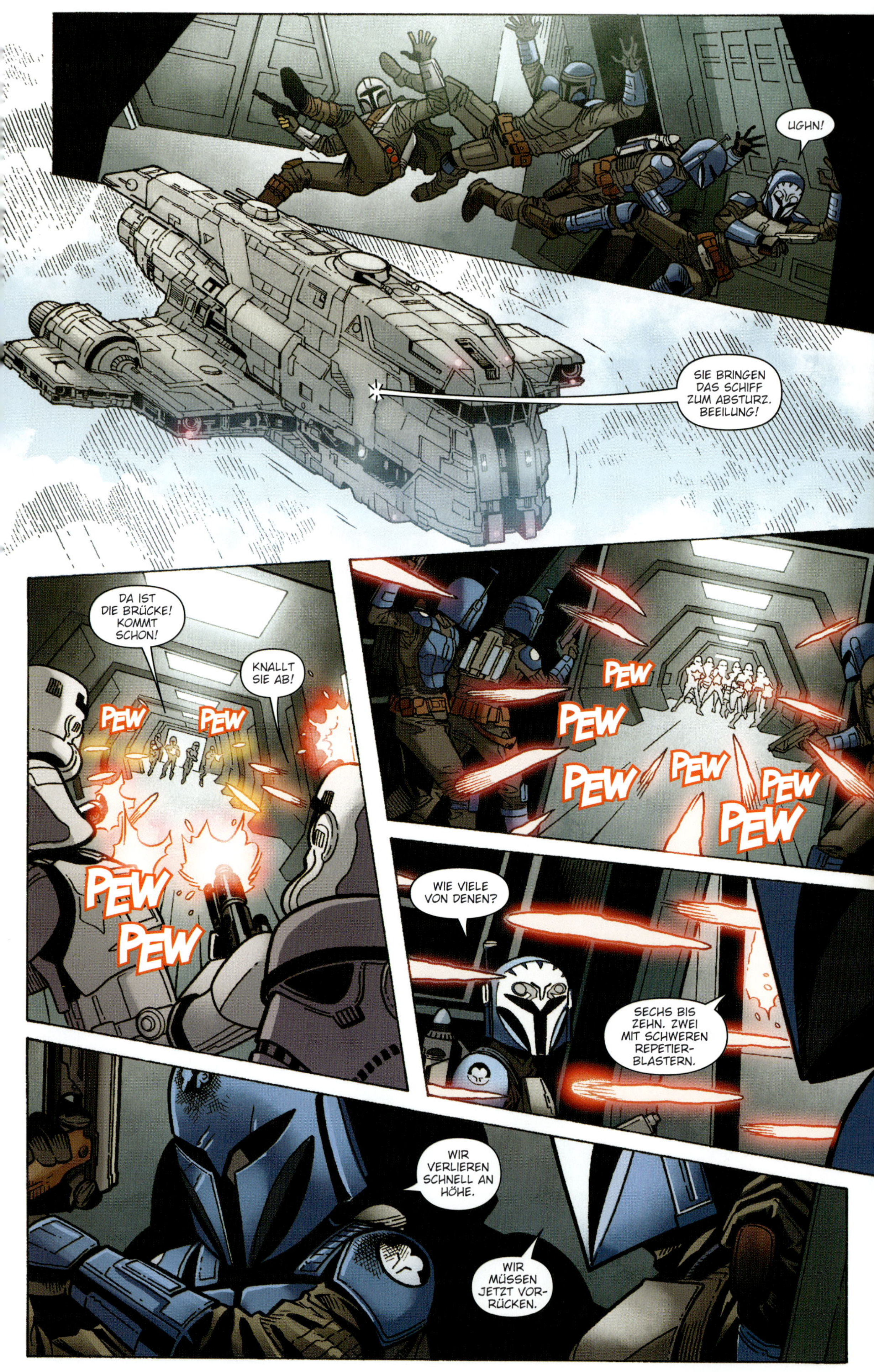
UGHN!
SIE BRINGEN DAS SCHIFF ZUM ABSTURZ. BEEILUNG!
DA IST DIE BRÜCKE! KOMMT SCHON!
KNALLT SIE AB!
PEW PEW
PEW PEW
PEW
PEW
PEW PEW
PEW PEW
WIE VIELE VON DENEN?
SECHS BIS ZEHN. ZWEI MIT SCHWEREN REPETIER-BLASTERN.
WIR VERLIEREN SCHNELL AN HÖHE.
WIR MÜSSEN JETZT VOR-RÜCKEN.

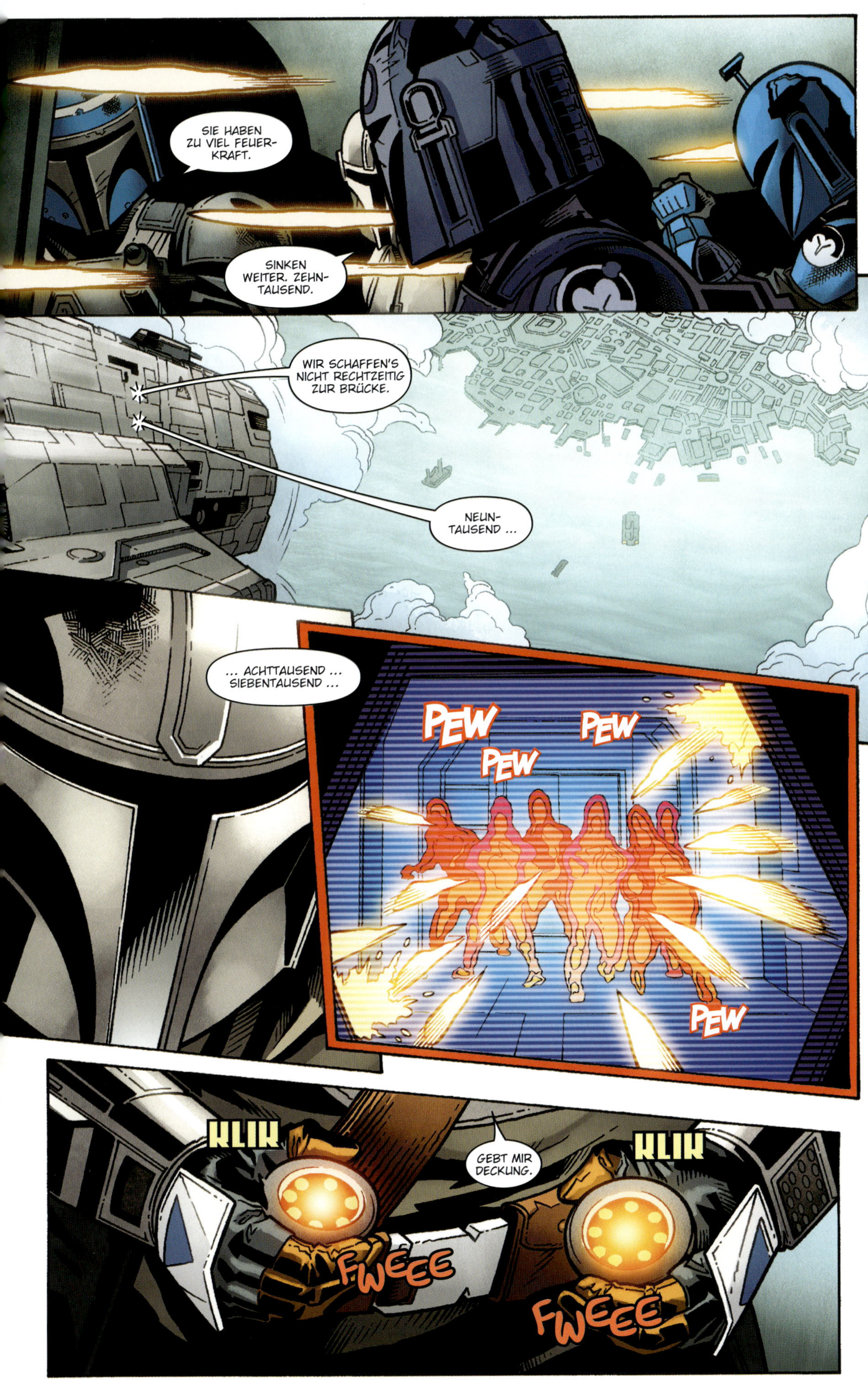
SIE HABEN ZU VIEL FEUER-KRAFT.
SINKEN WEITER. ZEHN-TAUSEND.
WIR SCHAFFEN'S NICHT RECHTZEITIG ZUR BRÜCKE.
NEUN-TAUSEND ...
... ACHTTAUSEND ... SIEBENTAUSEND ...
PEW
PEW
PEW
PEW
KLIK
GEBT MIR DECKUNG.
KLIK
FWEEE
FWEEE

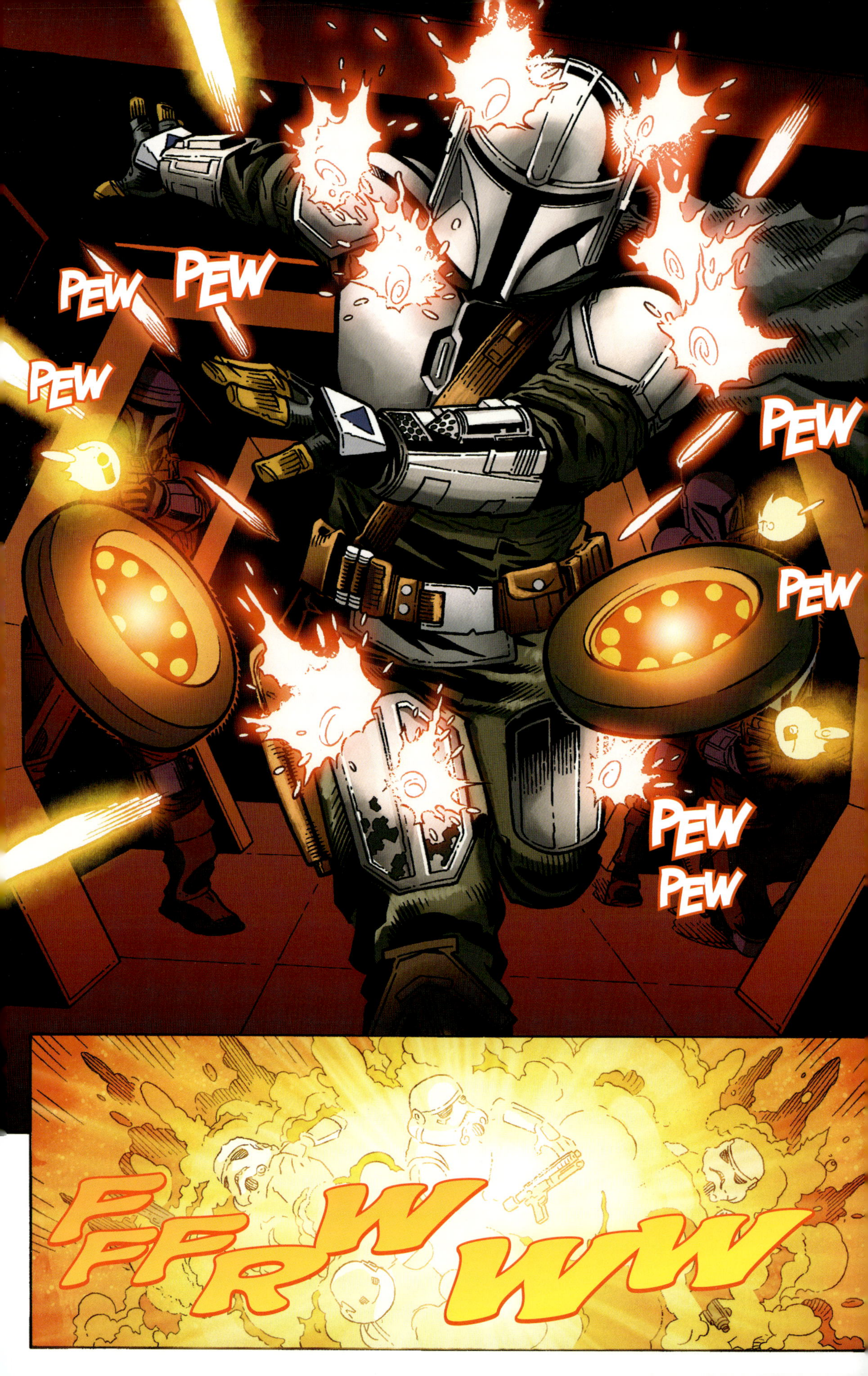
PEW PEW
PEW
PEW
PEW
PEW
PEW
FFRWWW

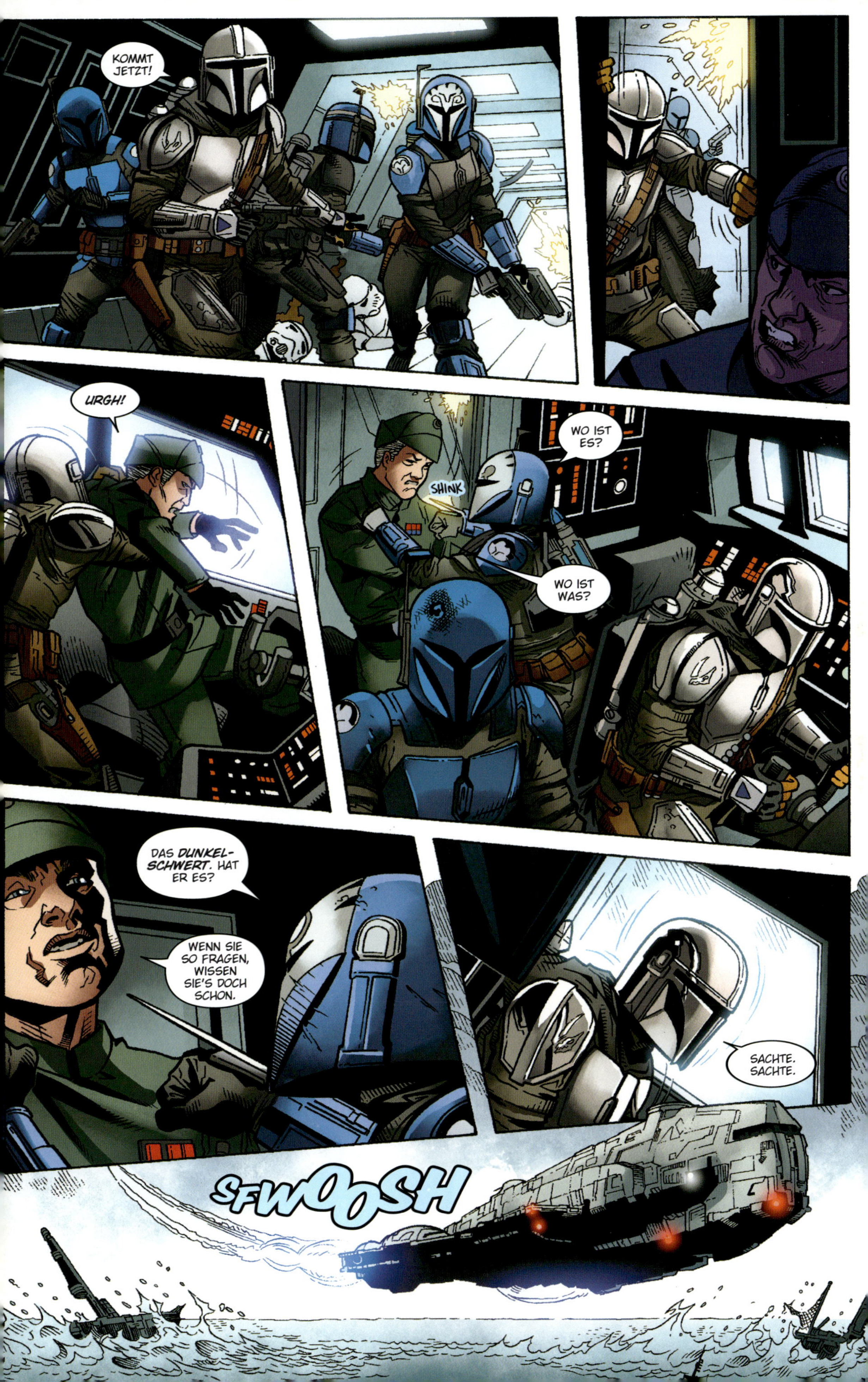
KOMMT JETZT!
URGH!
WO IST ES?
SHINK
WO IST WAS?
DAS DUNKEL-SCHWERT. HAT ER ES?
WENN SIE SO FRAGEN, WISSEN SIE'S DOCH SCHON.
SACHTE. SACHTE.
SFWOOSH

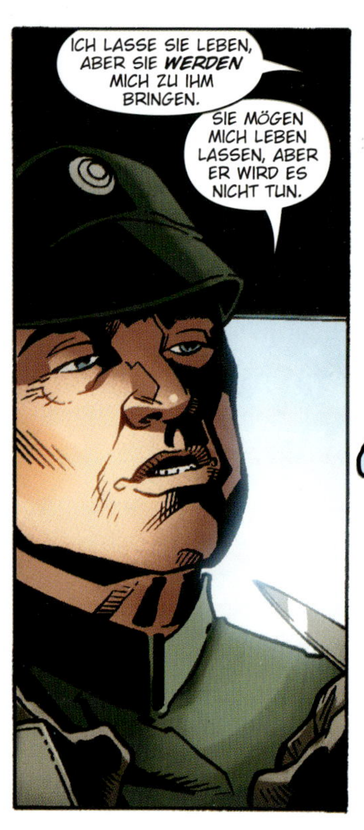
ICH LASSE SIE LEBEN, ABER SIE *WERDEN* MICH ZU IHM BRINGEN.
SIE MÖGEN MICH LEBEN LASSEN, ABER ER WIRD ES NICHT TUN.

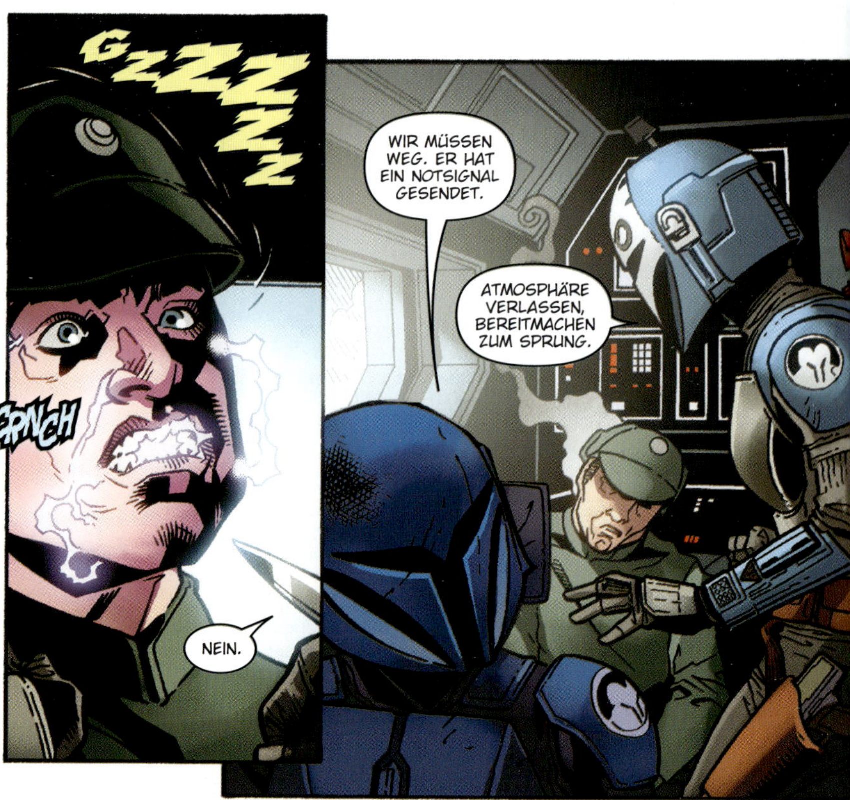
GZZZZZ
GRNCH
NEIN.
WIR MÜSSEN WEG. ER HAT EIN NOTSIGNAL GESENDET.
ATMOSPHÄRE VERLASSEN, BEREITMACHEN ZUM SPRUNG.

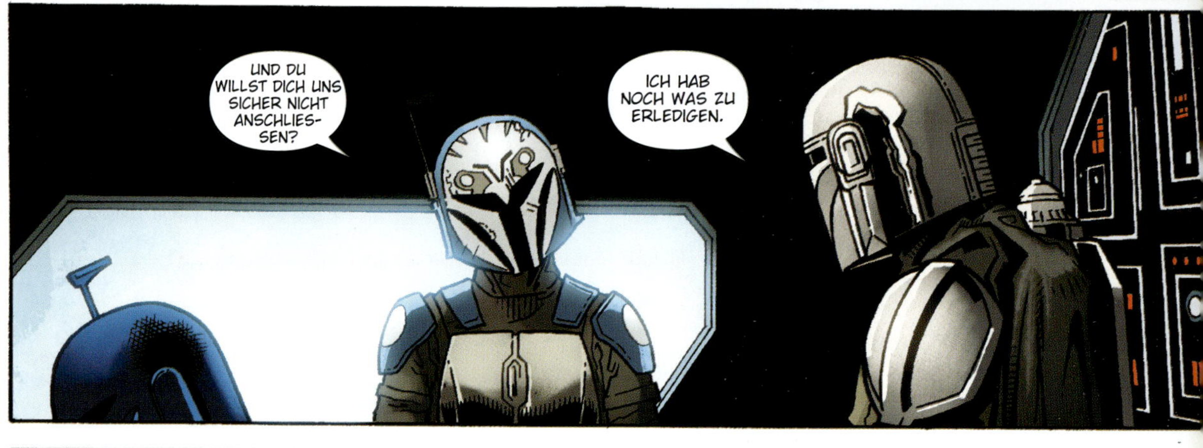
UND DU WILLST DICH UNS SICHER NICHT ANSCHLIES-SEN?
ICH HAB NOCH WAS ZU ERLEDIGEN.

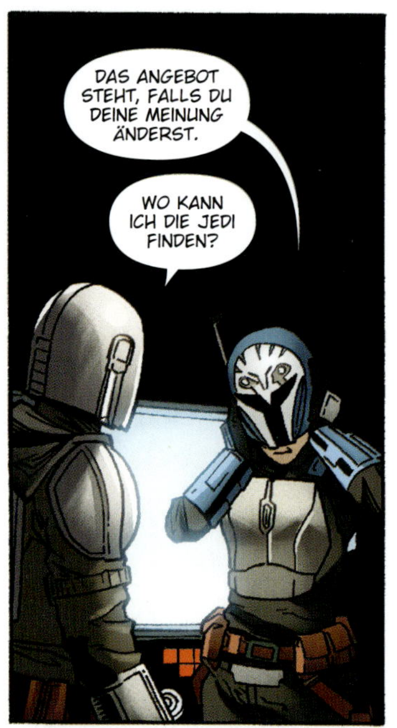
DAS ANGEBOT STEHT, FALLS DU DEINE MEINUNG ÄNDERST.
WO KANN ICH DIE JEDI FINDEN?

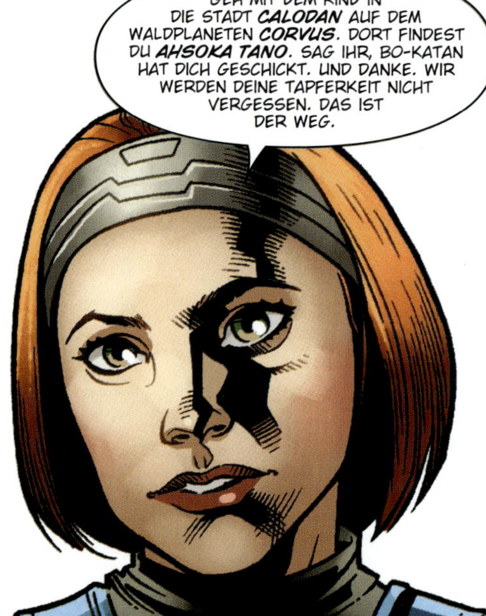
GEH MIT DEM KIND IN DIE STADT *CALODAN* AUF DEM WALDPLANETEN *CORVUS*. DORT FINDEST DU *AHSOKA TANO*. SAG IHR, BO-KATAN HAT DICH GESCHICKT. UND DANKE. WIR WERDEN DEINE TAPFERKEIT NICHT VERGESSEN. DAS IST DER WEG.

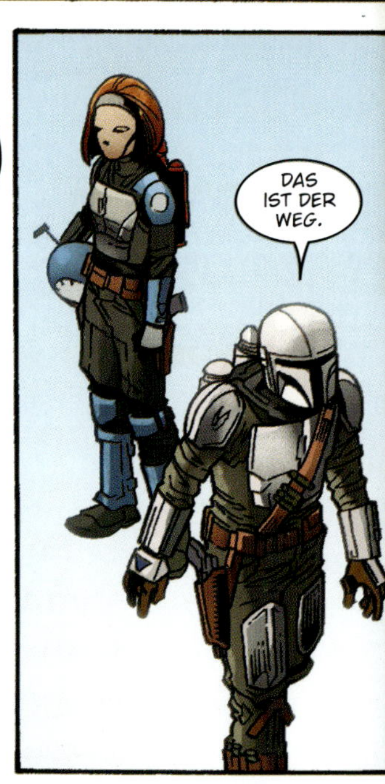
DAS IST DER WEG.

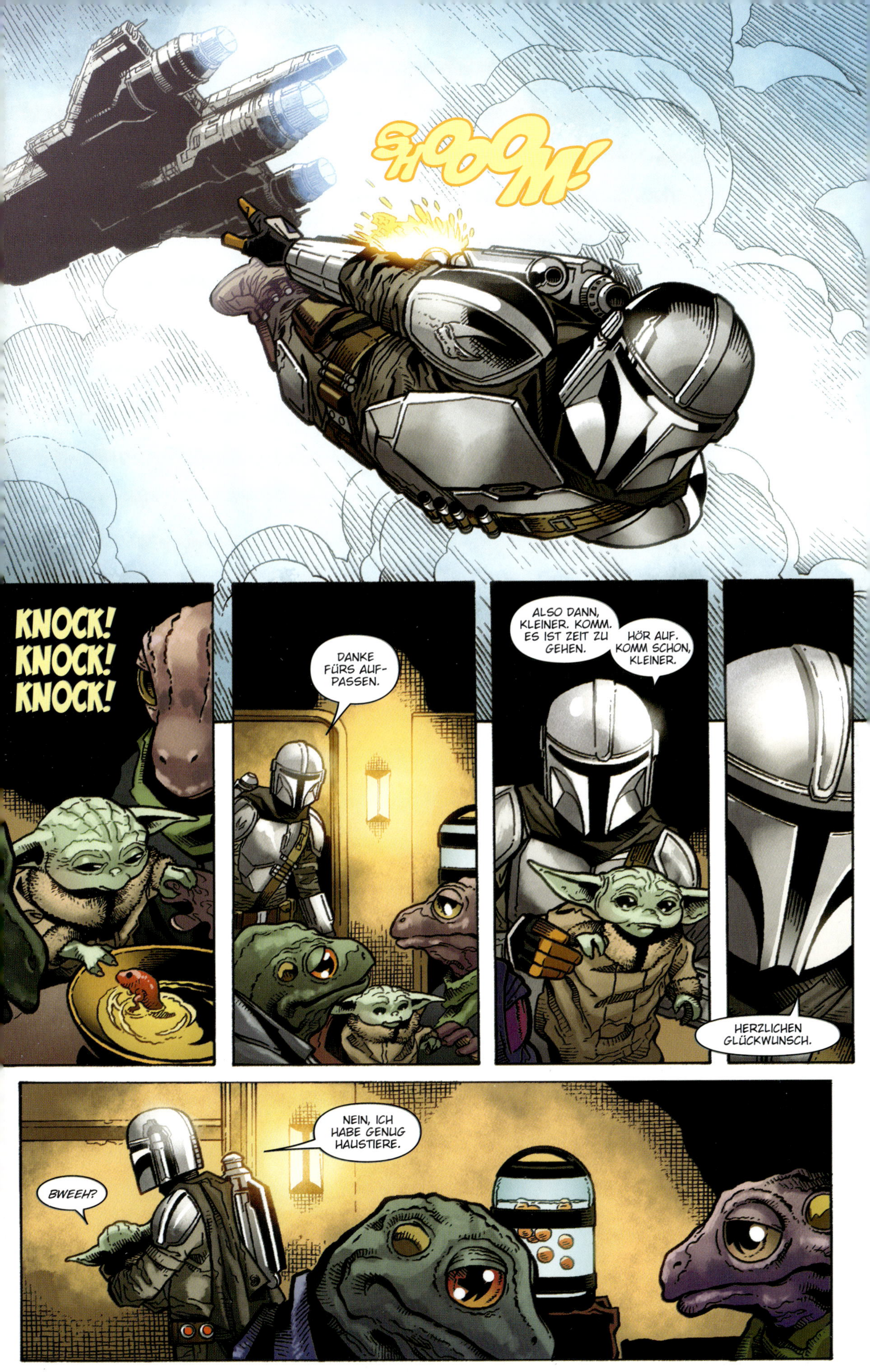

KNOCK! KNOCK! KNOCK!

DANKE FÜRS AUF-PASSEN.

ALSO DANN, KLEINER. KOMM. ES IST ZEIT ZU GEHEN.

HÖR AUF. KOMM SCHON, KLEINER.

HERZLICHEN GLÜCKWUNSCH.

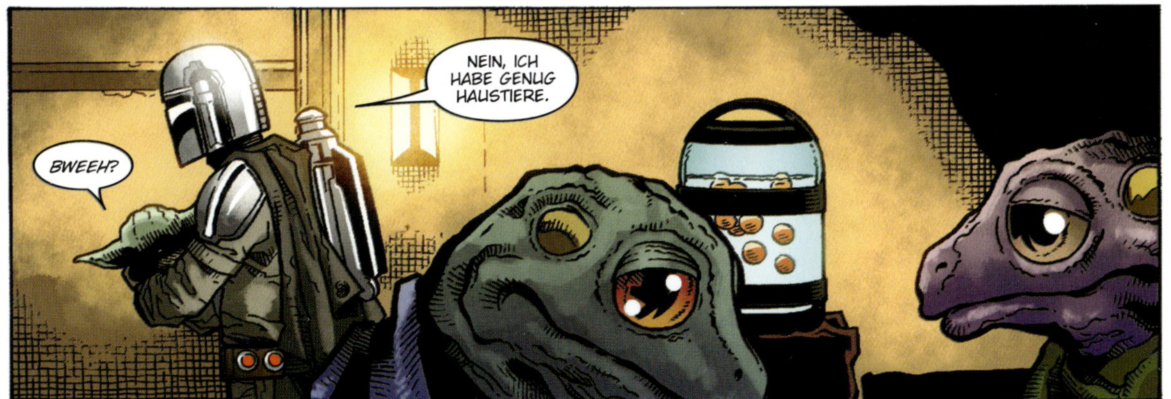

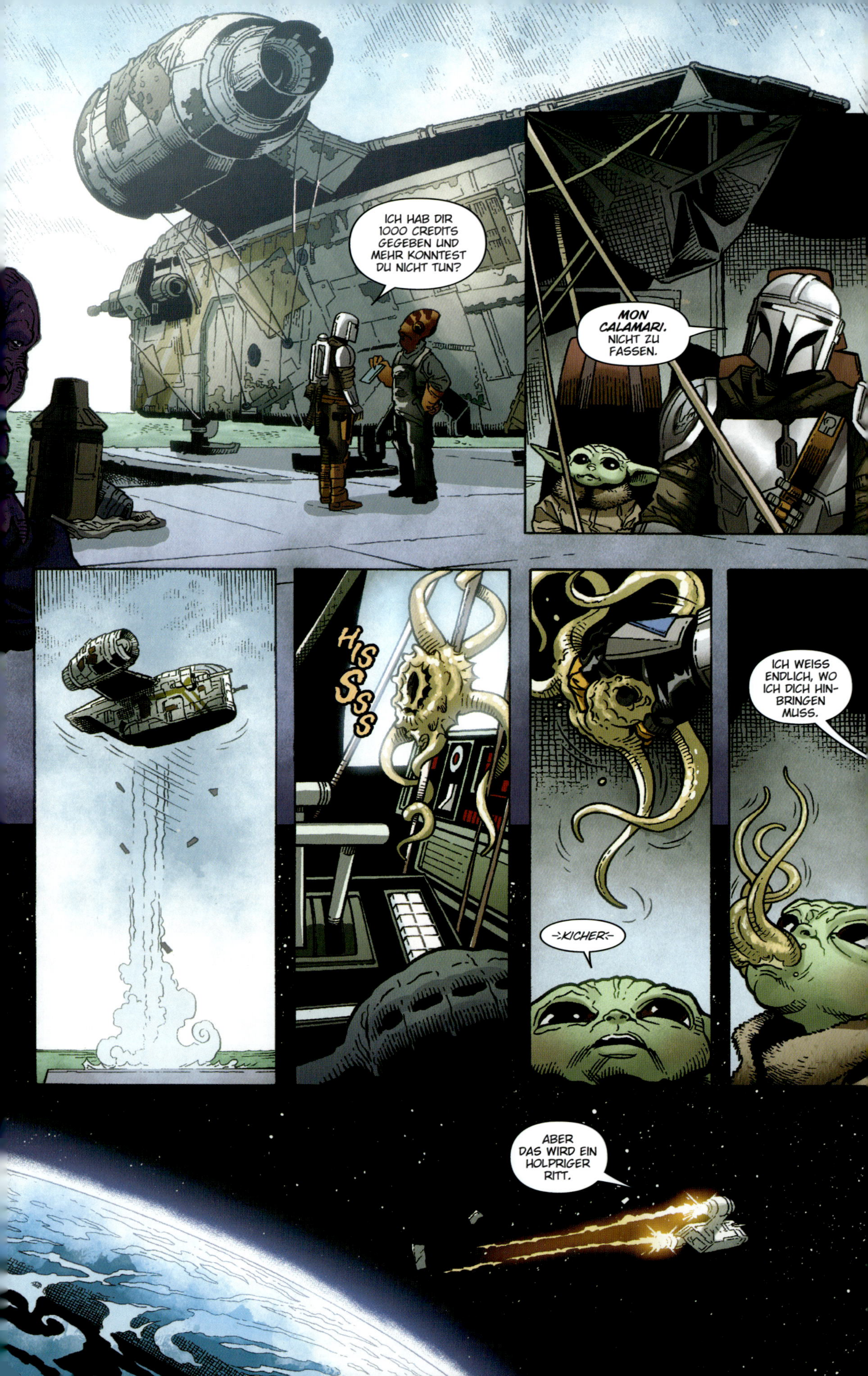
ICH HAB DIR 1000 CREDITS GEGEBEN UND MEHR KONNTEST DU NICHT TUN?
MON CALAMARI. NICHT ZU FASSEN.
HISSSS
-:KICHER:-
ICH WEISS ENDLICH, WO ICH DICH HIN-BRINGEN MUSS.
ABER DAS WIRD EIN HOLPRIGER RITT.

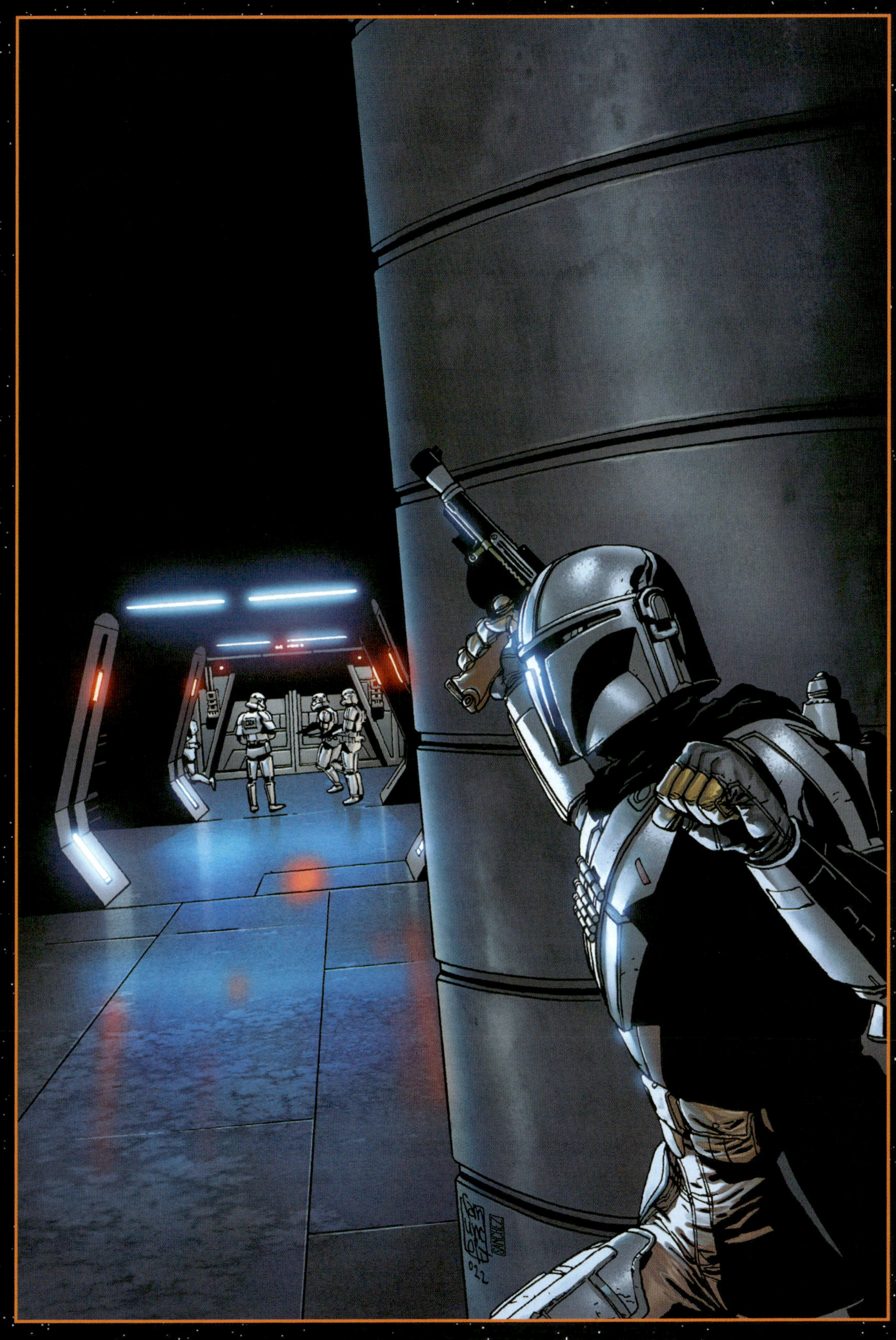

US-*Star Wars: The Mandalorian* #4 (2023)
Cover: **GIUSEPPE CAMUNCOLI** und **ALEJANDRO SÁNCHEZ**

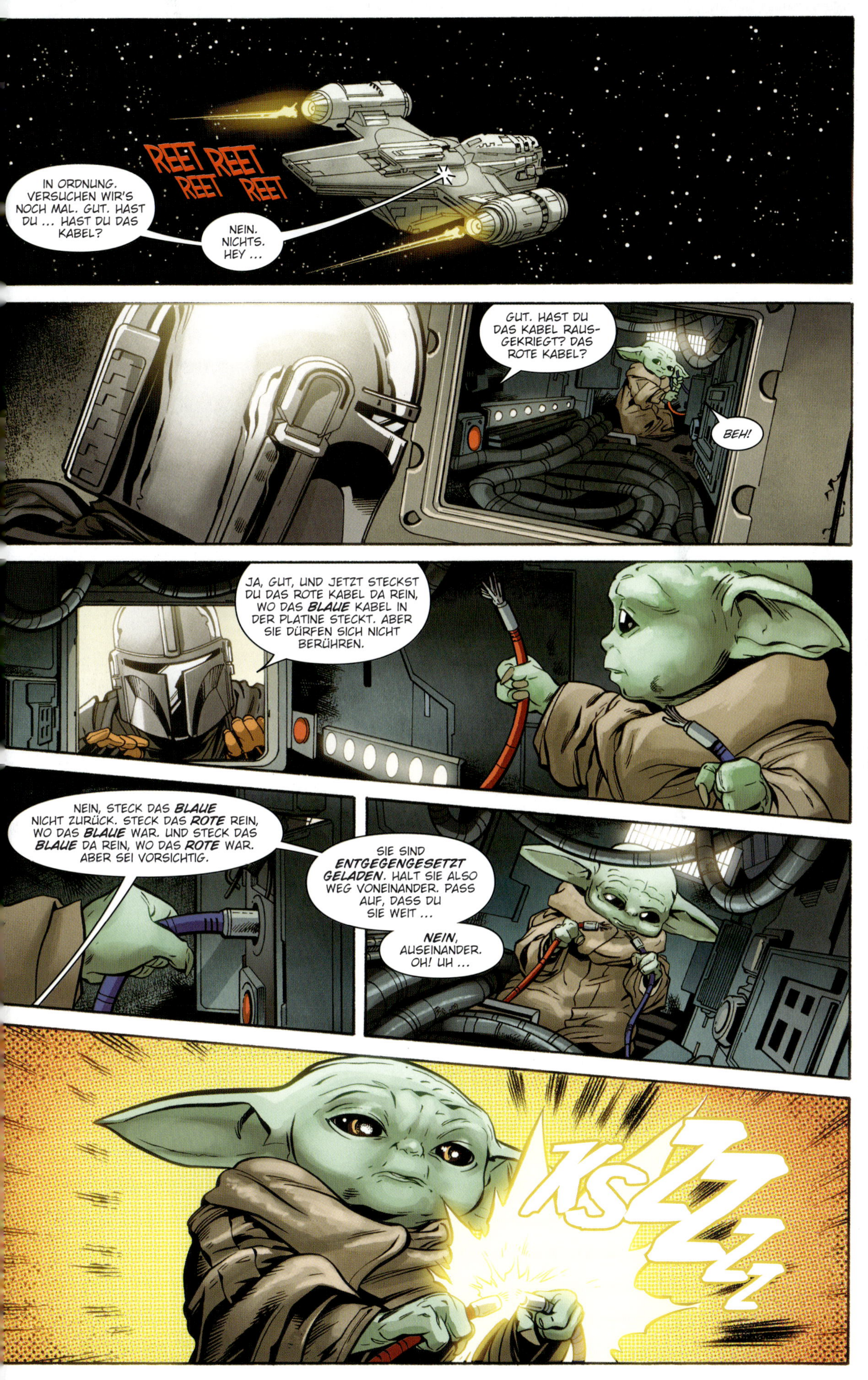
REET REET REET REET
IN ORDNUNG. VERSUCHEN WIR'S NOCH MAL. GUT. HAST DU ... HAST DU DAS KABEL?
NEIN. NICHTS. HEY ...
GUT. HAST DU DAS KABEL RAUS-GEKRIEGT? DAS ROTE KABEL?
BEH!
JA, GUT, UND JETZT STECKST DU DAS ROTE KABEL DA REIN, WO DAS **BLAUE** KABEL IN DER PLATINE STECKT. ABER SIE DÜRFEN SICH NICHT BERÜHREN.
NEIN, STECK DAS **BLAUE** NICHT ZURÜCK. STECK DAS **ROTE** REIN, WO DAS **BLAUE** WAR. UND STECK DAS **BLAUE** DA REIN, WO DAS **ROTE** WAR. ABER SEI VORSICHTIG.
SIE SIND **ENTGEGENGESETZT GELADEN**. HALT SIE ALSO WEG VONEINANDER. PASS AUF, DASS DU SIE WEIT ...
NEIN, AUSEINANDER. OH! UH ...
KSZZZZ

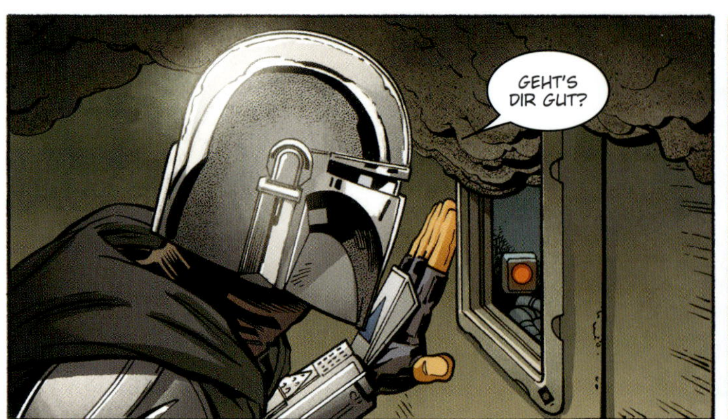

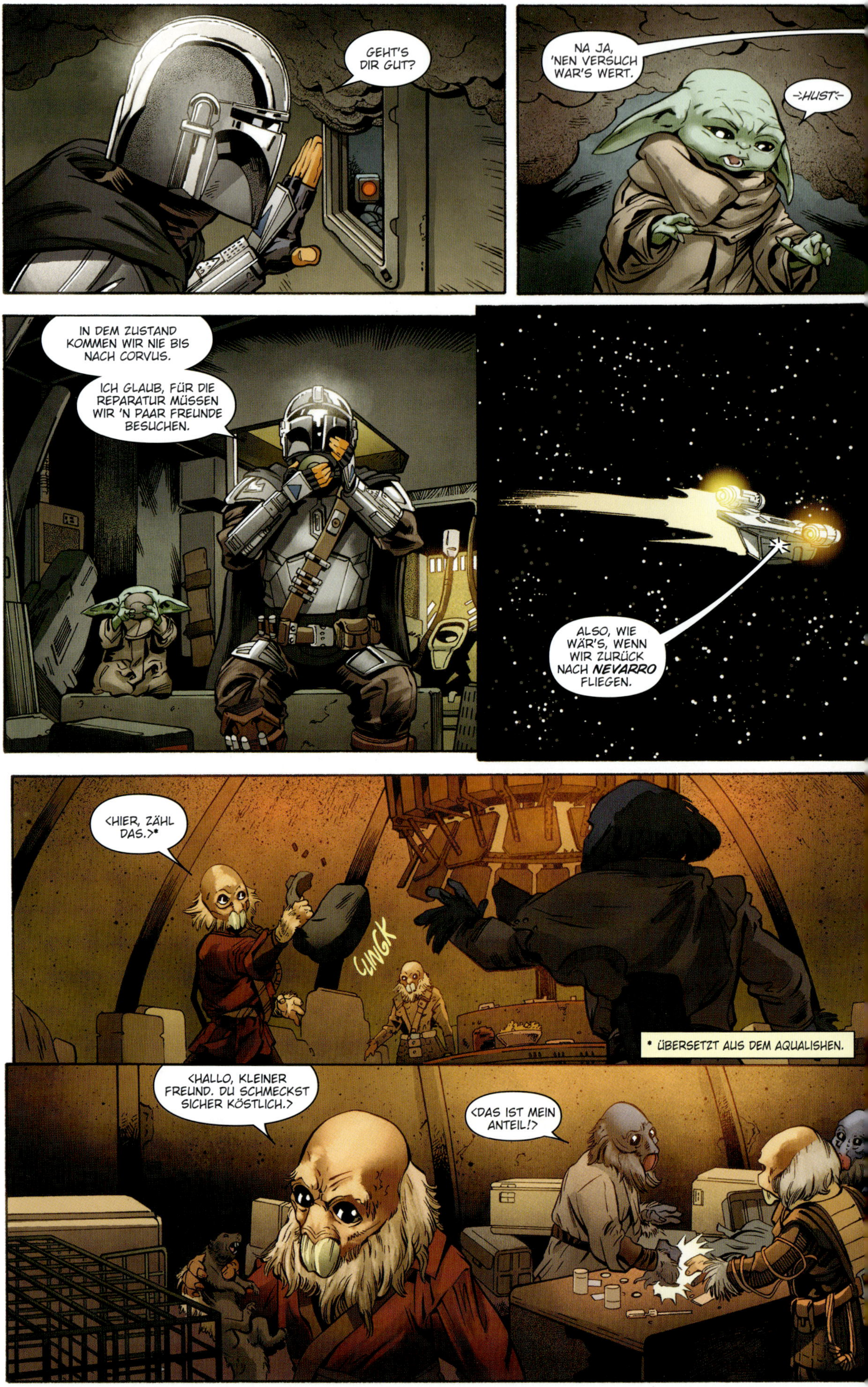

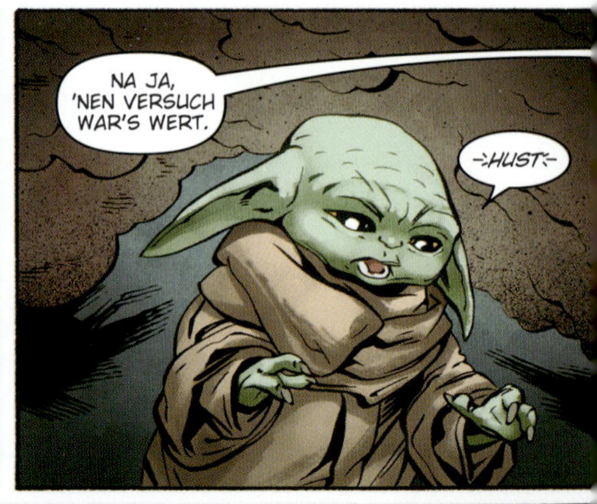

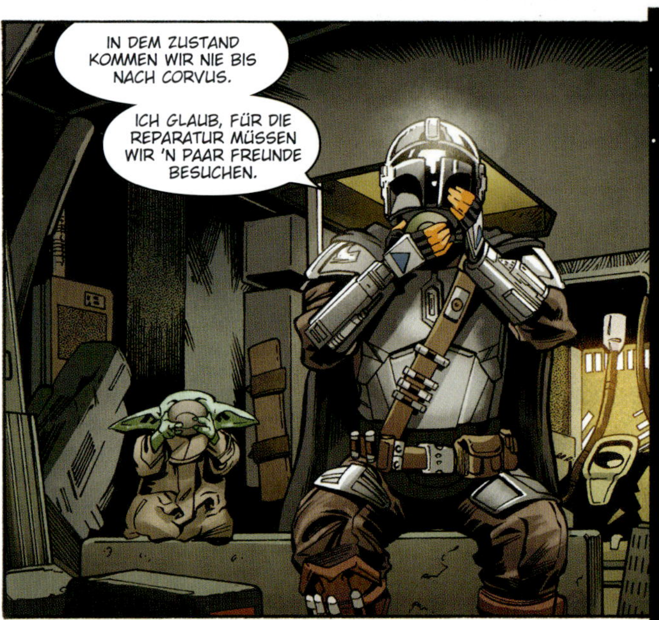

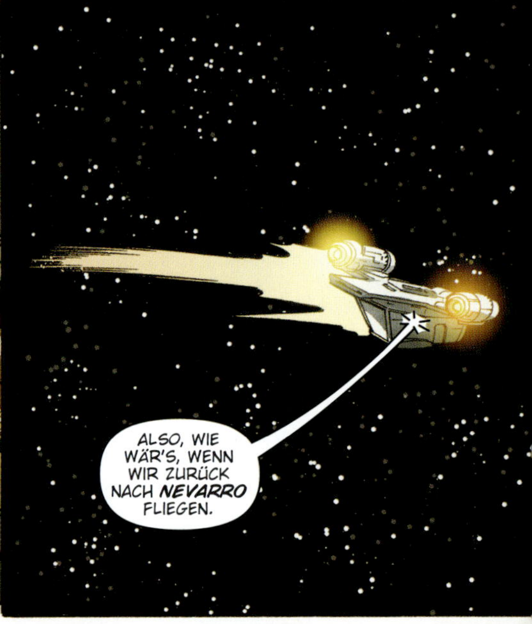

<HIER, ZÄHL DAS.>*

CLINGK

* ÜBERSETZT AUS DEM AQUALISHEN.

<HALLO, KLEINER FREUND. DU SCHMECKST SICHER KÖSTLICH.>

<DAS IST MEIN ANTEIL!>

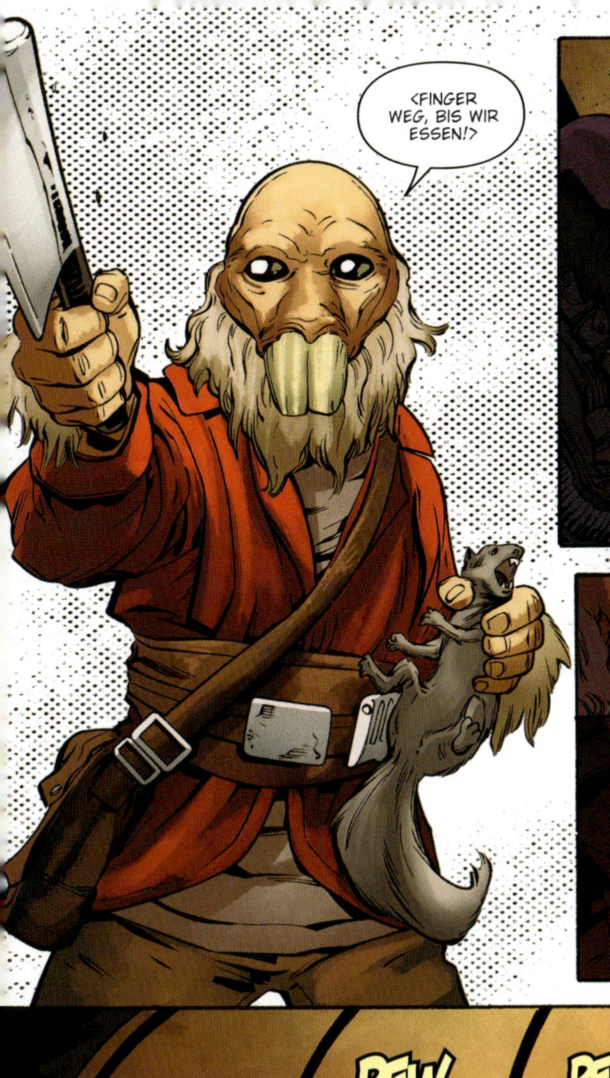
<FINGER WEG, BIS WIR ESSEN!>

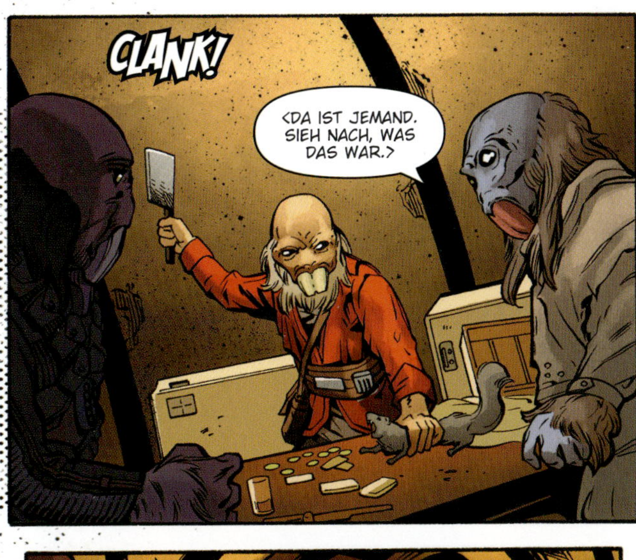
CLANK!
<DA IST JEMAND. SIEH NACH, WAS DAS WAR.>

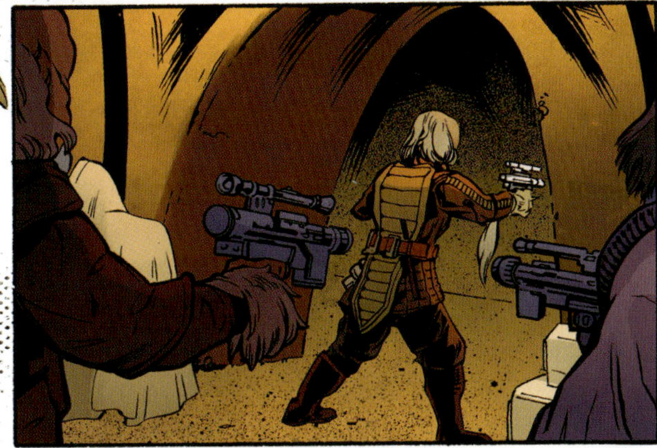

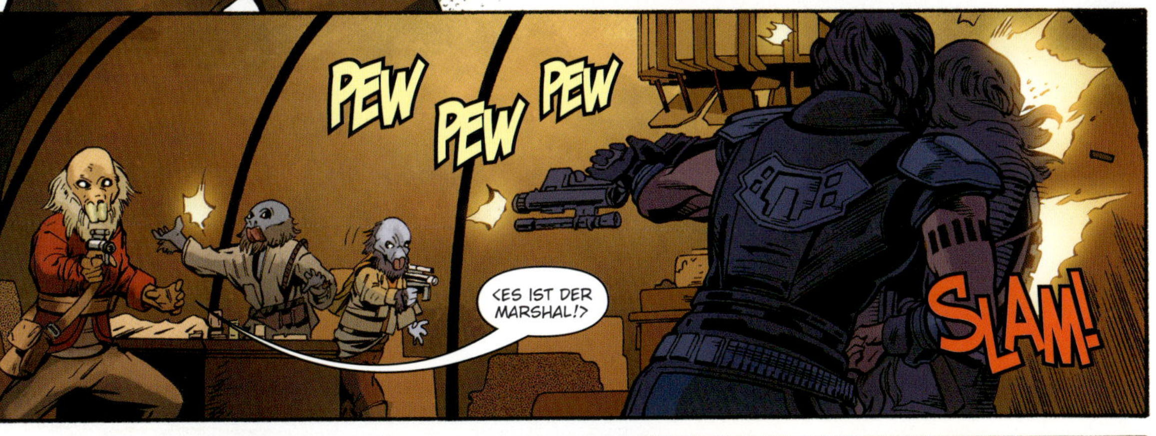
PEW
PEW
PEW
<ES IST DER MARSHAL!>
SLAM!

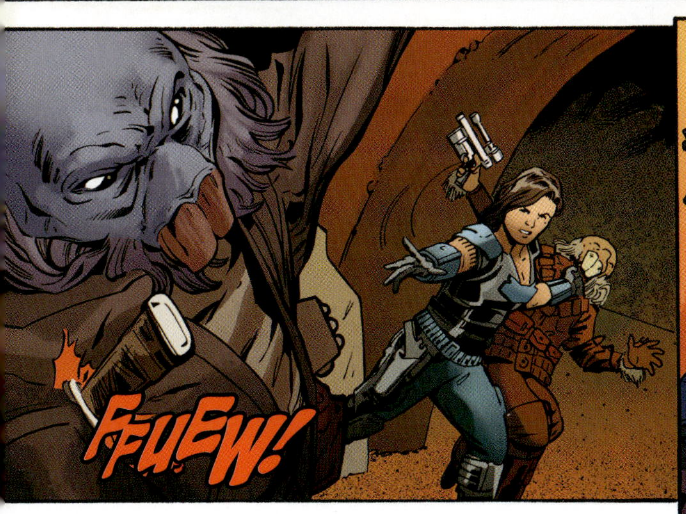
FFUEW!

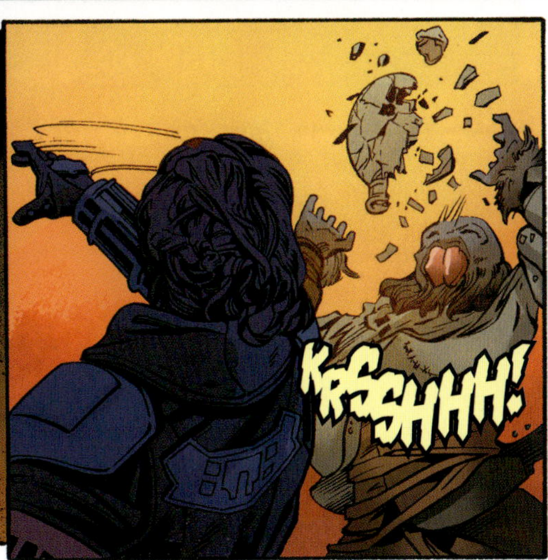
KRSSHHH!

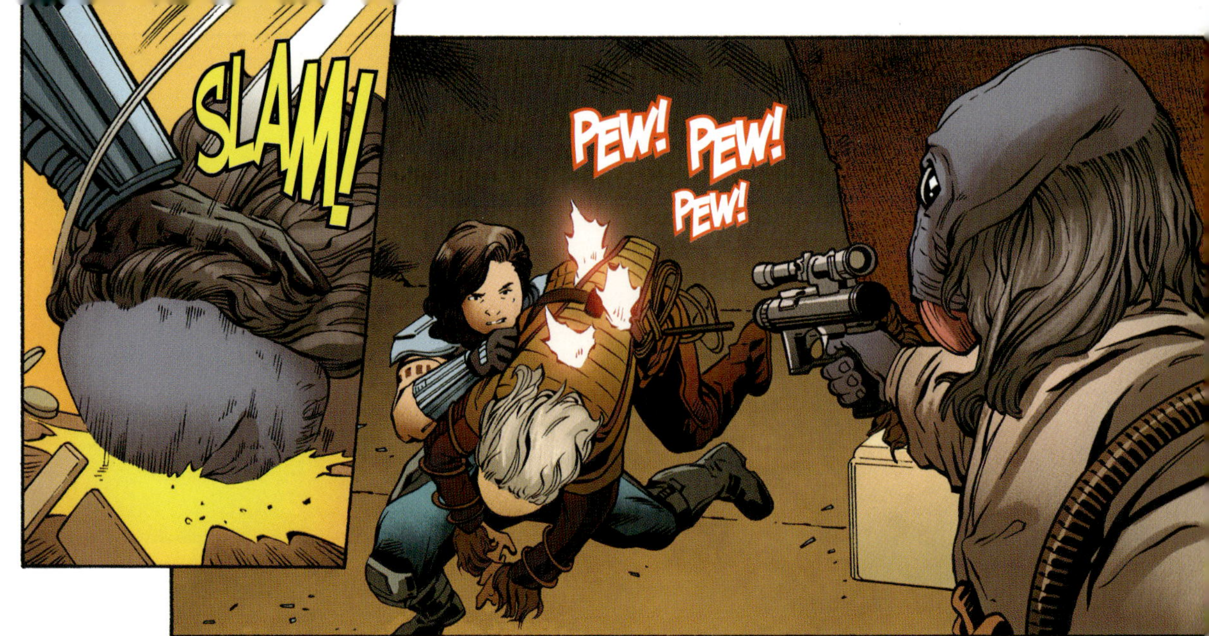
SLAM!
PEW! PEW! PEW!

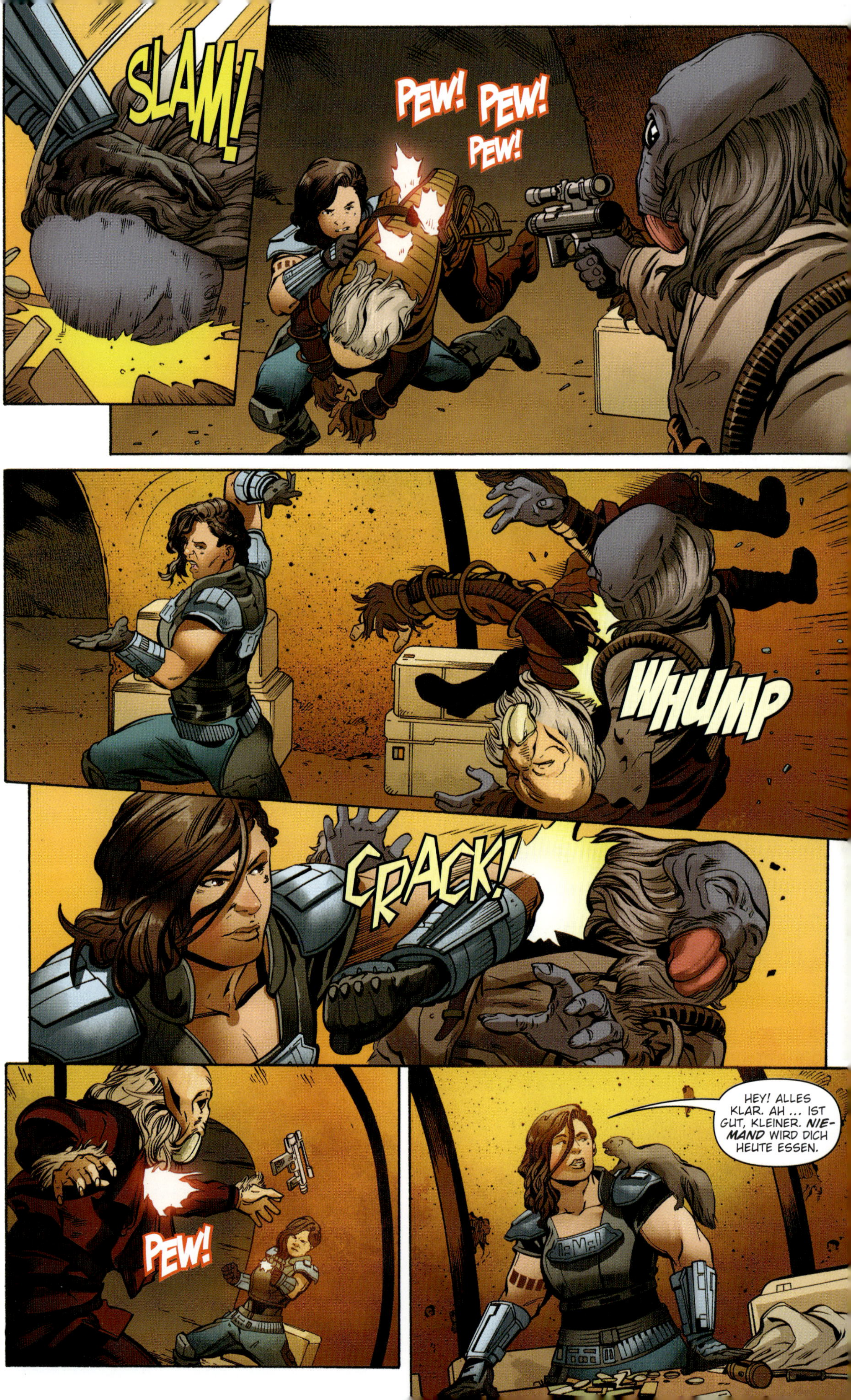

WHUMP
CRACK!

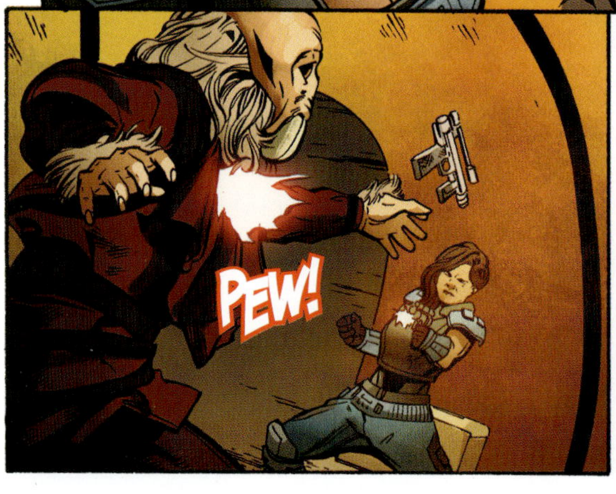
PEW!

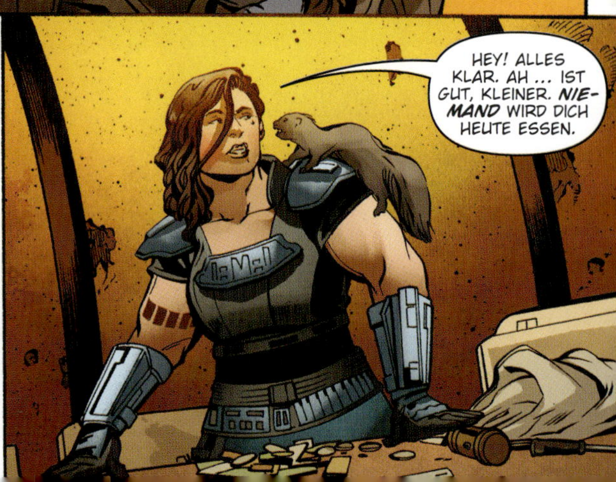
HEY! ALLES KLAR. AH ... IST GUT, KLEINER. *NIEMAND* WIRD DICH HEUTE ESSEN.

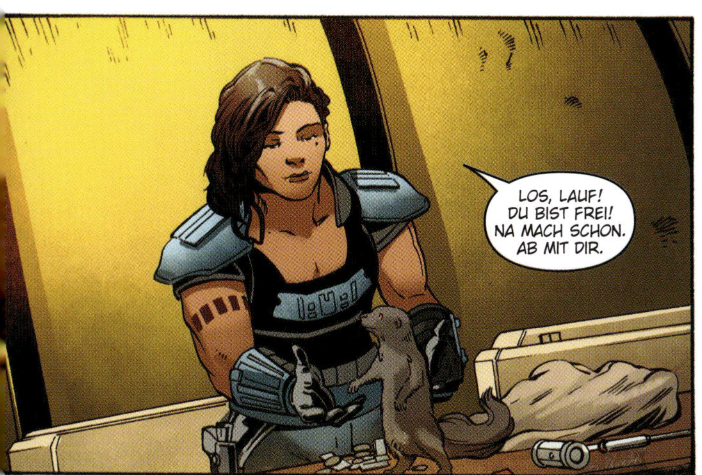
LOS, LAUF!
DU BIST FREI!
NA MACH SCHON.
AB MIT DIR.
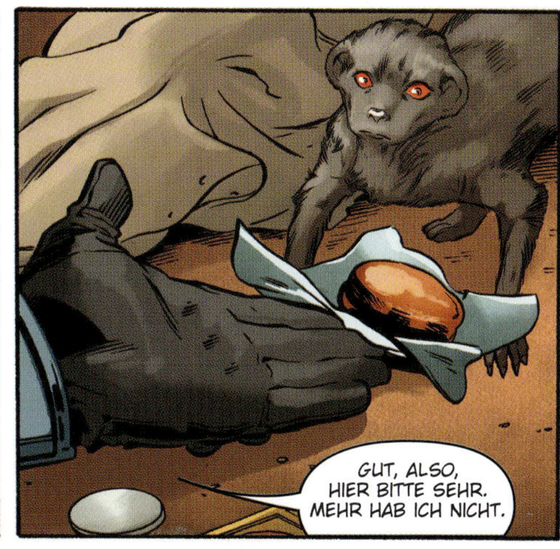
GUT, ALSO,
HIER BITTE SEHR.
MEHR HAB ICH NICHT.
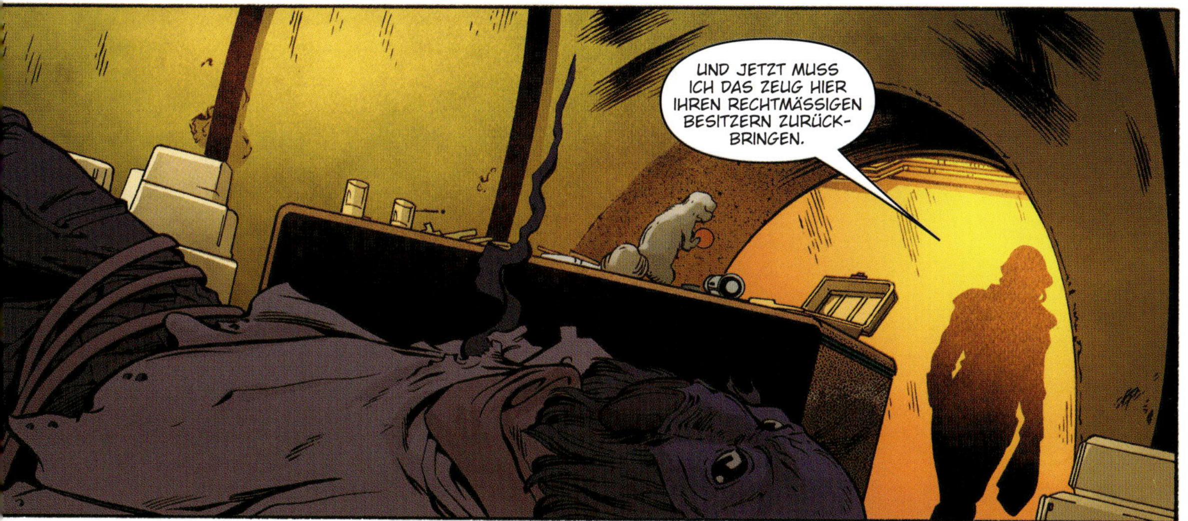
UND JETZT MUSS
ICH DAS ZEUG HIER
IHREN RECHTMÄSSIGEN
BESITZERN ZURÜCK-
BRINGEN.
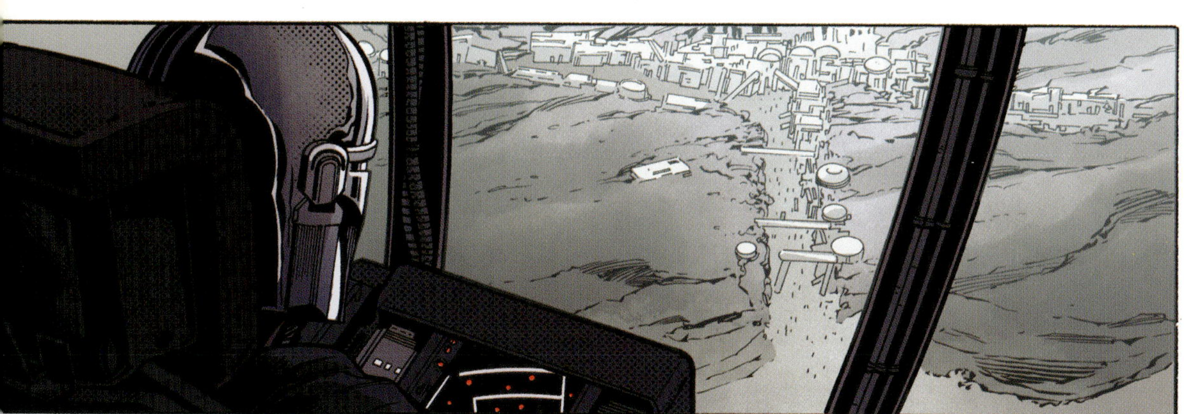
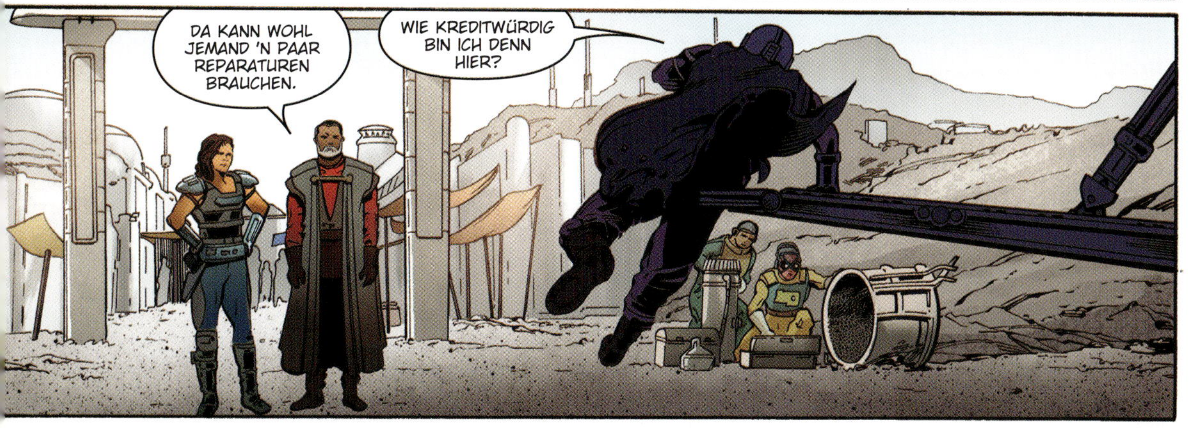
DA KANN WOHL
JEMAND 'N PAAR
REPARATUREN
BRAUCHEN.
WIE KREDITWÜRDIG
BIN ICH DENN
HIER?

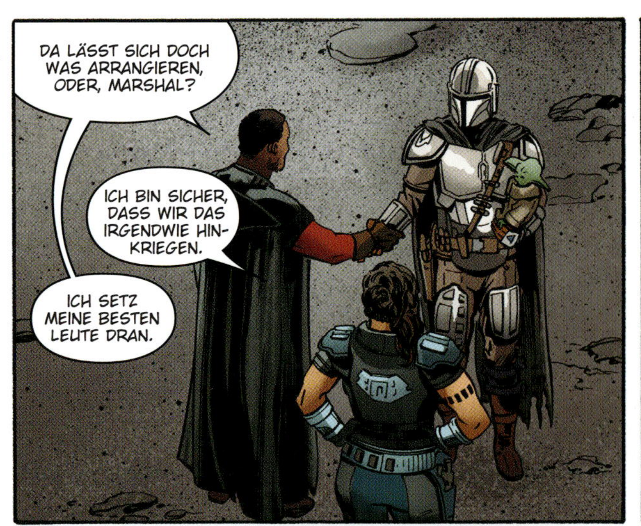
DA LÄSST SICH DOCH WAS ARRANGIEREN, ODER, MARSHAL?
ICH BIN SICHER, DASS WIR DAS IRGENDWIE HIN-KRIEGEN.
ICH SETZ MEINE BESTEN LEUTE DRAN.

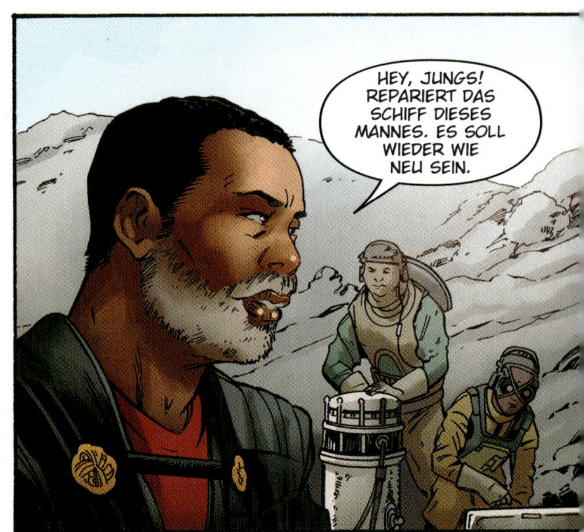
HEY, JUNGS! REPARIERT DAS SCHIFF DIESES MANNES. ES SOLL WIEDER WIE NEU SEIN.

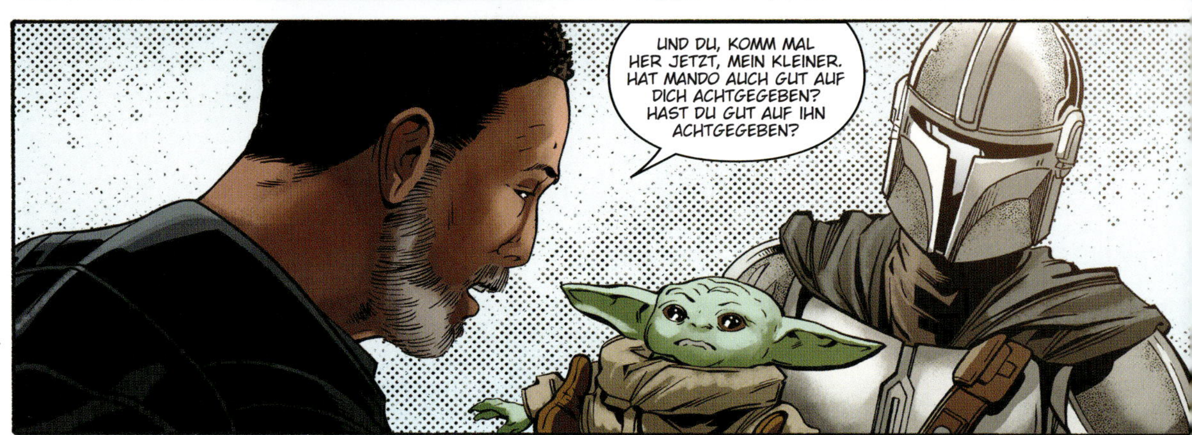
UND DU, KOMM MAL HER JETZT, MEIN KLEINER. HAT MANDO AUCH GUT AUF DICH ACHTGEGEBEN? HAST DU GUT AUF IHN ACHTGEGEBEN?

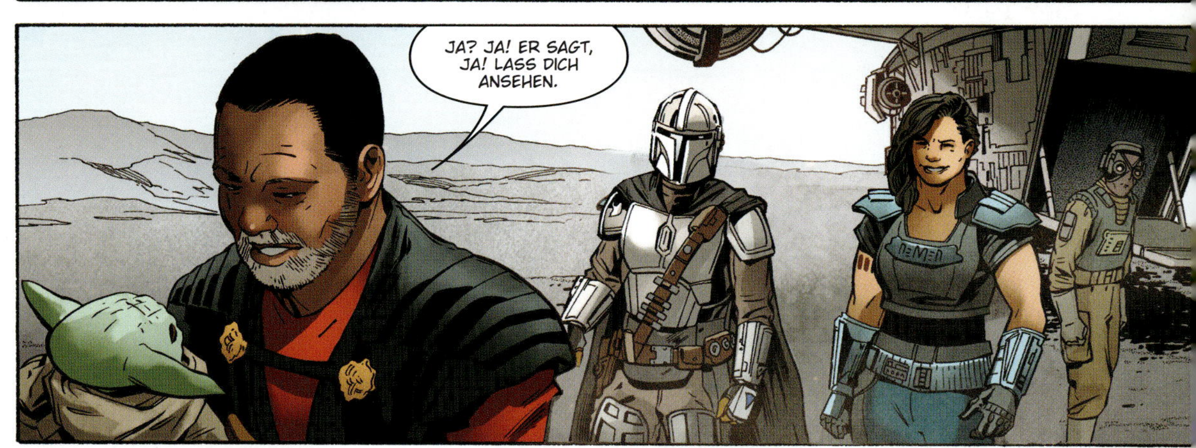
JA? JA! ER SAGT, JA! LASS DICH ANSEHEN.

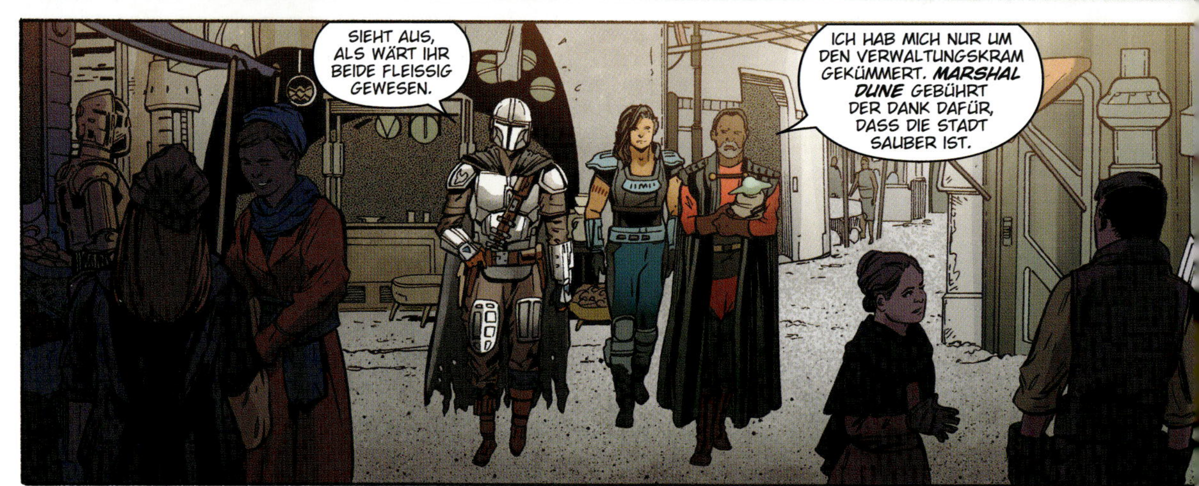
SIEHT AUS, ALS WÄRT IHR BEIDE FLEISSIG GEWESEN.
ICH HAB MICH NUR UM DEN VERWALTUNGSKRAM GEKÜMMERT. ***MARSHAL DUNE*** GEBÜHRT DER DANK DAFÜR, DASS DIE STADT SAUBER IST.

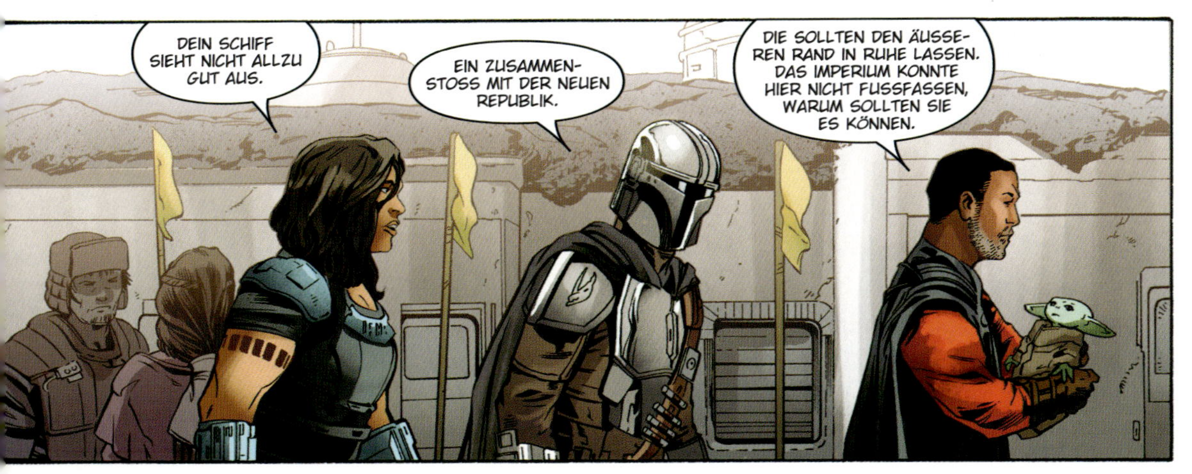

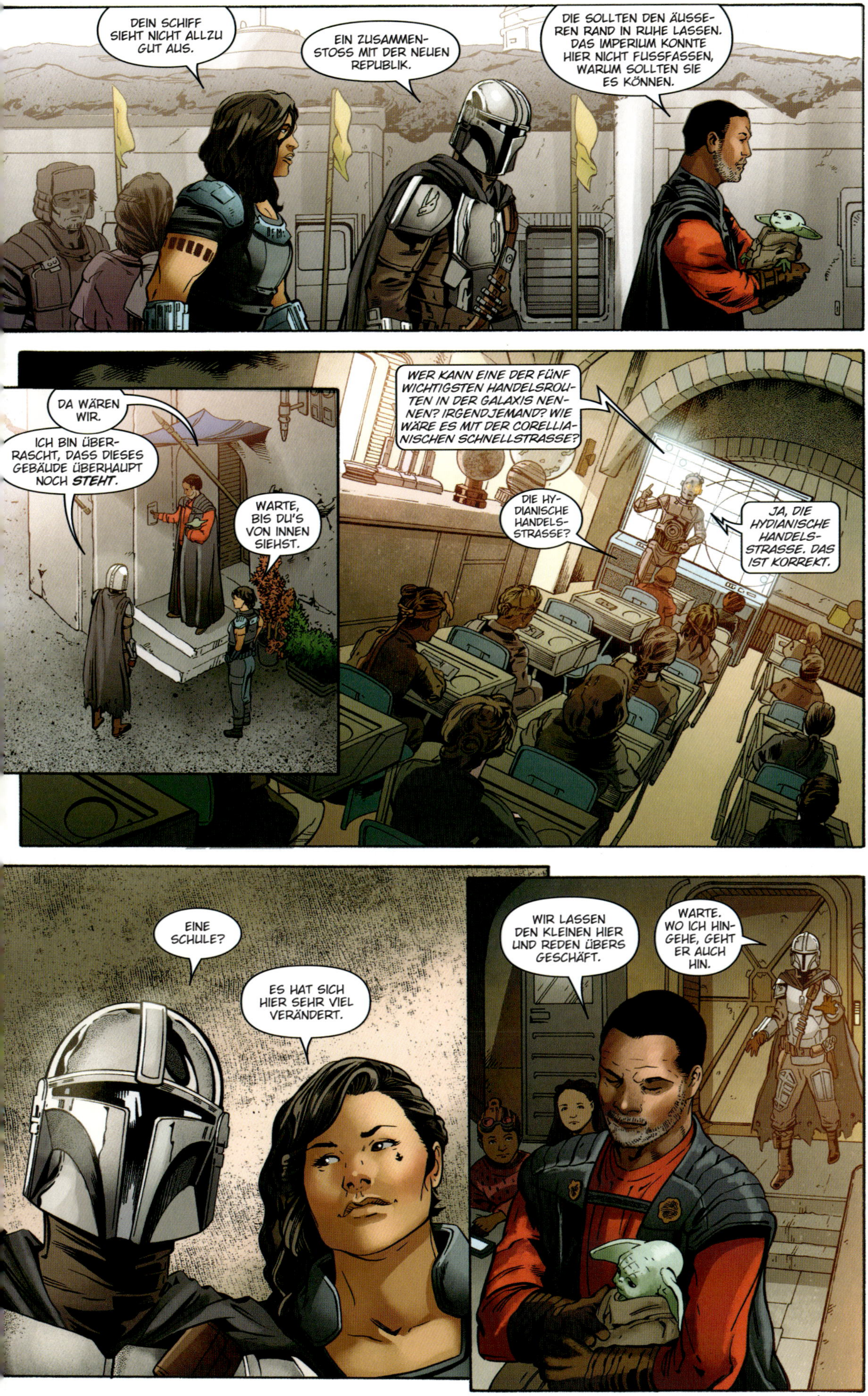

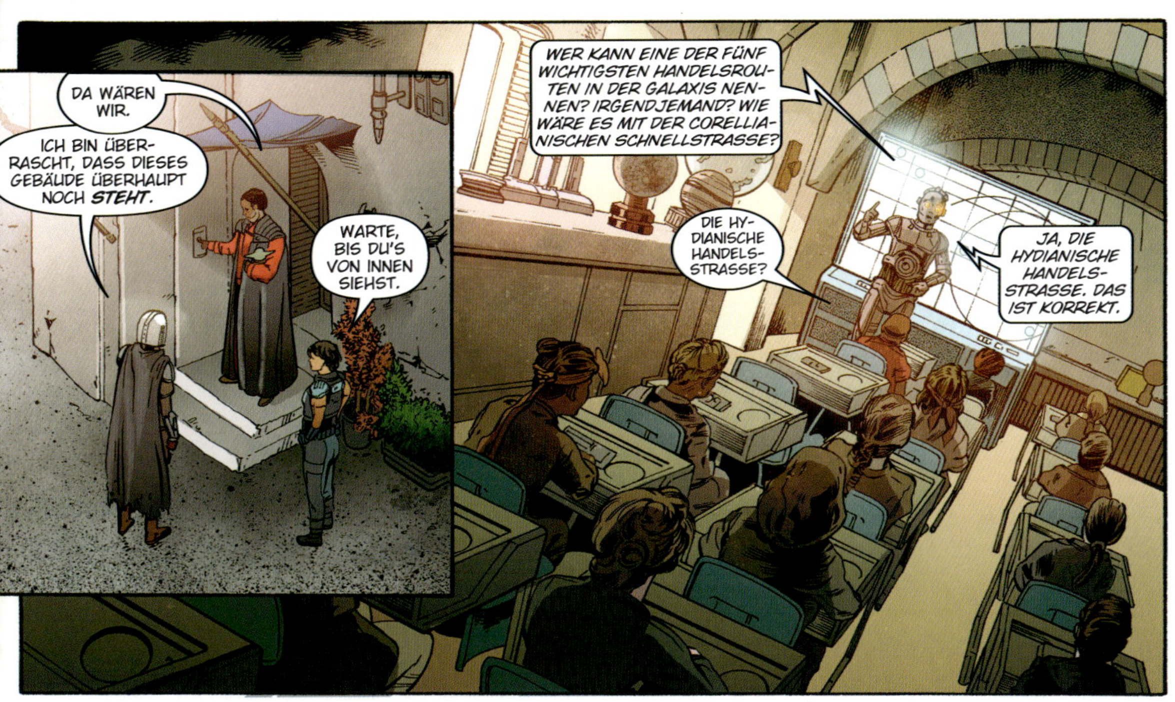

EINE SCHULE?
ES HAT SICH HIER SEHR VIEL VERÄNDERT.
WIR LASSEN DEN KLEINEN HIER UND REDEN ÜBERS GESCHÄFT.
WARTE. WO ICH HINGEHE, GEHT ER AUCH HIN.

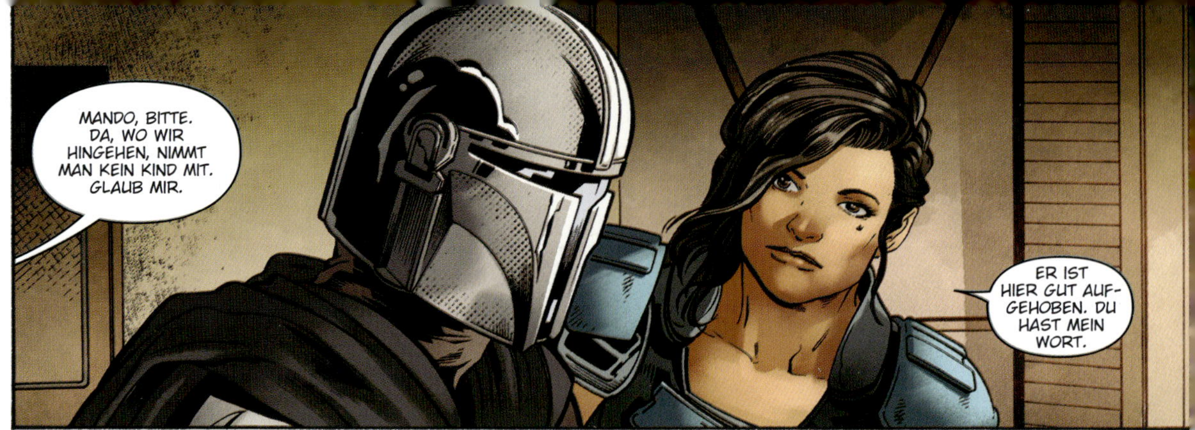
MANDO, BITTE. DA, WO WIR HINGEHEN, NIMMT MAN KEIN KIND MIT. GLAUB MIR.
ER IST HIER GUT AUFGEHOBEN. DU HAST MEIN WORT.

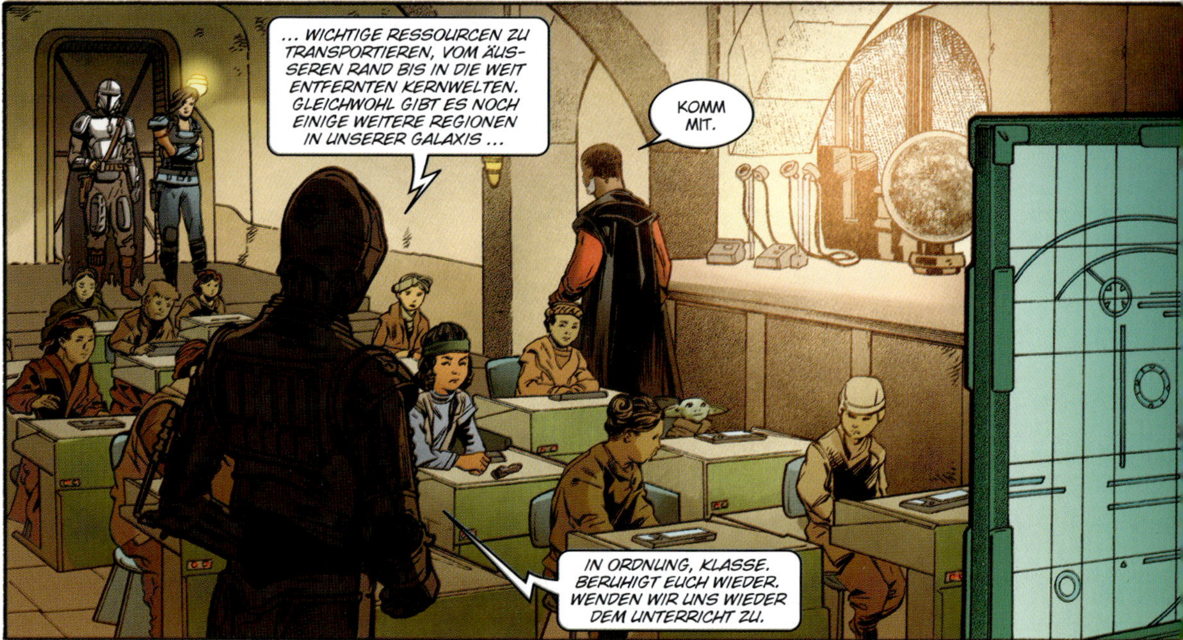
... WICHTIGE RESSOURCEN ZU TRANSPORTIEREN, VOM ÄUSSEREN RAND BIS IN DIE WEIT ENTFERNTEN KERNWELTEN. GLEICHWOHL GIBT ES NOCH EINIGE WEITERE REGIONEN IN UNSERER GALAXIS ...
KOMM MIT.
IN ORDNUNG, KLASSE. BERUHIGT EUCH WIEDER. WENDEN WIR UNS WIEDER DEM UNTERRICHT ZU.

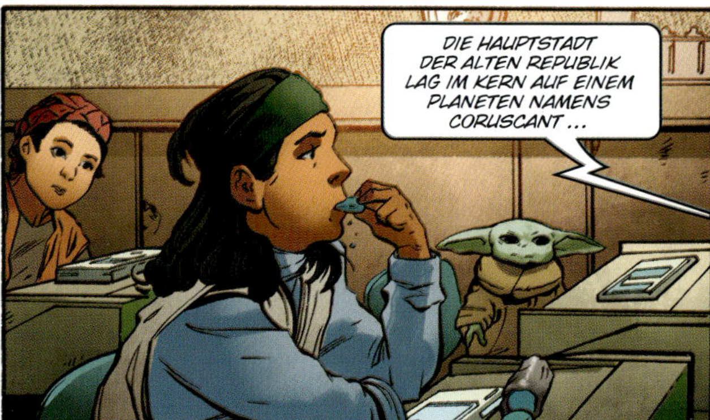
DIE HAUPTSTADT DER ALTEN REPUBLIK LAG IM KERN AUF EINEM PLANETEN NAMENS CORUSCANT ...

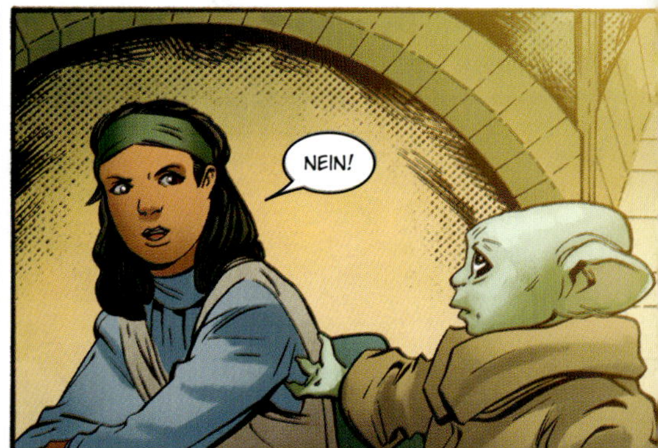
NEIN!

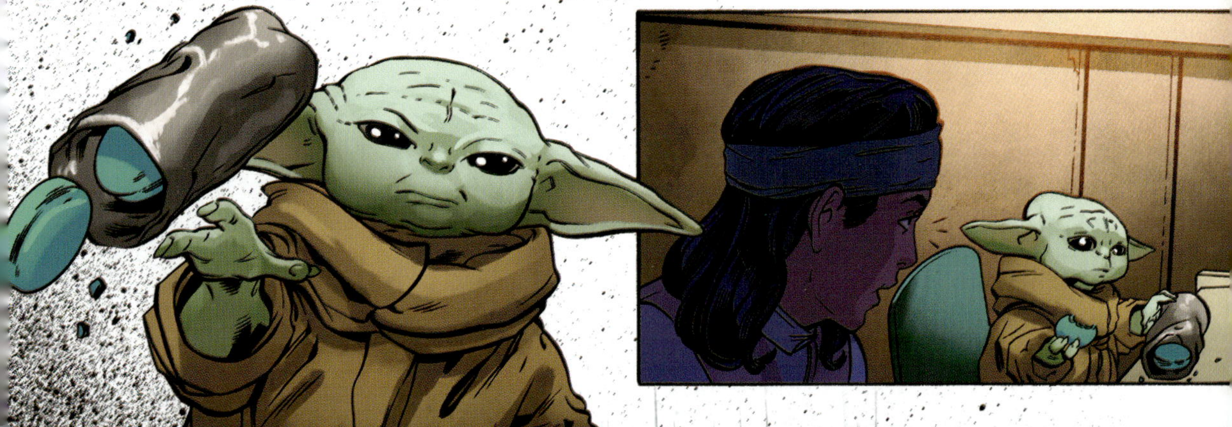

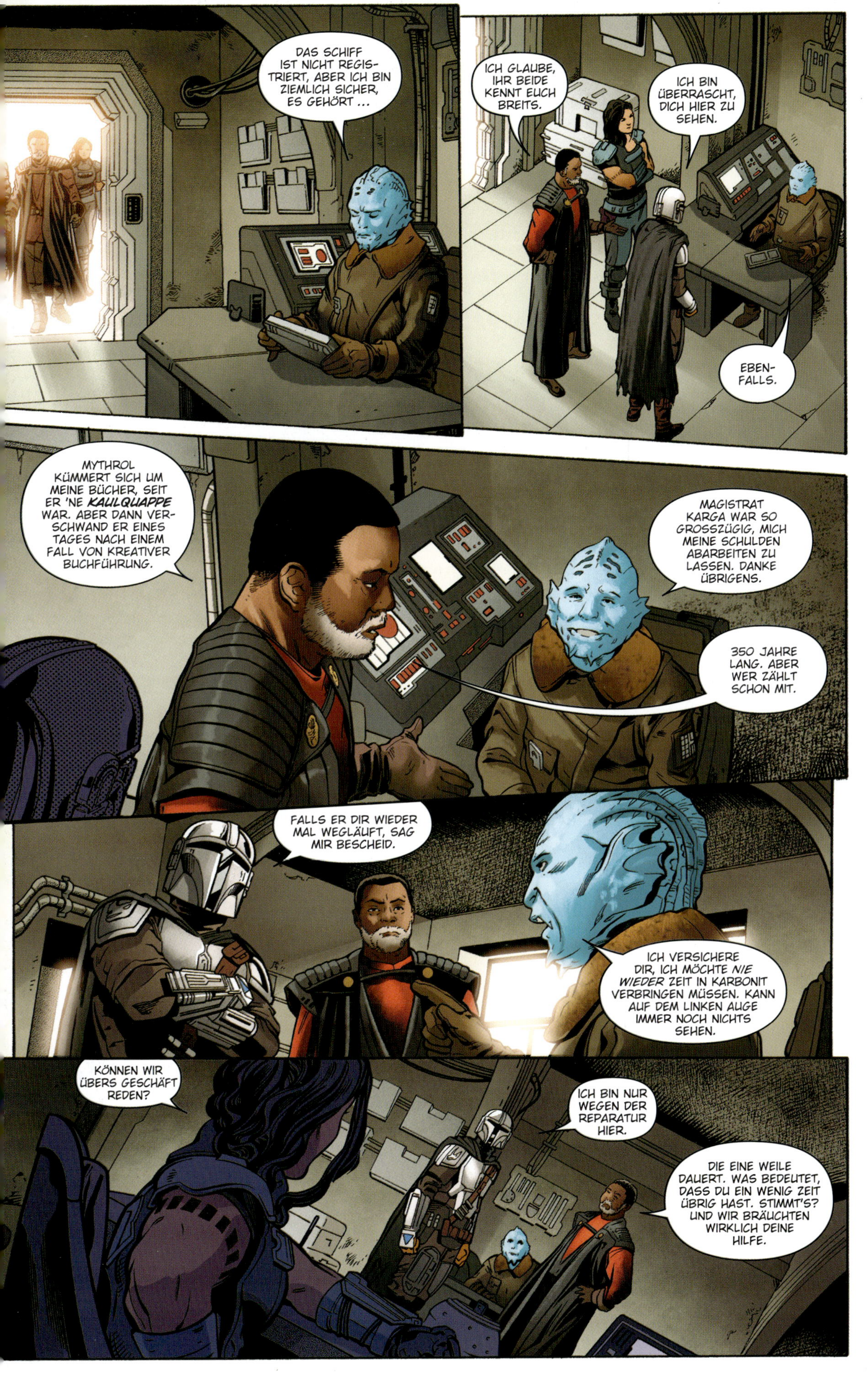
DAS SCHIFF IST NICHT REGISTRIERT, ABER ICH BIN ZIEMLICH SICHER, ES GEHÖRT ...
ICH GLAUBE, IHR BEIDE KENNT EUCH BREITS.
ICH BIN ÜBERRASCHT, DICH HIER ZU SEHEN.
EBENFALLS.
MYTHROL KÜMMERT SICH UM MEINE BÜCHER, SEIT ER 'NE *KAULQUAPPE* WAR. ABER DANN VERSCHWAND ER EINES TAGES NACH EINEM FALL VON KREATIVER BUCHFÜHRUNG.
MAGISTRAT KARGA WAR SO GROSSZÜGIG, MICH MEINE SCHULDEN ABARBEITEN ZU LASSEN. DANKE ÜBRIGENS.
350 JAHRE LANG. ABER WER ZÄHLT SCHON MIT.
FALLS ER DIR WIEDER MAL WEGLÄUFT, SAG MIR BESCHEID.
ICH VERSICHERE DIR, ICH MÖCHTE *NIE WIEDER* ZEIT IN KARBONIT VERBRINGEN MÜSSEN. KANN AUF DEM LINKEN AUGE IMMER NOCH NICHTS SEHEN.
KÖNNEN WIR ÜBERS GESCHÄFT REDEN?
ICH BIN NUR WEGEN DER REPARATUR HIER.
DIE EINE WEILE DAUERT. WAS BEDEUTET, DASS DU EIN WENIG ZEIT ÜBRIG HAST. STIMMT'S? UND WIR BRÄUCHTEN WIRKLICH DEINE HILFE.

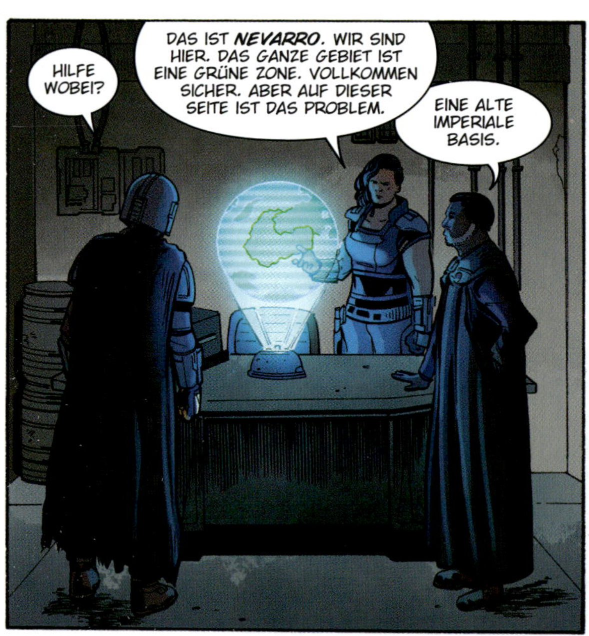
HILFE WOBEI?
DAS IST NEVARRO. WIR SIND HIER. DAS GANZE GEBIET IST EINE GRÜNE ZONE. VOLLKOMMEN SICHER. ABER AUF DIESER SEITE IST DAS PROBLEM.
EINE ALTE IMPERIALE BASIS.
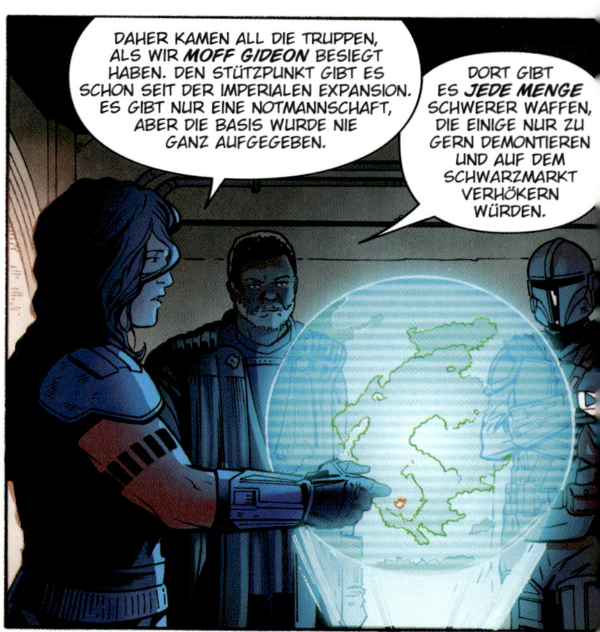
DAHER KAMEN ALL DIE TRUPPEN, ALS WIR MOFF GIDEON BESIEGT HABEN. DEN STÜTZPUNKT GIBT ES SCHON SEIT DER IMPERIALEN EXPANSION. ES GIBT NUR EINE NOTMANNSCHAFT, ABER DIE BASIS WURDE NIE GANZ AUFGEGEBEN.
DORT GIBT ES JEDE MENGE SCHWERER WAFFEN, DIE EINIGE NUR ZU GERN DEMONTIEREN UND AUF DEM SCHWARZMARKT VERHÖKERN WÜRDEN.
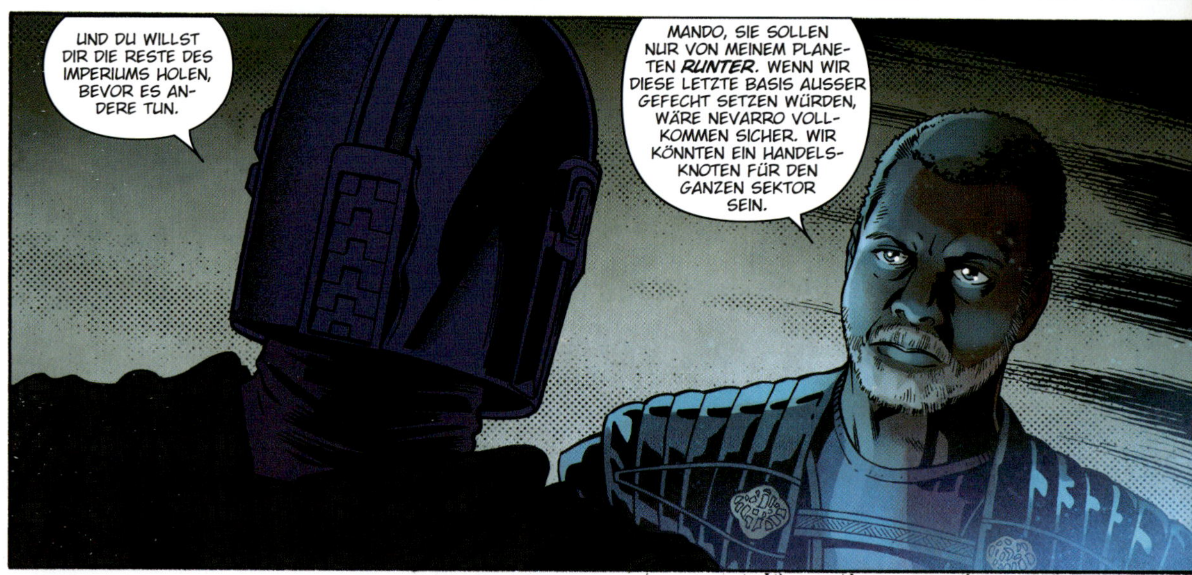
UND DU WILLST DIR DIE RESTE DES IMPERIUMS HOLEN, BEVOR ES ANDERE TUN.
MANDO, SIE SOLLEN NUR VON MEINEM PLANETEN RUNTER. WENN WIR DIESE LETZTE BASIS AUSSER GEFECHT SETZEN WÜRDEN, WÄRE NEVARRO VOLLKOMMEN SICHER. WIR KÖNNTEN EIN HANDELSKNOTEN FÜR DEN GANZEN SEKTOR SEIN.
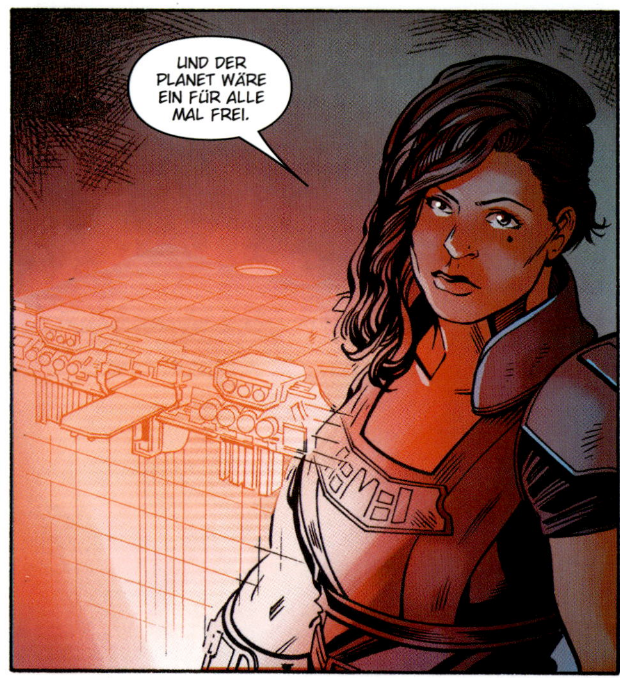
UND DER PLANET WÄRE EIN FÜR ALLE MAL FREI.
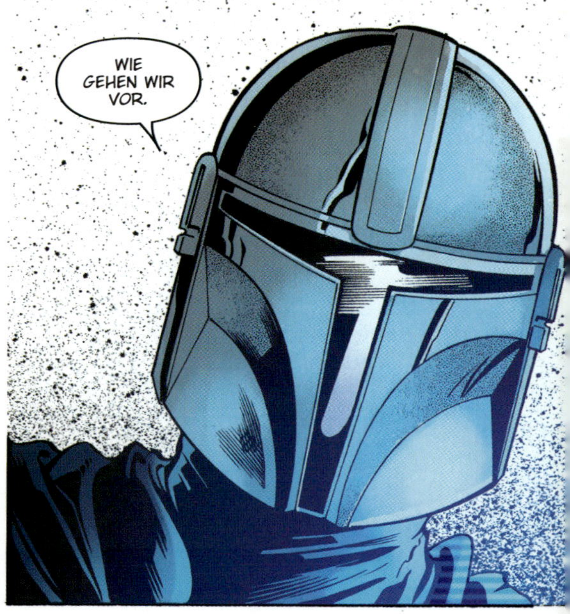
WIE GEHEN WIR VOR.

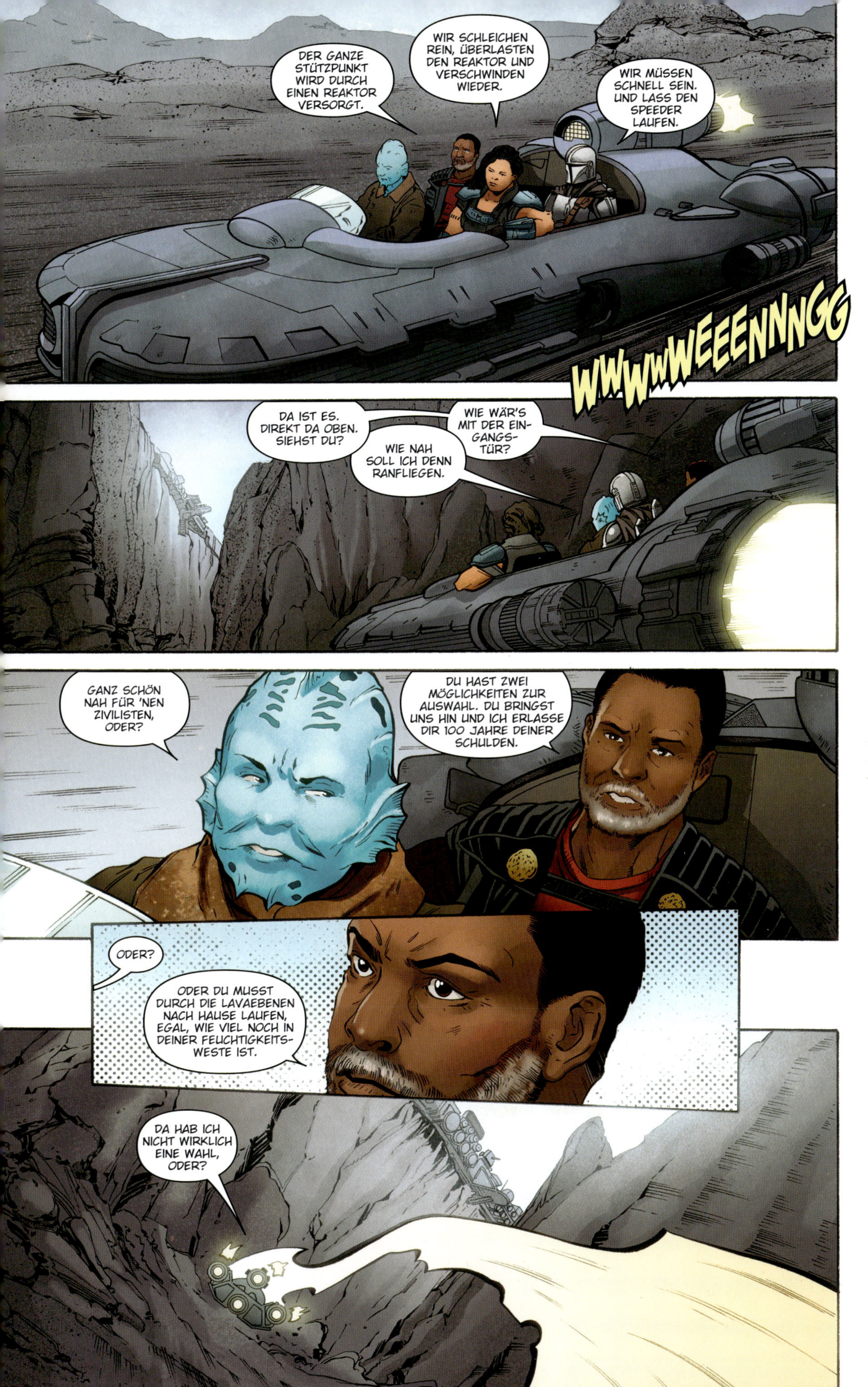
DER GANZE STÜTZPUNKT WIRD DURCH EINEN REAKTOR VERSORGT.
WIR SCHLEICHEN REIN, ÜBERLASTEN DEN REAKTOR UND VERSCHWINDEN WIEDER.
WIR MÜSSEN SCHNELL SEIN. UND LASS DEN SPEEDER LAUFEN.
WWWWWEEENNNGG
DA IST ES. DIREKT DA OBEN. SIEHST DU?
WIE NAH SOLL ICH DENN RANFLIEGEN.
WIE WÄR'S MIT DER EINGANGSTÜR?
GANZ SCHÖN NAH FÜR 'NEN ZIVILISTEN, ODER?
DU HAST ZWEI MÖGLICHKEITEN ZUR AUSWAHL. DU BRINGST UNS HIN UND ICH ERLASSE DIR 100 JAHRE DEINER SCHULDEN.
ODER?
ODER DU MUSST DURCH DIE LAVAEBENEN NACH HAUSE LAUFEN, EGAL, WIE VIEL NOCH IN DEINER FEUCHTIGKEITSWESTE IST.
DA HAB ICH NICHT WIRKLICH EINE WAHL, ODER?

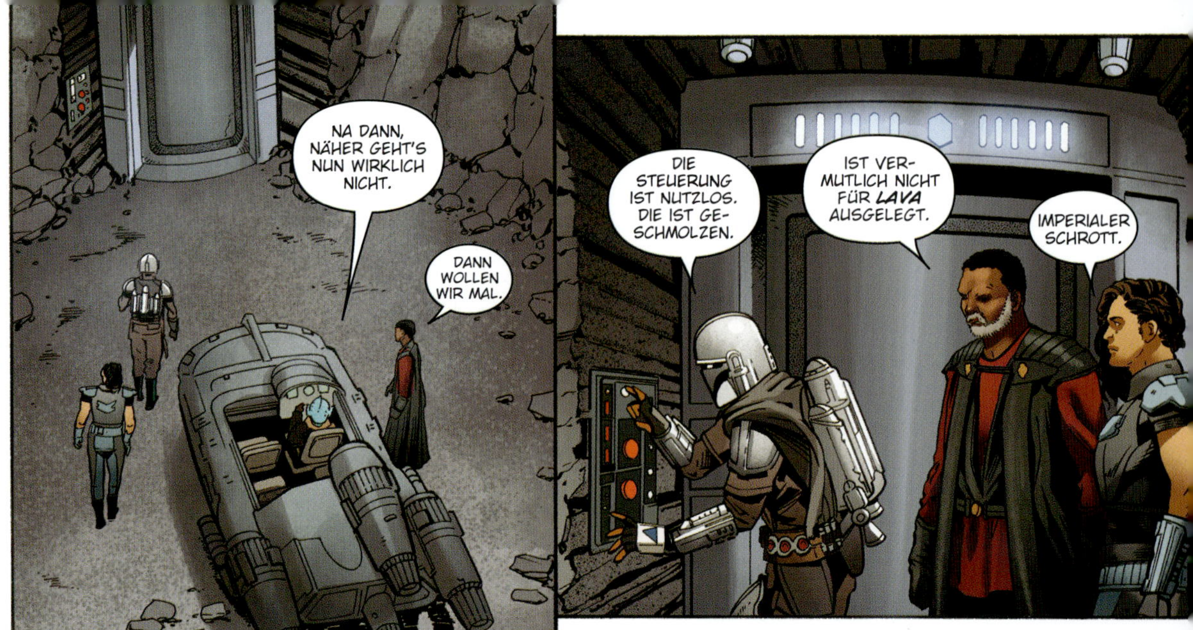
NA DANN, NÄHER GEHT'S NUN WIRKLICH NICHT.
DANN WOLLEN WIR MAL.
DIE STEUERUNG IST NUTZLOS. DIE IST GESCHMOLZEN.
IST VERMUTLICH NICHT FÜR LAVA AUSGELEGT.
IMPERIALER SCHROTT.

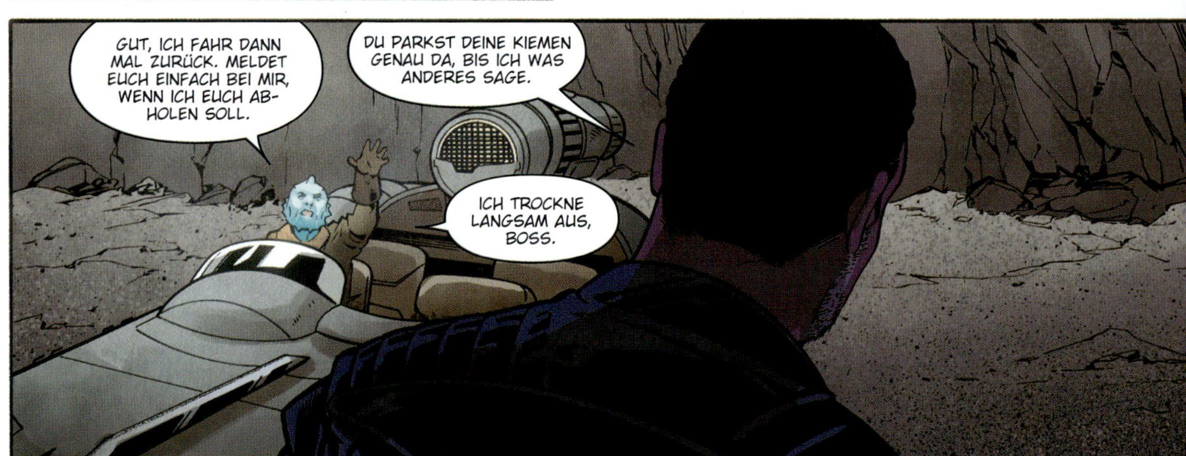
GUT, ICH FAHR DANN MAL ZURÜCK. MELDET EUCH EINFACH BEI MIR, WENN ICH EUCH ABHOLEN SOLL.
DU PARKST DEINE KIEMEN GENAU DA, BIS ICH WAS ANDERES SAGE.
ICH TROCKNE LANGSAM AUS, BOSS.

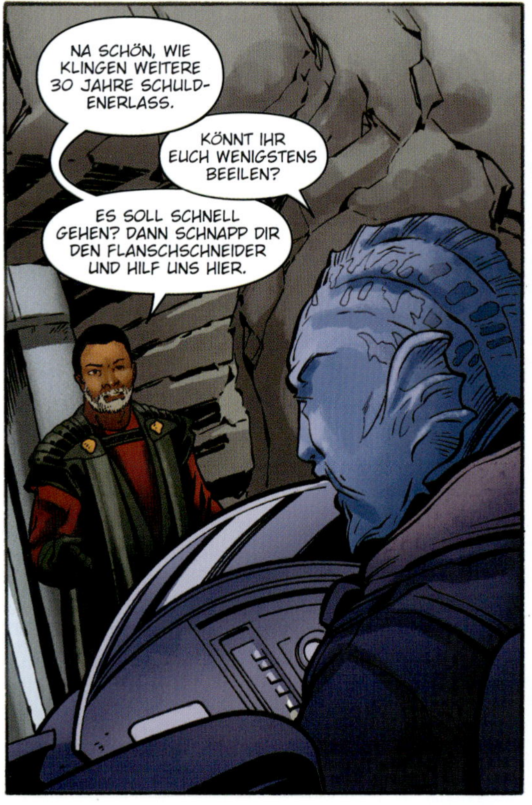
NA SCHÖN, WIE KLINGEN WEITERE 30 JAHRE SCHULDENERLASS.
KÖNNT IHR EUCH WENIGSTENS BEEILEN?
ES SOLL SCHNELL GEHEN? DANN SCHNAPP DIR DEN FLANSCHSCHNEIDER UND HILF UNS HIER.

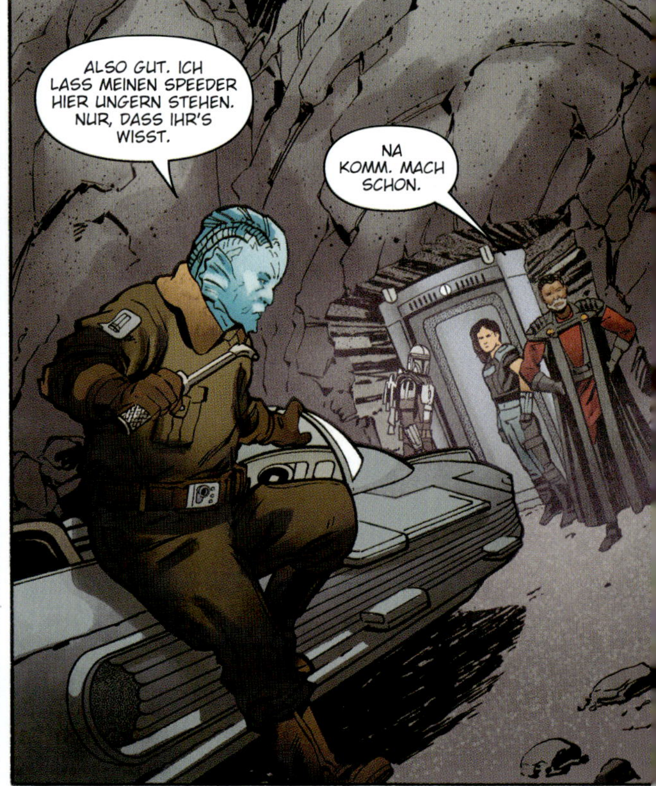
ALSO GUT. ICH LASS MEINEN SPEEDER HIER UNGERN STEHEN. NUR, DASS IHR'S WISST.
NA KOMM. MACH SCHON.

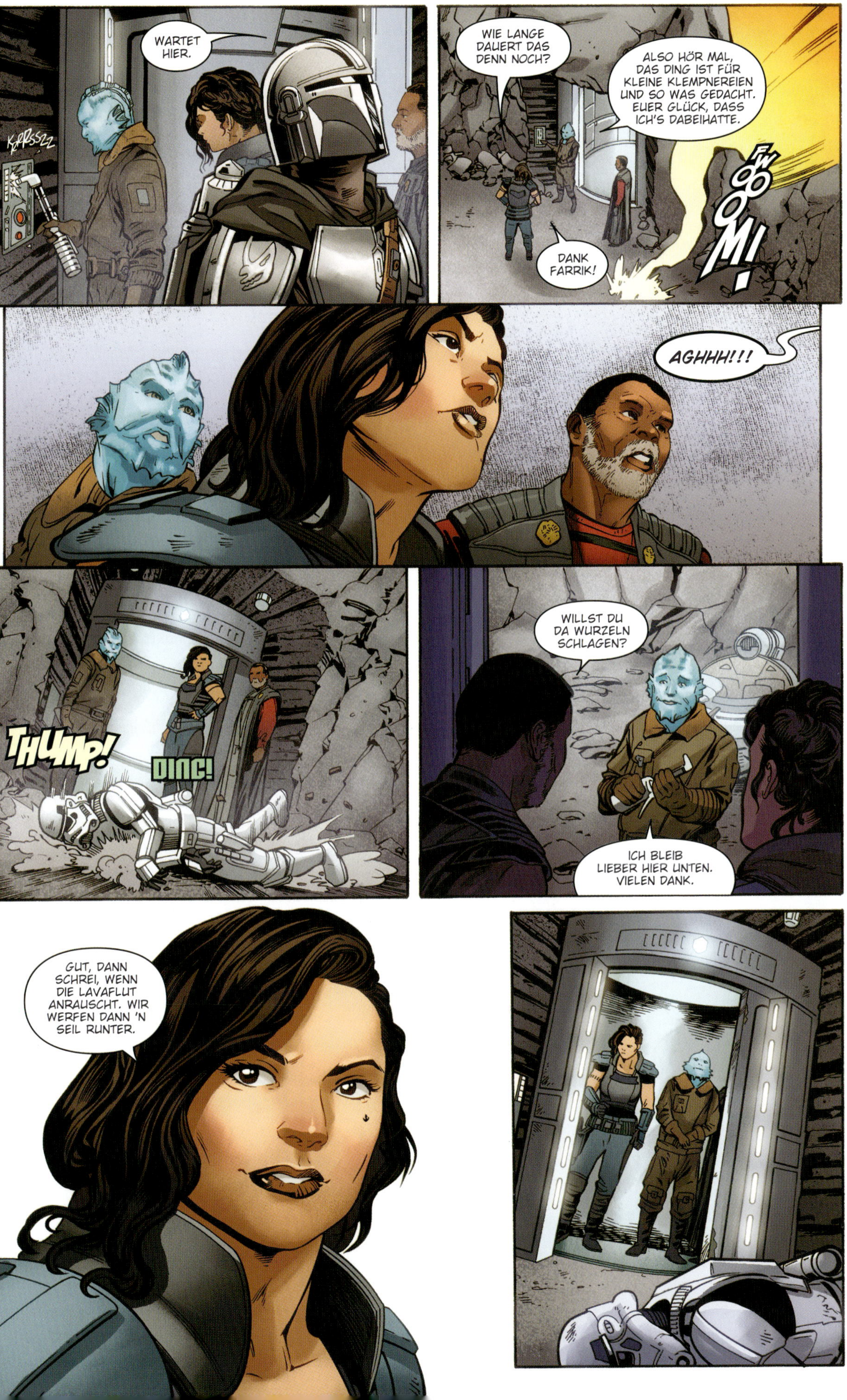

WARTET HIER.

WIE LANGE DAUERT DAS DENN NOCH?

ALSO HÖR MAL, DAS DING IST FÜR KLEINE KLEMPNEREIEN UND SO WAS GEDACHT. EUER GLÜCK, DASS ICH'S DABEIHATTE.

FWOOOM!

DANK FARRIK!

AGHHH!!!

THUMP!

DING!

WILLST DU DA WURZELN SCHLAGEN?

ICH BLEIB LIEBER HIER UNTEN. VIELEN DANK.

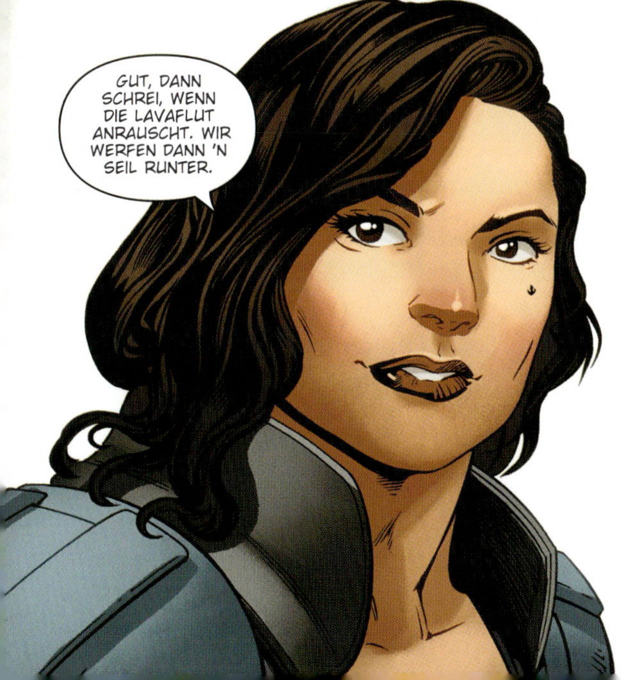

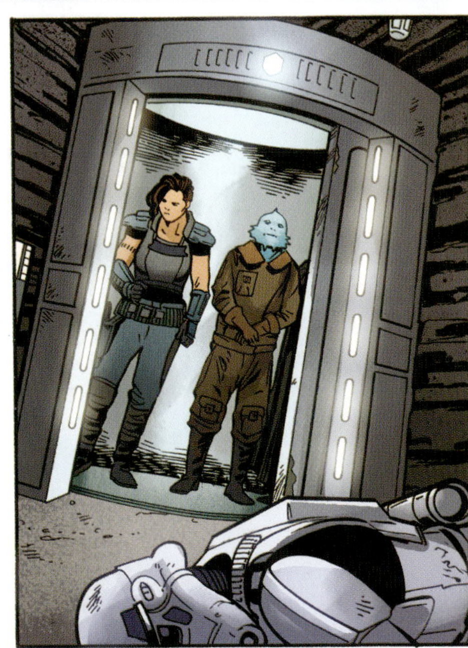

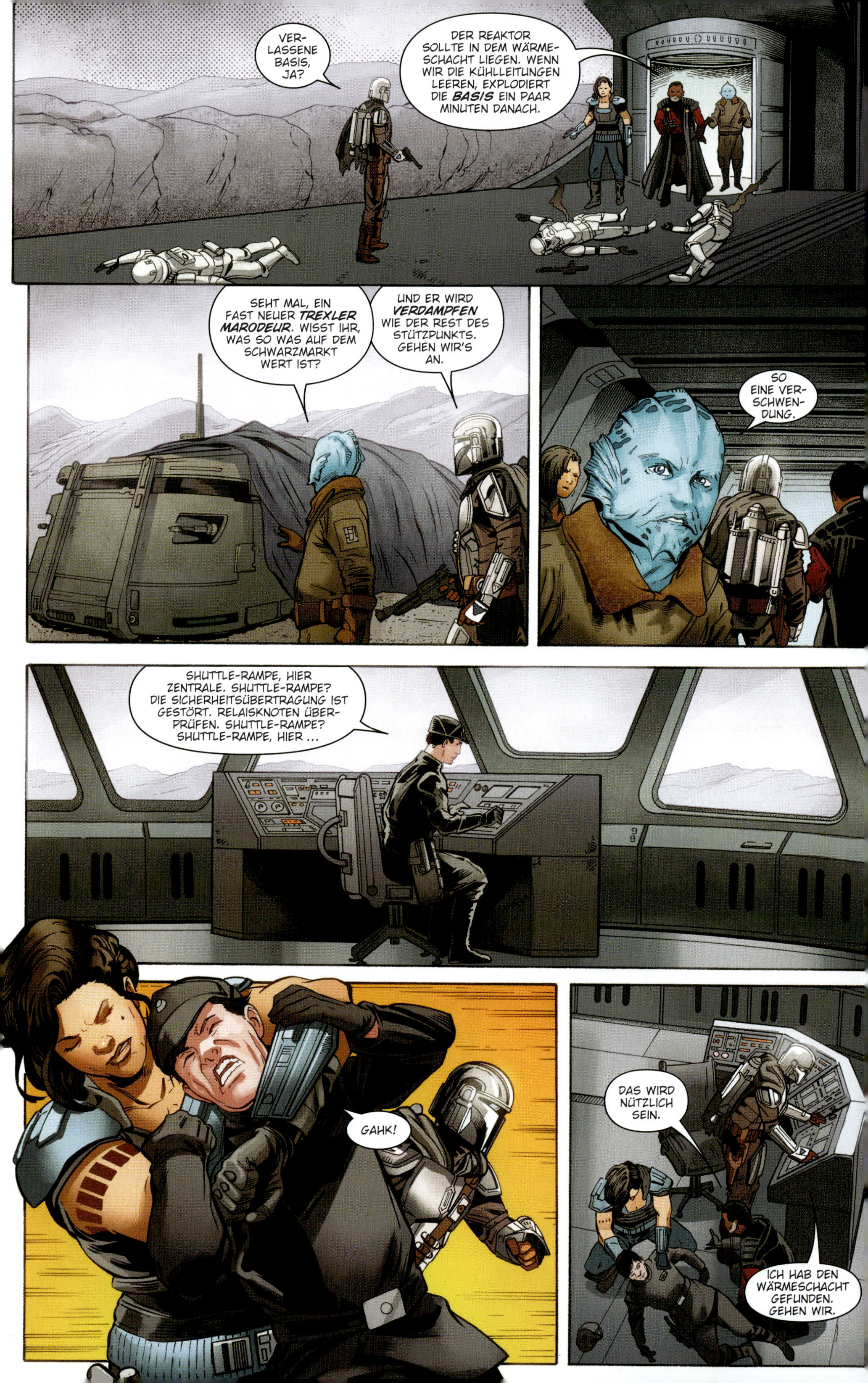

VERLASSENE BASIS, JA?
DER REAKTOR SOLLTE IN DEM WÄRMESCHACHT LIEGEN. WENN WIR DIE KÜHLLEITUNGEN LEEREN, EXPLODIERT DIE ***BASIS*** EIN PAAR MINUTEN DANACH.
SEHT MAL, EIN FAST NEUER ***TREXLER MARODEUR***. WISST IHR, WAS SO WAS AUF DEM SCHWARZMARKT WERT IST?
UND ER WIRD ***VERDAMPFEN*** WIE DER REST DES STÜTZPUNKTS. GEHEN WIR'S AN.
SO EINE VERSCHWENDUNG.
SHUTTLE-RAMPE, HIER ZENTRALE. SHUTTLE-RAMPE? DIE SICHERHEITSÜBERTRAGUNG IST GESTÖRT. RELAISKNOTEN ÜBERPRÜFEN. SHUTTLE-RAMPE? SHUTTLE-RAMPE, HIER ...
GAHK!
DAS WIRD NÜTZLICH SEIN.
ICH HAB DEN WÄRMESCHACHT GEFUNDEN. GEHEN WIR.

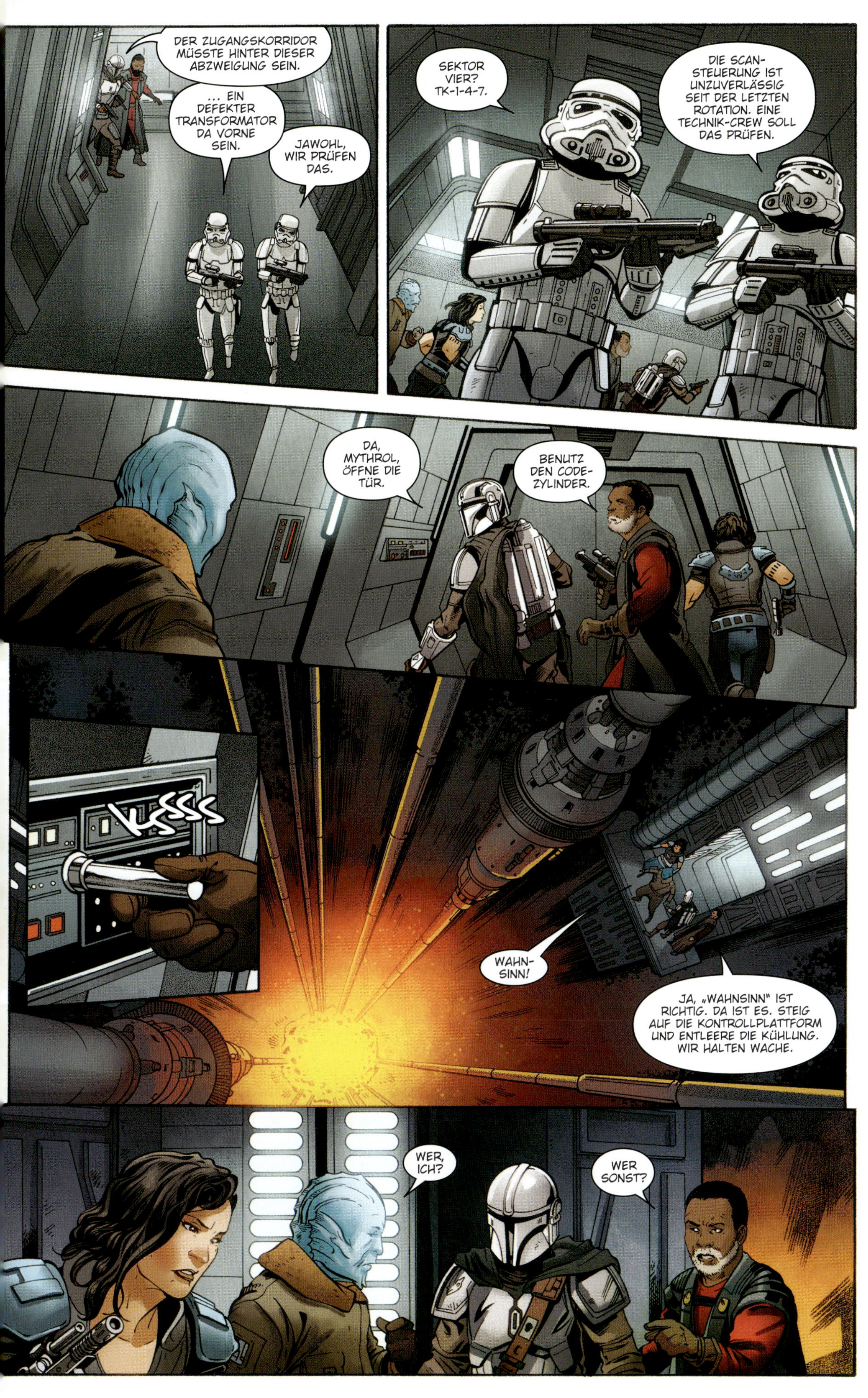
DER ZUGANGSKORRIDOR MÜSSTE HINTER DIESER ABZWEIGUNG SEIN.
... EIN DEFEKTER TRANSFORMATOR DA VORNE SEIN.
JAWOHL, WIR PRÜFEN DAS.
SEKTOR VIER? TK-1-4-7.
DIE SCAN-STEUERUNG IST UNZUVERLÄSSIG SEIT DER LETZTEN ROTATION. EINE TECHNIK-CREW SOLL DAS PRÜFEN.
DA, MYTHROL, ÖFFNE DIE TÜR.
BENUTZ DEN CODE-ZYLINDER.
KSSSS
WAHN-SINN!
JA, „WAHNSINN" IST RICHTIG. DA IST ES. STEIG AUF DIE KONTROLLPLATTFORM UND ENTLEERE DIE KÜHLUNG. WIR HALTEN WACHE.
WER, ICH?
WER SONST?

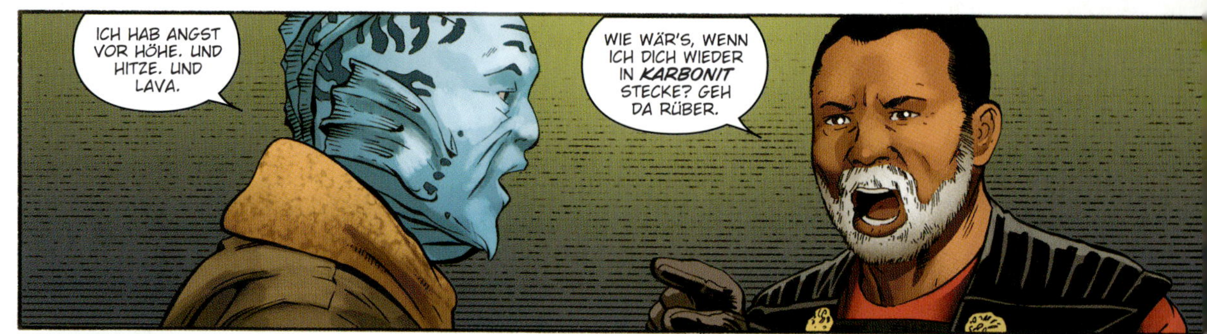

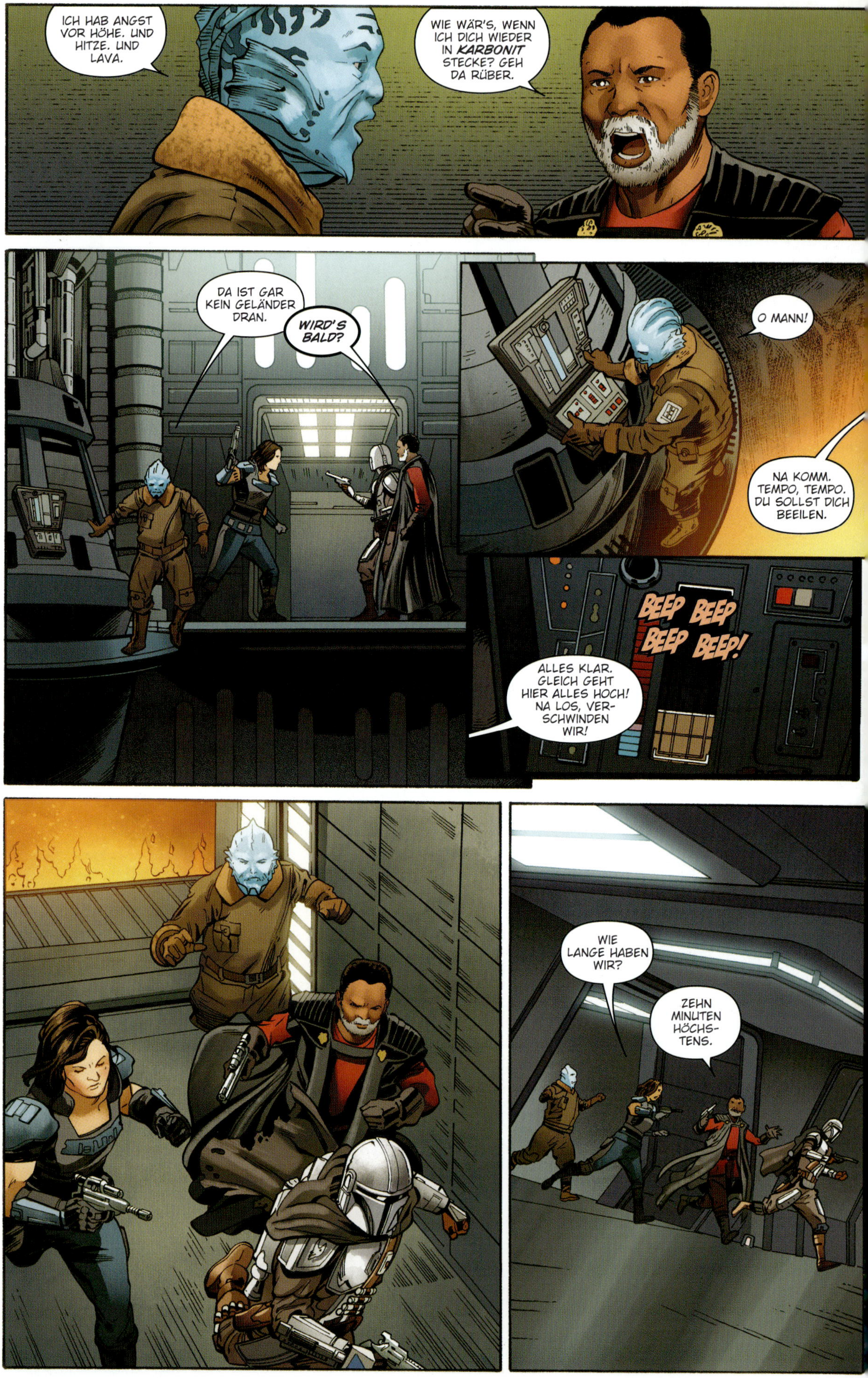

DA IST GAR KEIN GELÄNDER DRAN.
WIRD'S BALD?
O MANN!
NA KOMM. TEMPO, TEMPO. DU SOLLST DICH BEEILEN.
BEEP BEEP BEEP BEEP!
ALLES KLAR. GLEICH GEHT HIER ALLES HOCH! NA LOS, VERSCHWINDEN WIR!

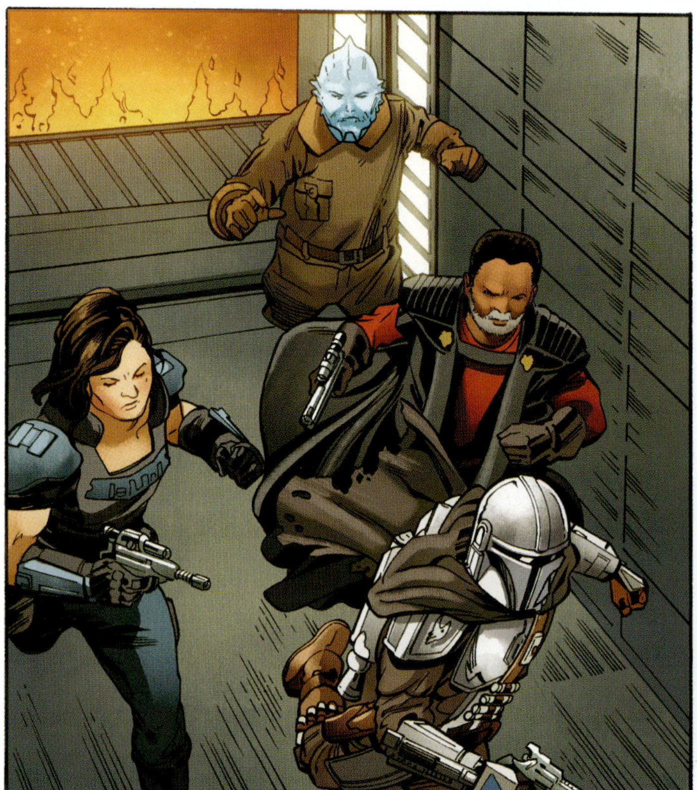

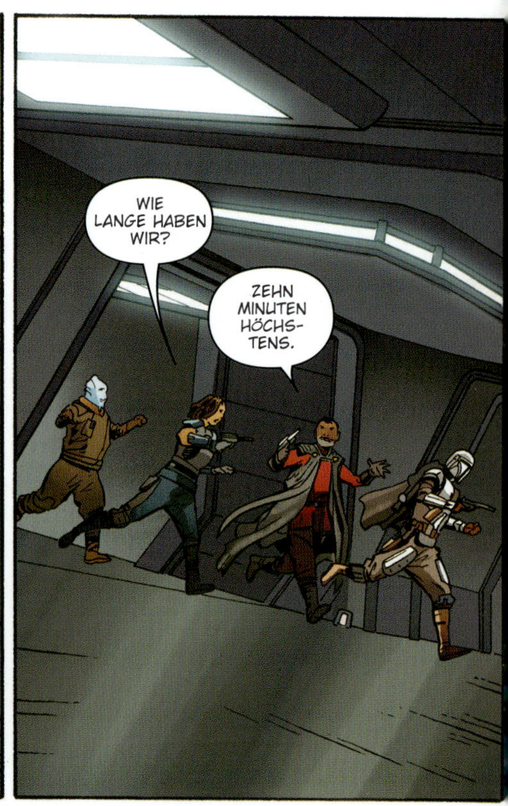

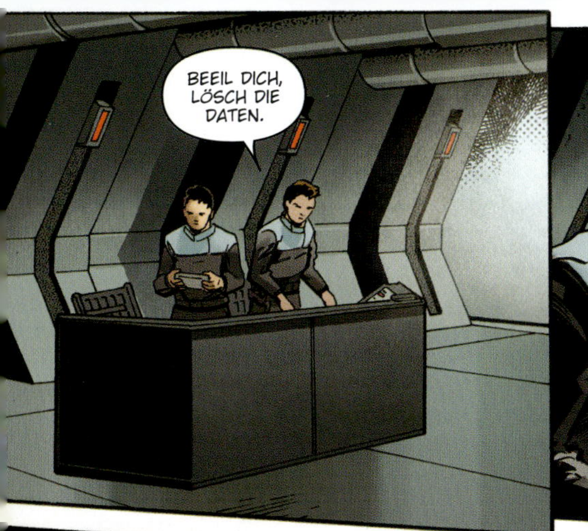
BEEIL DICH, LÖSCH DIE DATEN.

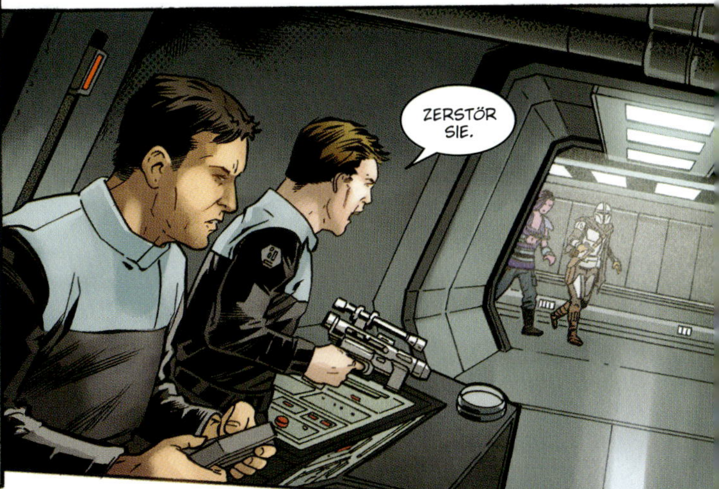
ZERSTÖR SIE.

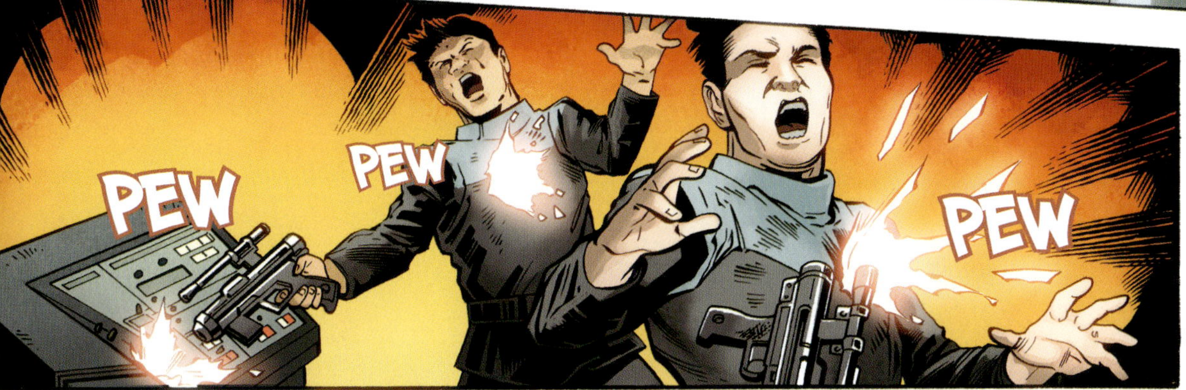
PEW
PEW
PEW

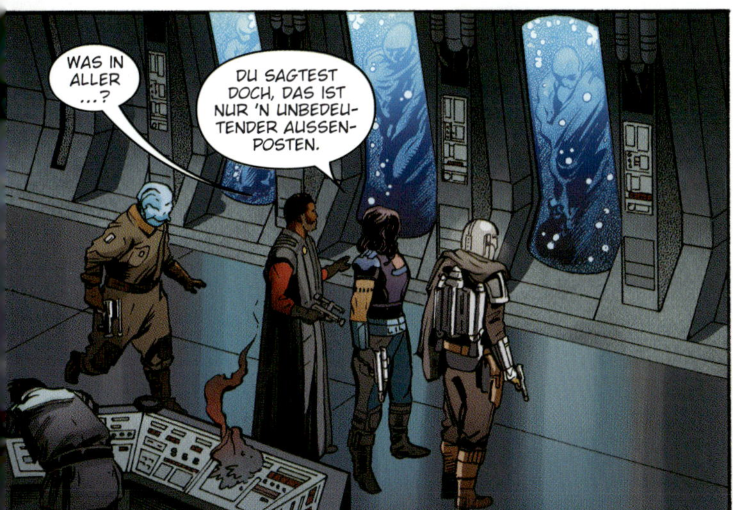
WAS IN ALLER ...?
DU SAGTEST DOCH, DAS IST NUR 'N UNBEDEUTENDER AUSSEN-POSTEN.

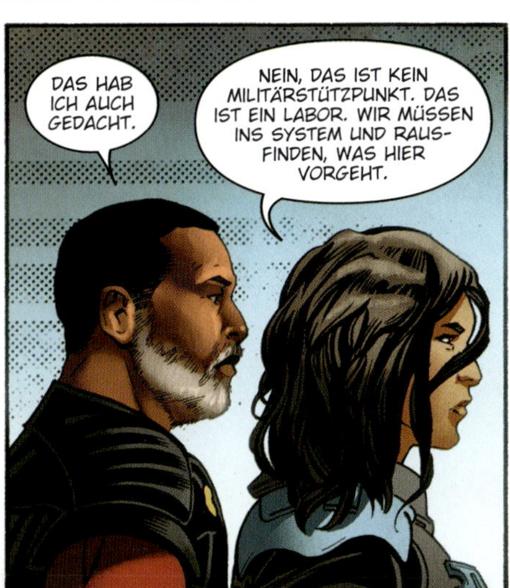
DAS HAB ICH AUCH GEDACHT.
NEIN, DAS IST KEIN MILITÄRSTÜTZPUNKT. DAS IST EIN LABOR. WIR MÜSSEN INS SYSTEM UND RAUSFINDEN, WAS HIER VORGEHT.

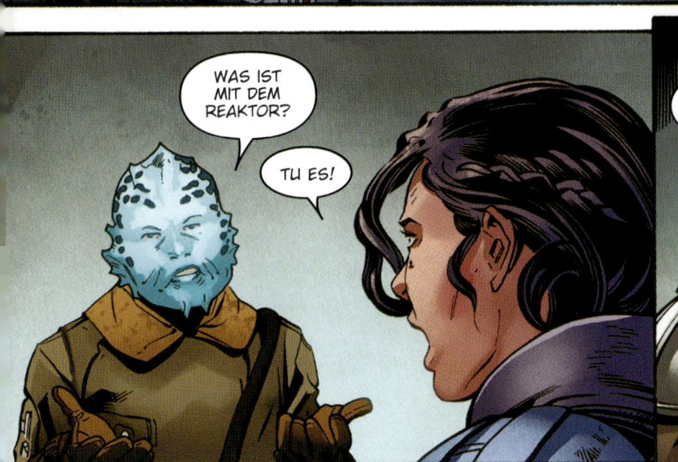
WAS IST MIT DEM REAKTOR?
TU ES!

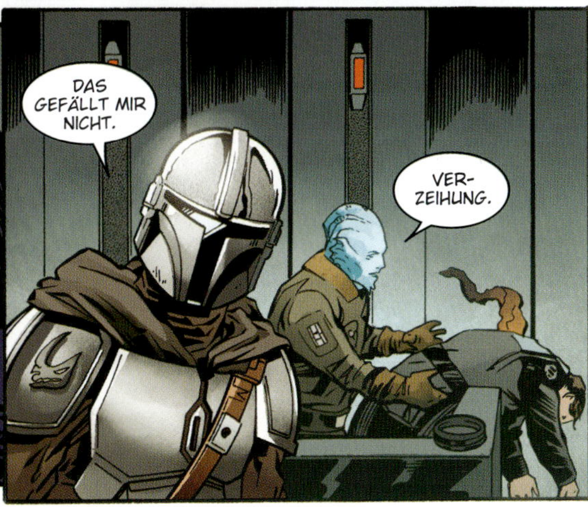
DAS GEFÄLLT MIR NICHT.
VER-ZEIHUNG.

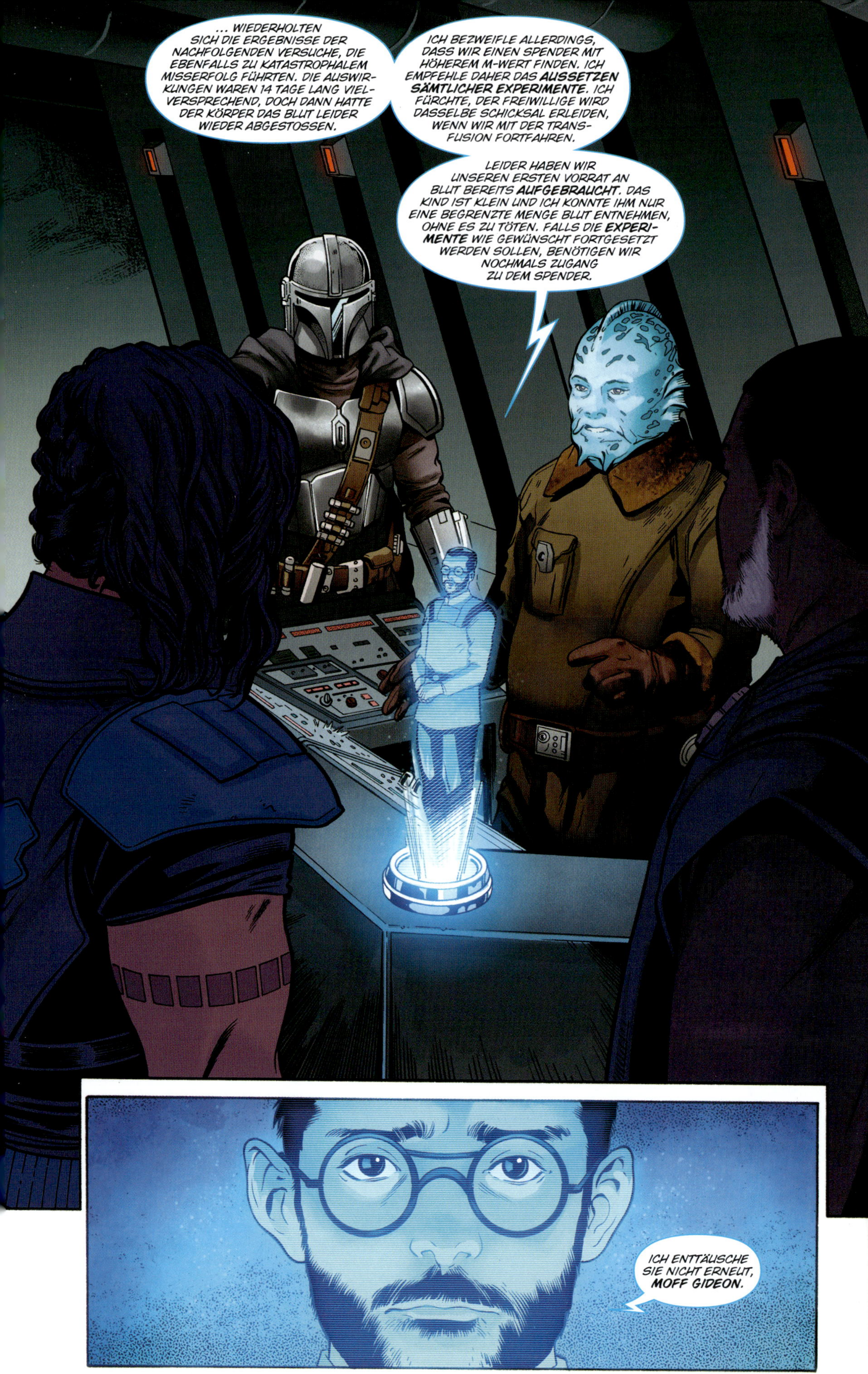
... WIEDERHOLTEN SICH DIE ERGEBNISSE DER NACHFOLGENDEN VERSUCHE, DIE EBENFALLS ZU KATASTROPHALEM MISSERFOLG FÜHRTEN. DIE AUSWIRKUNGEN WAREN 14 TAGE LANG VIELVERSPRECHEND, DOCH DANN HATTE DER KÖRPER DAS BLUT LEIDER WIEDER ABGESTOSSEN.
ICH BEZWEIFLE ALLERDINGS, DASS WIR EINEN SPENDER MIT HÖHEREM M-WERT FINDEN. ICH EMPFEHLE DAHER DAS **AUSSETZEN SÄMTLICHER EXPERIMENTE**. ICH FÜRCHTE, DER FREIWILLIGE WIRD DASSELBE SCHICKSAL ERLEIDEN, WENN WIR MIT DER TRANSFUSION FORTFAHREN.
LEIDER HABEN WIR UNSEREN ERSTEN VORRAT AN BLUT BEREITS **AUFGEBRAUCHT**. DAS KIND IST KLEIN UND ICH KONNTE IHM NUR EINE BEGRENZTE MENGE BLUT ENTNEHMEN, OHNE ES ZU TÖTEN. FALLS DIE **EXPERIMENTE** WIE GEWÜNSCHT FORTGESETZT WERDEN SOLLEN, BENÖTIGEN WIR NOCHMALS ZUGANG ZU DEM SPENDER.
ICH ENTTÄUSCHE SIE NICHT ERNEUT, **MOFF GIDEON**.

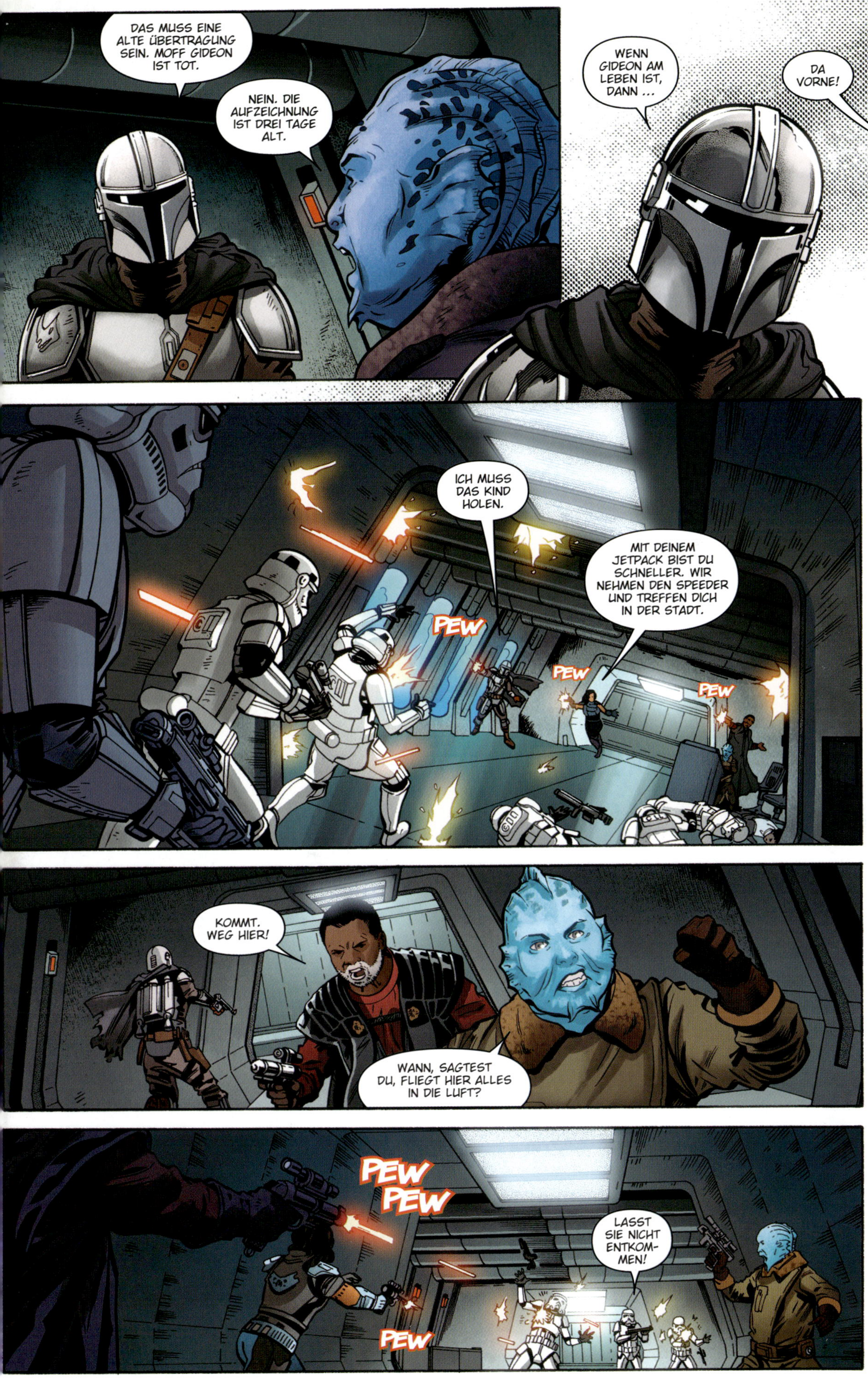

DAS MUSS EINE ALTE ÜBERTRAGUNG SEIN. MOFF GIDEON IST TOT.
NEIN. DIE AUFZEICHNUNG IST DREI TAGE ALT.
WENN GIDEON AM LEBEN IST, DANN ...
DA VORNE!

ICH MUSS DAS KIND HOLEN.
PEW
MIT DEINEM JETPACK BIST DU SCHNELLER. WIR NEHMEN DEN SPEEDER UND TREFFEN DICH IN DER STADT.
PEW
PEW

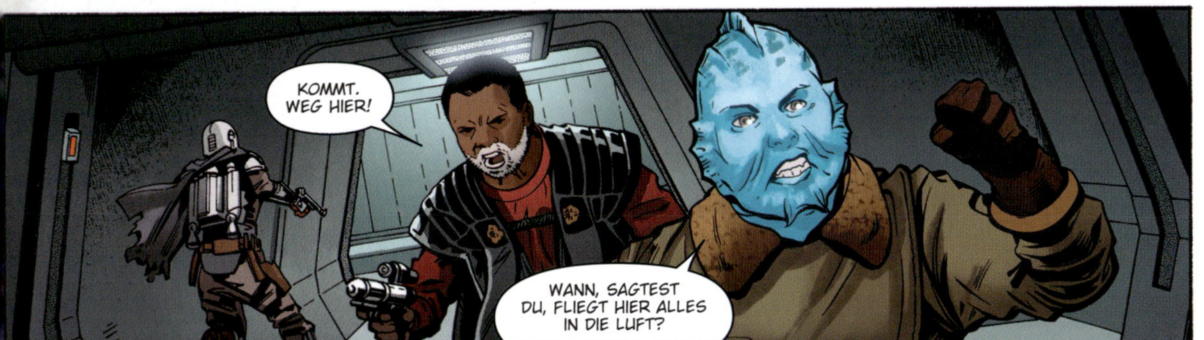

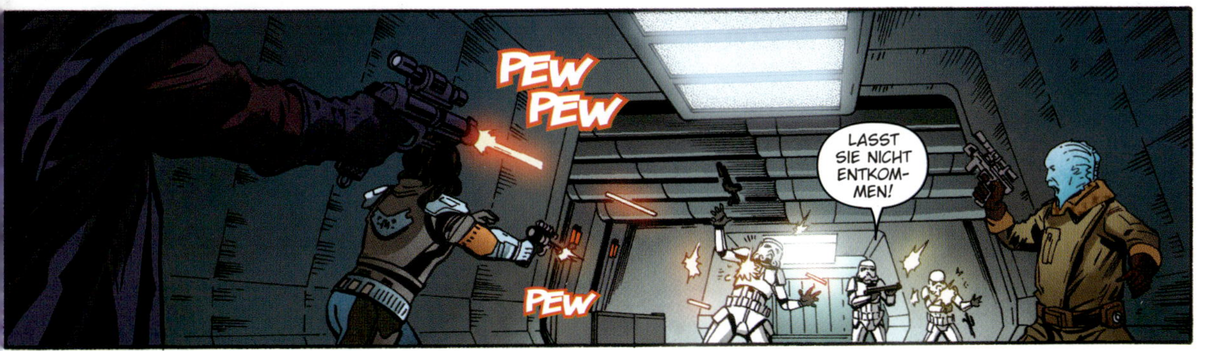

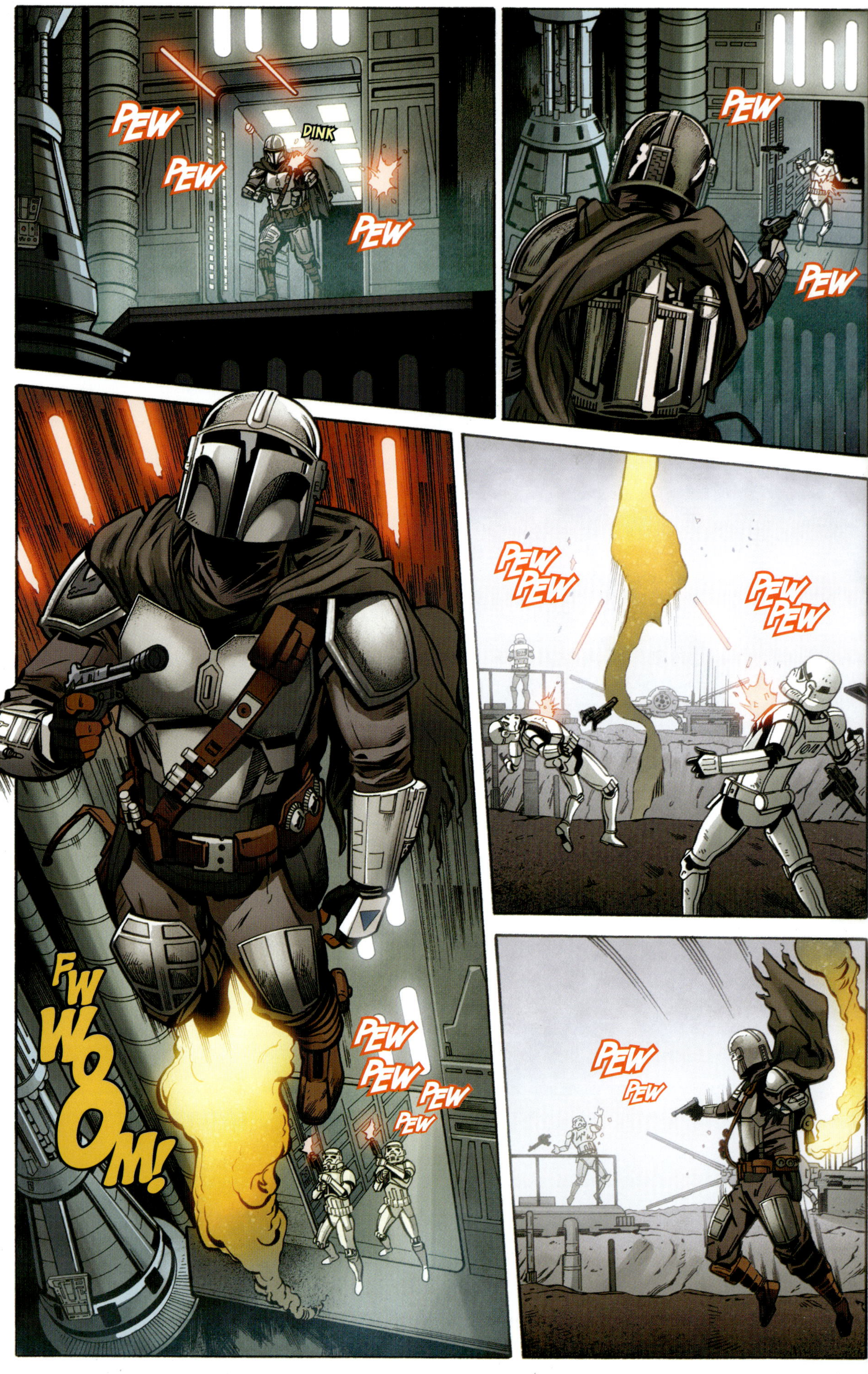
PEW
PEW
DINK
PEW
PEW
PEW
FWOOOM!
PEW
PEW
PEW
PEW
PEW PEW
PEW PEW
PEW
PEW

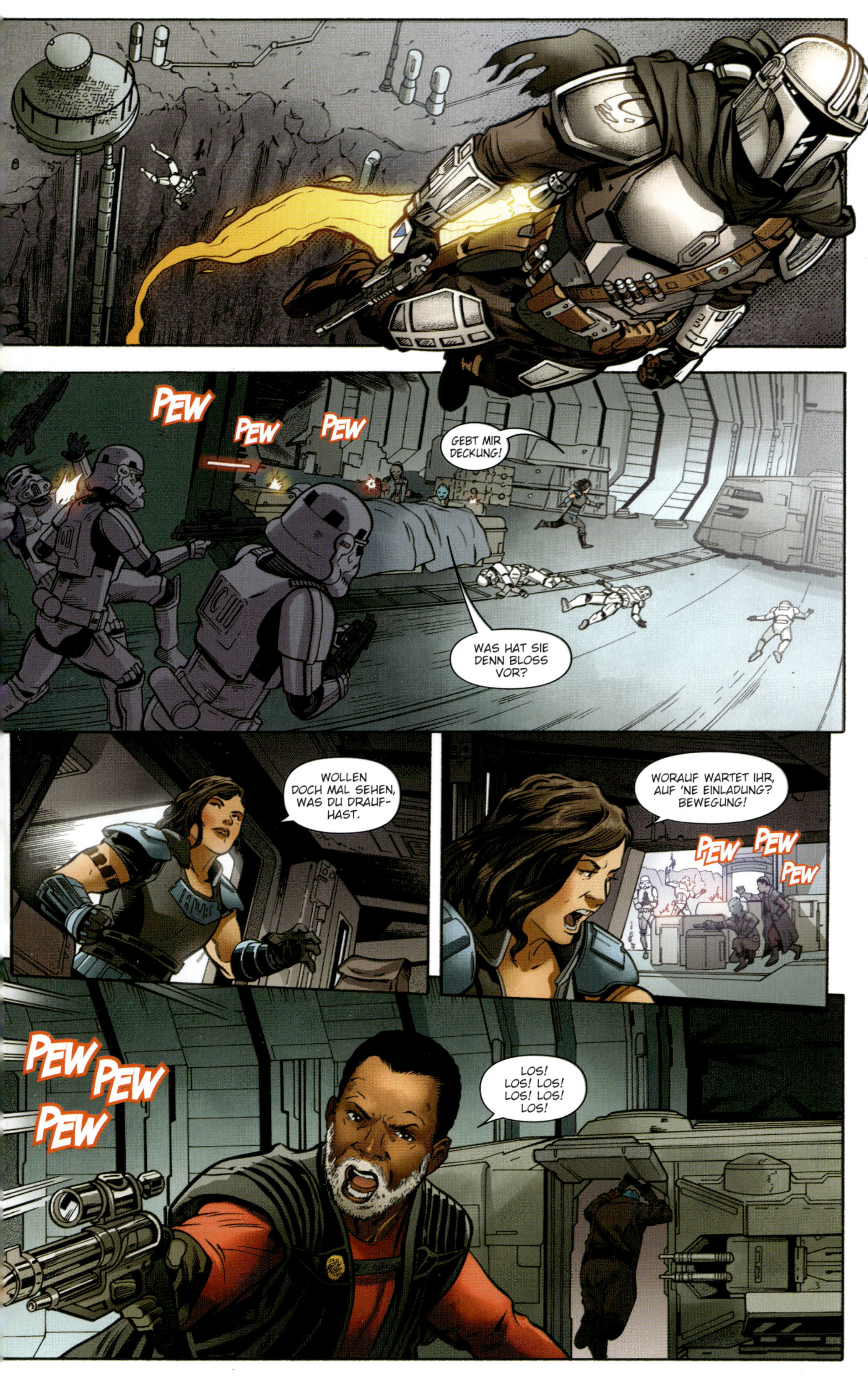
PEW
PEW
PEW
GEBT MIR DECKUNG!
WAS HAT SIE DENN BLOSS VOR?
WOLLEN DOCH MAL SEHEN, WAS DU DRAUF-HAST.
WORAUF WARTET IHR, AUF 'NE EINLADUNG? BEWEGUNG!
PEW
PEW
PEW
PEW
PEW
PEW
LOS! LOS! LOS! LOS! LOS! LOS!

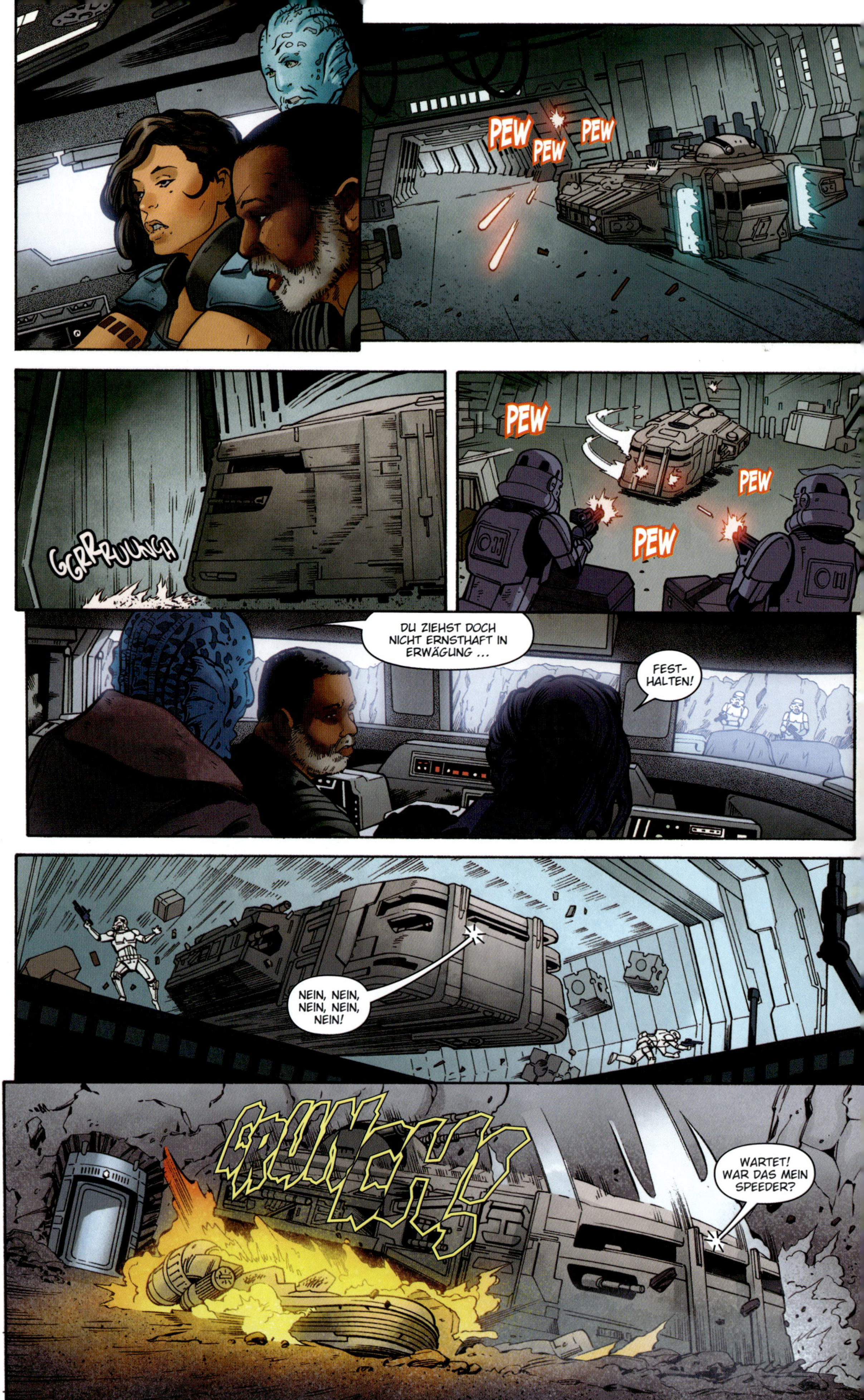

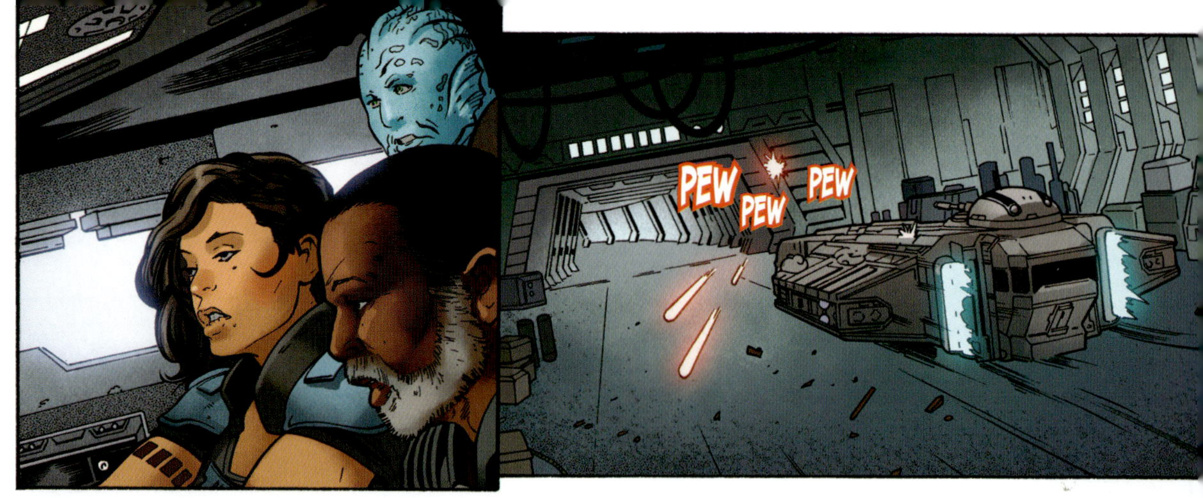
PEW
PEW
PEW

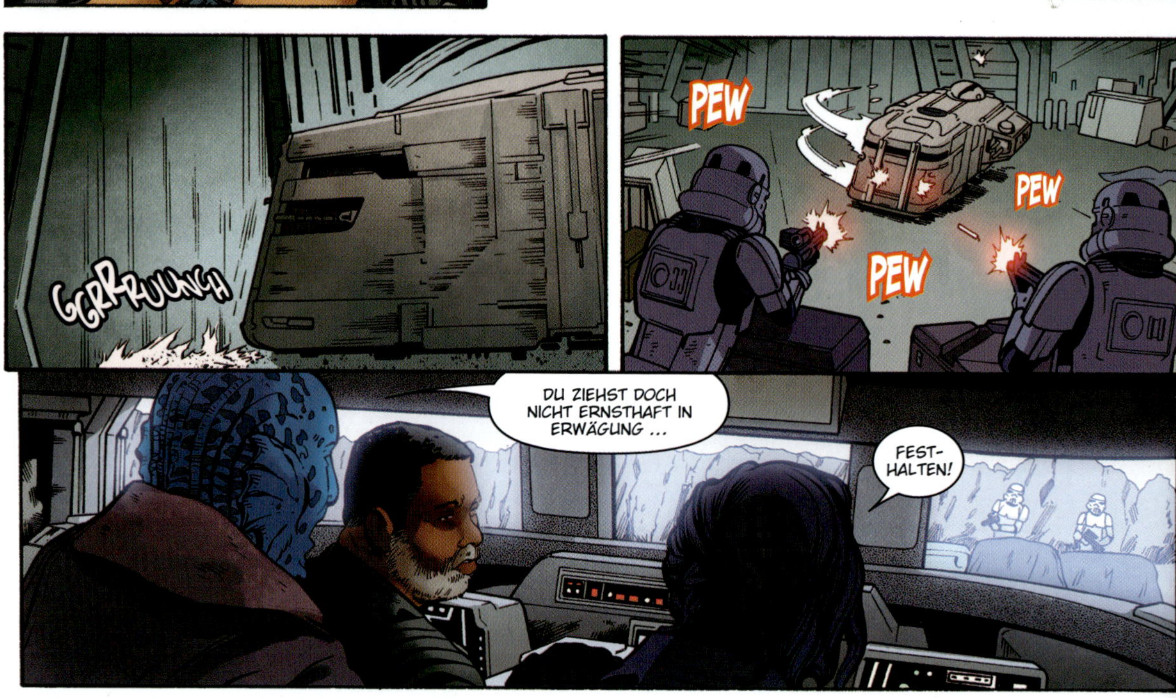
GGRRUUNCH
PEW
PEW
PEW
DU ZIEHST DOCH NICHT ERNSTHAFT IN ERWÄGUNG ...
FEST-HALTEN!

NEIN, NEIN, NEIN, NEIN, NEIN!
WARTET! WAR DAS MEIN SPEEDER?

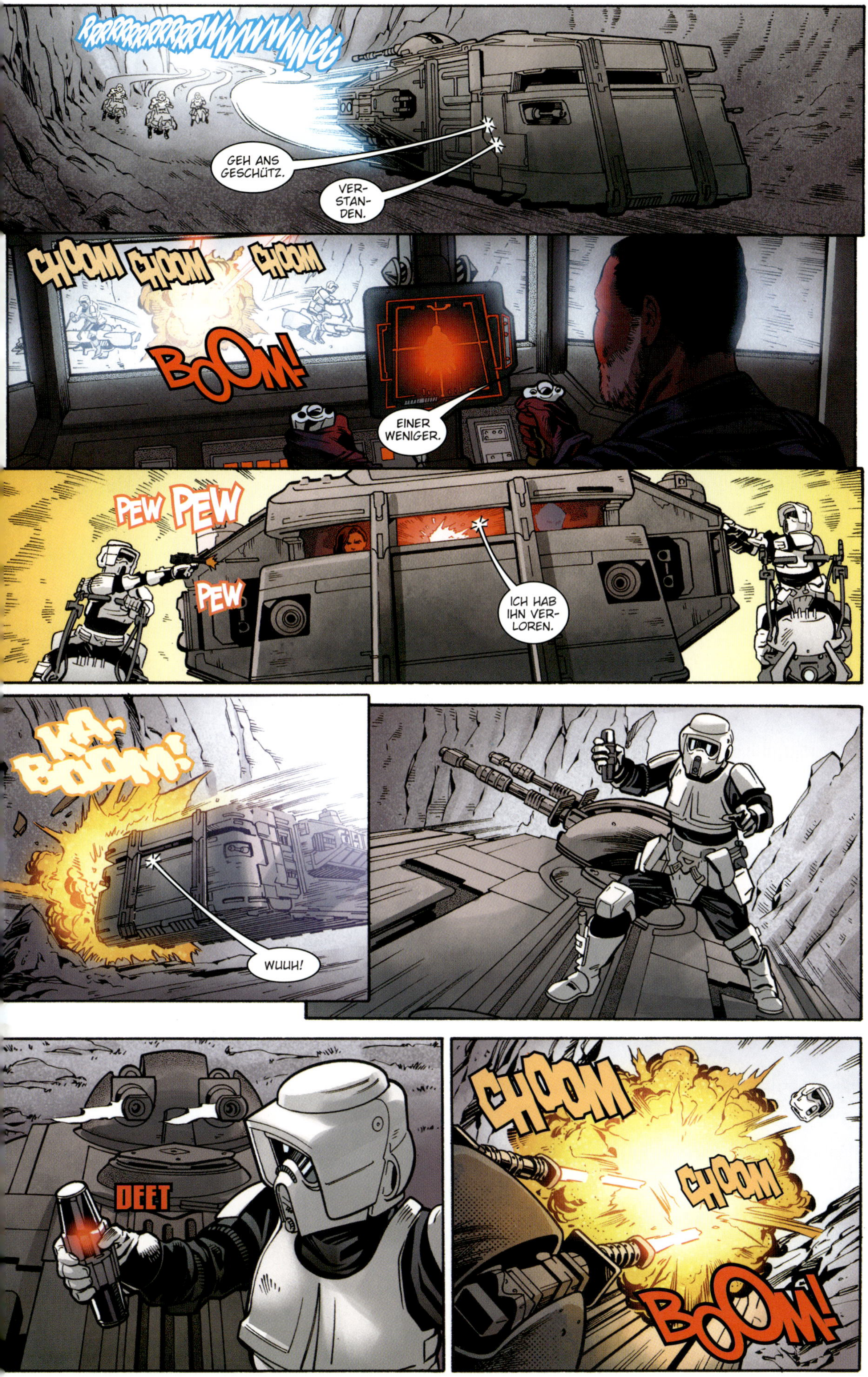

RRRRRRRRRRRRWWWWNNGG
GEH ANS GESCHÜTZ.
VER-STAN-DEN.

CHOOM CHOOM CHOOM
BOOM!
EINER WENIGER.

PEW PEW
PEW
ICH HAB IHN VER-LOREN.

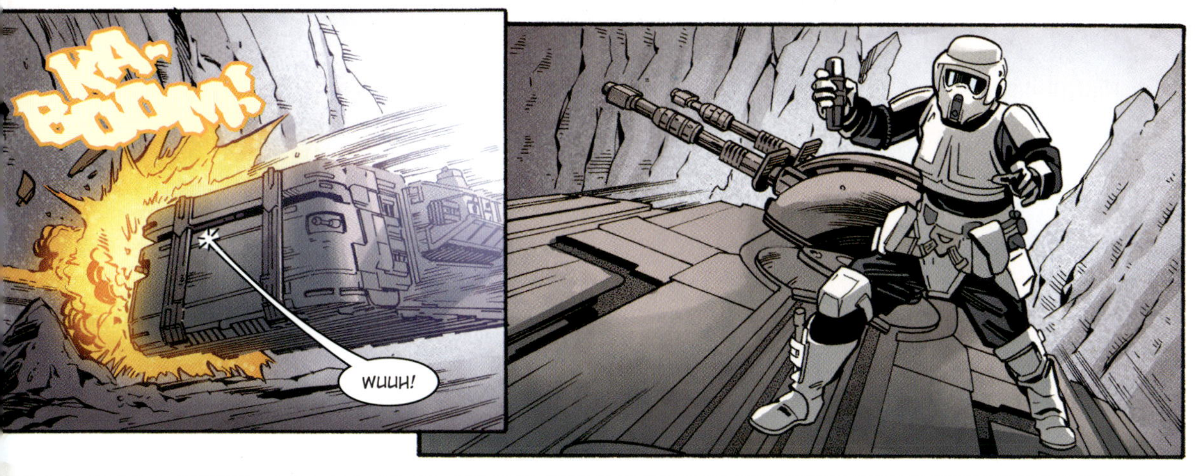

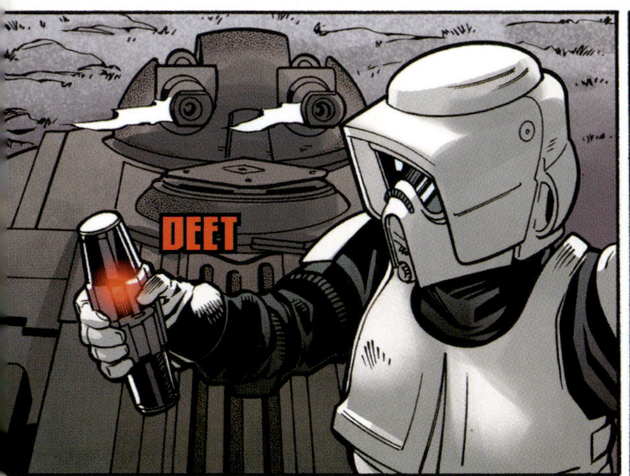

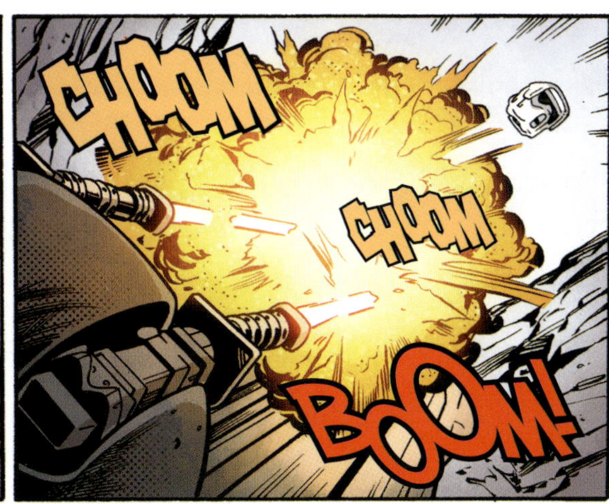

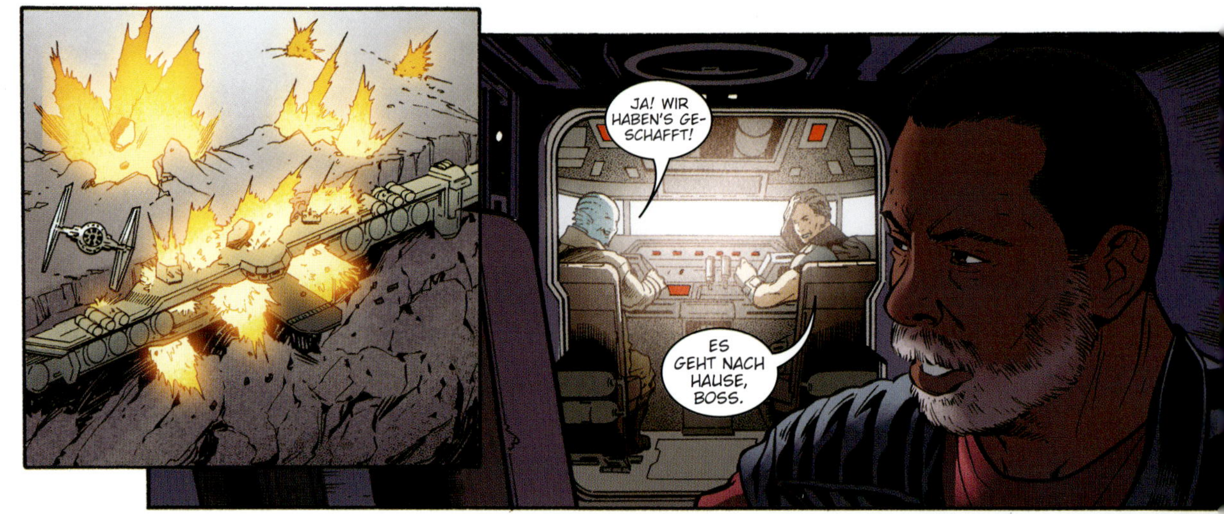
JA! WIR HABEN'S GESCHAFFT!
ES GEHT NACH HAUSE, BOSS.

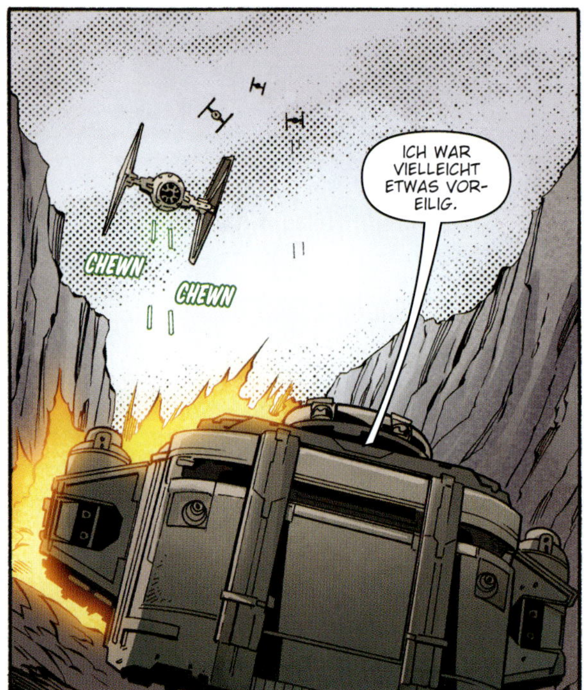
CHEWN
CHEWN
ICH WAR VIELLEICHT ETWAS VOREILIG.

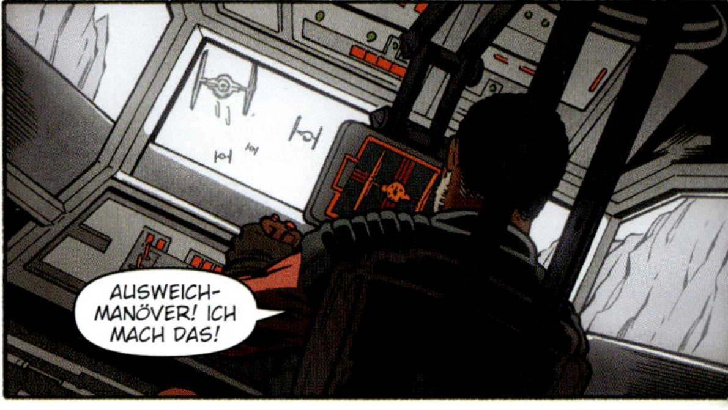
AUSWEICHMANÖVER! ICH MACH DAS!

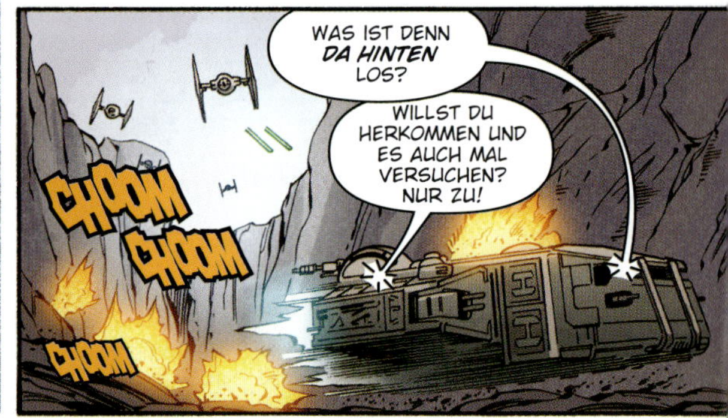
WAS IST DENN *DA HINTEN* LOS?
WILLST DU HERKOMMEN UND ES AUCH MAL VERSUCHEN? NUR ZU!
CHOOM
CHOOM
CHOOM

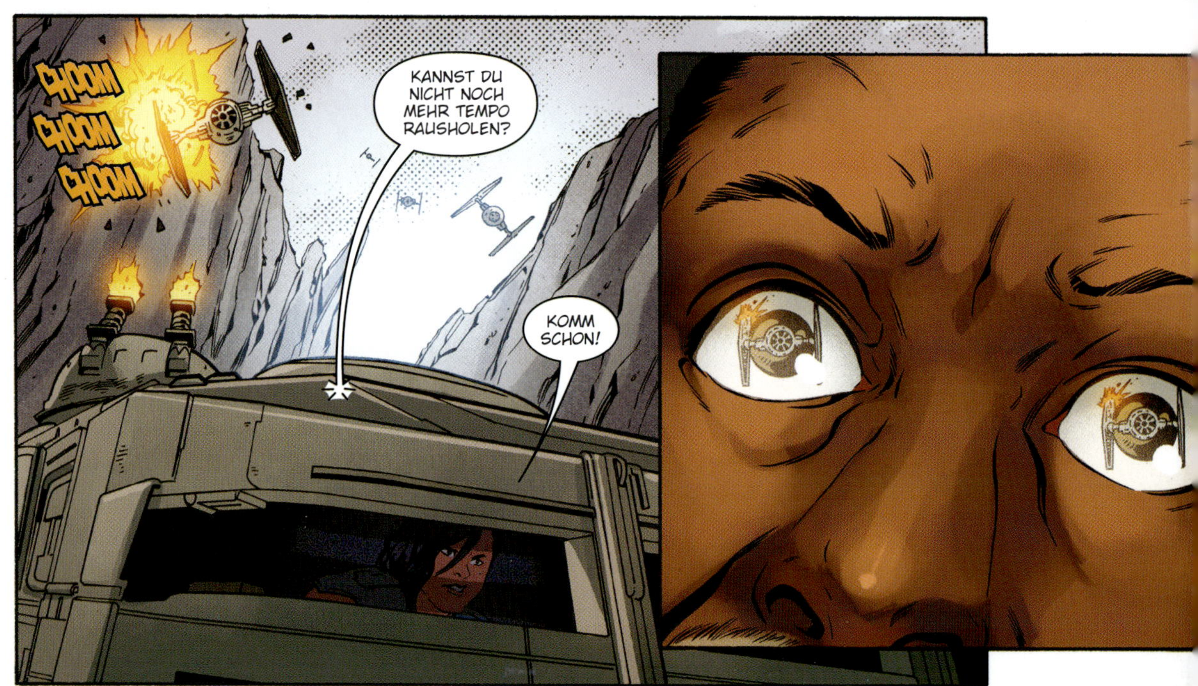
CHOOM
CHOOM
CHOOM
KANNST DU NICHT NOCH MEHR TEMPO RAUSHOLEN?
KOMM SCHON!

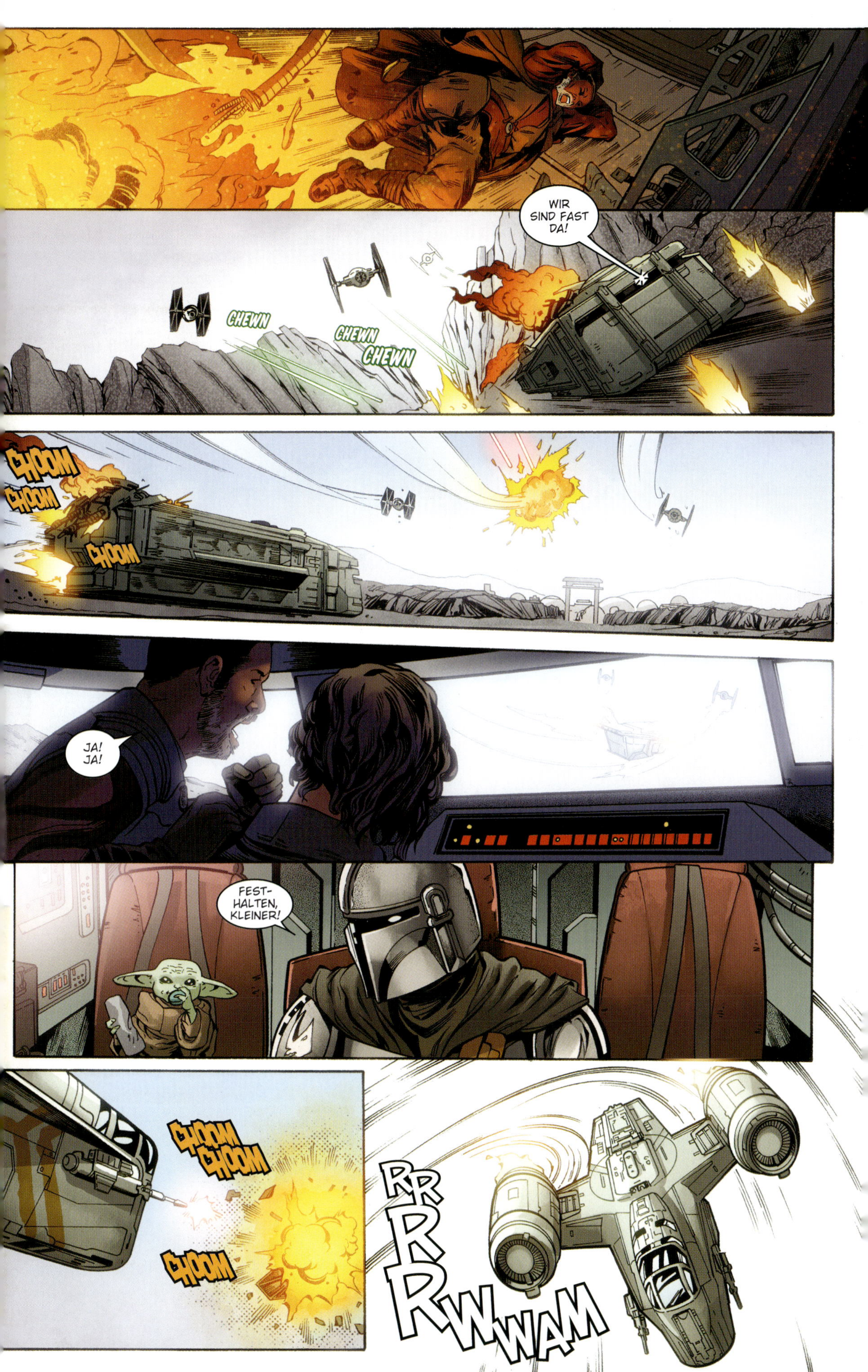
WIR SIND FAST DA!
CHEWN
CHEWN
CHEWN
CHOOM
CHOOM
CHOOM
JA! JA!
FEST-HALTEN, KLEINER!
CHOOM CHOOM
CHOOM
RRRRWWWAM

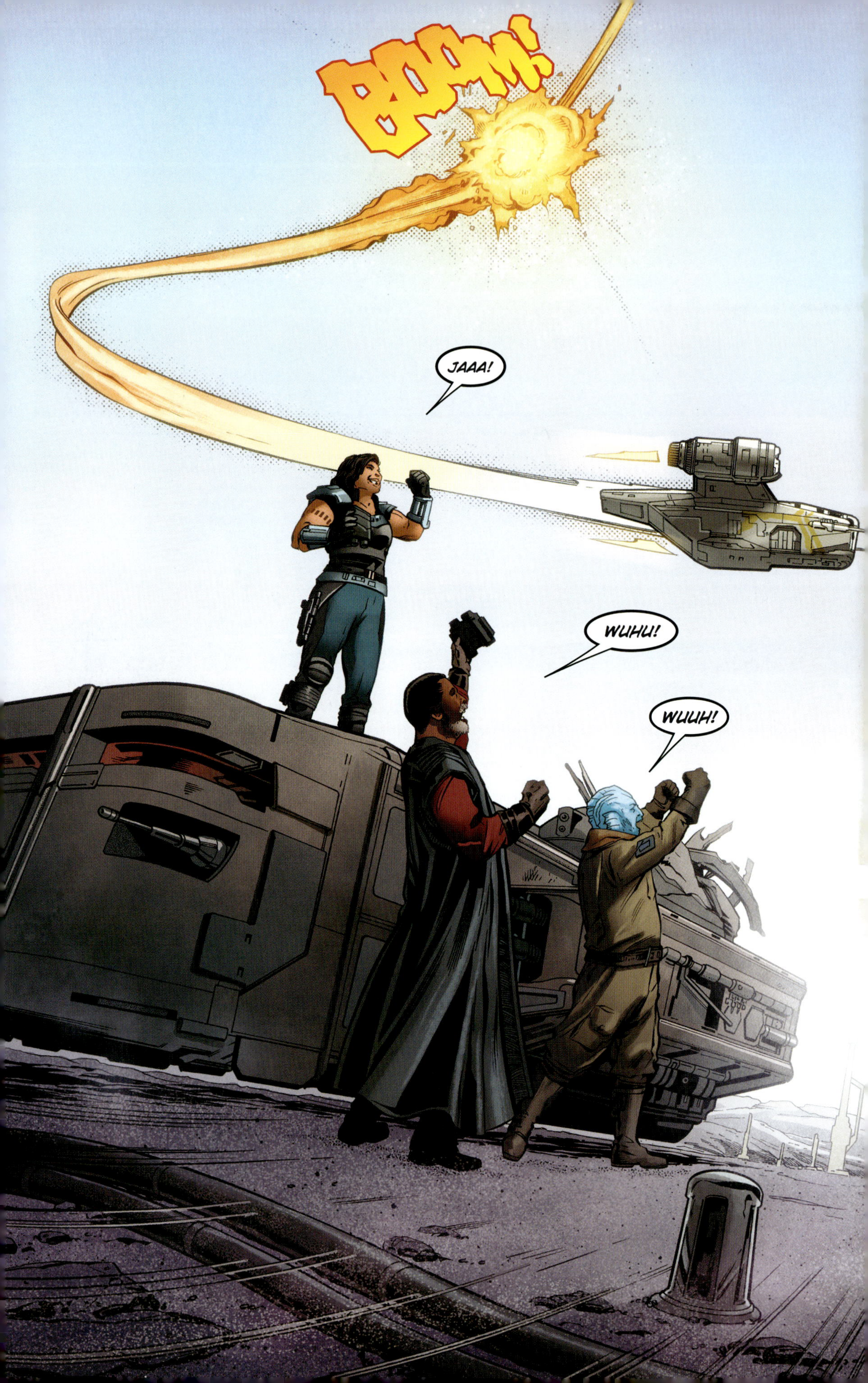
BOOM!
JAAA!
WUHU!
WUUH!

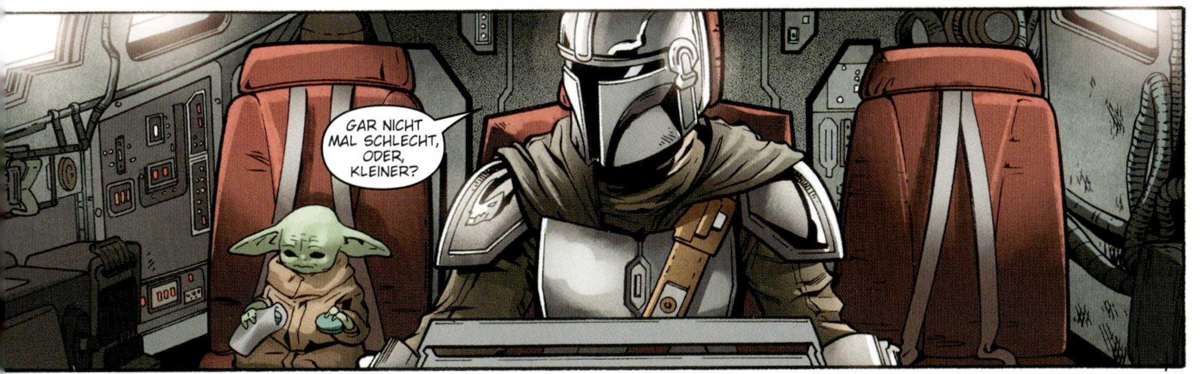
GAR NICHT MAL SCHLECHT, ODER, KLEINER?

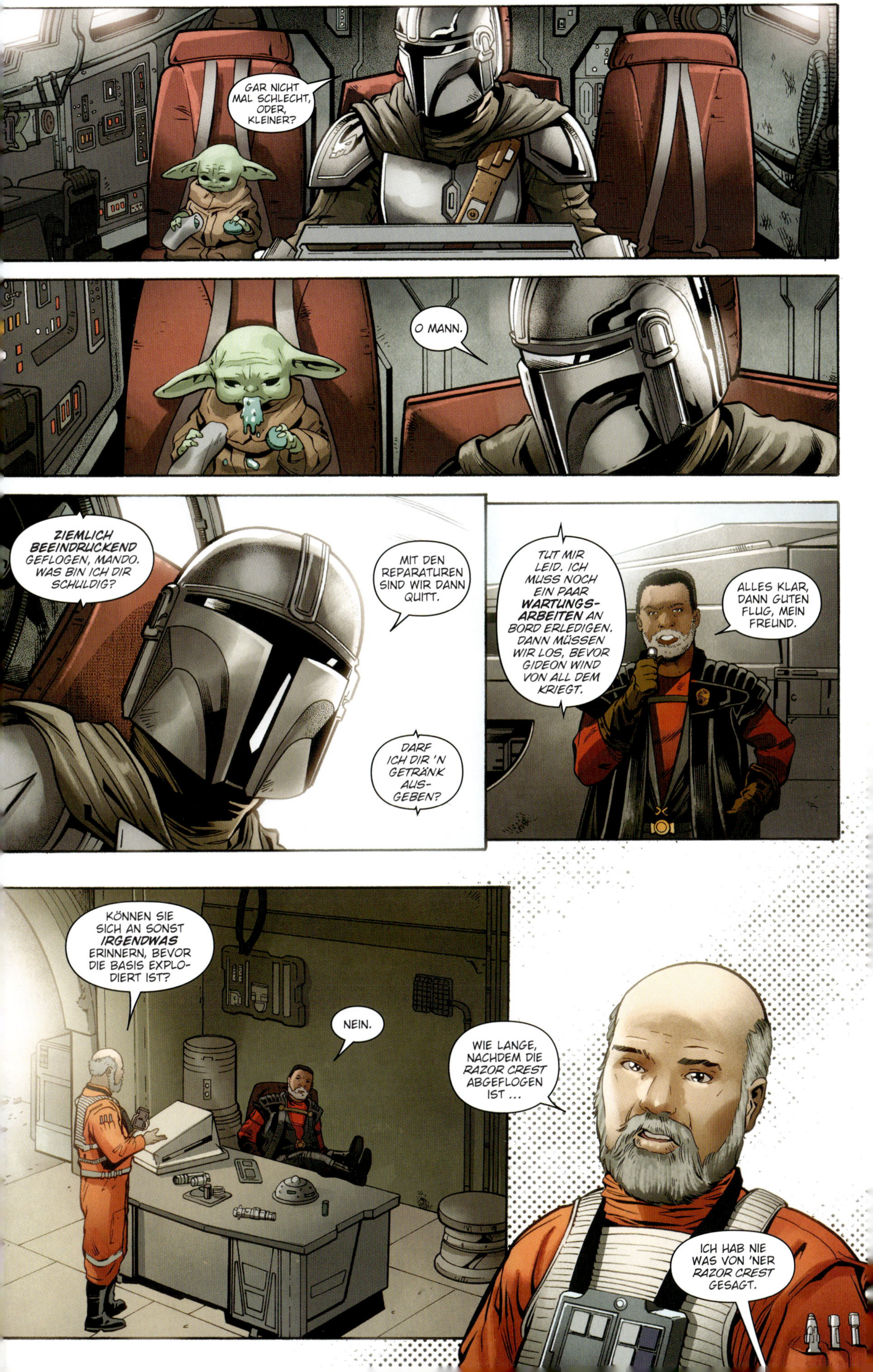

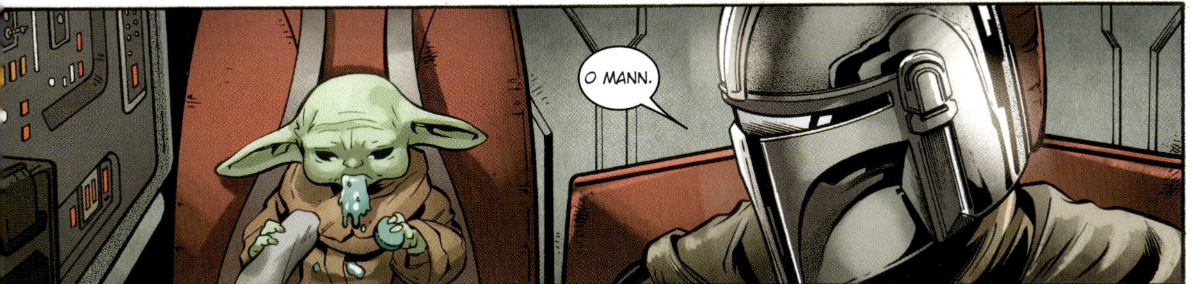
O MANN.

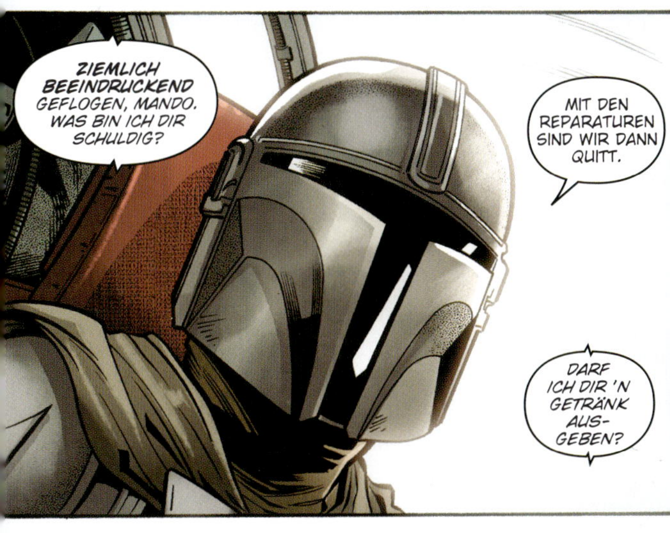
ZIEMLICH BEEINDRUCKEND *GEFLOGEN, MANDO. WAS BIN ICH DIR SCHULDIG?*
MIT DEN REPARATUREN SIND WIR DANN QUITT.
DARF ICH DIR 'N GETRÄNK AUS-GEBEN?

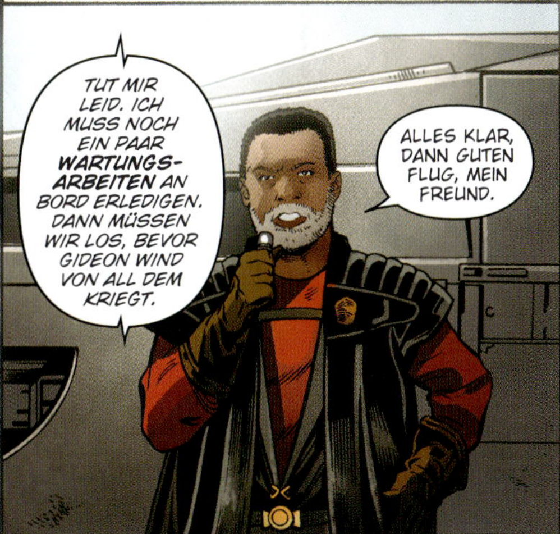
TUT MIR LEID. ICH MUSS NOCH EIN PAAR ***WARTUNGS-ARBEITEN*** *AN BORD ERLEDIGEN. DANN MÜSSEN WIR LOS, BEVOR GIDEON WIND VON ALL DEM KRIEGT.*
ALLES KLAR, DANN GUTEN FLUG, MEIN FREUND.

KÖNNEN SIE SICH AN SONST ***IRGENDWAS*** ERINNERN, BEVOR DIE BASIS EXPLO-DIERT IST?
NEIN.
WIE LANGE, NACHDEM DIE *RAZOR CREST* ABGEFLOGEN IST ...
ICH HAB NIE WAS VON 'NER *RAZOR CREST* GESAGT.

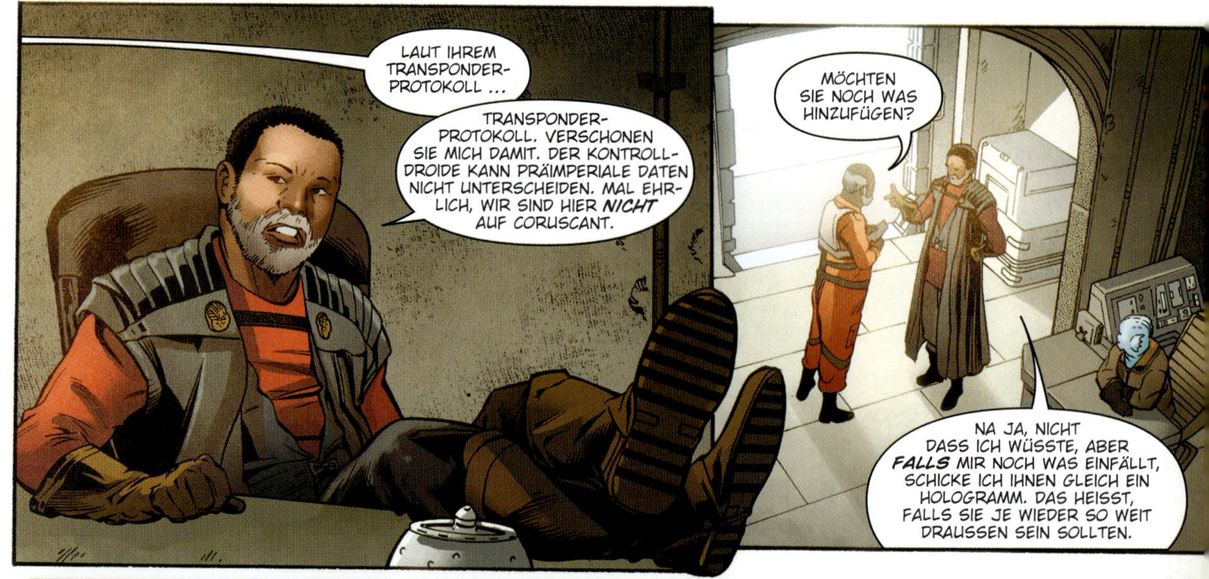
LAUT IHREM TRANSPONDER-PROTOKOLL ...
TRANSPONDER-PROTOKOLL. VERSCHONEN SIE MICH DAMIT. DER KONTROLL-DROIDE KANN PRÄIMPERIALE DATEN NICHT UNTERSCHEIDEN. MAL EHRLICH, WIR SIND HIER **NICHT** AUF CORUSCANT.
MÖCHTEN SIE NOCH WAS HINZUFÜGEN?
NA JA, NICHT DASS ICH WÜSSTE, ABER **FALLS** MIR NOCH WAS EINFÄLLT, SCHICKE ICH IHNEN GLEICH EIN HOLOGRAMM. DAS HEISST, FALLS SIE JE WIEDER SO WEIT DRAUSSEN SEIN SOLLTEN.

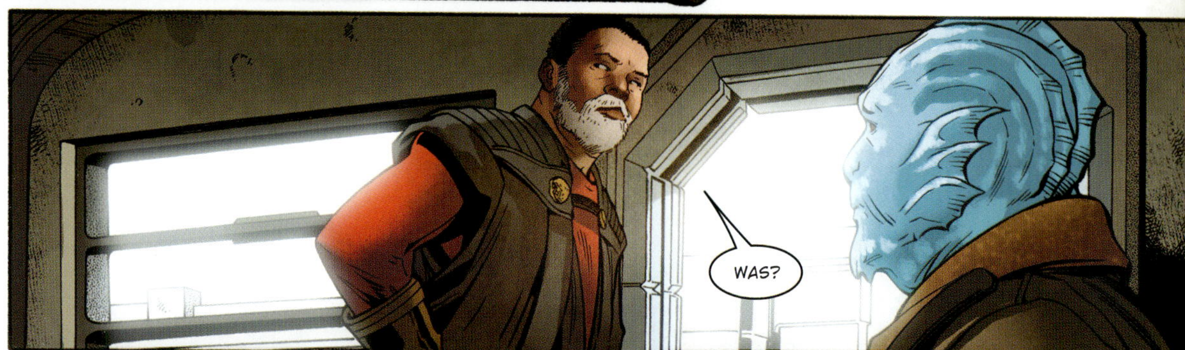
WAS?

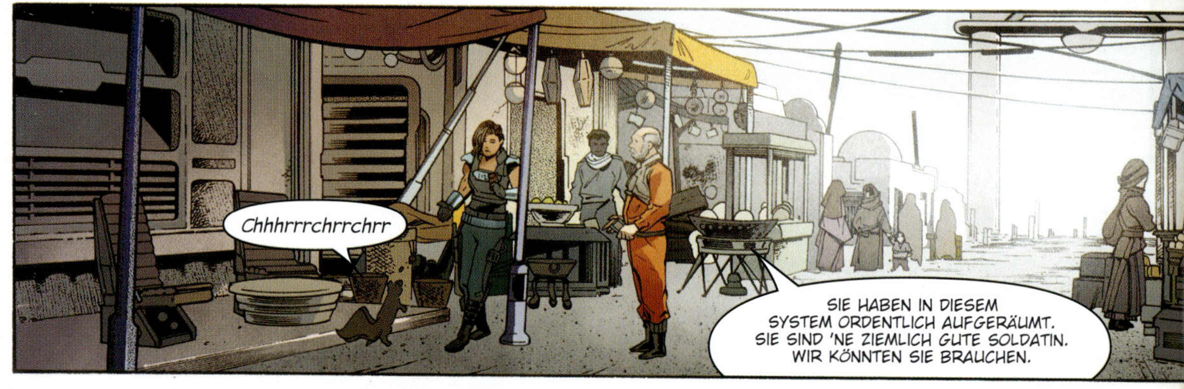
Chhhrrrchrrchrr
SIE HABEN IN DIESEM SYSTEM ORDENTLICH AUFGERÄUMT. SIE SIND 'NE ZIEMLICH GUTE SOLDATIN. WIR KÖNNTEN SIE BRAUCHEN.

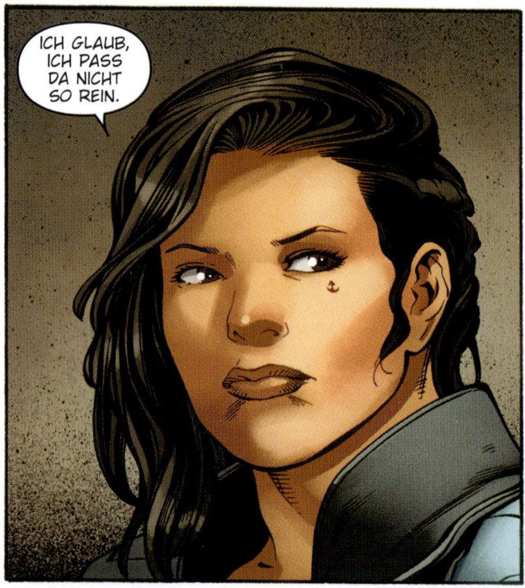
ICH GLAUB, ICH PASS DA NICHT SO REIN.

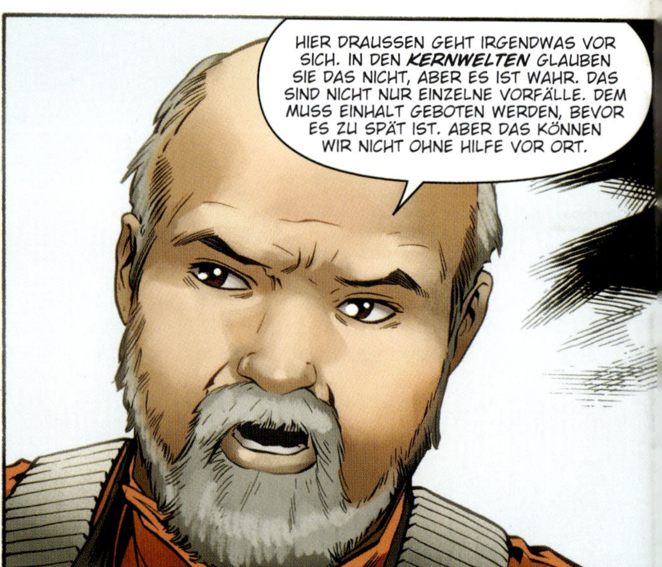
HIER DRAUSSEN GEHT IRGENDWAS VOR SICH. IN DEN **KERNWELTEN** GLAUBEN SIE DAS NICHT, ABER ES IST WAHR. DAS SIND NICHT NUR EINZELNE VORFÄLLE. DEM MUSS EINHALT GEBOTEN WERDEN, BEVOR ES ZU SPÄT IST. ABER DAS KÖNNEN WIR NICHT OHNE HILFE VOR ORT.

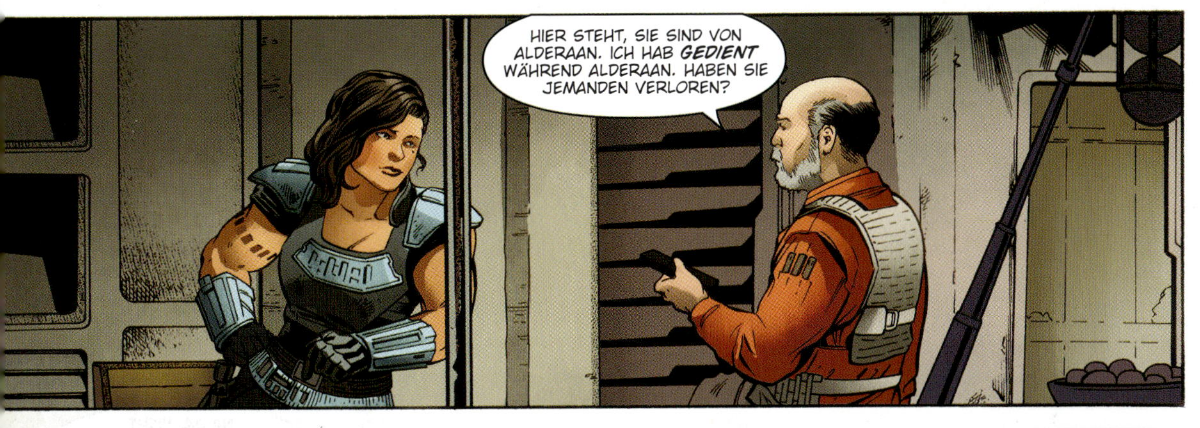
HIER STEHT, SIE SIND VON ALDERAAN. ICH HAB **GEDIENT** WÄHREND ALDERAAN. HABEN SIE JEMANDEN VERLOREN?

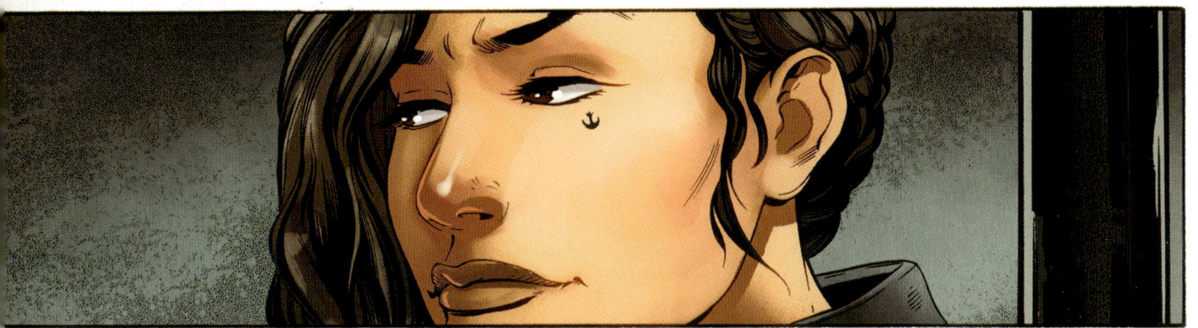

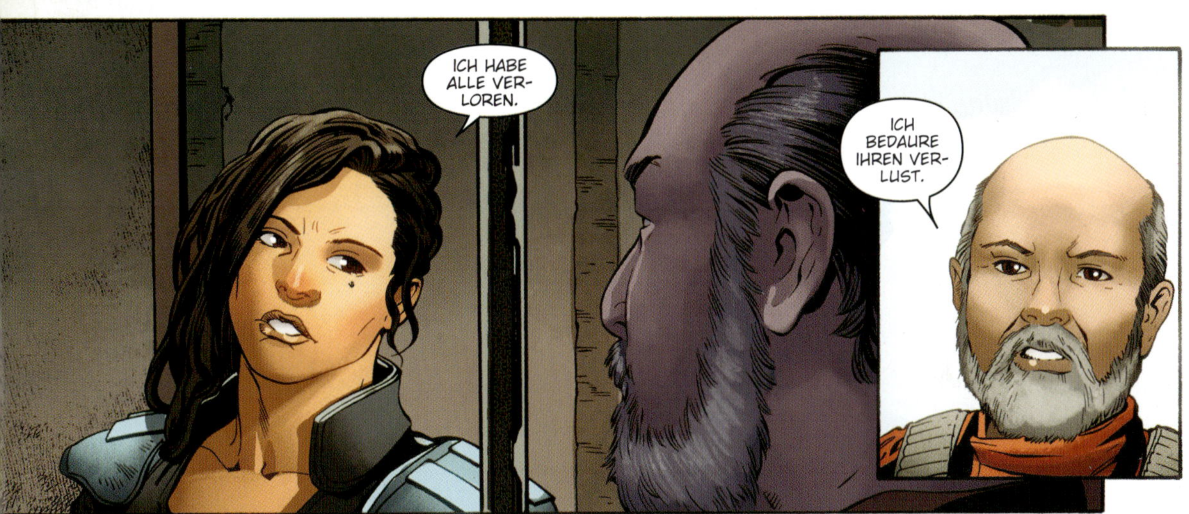
ICH HABE ALLE VERLOREN.
ICH BEDAURE IHREN VERLUST.

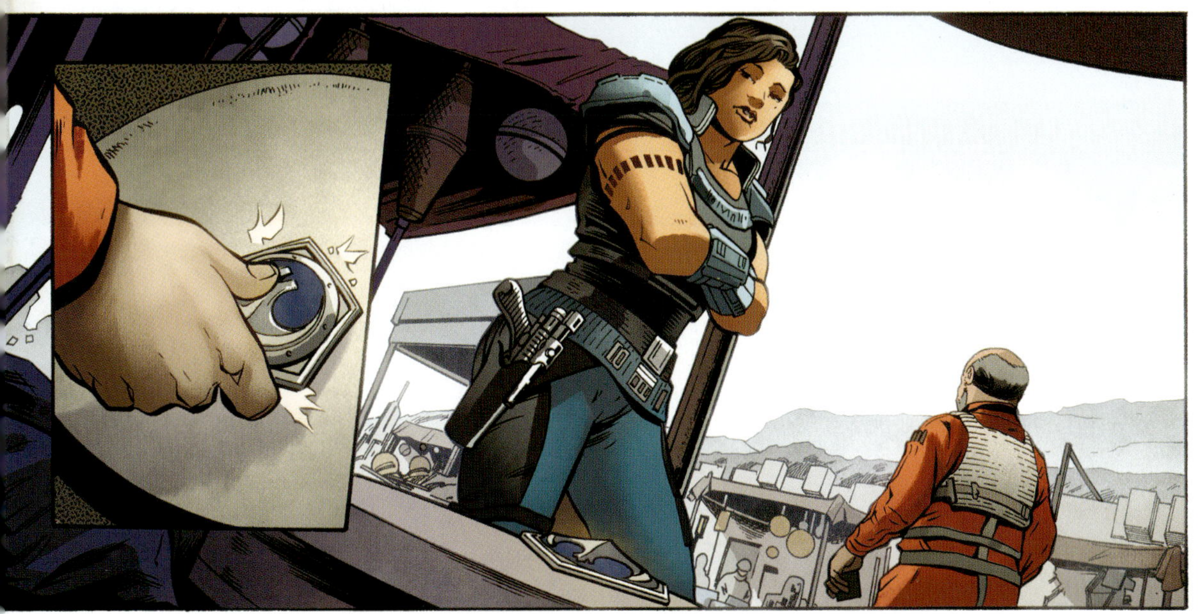

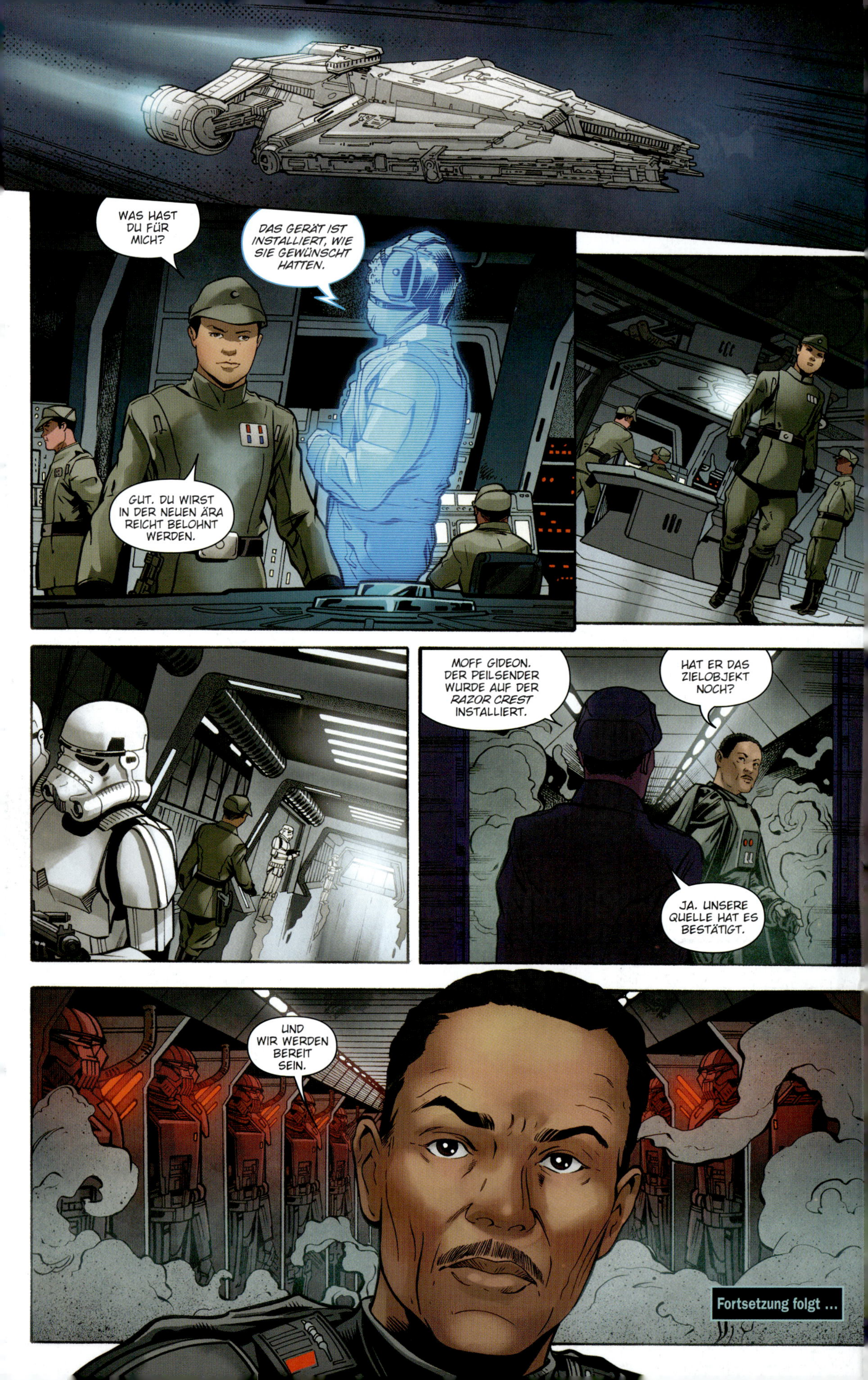

WAS HAST DU FÜR MICH?
DAS GERÄT IST INSTALLIERT, WIE SIE GEWÜNSCHT HATTEN.
GUT. DU WIRST IN DER NEUEN ÄRA REICHT BELOHNT WERDEN.

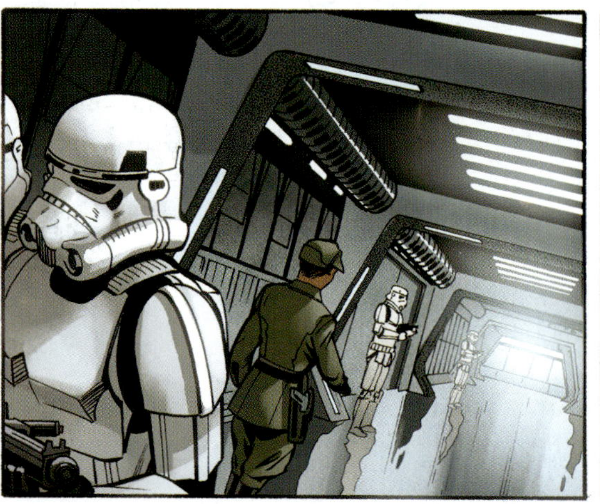

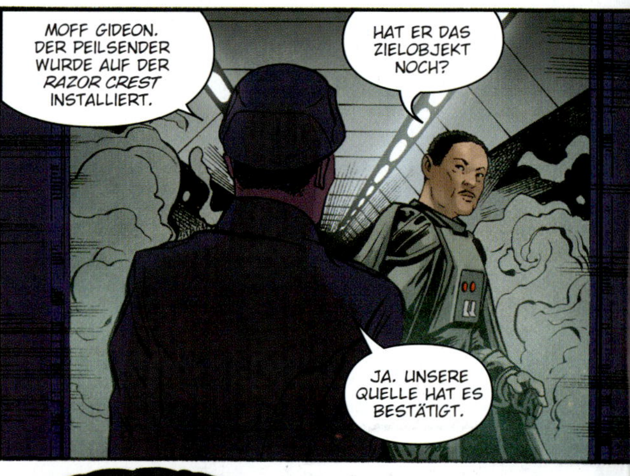

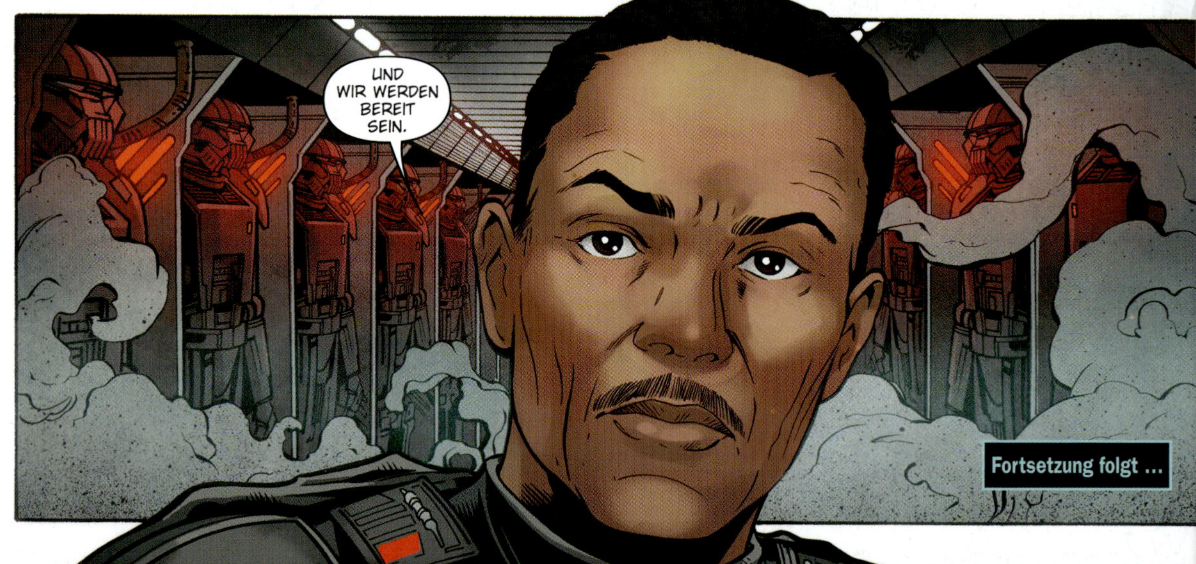

BIOGRAPHIEN

Rodney Barnes begeistert sich schon früh für Comics. Nach seiner Ausbildung, zieht er 1995 nach Los Angeles, um seinen Traum zu verwirklichen und Drehbuchautor zu werden. Nachdem er sich hochgearbeitet hat, wird er Produzent und Autor für die Sitcom *All in the Family* und dann ausführender Produzent von Chris Rocks TV-Serie *Alle hassen Chris*. Danach folgt die gefeierte Zeichentrickserie *The Boondocks* (von der er der Hauptautor für alle vier Staffeln ist), bis er Co-Executive Producer von *Runaways* wird, der jüngsten Marvel-Serie. Es folgen die reguläre *Falcon*-Serie und für das *Star Wars*-Universum die Miniserie *Lando: Doppelt oder Nichts* sowie ein Special für das Event *Krieg der Kopfgeldjäger*.

Der amerikanische Karikaturist **Georges Jeanty** debütiert Mitte der neunziger Jahre bei kleinen, unabhängigen Verlagen. Seine ersten Jobs für einen großen Verlag sind für DC. Er arbeitet an Serien wie *Green Lantern*, *Superboy* und *Superman*, und wechselt dann zu Marvel, wo er an *Gambit*, *Deadpool* und **Weapon X** arbeitet. Im Jahr 2008 beginnt sein Engagement für die Serie, die ihn bekannt macht: die Comic-Fortsetzung der berühmten TV-Serie *Buffy – Im Bann der Dämonen*, veröffentlicht von Dark Horse. Was das *Star Wars*-Universum betrifft, so ist er neben Ario Anindito einer der beiden federführenden Künstler von *Die Hohe Republik*.

Steven Cummings hat sich als Zeichner von *Elektra* und *New Excalibur* für Marvel und von *Flash*, *Deadshot* und *Batman: Legends of the Dark* Knight für DC Comics einen Namen gemacht. Er arbeitete auch lange Zeit an der Fantasy-Serie Wayward, die bei Image erschien. *Crimson Reign* und *Hidden Empire* waren seine ersten Arbeiten für das im *Star Wars*-Universum.

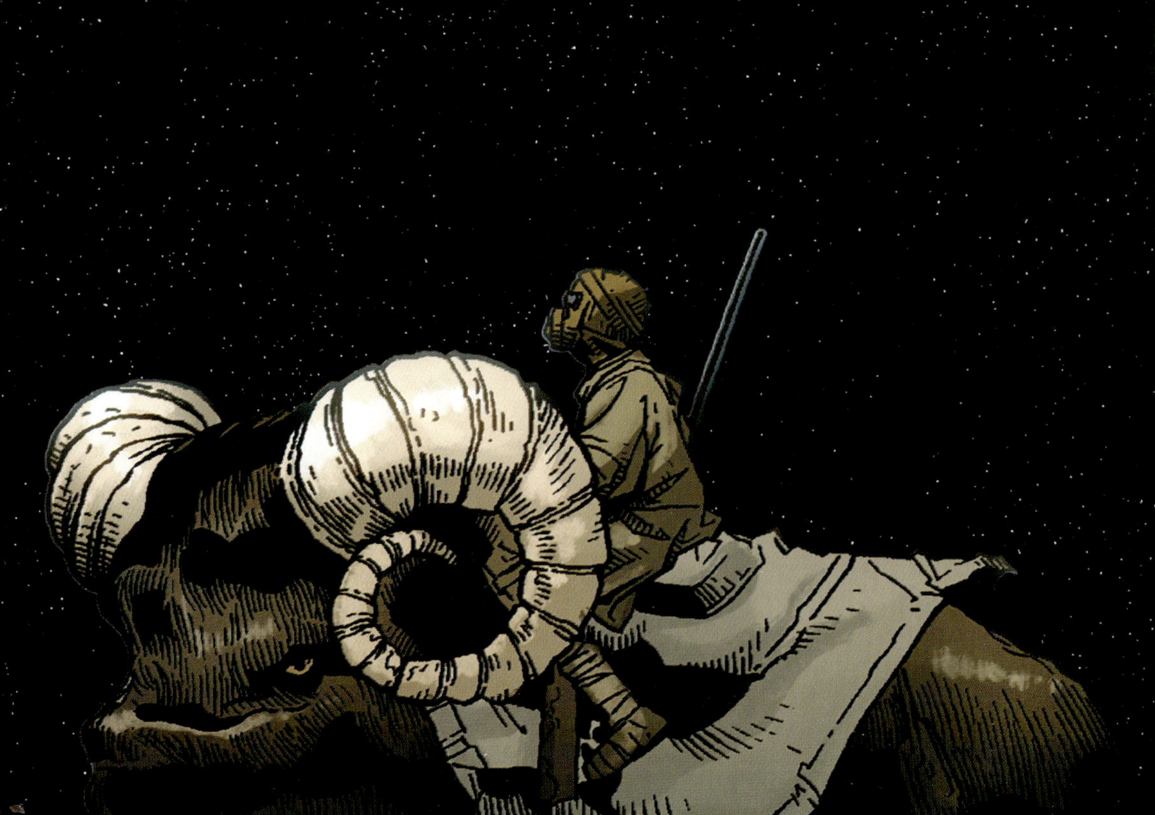